21世纪市场营销立体化系列教材 编委会

主　任：万后芬（中南财经政法大学）

编　委：（以姓氏笔画排序）

丁桂兰（中南财经政法大学）　　田志龙（华中科技大学）

汤定娜（中南财经政法大学）　　张广玲（武汉大学）

杜兰英（华中科技大学）　　　　余序洲（中南民族大学）

陈志浩（中南财经政法大学）　　陈　涛（武汉科技大学）

周　玫（江西财经大学）　　　　黄　静（武汉大学）

景奉杰（华东理工大学）

21世纪市场营销立体化系列教材

Marketing Planning

营销策划

（第二版）

⊙ 主　编　周　玫　陆淳鸿
　 副主编　余可发　张凌云

华中科技大学出版社
http://www.hustp.com
中国·武汉

图书在版编目(CIP)数据

营销策划/周玫,陆淳鸿主编.—2版.—武汉:华中科技大学出版社,2015.3(2022.7重印)
21世纪市场营销立体化系列教材
ISBN 978-7-5609-9645-5

Ⅰ.①营… Ⅱ.①周… ②陆… Ⅲ.①营销策划-高等学校-教材 Ⅳ.①F713.50

中国版本图书馆 CIP 数据核字(2015)第 065407 号

营销策划(第二版)   周玫   陆淳鸿 主编

策划编辑：陈培斌 周晓方
责任编辑：苏克超
封面设计：刘 卉
责任校对：李 琴
责任监印：周治超

出版发行：华中科技大学出版社(中国•武汉)   电话：(027)81321913
           武汉市东湖新技术开发区华工科技园   邮编：430223
录　　排：华中科技大学惠友文印中心
印　　刷：武汉开心印印刷有限公司
开　　本：787mm×1092mm 1/16
印　　张：18 插页:2
字　　数：478千字
版　　次：2008年12月第1版 2022年7月第2版第4次印刷
定　　价：58.00元

本书若有印装质量问题,请向出版社营销中心调换
全国免费服务热线：400-6679-118   竭诚为您服务
版权所有 侵权必究

内容简介

　　市场竞争的激烈和残酷程度不亚于战场。在当今复杂多变、竞争异常激烈的市场环境中,企业要发展和壮大就必须具有运筹帷幄、决胜于千里之外的能力。本书就是一本讲述企业如何在市场竞争中运筹帷幄、决胜于千里之外的市场营销策划书籍。它多层次、多角度、全方位地论述了市场营销策划。全书共十二章,详细阐述了市场营销策划的基本原理、基本原则、基本程序、基本方法,营销策划人员的能力和素质,营销策划的创意,企业形象策划,品牌策划,新产品开发与推广策划,新市场拓展策划,市场促销策划,营销策划书的制作及营销策划方案的实施、控制等内容,而且每章后面都有一个典型案例可供研讨。

　　本书可作为 MBA(工商管理硕士)、工商管理专业和市场营销专业的本科生、硕士生的课程教材,也可作为营销策划工作者、营销理论研究人员、营销教学人员、企事业单位营销管理者和职工培训的教材。

总　　序

在经济全球化背景下，随着市场经济的发展，一切面向市场的组织都必须投身于市场经济大潮之中，按照市场经济的规律，搞好自身的经营和管理。社会经济的这一发展趋势，使得会经营、懂管理、善策划的市场营销专业人才成为了市场的宠儿，社会对市场营销专业人才的需求逐年递增。

市场营销专业是随着市场经济的发展而建立和不断发展起来的新兴专业，迄今为止，还不到 100 年的历史。随着营销实践的发展，市场营销的内涵及其对与之相关联的营销人才知识体系的要求也在不断发展和变更：市场营销已由单纯的销售产品实施过程发展到营销的战略和策划过程，由单纯的产品营销发展到品牌营销，由单纯的实物产品营销发展到服务产品的营销，由单纯的交易性营销发展到交易与关系相结合的全面营销，由单纯的微观营销发展到宏观与微观相结合的全方位营销。

从我国的情况来看，1978 年开始引进市场营销课程，1992 年才正式将市场营销专业列入本科招生目录。十几年来，随着社会对市场营销专业人才需求的增长，开设市场营销专业的院校已从最初的一部分综合大学、财经院校，发展到理、工、医、农、艺、体等各类院校，以及各类职业技术院校；人才培养的层次也由原来的本科、专科，发展到硕士、博士（重点院校自主招生或作为专业方向招生）层次。由此，我们根据学科的发展及社会对市场营销专业人才的需要来重新规划营销人才培养体系，设计市场营销专业系列教材，为新型的市场营销专业人才的培养提供工具，进而编写出版"21 世纪市场营销立体化系列教材"。

本系列教材的编写力求凸显如下特点。

第一，按照社会对营销人才知识体系的新要求设计系列教材。既包括交易营销方面的理论和知识，又包括关系营销、服务营销、品牌营销、营销策划等方面的理论和知识。

第二，引进营销方面的最新理论和成果。系列教材的作者在编写过程中，都力求吸收国内外的最新成果，体现营销发展的最新动向，力求教材内容上的创新。

第三，加强案例分析。教材的每章都以小案例导入，并配备了大量的本土案例加以说明，力求理论联系实际，学以致用。

第四，创新教材形式。本套教材拟以现代教育技术为支撑，为读者提供一套"纸质教材与电子课件、课程网络"相结合的新型的立体化教材。

　　本套教材由从事多年本学科教学、在本学科领域内具有比较丰富的教学经验的教师担任各本教材的主编，并由他们组成本套教材的编委会，为读者提供以《市场营销学》、《国际营销学》、《市场研究理论与方法》、《消费者行为学》、《销售管理》、《广告管理》、《新产品管理》、《渠道管理》、《营销策划》、《品牌管理》、《服务营销》、《网络营销》、《商务沟通》为主体的系列教材。

　　在系列教材的编写过程中参考了大量的国内外最新研究和实践成果，各位编写者已尽可能在参考文献中列出，在此对这些研究者和实践者表示真诚的感谢。因为多方面的原因如果有疏漏之处，作者表示万分歉意，并愿意在得知具体情况后予以纠正，在此先表示衷心的谢意。

　　编撰一套教材是一项艰巨的工作，由于作者的水平有限，本套教材难免会有疏漏和谬误之处，真诚希望广大读者批评指正，不吝赐教。

2008 年 9 月 10 日

再版前言

经过几位同志的艰苦努力，《营销策划》（第二版）终于完成了。在本书的编写过程中，我们参考了大量国内外专家学者的研究成果，并从中借鉴和吸收了许多十分有价值的理论和观点。对于这些成果的引用，有些已经在注释和参考文献中标注出来，但是还有一些没有列出。在此，我们对所有的文献作者表示感谢。

在本书写作过程中，我们得到江西财经大学廖进球博导、中南财经政法大学万后芬博导、华中科技大学出版社陈培斌和周小方等人的大力支持和帮助，在此，我们表示衷心的感谢。

本书由周玫教授、陆淳鸿副教授任主编，余可发博士、武昌理工学院张凌云老师任副主编。由周玫教授、陆淳鸿副教授拟定编写大纲和统稿。参加编写的人员和具体分工是：第 1 章由周玫教授编写，第 2 章由陆淳鸿副教授、张凌云编写，第 3 章、第 4 章由钟叶飞编写，第 5 章由余可发博士编写，第 6 章由余中东博士（广州大学商学院）编写，第 7 章由刘文军副教授（集美大学工商管理学院）编写，第 8 章由翁胜斌博士（嘉兴学院商学院）编写，第 9 章由欧阳婷编写，第 10 章由刘芳芳编写，第 11 章由刘跃怡编写，第 12 章由盛雅男编写。所有参加编写人员，除注明所属单位外，都属于江西财经大学。

编　者
2015 年 3 月

目 录

第 1 章 营销策划概述 1
1.1 营销策划的核心概念 2
1.2 营销策划的基本特征 5
1.3 营销策划的分类 8
1.4 营销策划的工具 14
1.5 营销策划的基本关系 16
本章小结 19
关键术语 20
思考题 20
参考文献 20
案例研讨 20

第 2 章 营销策划的基本要素与原则 22
2.1 营销策划活动的基本要素 24
2.2 营销策划的基本原则 34
本章小结 37
关键术语 37
思考题 38
参考文献 38
案例研讨 38

第 3 章 营销策划的程序与方法 43
3.1 营销策划的一般程序 44
3.2 营销策划的基本方法 53
本章小结 56
关键术语 57
思考题 57
参考文献 57
案例研讨 58

第4章 营销策划的组织与管理 62
4.1 营销策划组织 63
4.2 营销策划实施 69
4.3 营销策划控制 75
本章小结 87
关键术语 87
思考题 87
参考文献 88
案例研讨 88

第5章 营销策划人员的素质与能力 92
5.1 市场营销策划业的性质 92
5.2 企业营销策划人员的一般素质要求 94
5.3 营销策划人的一般能力要求 97
本章小结 111
关键术语 111
思考题 111
参考文献 112
案例研讨 112

第6章 营销策划的创意 114
6.1 创意在营销策划中的运用 114
6.2 营销创意的基本步骤 117
6.3 创意的开发途径 119
6.4 创意技法与效果测定 120
6.5 创意的自我训练 124
本章小结 126
关键术语 127
思考题 127
参考文献 127
案例研讨 127

第7章 营销策划书的编制 131
7.1 营销策划书的内容 132
7.2 营销策划书的结构 134
7.3 营销策划书编制的原则与技巧 146
本章小结 149
关键术语 150
思考题 150
参考文献 150
案例研讨 150

第 8 章　企业形象策划 155
- 8.1　企业整体形象结构分析 156
- 8.2　CIS 策划的基本原则 163
- 8.3　CIS 策划的基本步骤 164
- 本章小结 168
- 关键术语 169
- 思考题 169
- 参考文献 169
- 案例研讨 169

第 9 章　品牌策划 172
- 9.1　品牌战略规划 173
- 9.2　品牌定位策划 177
- 9.3　品牌设计策划 185
- 9.4　品牌推广策划 188
- 9.5　品牌资产管理策划 192
- 本章小结 194
- 关键术语 195
- 思考题 195
- 参考文献 195
- 案例研讨 195

第 10 章　新产品开发与推广的策划 197
- 10.1　新产品开发战略策划 198
- 10.2　新产品开发策划 205
- 10.3　新产品推广策略策划 210
- 本章小结 216
- 关键术语 216
- 思考题 217
- 参考文献 217
- 案例研讨 217

第 11 章　新市场拓展的策划 220
- 11.1　新市场拓展战略 221
- 11.2　新市场拓展时机策划 225
- 11.3　海外市场拓展策划 230
- 本章小结 238
- 关键术语 238
- 思考题 238
- 参考文献 238
- 案例研讨 239

第12章 市场促销策划 242
12.1 信息有效传播与接收原理 242
12.2 促销传播的组合与促销策划 247
12.3 整合营销传播与促销策划 259
本章小结 268
关键术语 269
思考题 269
参考文献 269
案例研讨 270

后记 274

第 1 章 营销策划概述

本章提要 本章是全书的开篇,主要阐述策划与营销策划的基本概念、特征和分类,以及营销策划作为一门新兴学科所要研究的对象和主要内容。本章的重点是掌握营销策划的概念及该概念与其他概念的区别和联系。本章的难点在于理解营销策划概念的内涵、意义以及与其他相近概念的区分。

引 例

2010 年,电影《杜拉拉升职记》曾经风靡一时,由徐静蕾主演的"杜拉拉",已经成为职场女性的代名词,并演变成一种精神和生活符号深入人心。德芙巧克力巧妙地镶嵌在电影中,变成杜拉拉消除工作压力、寻求快乐的动力,仅仅几个简单的大嚼巧克力的场景,就已经将德芙巧克力香甜而充满活力的味觉感受演绎得淋漓尽致;随后德芙又推出了新品巧克力"心声",为了配合新品巧克力的上市,德芙推出定制话剧《一颗巧克力的心声》,一句"你不能拒绝巧克力,就像,你不能拒绝爱情"的纯美台词,瞬间扣住了人们的心;话剧演出之后,德芙又展开了征集"心声"的活动,观众们的好评如潮,在人们深思话剧所表达的内涵的同时,也深深记住了德芙巧克力浓厚而纯美的品牌感受。

在有了电影和话剧良好的社会反响之后,德芙决定向音乐领域渗透,牵手酷我音乐。德芙利用酷我音乐强大的互动性,定制专属德芙的个性音乐排行榜背景,并且通过设置游戏环节,让酷我音乐的用户能够直接进入德芙官网主页,参与阅读德芙历史、自制巧克力美食、音乐测试和演奏等多个体验模块的游戏。尤其是音乐测试和演奏的环节,吸引了大量酷我音乐用户参与,通过美妙的音乐感受德芙带给人的愉悦心情,与一颗巧克力带给人们的美味享受,形成异曲同工之妙。

德芙的这一系列的活动,并不是随机的活动,而是精心设计的营销策划。

1.1 营销策划的核心概念

1.1.1 策划

1. 策划的内涵

"策划"一词,源自军事领域,并常见于中国古代名言和历史故事中。中国古代著名兵书《孙子兵法》中有"多算胜,少算不胜",《礼记·中庸》中有"凡事预则立,不预则废",《汉书》有"运筹帷幄之中,决胜千里之外"等名言。而广为流传的历史故事,如田忌赛马等更是古代专业策划人士(或称"谋士")中的"胜算"之典范。不仅我国古代有着丰富的策划思想和策划实践,其他国家也涌现了许多具有卓越策划才能的杰出人物,如奇计迭出、以少胜多的拿破仑等,为人类历史进步创造着一个又一个的奇迹。总结人类文明的发展史,策划常用于军事、政治、大型工程建设等领域。随着时代发展尤其是经济水平的进步,策划所涉及的领域及其功能也在发生着变化,并开始被广泛运用到社会、经济、生活的方方面面。

时至今日,几乎所有的企业都进入了"大策划"时期。有必要在学习市场营销策划之前,首先对策划的含义作一个探讨。

"策划",《词源》中解释为"策书、筹谋、计划、谋略"。在英语中近似"strategy"(战略、策略)。在策划业蓬勃发展的历史过程中,许多国外和我国的策划理论学家又从不同的侧重面对策划的概念作了独特的解释,其中有代表性的观点主要有如下几种。

1)计划说

日本策划专家高桥宪行在《策划学》一书中把策划解释为计划,认为"所谓策划就是为达成目的,组合一些因素,而付诸行动的计划,是效率、智慧的结晶"。作为第二次世界大战战败国的日本以惊人的速度创造了举世瞩目的经济发展奇迹,这与日本企业对营销策划的重视不无关系。高桥先生在计划学说中通过对策划的各种要素的分析,为企业策划的制定实施提供指导,以期为企业带来高速发展。

2)决策、选择说

美国《哈佛企业管理通书》对策划所作的界定为:"策划是一种程序,在本质上是一种运用脑力的理性行为,是针对未来要发生的事情作当前的决策。换言之,策划是找出事物的因果关系,衡量未来可采取的措施,作为目前决策之依据。即策划是事先决定做什么、何时做、谁来做。策划如同一座桥,它连接着我们目前之地和未来我们要经过之处。"

Harold Koontz 和 Cyril O. Donned 认为,策划是管理者从各种方案中,选择目标、政策、程序及事业计划的机能。因此,策划也就是左右将来行动路线的策略,是思维的过程,是决定行动路线的意识,是以目标、事实及缜密思考所作判断为基础的决定。这种观点将策划理解为进行科学的预测、分析,在多个可行方案中作选择或决策的行为。

3)管理行为说

英国管理咨询协会(MCA)对策划所下的定义为:"针对有关的管理诊断提供独立

的建议和帮助。它一般包括确定和考察相关的问题以及机会，推荐合适的行动方案，并且为所提出的建议提供帮助。"

John M. Pfiffner 和 R. Vance Presthus 认为，策划在本质上是较好的决定手段，是行动的先决条件。策划包括确定某团体或事业的目标，以及达成目标的最佳手段。由于政策、组织及社会环境的随机变动性，策划必须具备持续性与活动性。策划要准备编拟有效的运行程序，确认实施过程中的监督程序。策划能影响管理者的思路、预算、调整计划、意见沟通、机构设置等问题。此种观点认为策划对企业来说等同于广义上的管理行为，应该是企业管理人员日常管理工作的一部分或应履行的职能。

4）创意谋划说

赵承宗等在《策划学》中说："策划在古代又称策画。含有计划、打算之意。策划活动，在本质上是人类特有的一种理性行为，它是人们对自己所要进行的活动，事先在观念中作出打算，也就是预先作出计划、安排，对要达到什么目的，如何达到目的，依靠什么来进行，具体步骤怎样实施等一系列问题，进行具体的设计、计划、筹划。"这是一种强调策划的创意性和谋划性的定义，尤其强调策划的本质来源于人的理性思考，对策划人的特质有一定要求。

综合各家观点，可以对策划的定义作一个概括：策划是指人们为达到某一预定目标，作为思维主体，运用其所掌握的知识和具备的能力进行思考与运筹，对未来某项工作或事件所作的事先的策略、谋划。而策划学作为一门系统的科学，是集诊断、调研、思考、创意、设计、决策、实施和反馈于一体的智慧结晶。

2. 策划的特征

从上面的概念列举和总结可以看出，策划早已突破了仅在军事、政治等领域运用的界限，开始在社会生活的各个领域发挥作用，并且具有以下几个主要特征。

（1）目标性。策划必然要有明确的目标，策划活动的进行就是为了目标的实现。只有目标明确，才能将所有活动朝向统一的方向，去考虑达到目标的最佳途径。增强目标性可以提高策划的针对性，减少策划中的无序性和不确定性，使策划方案不脱离实际，不流于形式，解决实际问题。

（2）超前性。早在古代，策划家们就一直被誉为"料事如神"的人，可见，策划是必须具有超前性的。这种超前性表现为策划不仅仅是一个事先的计划方案或行动准则，更要经得住时间的检验，要在较长时期内都具有适应性、可操作性和领先性。如，若一个企业的生产策划的超前性太差，则容易导致机器设备等固定资产很快淘汰或生产工艺流程改造，最终造成重复投资或加剧财务负担。

（3）动态性。策划存在的必要性正是由未来的不确定性决定的，没有人可以预知未来，因此，再有超前性的策划也不可能完全准确。为了保证策划能对行动进行正确引导，最终导向预期目标，策划者要根据环境变化不断调整和修改策划方案。

（4）实效性。实效性也可以简单地理解为可操作性。策划是主观意识的反映，是策划主体对客观事实进行科学分析、逻辑思考而得出的主观成果。但策划不应该只是一种科学假设或思想成果，而应该转化为现实力量，促进主体目标的实现，或者策划所期望达到的目标是通过一定努力可以实现的。

1.1.2 营销策划

1. 营销策划的功能和作用

如上节所述，策划被广泛运用于军事、政治、大型工程建设、经济管理甚至个体生活中，现代社会已进入一个策划时代。营销策划作为经济管理策划的一种，是商品经济发展的必然产物，而在世界各国大力发展经济的今天，营销策划在种类繁多的策划活动中占有举足轻重的地位，并且作为一种重要商业手段，成为各大小企业把握市场的利器。

起源于古代商品经济活动的营销策划，可以追溯到司马迁所著的《史记·货殖列传》对范蠡经商策略的记载。而作为真正意义上的营销策划，则是伴随工业革命和机器大工业发展出现的，是现代市场经济及现代生产力发展的必然产物。纵观营销策划的发展，其经历了组织形式从个体走向团队、内容广度从局部走向全面、主体范畴从人脑走向人机结合、战略跨度从近期发展到长远战略、态度从热情走向科学理性的过程。并且在发展的过程中，营销策划展现着独特的功能和作用。

（1）营销策划可以提高企业适应市场环境的能力。有效的策划活动是一种能动地适应市场的活动，企业营销人员可以根据变化了的市场情况适时调整企业的竞争战略和经营方式，采用恰当的营销组合策略。另外，行之有效的营销策划还可以为企业营造一个良好的市场氛围，妥善处理企业外部各个利益相关者之间的关系，树立良好的社会形象。

（2）强化企业的核心竞争力。所谓核心竞争力，是指企业在经营过程中形成的无法替代的、不易被竞争对手仿效、并能带来超额利润的独特能力，这种能力是建立在企业核心资源基础上的企业技术、产品、管理、文化等方面的综合优势在市场上的反映。营销策划在核心竞争力形成的各个环节都起着重大作用，且可以通过有效策划维持和强化这些综合优势，使之最终成为持续的竞争优势。

（3）避免营销的盲目性。在不同时期或企业不同发展阶段有许多不同的营销目标，营销活动可以运用的工具和手段也是多样的。营销策划是直接为企业营销活动服务的，具有很强的目的性，可以使企业营销活动始终围绕一定的目标展开，从而减少了营销活动的盲目性、不确定性，可以集中全部力量来实现最关键的目标。

（4）优化企业营销资源配置。企业的经营资源可以表现为企业的人力、财力、物力与信息流通能力等诸方面，在每一个方面，企业受其历史条件的制约，都有一定的优势或劣势。营销策划为企业整合资源提供了系统的策略方案，在避免重复投资造成浪费的同时也使有限资源达到效益最大化。当然，策划方案的制定和实施过程是一个连续的优化过程，每一次的优化都可能是相对的优化，通过每一次的优化，最后达到总体的优化。

2. 营销策划的内涵

在初步了解了营销策划的功能之后，下面我们就营销策划的含义进行详细的探讨。营销策划是指企业策划人员为达到预定的营销目标，在对企业内外环境进行科学分析和研究的基础上，有效整合与运用企业现有的经营资源，对未来某项营销工作或事件作出事先的策略、谋划，制订出具体的计划或安排并进行控制。

可以从以下三个方面来更好地理解营销策划的含义。

（1）营销策划的最终目的是为了达到预定的营销目标。正如策划具有目的性特征，营销策划也必须有的放矢。作为一项充满创意的工作，营销策划需要创造性，也希望引起公众注意，然而这种注意是以实现营销目标为前提的，因此，这种策划创意要引起的注意必须具有方向性和目的性。

（2）营销策划必须基于科学的分析。营销策划是策划主体主观认识与事物客观进程的结合。策划主体能否在错综复杂的营销环境中找出对企业预定的营销目标起决定作用的环节、与之相联系的要素，进而找出其中具有决定性的要素，没有丰富的信息资料和科学的分析方法是不能实现的。

古代的策划家们常被赞作足智多谋、神机妙算，以致鲁迅先生感叹三国中的描写"状诸葛之多智而近妖"。但有如神笔的策划却并非哪位智者的"灵感"或"神算"，而是在综合了营销学和统计学原理等多门学科知识的基础上作出的科学的分析。这种科学分析不但是营销策划的基础，而且是进行策划的依据，"分析什么"、"运用什么工具或手段进行分析"、"分析的结果能为策划提供什么信息"，这些都是策划中必须要解决的问题。脱离了科学分析，营销策划将会成为无源之水、无本之木。

（3）营销策划是整合企业的经营资源进行的事先策略和谋划。策略和谋划是营销策划的实质，事先性是营销策划区别于其他营销职能的特点，不具事先性的策划也就失去了自身的意义。营销策划作为企业营销管理的一部分，不能脱离企业管理的范畴，还必须整合企业的经营资源。所谓整合，即梳理、归整、合并、合成，最后形成一种整体合力的意思。可以这么说，营销策划存在的重要意义就是为企业提高资源利用效益提供一个整合、支配资源的框架。

1.2 营销策划的基本特征

营销策划与别的营销活动相比，具有许多特征，但最显著、最重要的几个特征体现在其行业性、全程性、时效性、多样性上。

1.2.1 行业性

在前资本主义社会的商业经营活动中，商人也曾注重经营策划与经营点子，但绝大多数策划属于经营直观型策划，主要靠策划者个人的因素，包括策划者的能力、才干、经验、阅历等因素。其实，营销策划既是一种智力密集型劳动，又是一种创造性活动，是一项综合工程。现代市场经济条件下的营销策划是在科学理论指导下，运用各种科学方法，依照严格的逻辑程序进行的。而策划人员也从企业附属组织中脱离出来进行独立发展，最终，众多的独立策划组织以集群的方式经产业化变革，成为一个行业，吸纳着一大批具有专业素养的优秀策划人员的加入。

营销策划行业性特征的形成是以下两方面发展的结果。

（1）营销策划从个人崇拜向团体协作发展。在策划业兴起的年代总会涌现出许多著名的策划大师，流传着他们带有传奇色彩的策划故事。然而，由于社会活动复杂程度的逐渐提高、市场的日益健全，以个人崇拜模式存在的策划业正经历着重大转折。特别是中国加入 WTO（世界贸易组织）后，西方发达国家策划业的态势也引起了国内策划人士的思考，开始认识到现代策划业已经发展成为多学科、多领域联合和协作的复杂综合行业。再加上现代科学技术突飞猛进所引起的知识积累和信息膨胀，策划所需信息已非个别策划专家所能收集、传递、分析和处理。因此，营销策划开始渐渐由个人崇拜向团体协作发展，形成了行业化的前提。

（2）营销策划从依附型组织向独立组织发展。在营销策划发展的道路上，营销策划一直被作为营销人员的日常工作，策划人员地位、决策不独立，受非专业人士干扰，依附于其所服务的公司而非策划团队。而营销人员所服务的营销部门也一直作为企业众多部门中的一个，无法独立于企业之外。市场竞争的加剧，专业化分工优势日益突出，为策划业的形成奠定了良好的基础，专业策划团队、咨询公司等独立组织开始以自己专业的策划特长服务于不同的公司。这些独立组织所作出的营销策划不但具有专业性，并且因为独立决策而更具客观性和创新性。营销策划行业开始独立于某一个公司之外而开创自己的新天地。

总之，不管是策划人员的主观努力还是为适应时代发展而做的被动调整，经过从个人崇拜向团体协作，从依附组织到独立组织的发展，营销策划这个有着光明前景的朝阳行业仍然在日新月异地向前发展。

1.2.2　全程性

营销活动在每一个阶段都有不同的目标，阶段与阶段之间，目标与目标之间构成一个整体的营销系统。营销策划的全程性是指要对营销活动全程进行策划，并且将策划贯穿于产品或服务的从生产到销售的全过程中。全程性可以从营销策划的目的性与系统性两个方面来理解。

一方面，营销策划是从营销整体利益考虑的一种通观全局的理性思考，能促使企业的眼前目标与长远目标、企业的局部利益与全局利益有机结合，使工作中的每一个环节、营销中的每一个具体步骤和措施都始终如一地指向企业营销的总体目标。因此，营销策划的目的性，即在企业营销活动中的方向性和指导性作用，也使得其必然要具备全程性的特点。营销策划要引导所有营销活动朝着预定目标进行，并且每一步都依照既定的策划进行，在进行过程中还要不断依照策划进行控制。

另一方面，企业的营销活动是一个连续的复杂过程，它往往由众多细节组成，而每一个细节都可能对结果产生直接的影响。这些过程和细节组成了企业的营销系统，因此，涉及各个营销过程和细节的策划活动也构成了一个大的系统，而只有全程的营销策划才能形成一个完整、强大的系统策划。系统论认为，整体的合力大于各个部分的简单相加，进行营销策划必须遵循整体性、系统性原则。在具体的策划行为中，就是要综合运用各种不同的方法、手段、工具，促进各项要素功能和优势之间的互补、匹配，使其产生1+1＞2的效果，从而为企业创造出更大的竞争优势。要进行营销策划，应注意使策划的各个组成部分、各个子系统处理好局部与整体、眼前与长远的关系。如在营销组合策划中，如何达到最佳"4P"组合，就需要特别注意各个营销策略的相互协调与同步配套。

综上所述，营销策划的目的性和系统性要求营销策划要具有全程性的特征。在营销活动进行的过程中，当营销目标发生变化时，策划活动及其策划方案也须相应调整以对营销活动起指引性作用。另外，一个缺乏系统思考，对营销资源缺乏系统了解，对策略制定实施缺乏统筹规划的营销策划活动，也许能靠一时的运气而取得短暂的成功，但最终仍然会对整体产生不良的影响。

1.2.3 时效性

时效性一般用于传播领域，指信息的新旧程度、行情的最新动态和进展。营销策划在一定时间阶段是有效的，它的时效性在很大程度上制约着其实际运行效果。营销策划的时效性就是指策划者要根据营销策划动态发展和变化，分步骤、有条理地安排一系列活动，使策划系统的重点与最主要、最有决定意义的任务、目标在时间上能保持一致。也可以认为，营销策划的时效性包含了信息时效性、策划动态性和创意性三层含义。

（1）信息是市场营销策划的基础。营销策划是在对市场信息进行充分了解和考察后进行设计的，市场营销策划是对市场信息的充分发掘和利用。因此，营销策划要顺利有效地进行，必须掌握大量的信息，策划人员应根据营销策划目标的要求收集与营销策划目标有关的各种信息，如企业营销现状、市场环境信息、消费需求信息、竞争对手信息等。信息的时效性是非常强的，营销策划的预测性和准确性又在很大程度上依赖于信息的收集、统计、分析等。因此，是否使用时效性强的信息，运用时效性强的统计、分析工具，都会制约营销策划的功能和作用。

（2）营销策划的动态性表现在时机把握和资源调配上，要对变化作出及时正确的反应。营销策划的指导思想、方式、方案都应随着外部环境和市场竞争的变化而不断调整，使营销策划具有灵活性、应变性、调适性。市场营销策划作为企业管理的一部分，具有管理的一切特点和局限性。而管理的难点莫过于不确定性，营销环境也存在着大量的不确定因素和不可控因素。因此，僵硬、机械的营销策划必然不能实现预期效果。有效的营销策划应该适应内外环境变化，根据市场的变化和市场机会的出现，对策划方案进行必要的调整、充实，使变动中的营销策划方案与变化着的情况相适应，使之成为切实可行的策划方案。作为一种事先的策划，营销策划还要求对环境变化趋势作出科学预测，为了适应变化，还要能根据具体情况调整计划。

（3）营销策划的创意性是其区别于一般计划的关键，表现为从新的视角、新的营销观念、新的营销思维出发来思考达到预期营销目标的途径。营销策划一方面要求策划人掌握尽可能多的材料，全面客观地遵循事物的逻辑发展规律去推知未来，但毕竟无法穷尽未知的世界；另一方面，策划的本质是推动事物的发展，其在逻辑上的终点必然要高于起点，使事物不仅在量上得以扩充，而且在质上行进到一个更高的阶段，产生一个全新的事物。这两方面都要求营销策划具有创意性，策划人要有创新的意识和能力。

因此，应紧紧把握营销策划的时效性特点，充分发挥其实效性、创意性的功能，与时俱进，以应对内外部的动态环境。

1.2.4 多样性

企业所处的外部环境是多变的、复杂的，竞争对手也是多种多样的，再加上多元化经营战略被广泛采用，企业内部也充满着矛盾和冲突。营销策划是创新思维的学科，强调复合性思维、发散性思维。环境多变，加上营销策划本身的要求，都决定了其多样性的特征，可以从以下三个角度来分析营销策划的多样性特征。

1. 消费者行为的多样性

在学习营销管理时，已经研究过消费者行为的多样性。消费者行为一方面受到年龄、性别、职业、经济状况、生活方式等个人因素以及动机、感知、信念、态度等心理因素的影响，另一方面也受到社会阶层、相关群体、家庭、文化（包括亚文化以及外来文化）等社会因素的影响，是在两方面共同作用下形成的。另外，不同的营销策略也会对消费者行为产生影响，甚至可以利用这点对消费者多样的行为进行引导。市场营销观念认为营销就是如何确保企业或商家所做的与消费者所想的是一致的。而营销策划正是围绕着满足消费者多样性需求的营销目标展开的，消费者行为的多样性，要求营销策划具有多样性的特征。

2. 营销策划目标的多样性

营销策划目标是所有策划创意和行动的根本出发点，其他所有策划创意和行动都是围绕这一目标展开的，但营销策划的每一步行动，又各自有侧重的目标。如促销战略中的广告策略主要是为了提高产品品牌的知名度，公关战略是为了树立企业良好形象，企业推广战略则是为了扩大产品的市场份额。消费者行为具有多样性的特点，导致营销活动针对不同的顾客群、不同的产品，在不同的阶段都有不同的目标，而且策划的对象既可以是一个企业整体，也可以是某一种产品和服务，还可以是一次活动。因此，营销策划目标是多种多样的。

3. 营销策划方法和工具的多样化

营销策划方法，就是策划者为了达到一定的营销目的而进行的认识活动和实践活动所采用的方式、手段或遵循的途径。营销策划方法和工具都是为了实现策划目标而采取的方式、手段和途径，是多种多样的，其中，策划方法可以有统计学法、专家决策法、创意法等，而具体的营销策划工具中常用的有 SWOT 分析法、麦肯锡 7S 模型、价值链分析模型、波士顿 BCG 矩阵等。方法与方法、工具与工具之间也可以进行组合，况且，在实际工作中，一次策划活动往往运用到多种方法或工具。随着新技术特别是信息技术、网络技术在策划中的运用，策划方法和工具也在不断地向多元化方向发展。

消费者行为的多样性、策划目标和方法的多样性，导致营销策划多样性的特征，并且其紧密跟随市场发展的脚步继续向多元化、发散性的方向发展。

1.3 营销策划的分类

营销策划的名目繁多，具有多样性的特点。从不同的策划要求、角度及侧重点，可以对营销策划进行种类划分。掌握营销策划的分类可以帮助我们更进一步地了解营销策划的功能及其意义。

1.3.1 按照策划对象划分

企业营销活动涉及多方面的营销目标，如某新产品上市，某产品品牌建立，以及某个市场或某一时期的市场占有率、销售利润率、营销组合的决策和调整等。营销目标一般是企业营销活动中的重点、难点问题，也是制约企业进一步发展的亟待解决问题。

在一定的经营期内，企业营销目标可能是单一的，也有可能是多元的。因此，围绕营销目标展开的营销策划按照策划对象即策划的目标客体的不同进行划分，可分为单一目标营销策划和复合目标营销策划。

1. 单一目标营销策划

单一目标营销策划是指针对营销活动中的某个具体策略所作的策划。这一个具体营销活动可以是针对企业的某一产品、某一市场、某一时期的任何单项的营销活动。其具体内容如下。

1）单一产品营销策划

目前，多产品线、多元化经营的企业越来越多，跨行业的大型跨国集团公司也越来越多，并将成为一种必然的发展趋势。单一产品营销策划指的是采取集团化和多元化发展战略的企业中，对任一个产品的营销进行的策划。在多元化经营的企业里，多元化的产品面对的顾客是不同的，适合的营销策略也是不同的，集团内部差异性更大的不同产品的营销更需要考虑多方面的特殊因素。这一切都要求营销策划人员为不同的单一产品制定不同的营销策划方案，以保证营销活动的有效进行。

2）单一市场营销策划

随着通信技术的快速发展和运输的日益快捷，企业不论大小，都可以突破地域的限制把产品卖到任何有需求的地方。单一市场营销策划就是拥有多个市场的企业针对任一区域市场所作的营销策划。区域市场的划分，不同企业有不同的划分变量。单一市场营销策划所要做的就是基于不同区域市场的特性，或对于营销策略变化的差异性反应，以有针对性的营销组合策略渗透市场，或者推出不同的产品占领市场。如麦当劳在不同的国家，根据不同的民族风俗习惯，开展适应当地文化的广告活动。

3）单一时期营销策划

在营销策划特点里已经分析过，营销策划是全程的策划，也是具有时效性的策划。企业的发展不可能一蹴而就，营销策划也不可能一劳永逸，在不同时期会有不同的营销目标，也就需要有不同的营销策划作为指导。单一时期营销策划就是指企业为实现某一时期内的营销目标而规划的该时期内的营销方案。如企业目标为一年打开国内市场，三年进入国际市场，那么每个特定时期就要有不同的阶段性的营销策划。又比如针对节假日进行的促销活动也要事先制定营销方案。

2. 复合目标营销策划

简单地说，复合目标营销策划就是指营销策划涉及两个或两个以上对象。这个复合营销策划目标可以是单一目标之间的组合，也可以是全部目标的总体。因此，复合目标营销策划不仅要同时考虑多个目标的实现，更要考虑到多个目标之间的协调，营销方案成了一个系统策划，方案实施也将成为一个系统工程。这个目标策划系统可能包括的内容有如下几个方面。

1）复合产品营销策划

如果说单一产品营销策划是针对企业每一产品的营销作出的，那么复合产品营销策划所作的就是同时为多元化经营企业的两个乃至全部产品进行营销策划。在多元化经营的企业里，产品也是多元化的，不同的产品所占用的营销资源、产生的利润、适合的营销策略都是不同的。复合产品营销策划最主要的职能还应该是帮助企业实现最佳的产品组合，创造企业的独特竞争优势，达到效益最大化。如在个人洗护用品行业拥有多个知名品牌的宝洁公司，就必须做好避免各个子品牌之间恶性竞争的营销策划。

2）复合市场营销策划

正所谓有需求就是市场，而企业选择进入的目标市场也可能是多地域的。针对纷繁复杂的市场，企业可能要同时对两个或全部目标市场进行研究和策划。复合市场营销策划要做的除了涉及多个市场的多方策划，更要做好各个市场间协调发展的谋划，以实现全局的发展。如同时进入国内和国外市场的企业就应该针对不同市场的区域性差异制定营销策略，并且通过策划进行合理的资源调度。

3）复合时期营销策划

企业的战略计划有长短期之分，但各个时期衔接紧密，界限无法严格区分，因此，复合时期营销策划更倾向于对企业成长期的整体策划。在确定企业的战略目标，制订长期发展计划之后，对单一时期营销策划方案进行整合、调整，使整个营销策划系统指导企业朝向长期战略目标发展。如在企业迅速成长期，其间任何相关的短期的广告、促销、公关等活动策划都应该统一于树立品牌形象、提高品牌知名度等长期目标。

案例1　　　梦幻西游　步步为"赢"

《梦幻西游》是一款由中国网易公司自行开发并营运的网络游戏。游戏以著名的章回小说《西游记》故事为背景，透过Q版的人物，试图营造出浪漫的网络游戏风格。它号称是中国最多人玩的网络游戏。

截至2010年，网易游戏走过10年历程。在这10年时间里，网易游戏不断推出富有影响力的网游作品，并在休闲游戏、网页游戏领域也有所斩获。用网易CEO（首席执行官）丁磊的话来说，在这10年间，他们所做的事情是"希望成为这个行业的传统守护者。立足传统，心平气和，用好的方法讲好的故事，传播传统文化和价值观，不哗众取宠，希望能够成为创新和保守这对看似矛盾的统一"。这奠定了网易游戏以产品品质为先、注重用户体验和"敢为天下后"的独特性格。

网易对网游产品品质的坚持，《梦幻西游》或许是最佳例证。这款产品不断跟随用户需求调整内容，与7年前相比，大约进行了70%的更新。为了吸引不同的玩家，还推出经典版和唯美版全球双版本。

近期，《梦幻西游》的电视宣传片不仅在网络上火速流传，更在各大卫视轮番上演。轻松的画面、绝妙的动画效果、高超的特技，在宣传片中，周杰伦化身剑侠，游戏之时喜获一个人参果，谁知被妖怪袭击，后在骨精灵出手相助下化险为夷，加上流行天王周杰伦"人人都玩，不玩才怪"的倾情演绎，迅速掀起一股《梦幻西游》炫酷新潮流。

《梦幻西游》推广三部曲：

2004—2006年：网游高速发展期，谁能做出好的产品，谁就能占有市场并得到大规模推广，采用技术手段进行营销。网易CEO丁磊亲自制定了"网吧推广员"、"IDC数据机房合作"两种有效的推广模式，为《梦幻西游》的发展奠定了良好的基础。

2007—2008 年：竞争加剧，《梦幻西游》市场份额受到竞品影响。网吧推广、游戏网站媒介推广成为常规手段，且技术含量低，主要是在拼宣传费用。在投放策略上，如果不能集中投放，很容易形成"撒胡椒面式"的投放。在此期间，《梦幻西游》通过异业合作，借力打力。与娃哈哈营养快线实施异业合作，《梦幻西游》的人物形象和营销活动出现在 10 亿瓶营养快线上，通过娃哈哈强大的销售渠道，遍布全国各级市场。

2009—2010 年：市面上每周都有新游戏推出，网游行业发展放缓，大量山寨"梦幻"抢夺市场份额。在这样的背景下，《梦幻西游》的品牌刷新战略应运而生。在品牌刷新战略下，网易制定了"人不西游枉少年"的核心品牌理念，提出品牌刷新不仅仅是打广告，而且是一个系统工程。

1.3.2 按照策划内容划分

营销策划贯穿于企业营销活动的方方面面，既有全程性特征，也有广泛性特征，因此内容非常丰富多样。按营销策划的内容不同，可以把营销策划分为战略层的策划和战术层的策划两大类。

1. 营销战略策划

营销战略策划注重企业的营销活动与企业总体战略之间的联系，是指对企业生存、发展重大营销问题及营销总体组合作出的全局的、长期的、整体的、系统的策划。正是由于战略策划在营销策划中具有的方向性和全局性的重要地位，其要解决的问题应包括：企业的竞争对手是谁？应采取何种竞争战略？企业在营销的哪些方面可以获得竞争优势？怎么运用市场营销为企业获得可持续的竞争优势？因此，完整的营销战略策划要囊括以下方面的内容。

1) 营销战略目标的策划

企业为了"有的放矢"地开展营销活动，必须确立一定时期内的营销总目标。企业的营销战略目标是在企业整体战略目标指导下制定出来的，要以环境分析为前提。通常在策划中对企业作 SWOT 分析，即通过企业内外部环境的分析，找出外部环境中的机会和威胁以及企业内部的优势和劣势。通过此种分析，可使企业更好地利用自身优势抓住机会，同时扭转劣势、避免威胁，从而得以明确企业的经营现状特别是营销现状，最后确定企业一定时期内的营销战略目标。

2) STP 的策划

STP 是 segmenting(细分)、targeting（目标）和 positioning（定位）的缩写。STP 的策划包括市场细分、选择目标市场和市场定位，即企业依据总体战略和营销目标进行市场细分，选择要进入的目标市场，并且为产品和企业本身进行市场定位。

不存在绝对饱和的市场，也鲜有将所有顾客作为目标市场的企业。所谓市场细分就是指营销者通过市场调研，依据消费者的需要和欲望、购买行为和购买习惯等方面的差异，把某一产品的市场整体划分为若干消费者群体的市场分类过程。市场细分所起的作用就是运用一些细分变量将所有顾客进行区分,使每个细分市场之间对营销活动变化作出的反应差异达到最大化。可以说，市场细分也是一个发掘市场的过程或工具。目标市场是指企业在经过市场细分并对细分市场进行分析评价的基础上,选择对企业最有利可图、企业最能有效为之服务的细分市场。企业的经营资源总是有限的,目标市场的选择有利于企业在最有利可图的市场上集中经营资源,发挥竞争优势,保持持续竞争力。市场定位就是根据所选定的目标市场中竞争者产品所处的位置和企业自身条件,从各方面为企业和产品创造一定的特色,塑造并树立一定的市场形象,以求在目标顾客中形成一种特殊的偏爱。实质是要找出本企业产品与其竞争对手产品之间的差异——这些差异应是消费者所需要的且对他们来说是重要而又较少或没有得到满足的,并使这些差异有效到达消费者,为消费者所了解和接受。

3)企业竞争战略策划

商场如战场,处处充满没有硝烟却关乎存亡的竞争,如质量竞争、价格竞争、促销竞争、服务竞争……企业之间永远存在种类繁多、此起彼伏的竞争。而竞争在现代经济发展条件下更是呈现多元化、新兴化的特点,在经过企业战略目标和 STP 的策划之后,已经基本能回答"企业的竞争对手是谁"这个问题。但要回答"应采取何种竞争战略"以及"在哪方面获得竞争优势并保持可持续竞争优势"这些问题,就要对企业进行竞争战略的策划。竞争战略的策划就是找出并运用企业的核心竞争力的策划。竞争战略策划要做的就是制定竞争战略,使企业分析在外部环境、行业竞争环境、企业内部环境的基础上,运用自己的优势,利用外部机会提高企业竞争力。

4)企业形象策划

企业形象是指企业文化的综合反映和外部表现,是企业通过自己的行为、产品、服务在社会公众心目中留下的整体印象。其特点是,公众往往以其直接、主观感受对企业形象作出总体评价,但是企业仍然可以通过努力对公众评价的过程进行影响、引导。在企业早已把不断满足消费者需求、创造和开发新的市场需求作为主要任务的营销环境里,企业形象策划是营销策划的重要组成部分。导入企业识别系统,对复杂多元的信息进行归纳、提炼,使之以简洁明了的符号形式同大家见面,能保证产品品牌的信息化和企业形象的整体效果。良好的企业形象应体现在企业人员、管理、产品、服务、企业识别系统等方面,因此相应的企业形象策划也应是系统的贯穿全程的一个策划过程。

2. 营销战术策划

营销战术策划侧重按照总体营销战略策划,制订相应的具体行动计划。与营销战略策划相比,战术策划具有短期性、局部性、个别性、具体性的特点。任何一个总体的长期的战略策划都需要有付诸实际的具体行动计划作为支撑,只有这样才能实现企业的预期目标,而且战术策划与战略策划都是基于同一个营销目标之下的。战术策划主要包括围绕营销管理中的 4P 展开的策划,即产品(product)策划、价格(price)策划、渠道(place)策划、促销(promotion)策划。

1)产品策划

所谓产品策划,就是设计企业的产品与产品组合方案,以顺应消费者与市场需要的市场开发活动。营销策划是围绕着产品展开的,产品是所有营销策划的基点,产品策划就是从产品研发至消费者购买全过程的策划,即对产品包装成商品的全过程策划。产品策划要解决的问题主要有:在企业战略确定的经营范围内选择和定位产品、产品的品牌策略,以及采取何种包装以体现产品特性,使其与其他企业产品相区别。

2) 价格策划

鉴于消费者大部分时候对大多数产品或服务的价格都是敏感的，价格策划是产品营销策划的关键。所谓企业营销价格策划就是企业为了实现一定的营销目标而协调处理各种价格关系的活动。随着同质化竞争激烈程度的加强和消费者需求的不断变化，竞争者和消费者逐渐成熟，价格策划已经不仅仅是价格制定和调整的策划。要想运用价格这个有力杠杆撬动销售，价格策划就要以市场和整个企业为背景，掌握定价目标和方法，掌握影响价格的因素，采取价格变动和组合策略。

3) 渠道策划

渠道是产品从生产至最终消费者手中所经历的所有通道。渠道策划的最主要目的是提供服务，即为生产商提供销货途径，为中间商提供赢利机会，为消费者提供购买方式等。渠道策划包括渠道长度的策划、宽度的策划、广度的策划以及渠道组织制度的策划。因此，营销渠道策划一方面包括分析消费者服务需求；另一方面包括企业选择分销通路限制条件，评估、确定并改进营销渠道。

4) 促销策划

促销策划主要是运用重要促销工具进行的策划，主要包括广告策划、人员推销策划、销售促进策划、公关策划等。

营销策划实际上也是企业与顾客进行双向交流和沟通的过程，在这个过程当中广告宣传是必不可少的一部分，而且广告也因其普遍性、公开性的特点成为大多数企业促销的重要且必要的武器；人员推销是许多工业企业，或以企业而非个人作为主要目标顾客的企业进行促销的首选；销售促进被认为是快速渗透、占领市场的高效工具；公关活动经常被作为营销策划的媒介，通过将企业的理念或产品的特性浓缩成公关活动的主题，因其独特的特点往往可发挥意想不到的作用而日渐受到广泛瞩目。促销策划所要完成的任务就是如何在企业经营资源有限的基础上，选择适宜、高效的促销手段以获取目标市场。

  案例2　　　　洽洽瓜子营销策划成功之道

中国有这么一家仅仅靠卖香瓜子就能在几年内达到年销售额约 10 亿元的优秀食品企业，它就是炒货行业的第一品牌——洽洽。它仅仅通过几年时间的默默耕耘，就开拓了自己在炒货行业的一片领域。洽洽成功的关键因素正是源于其适时的营销绝招。

1. 产品策略

洽洽开创性地运用煮制香瓜子，突破传统炒货工艺之后，又加以传统秘制配方，将葵花子与多种有益于人体健康的中草药，通过特殊调配后，再经过"煮"这一特别的工艺进行加工。"煮"瓜子是洽洽香瓜子独特生产工艺的突出代表，它不单突破了炒制瓜子多吃容易上火的弊端，同时营养、口味的配方调制，使得普通的香瓜子具有了入味、香酥、不脏手、不上火等诸多特点。

2. 包装策略

随后，洽洽又推出了颇有艺术情调的纸袋包装，从而成为国内首家采用纸袋包装的炒货企业。由于其纸袋包装的设计带有浓郁的传统色彩，中式竖形信封的设计、民俗色彩强烈的手写体文字，再配上一段洽洽诞生的传奇故事，整个产品体现出简洁、醒目、典雅的文化风格。为了进一步增强恰恰瓜子的文化品位和休闲乐趣，洽洽还专门精心设计了图文并茂、印刷精美的金陵十二钗、唐诗宋词和其他休闲娱乐题材的文化卡片。

3. 渠道策略

为了使经销商积极配合公司的推广，洽洽设置了一定的让利措施。所以，洽洽特意做了一种新的纸箱包装，在箱子的封口处，印有"慰劳金"几个字。正是抓住了经销商"快速赚钱"的心理，经销商乐意配合企业，纷纷购进洽洽。洽洽向经销商保证"每箱都设奖，箱箱不落空"，奖项大小不限，完全满足了经销商的获利要求，大大刺激经销商的销售欲望。在搞定传统渠道之后，洽洽又采取"农村包围城市"策略，进军农村卖场。

4. 品牌定位策略

在缺乏品位的瓜子行业，洽洽又对品牌进行了一次大的整合，确立了"洽洽—快乐"的品牌定位，从而使洽洽旗帜鲜明地与其他瓜子品牌拉开了距离。有了快乐的品牌定位，洽洽的广告策略就有了强烈的针对性。洽洽选择在央视投放广告，使其与其他瓜子品牌拉开了距离。

1.4 营销策划的工具

科技发展的推动，知识经济的到来，都促使各个学科向科学化、实践化的方向发展。营销策划的发展经历了策划主体从人脑走向人机结合、策划态度从热情走向理性的过程，策划人员再也不是拍脑袋、找灵感来完成策划方案，而是开始运用许多科学的策划方法和工具。策划工具就是为辅助策划目标实现而采取的各种方式、手段和途径。营销策划常用的工具主要有 SWOT 分析法、麦肯锡 7S 模型、价值链分析模型、波士顿 BCG 矩阵。

1. SWOT 分析法

SWOT 分析（见图 1-1）广泛运用于现代企业管理，即对企业优势（strength）、劣势（weakness）、机会（opportunity）和威胁（threats）进行分析。这种优劣势分析主要是着眼于企业自身实力及其与竞争对手的比较，而机会与威胁分析将注意力放在外部环境的变化及对企业可能产生的影响上。这种分析方法用于营销策划，主要体现在营

图 1-1 SWOT 分析法图解

	内部因素		
外部因素	2 利用这些	3 改进这些	机会
	4 监视这些	1 消除这些	威胁
	优势	劣势	

战略目标策划和竞争战略策划上。在对营销策划分类进行阐述的过程中，营销战略目标的制定要借助 SWOT 分析方法来利用企业优势、找寻外部环境中的机会。而企业的竞争战略策划就是根据已分析出的企业优势和外部机会，选择本企业能获得竞争优势的战略，保持持续竞争优势。

2. 麦肯锡 7S 模型

麦肯锡 7S 模型指出，企业在发展过程中必须全面考虑各方面的情况，包括结构（structure）、制度（system）、风格（style）、员工（staff）、技能（skill）、战略（strategy）、共同的价值观（shared vision）。在模型中，战略、结构和制度被认为是企业成功的"硬件"，风格、员工、技能和共同的价值观被认为是企业成功经营的"软件"。麦肯锡的 7S 模型认为，企业的"软件"要素和"硬件"要素同样重要。营销策划是一种整体的、系统的策划，要做到这两点，就要同时注意到企业的"软件"要素策划和"硬件"要素策划。7S 模型运用在策划中，有利于策划人员在工作中从全面的角度看问题，用整体和系统的观点完成策划。

3. 价值链分析模型

价值链分析模型是由美国哈佛商学院著名战略学家迈克尔·波特提出的（见图 1-2），把企业内外价值增加的活动分为基本活动和支持性活动，基本活动涉及企业进料后勤、生产、发货后勤、销售、售后服务。支持性活动涉及人事、财务、计划、研究与开发、采购等，基本活动和支持性活动构成了企业的价值链。不同的企业参与的价值活动中，并不是每个环节都创造价值，实际上只有某些特定的价值活动才真正创造价值，也就是所谓的价值链上的"战略环节"，而这些"战略环节"亦即营销策划的重点。企业要保持的竞争优势，实际上就是企业在价值链某些特定的战略环节上的优势。营销策划所要做的就是如何协调或利用价值链所带来的最优化效益。因此，运用价值链分析工具不但能像 SWOT 分析一样发现企业的优势，更有助于确定企业核心竞争力，协调和整合企业的资源。

图 1-2　波特价值链

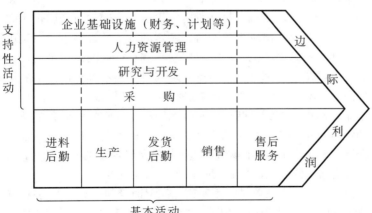

4. 波士顿 BCG 矩阵

波士顿 BCG 矩阵将组织的每一个战略事业单位（SBUs）标在一种 2 维的矩阵图上，从而显示出哪个 SBUs 提供高额的潜在收益，以及哪个 SBUs 是组织资源的漏斗。波士顿 BCG 矩阵的发明者、波士顿公司的创立者布鲁斯认为："公司若要取得成功，就必须拥有增长率和市场份额各不相同的产品组合。组合的构成取决于现金流量的平衡。"如此看来，波士顿 BCG 矩阵的实质是为了通过业务的优化组合来实现企业的现金流量平衡。在营销策划中，波士顿 BCG 矩阵主要运用于营销组合策划即 4P 的策划。前面几项策划工具，主要运用于战略层的策划，而营销目标的实现，还需要战术层的策划相配套，指导营销活动的具体行动。企业多元化经营，拥有许多产品甚至多个获利产品，如何在策划中体现最佳的产品组合、如何使资源利用效益最大化，波士顿 BCG 矩阵可以发挥其独特作用。

1.5 营销策划的基本关系

在市场营销这个综合系统的知识体系中，有许多与营销策划相近或联系紧密的概念或理论。为了更好地理解营销策划的概念，本节重点选取了几组联系紧密的概念进行分析。

1.5.1 营销策划与市场营销

市场营销是以消费者为中心的企业营销管理行为。营销管理包括策划、实施计划以及评估结果等活动。营销大师菲利普·科特勒对营销管理作了进一步的定义：营销管理是为了与目标市场创造、建立、保持互惠交往关系而设计的分析、策划、实施计划以及控制的方案。为了不断地满足消费者的需求，并创造和开发新的市场需求，企业需要进行有效的市场营销活动。

市场营销策划是企业策划人员为达到预定的营销目标，在对企业内外环境进行科学分析和研究的基础上，有效整合与运用企业现有的经营资源，对未来某项营销工作或事件作出事先的谋划，制订出具体的计划并进行控制。

在现代营销理念指导下，策划人员从顾客需求出发，深入市场调查研究，认真分析包括营销环境、竞争对手、市场竞争态势、顾客满意条件等因素，系统进行"创意—构建—行动"活动。不论何种范畴、哪种层次、哪个行业的营销策划，都是以顾客满意为出发点的，所以营销策划是针对市场需求同时又离不开市场需求的重要营销职能，是对整个营销管理活动、所有营销环节进行的谋划和规划。

因此，营销策划与市场营销是两个紧密联系又相互区别的概念和范畴。

首先，营销策划与市场营销都是从顾客需求的分析着手，最终目标都是满足顾客需求实现企业价值最大化。并且，市场营销覆盖市场营销活动的方方面面，而营销策划更是关系到市场营销活动的全程，二者同时存在又相互融合。

其次，虽然营销策划与市场营销关系紧密，但营销策划并不是市场营销的同义词。一方面营销策划作为市场营销领域中新崛起的细分学科，建立在市场营销学理论基础之上。市场营销是一个复杂的、多领域的运行过程，市场营销学也是多学科知识综合的复杂知识体系。营销策划与市场营销应该是部分与整体的关系，相对多层次多环节的市场营销来说，营销策划不过是起指引推动作用的一个环节，当然，也是举足轻重、不可或缺的一个环节。"皮之不存，毛将焉附？"如果没有市场营销，自然也就没有营销策划存在的可能。另一方面，营销策划的制定始终以市场营销目标为导向，没有单纯为策划而制定的策划。因此营销策划也可以说是实现市场营销目标的一种手段或工具，从这个角度来看，营销策划与市场营销也是手段与目的的关系。没有市场营销的目的，营销策划就没有制定的必要了。

1.5.2 营销策划与营销计划

营销计划是与营销策划最接近也最容易相混淆的两个概念。策划包含有计划的意思，任何策划都必须有计划，或者说策划本质上就是计划，但策划绝不等同于计划。陈放认为："策划侧重于'策'，它是在外部竞争的情况下，为了取得绝对的胜利而出谋划策、运筹帷幄。……计划侧重于'划'，是一种'安排'的意思。任何一件事情都可以拟定出一个计划支配行为主体去执行、按部就班去完成。"

虽然将二者说成侧重于"策"还是"划"有玩文字游戏的意味，但二者的联系与区别是存在的。二者之间的紧密联系体现在两个方面：一方面，计划帮助策划者对资源进行有效配置，因为在计划过程中，策划人员会更加深刻地分析内外环境的各种要素，进而深入地了解与把握资源；另一方面，计划与策划的可行性息息相关，任何策划一旦进入计划阶段，就将涉及许多现实问题，而这些暴露出来的问题恰恰决定或影响着策划的可行性，换句话说，计划的制订可以看做是策划的一个控制过程。

而策划与计划两个概念的区别，也可以从以下两个方面来分析。

首先，表现在创意性、超前性上。策划本身具有创新性，策划人员要突破企业活动原有的历史经验或可预见目标，策划的这种创新性为企业增添竞争的生命力与活力。策划的超前性即预测未来的功能，就是策划人员立足于企业发展中"可能发生的未来"，以经营环境系统和市场供需变化为依据，进行超前研究：判断多种可能性的大小，并预测可能性的发展趋势和未来可能发生的问题，提高企业适应未来和"创造未来"的主动性。而作为一般计划，并不需要太多的创造性思维与超前的预测，是根据战略性的策划作出具体行动规范，是一种程序性的工作。

其次，表现在战略性、主动性上。营销策划特别是战略层面的策划，是对企业生存、发展重大营销问题及营销总体组合作出的，具有全局的、长期的、整体的、系统的特点。并且，营销策划自始至终都是策划主体在参与决策，是主体作用于客观事物后所形成的主观产物。这种主观的策划行为，都是由策划主体主动发出的，由策划主体主动收集信息，按需要主动进行整理分析，主动对未来作出预测、制订计划。而计划具有更多的战术性含义和被动性，通常计划是为了实现更好的控制，使企业活动减少浪费和冗余，使之不偏离目标去运行。

总之，营销策划具有更显著的创意性、超前性和主动性，特别是在战略决策层面上。而营销计划是根据以往的经验对其人、财、物率先作出的安排和平衡，往往表现为掌握行为准则和行动方向，按部就班地进行程序化工作。

1.5.3　营销策划与 CI 设计

CI（Corporate Identity）设计，原意指表达团体一致性，而一般译为企业识别亦即企业形象策划，是企业大规模化经营而引发的企业对内对外管理行为的体现。1956 年，美国国际商业机器公司为了在电子计算机行业中树立起名牌形象，进入世界大企业之列，决定对公司进行标准化设计。他们将"国际商业机器公司"的英文全称浓缩为"IBM"三个字母，然后选取蓝色调为标准色，以此象征 IBM 高精尖的技术。IBM 的 CI 设计推出之后，引起各界公众的强烈反响，使其成为计算机行业的"蓝色巨人"，确立了霸主地位。在 IBM 的成功启示下，美国、西欧的一些大公司也相继实施了 CI 策划。到 20 世纪 70 年代，可口可乐公司斥巨资导入 CI 战略，使可口可乐在全球迅速扩大市场。

受市场竞争多元化、整体化竞争的影响，企业之间的竞争已脱离产品、质量、技术等方面的竞争而是发展到管理、观念、文化等方面。完整的企业形象系统包括理念识别系统（Mind Identity，简称 MI）、视觉识别系统（Visual Identity，简称 VI）、行为识别系统（Behavior Identity，简称 BI）。企业的 MI 是企业的思想和灵魂，即企业的想法，属于企业的最高决策层次。MI 是整个 CI 战略的核心，是 CI 战略运作的原动力和实施基础。企业的 VI，是企业理念的具体化、视觉化，亦称为企业的脸面，是静态的识别符号。企业的 BI，是在理念指导下的企业一切经营管理行为，即企业的做法，是动态的识别形式。

CI 设计所要做的是围绕市场需求，使企业的经营思想、企业文化和营销战略、管理手段以及企业标志、商标标志、广告宣传等都有统一的构成。并且这些构成并不是一种随机的组合，而是精心设计、周密策划的结果。CI 系统超越了产品营销的高度，本着欲推销产品先推销企业的原理，通过对企业的理念、行为及视觉识别进行系统革新、统一传播，以在社会公众的心目中塑造出超越个性的企业形象。成功的 CI 设计可使企业节省投资、增加收益，其塑造企业形象的完整性、系统性的功能及其创意的独特性是一般广告策划等手段无法比拟的。

从前面营销策划的分类也可以看出，CI 设计并不是营销策划的全部内容，而是营销策划的开始，是营销策划的重要组成部分。CI 设计包含的内容既有产品方面的，也有企业员工和整个企业形象方面的，这些内容的策划是要以营销策划作基础的。与单纯的 CI 设计相比，营销策划是塑造企业整体形象的希望工程、基础工程，如果没有成功的整体营销活动策划，企业很难在消费者心目中树立良好、独特的形象。

1.5.4　营销策划与营销点子

说到营销策划，不得不提及策划的兴起初期——1990 年，那是一个策划英雄辈出的年代，是一个策划传奇涌现的年代，也正是"点子大王"何阳风头正劲的"点子时代"。那时的"点子公司"可谓百花争艳，"点子大师"们也可以称为"中国第一代职业策划人"了。伴随着何阳的锒铛入狱，"点子时代"也一去不复返了，但是策划却成为商业活动的重要内容，广泛被各组织企业运用，一个新的营销策划时代来临了。

就营销策划与"点子"的区别而言，吴灿在所著的《策划学》中提出："所谓'点子'，就是人们通常说的出主意。'点子'毕竟只是一个'点'，而策划则是一个整体的、系统的实施过程，而不是一个片面的环节。"一个点子救活一个企业的神话在那个时代确实曾经上演，而且营销策划也需要点子，甚至有时是出其不意、能起死回生的点子。所以点子可以是市场营销策划中的创意，但创意并不代表全部。营销策划绝不能排斥点子，不能因为点子有效而认为其无所不能，也不能因为点子效果有限而认为其一无是处。可以说，点子与营销策划是部分与整体的关系，作为部分的点子是不可能取代营销策划这个整体的。"点子大师"们妄想只凭借自己一拍脑袋想出的一"点"就能解决所有问题是不可能的。特别是随着企业和市场规模的扩大，营销策划深度和广度都在加大，光靠点子进行营销活动，将营销策划仅仅停留在点子层面上就会显得力不从心。这时就需要专业营销策划人员，在整套营销方法论的理论体系基础上，进行系统科学的营销策划。点子只能是营销策划的一个环节，市场营销策划是一系列点子、谋略的整合，是建立在点子和谋略之上的多种因素、多种资源、多种学科和多个过程整合而成的系统工程。而营销策划也只是营销活动中的一个环节。因此"点子"与营销策划就是"部分"与"整体"或"环节"与"过程"的关系，都要放在营销管理这个整体或系统中才能发挥其预期作用。

本章小结

营销策划是指企业策划人员为达到预定的营销目标，在对企业内外环境进行科学分析和研究的基础上，有效整合与运用企业现有的经营资源，对未来某项营销工作或事件作出事先的谋划，制订出具体的计划或安排并进行控制。要从营销目标、科学分析、整合资源三个方面来更好地掌握营销策划的概念。

营销策划具有行业性、全程性、时效性、多样性的特征。营销策划在经历了从个人崇拜向团体协作和从依附型组织向独立组织两方面的发展后，已经成为了一个智力密集型的新兴行业。作为全程性的策划，营销策划者要对营销活动全程进行策划，并且将策划贯穿于产品或服务从生产到销售的全过程中。消费者行为、策划目标和工具等的多样性又决定了营销策划多样化发展的趋势。同时，还要把握营销策划的时效性，使策划系统的重点与最主要、最有决定意义的任务、目标在时间上能保持一致。

按照不同的分类标准，营销策划可以分成不同的类型。按其策划对象划分，可分为单一目标的营销策划和复合目标的营销策划。其中，单一目标的营销策划主要是指针对营销活动中的某个具体策略所作的策划；复合目标营销策划是指营销策划对象涉及两个或两个以上。按策划内容的不同，营销策划可以分为注重企业的营销活动与企业总体战略之间联系的营销战略策划，以及侧重按照总体营销战略策划制订相应的具体行动计划的营销战术策划。

营销策划可以运用许多策划工具，如 SWOT 分析、麦肯锡 7S 模型、价值链分析模型、波士顿 BCG 矩阵。不同的策划工具在运用过程中可以发挥不同的作用和独特的功能，策划人员要根据实际需要选择最适合的策划工具以利于营销目标的实现。

营销策划与市场营销体系中的许多概念具有一定的共性或者包含与被包含的关系，要正确分析营销策划与市场营销、营销策划与营销计划、营销策划与 CI 设计、营销策划与营销"点子"的联系和区别，才能有助于理解营销策划的概念和意义。

关键术语

策划　　　营销策划　　　营销计划　　　CI 设计　　　营销点子

思考题

1. 什么是营销策划？营销策划的功能和作用有哪些？
2. 如何按内容对营销策划进行分类？
3. 如何理解策划与计划的关系？

参考文献

[1] 李生校. 企业策划学[M]. 北京：科学出版社，2004：3-5.

[2] 任锡源. 营销策划理论与实务[M]. 北京：首都经济贸易大学出版社，2006：15-18.

[3] 德芙的娱乐营销[EB/OL].2012-09-14.http://wisdom.chinaceot.com/market_article-id2-7-aid36693.htm.

[4] 梦幻西游：步步为"赢"[EB/OL].2010-11-24.http://marketing.manaren.com/yxal/201011/7669.html.

[5] 洽洽瓜子成功营销案例[EB/OL].2007-03-12.http://www.bblook.com/business/case/Class/200703/1558_2.html.

[6] 胡其辉. 市场营销策划[M]. 大连：东北财经大学出版社，2006：5-6.

案例研讨

从《阿凡达》看张家界的"影视营销"

2009 年底，电影《阿凡达》的上映除了引起全球影迷的叫好外，还引发了一场对"哈利路亚山"原型的争夺。张家界、黄山两个国内知名旅游胜地展开了一场"傍大款"的拼抢，谁能成功借到《阿凡达》的"势"，谁就会在短期内迅吸引国人的眼球。

张家界胜利了，通过将富有中国味的"乾坤柱"改名为带有西方宗教色彩的"哈利路亚山"，迅速招来了媒体和公众的口诛笔伐。国内各大主流媒体关于更名事件的报道层出不穷，中央电视台主持人白岩松亲自对话更名事件的核心人物，播出时间达 1 个小时以上。一时间，张家界成为媒体和公众关注和争议的焦点，张家界的目的达到了。

张家界处于风口浪尖并不是其营销的根本目的，如何借着《阿凡达》的光，在旅游淡季拉动景区游客，实现淡季不淡的效果才是硬道理。

1. 借势传播景区优势，转移公众注意力

只有将张家界借势营销赚取的关注度转化为景区游客数量的增加，才能称得上是成功的营销，否则就只会流于形式，难以成为经典。针对"哈利路亚山"所在的张家界景区，该地进行了大量的传播工作，并结合《阿凡达》带来的关注和争议，迅速进行了大量张家界景区优势的推广，将"张家界"和《阿凡达》捆绑起来，建立起公众看《阿凡达》"哈利路亚山"就去"张家界"景区的认知。

2. 基于认知度的口碑营销提高游客美誉度

旅游是消费者体验感很强烈的一种产品，游客口碑显得非常重要。如果普通游客刚刚对"张家界"产生了兴趣，却在网上看到了其他"驴友"揭露的景区或者旅行社黑幕，那他就很可能不会去。吃、住、行、游、购、娱，将"哈利路亚山"所在的张家界景区的特色和服务通过游客口碑传播出去，树立景区的美誉度，给游客提供更多丰富的可借鉴的游玩攻略，无疑会吸引更多游客前往。

对此，张家界的游玩攻略等口碑传播工作开始大量展开。门户、行业等网站的旅游频道和社区里都能看到关于"哈利路亚山"和"张家界"的游玩攻略，得到了大量网友的关注。

3. 做好旅游线上渠道，合力推广"阿凡达之旅"

旅游产品的营销也遵循4P理论。通过一系列对张家界景区美景的推广，以及大量游客攻略和口碑的传播，"阿凡达之旅"开始成为很多游客心中的向往。将"噱头"转化为产品，从传播到销售，张家界顺势展开了和媒体以及旅行社的合作推广。"阿凡达之旅"、"阿凡达——悬浮山神秘之旅"开始出现在各大旅游网和旅行社的主推线路中。

为了创造更好的游客体验感，景区各负责人制定了"纳美人"服装，在"哈利路亚山"与游客合影，为赢得游客口碑奠定基础。直到现在，"纳美人"仍然活跃在"哈利路亚山"上，给游客留下深刻的印象。

4. 淡季反超破纪录，《阿凡达》借势营销成效显著

《阿凡达》借势营销提高了张家界景区的知名度，更为张家界带来了大量的游客。距离《阿凡达》借势营销展开后仅两周时间，张家界景区的游客接待数量就实现了淡季反超的奇迹。相关数据显示，2010年春节期间，张家界游客数量比往年增长将近25.87%，旅游门票收入1173.7万元，同比增长50.88%，实现新年旅游的"开门红"。

张家界借势营销所产生的效应并没有随着《阿凡达》电影的落幕而走向衰弱。据张家界白龙天梯旅游发展公司相关负责人介绍，2010年上半年，阿凡达借势营销所带来的效应还在持续吸引着中外游客前来，往来游客和导游谈得更多的是《阿凡达》悬浮山原型取景地，拍得最多的是巍然屹立的乾坤柱和身边的"纳美人"。

（来源：孟韬. 市场营销策划[M]. 大连：东北财经大学出版社，2011:11-12）

思考题

1. 张家界是如何借力《阿凡达》进行影视营销的？
2. 张家界的影视营销体现了中国营销策划业的哪些特点？

第2章 营销策划的基本要素与原则

📓 **本章提要**　本章主要介绍了营销策划活动的基本要素，包括营销策划的主体、营销策划的客体和营销策划的具体环境，同时也介绍了营销策划者在营销策划时应遵循的十大基本原则。本章的重点是营销策划的十大基本原则和营销策划的具体环境分析。本章的难点是营销策划的环境分析。

引　例

香飘飘奶茶经过五年的发展，从当初在郑州区域市场每月销售三十多件奶茶，到今天荣登中国奶茶行业第一品牌，全年销量已突破十亿。而像立顿、相约、优乐美等品牌奶茶一直想超越，却难以望其项背，无法撼动香飘飘的位置。为何香飘飘能取得今天的成就，这绝对不是偶然因素形成的。

1. 在既有的市场中寻求相对空白市场

现在许多食品企业的厂商都在抱怨竞争激烈，内需不足，实际上竞争激烈是大伙都在同一个市场抢饭吃，需求不足是需求得不到满足。珍珠奶茶在1985年被台湾人发明以来，红遍台港澳以及大陆。但是销售的场所和终端基本上是奶茶店和茶餐厅，而且所谓的珍珠淀粉含量很高，所谓的奶茶不含牛奶和茶叶的成分，年轻的消费者被蒙在鼓里，只是为了图好喝而已。在香飘飘奶茶问世之前，几乎没有多少厂家和商家看到这里面存在的商业价值。

通过调研分析奶茶市场的状况和潜在的问题，寻求企业发展的机会。香飘飘对奶茶市场的核心目标消费群，即年龄在15~30岁的年轻人尤其是女性进行了深入的消费心理剖析，认为消费者的自我概念或自我形象一直是影响购买动机的重要因素，自我形象与产品形象一致构成了女性消费者消费的第一动机。抓住了现代年轻女性消费心理新动向，如女性的变身动向、挑战动向、自立动向、愉悦动向和直觉倾向等特征。

根据以上的奶茶产品和消费者心理研究，香飘飘将自身定位为一种健康情趣奶茶，全部采用天然原料，独家含有低热量高纤维的椰肉，满足女性想喝奶茶却又怕喝多了影响身材形象的潜在需求。为此，选定有"奶茶"之称的影视红星刘若英，香飘飘与刘若英的经纪人反复联络，回复只有一个：刘若英不给非知名品牌做代言！于是经过反复考虑，选用在男女消费群都有号召力的明星陈好代言。回忆这段往事，让人感慨万千，当时的香飘飘是多么的不起眼，即便拿出 300 万元都请不动明星代言，而今却获得了突飞猛进式的发展。在此劝解那些奉行明星做代言打市场的企业，保持冷静，没有好的产品，没有为消费者提供更贴心、更独特的价值，即便把张曼玉、刘德华请来也不一定能获得成功。

为了突出香飘飘的产品特性，以及消费者追求的自然健康、清新自在的风格，于是在香飘飘 VI 设计中使用了可爱且具有张力的翅膀，真正在品牌形象上激活了消费者的眼球和感觉。

2. 以人性化价值创新开辟蓝海市场

香飘飘人性化的产品设计和服务，促使消费者与自身利益不断扩大，从而逐步向企业发展的蓝海市场进军。

1）产品创新

香飘飘奶茶是为消费者尤其是女孩子精心设计的一款独特的产品，和一般奶茶高糖分、高热量不同的是，香飘飘奶茶改变了奶茶原来的形态，借助浙江省农科院食品研究所的反复研究，采用高纤维的椰肉替代高热量的淀粉做成珍珠。你知道吗？100 克这样的珍珠的卡路里相当于一块大排的热量。不仅减少了爱喝奶茶的消费者怕喝胖的担心，而且椰肉嚼起来的感觉，犹如一边喝奶茶，一边咀嚼口香糖，又给奶茶增加了一种特别的口感。并且采用优质的茶粉替代了一般的茶粉和替代品，我们都知道香飘飘奶茶的生产所在地湖州正是"茶圣"陆羽墓地所在之处，更是《卧虎藏龙》的外景拍摄地，这样将品牌背书与配方相结合，塑造了与众不同的品牌文化和品牌内涵。

2）形象创新——让消费者产生梦幻的感觉

现在来看香飘飘包装上的那对翅膀不是很显眼，但是在当初考虑采用什么样的包装形象时，设计者消耗了不少脑细胞，最后确定出以天使翅膀来烘托品牌传递的清丽飘逸的梦幻感觉，在选择代言人方面，本来是邀请刘若英做代言，但她从来不给非知名品牌做代言，后来才选择了陈好，凭借陈好的广泛知名度配合动感的翅膀——她扮演的香飘飘仙子的形象已经深入消费者心中。一时间许多企业纷纷跟进，香飘飘的天使形象成为许多女孩子喜欢的形象。

3）扩大 5 毫米，口感变变变

香飘飘奶茶大胆采用各种五颜六色的吸管，且口径比普通吸管大出一倍以上，不但让爱喝奶茶的女孩子能大口吮吸，而且能够吸到里面的椰肉，在口齿之间塑造一种甜蜜而柔滑的感觉，解决了过去很难把珍珠吸到口中的问题，还加速了饮用的速度，可以让消费者品尝到更多更美味的奶茶。

4）方便到家，创造新生活方式

香飘飘奶茶不仅开发了一种便捷的奶茶形态，而且创造了一种新的生活方式，可以随时随地、随心所欲地享受到"更美味、更时尚、更健康、更方便"的现代休闲生活，这是香飘飘取得成功，为消费者创造新价值的关键所在。在香飘飘奶茶出现之前，传统奶茶不论是在营养、口感，还是方便性、时尚性、休闲性方面都没什么创新，与不断变化的都市生活和饮食文化存在着明显的落差。香飘飘奶茶在原有奶茶基础上进行了全方位的价值创新，赢得了经销商和消费者的心。

2.1 营销策划活动的基本要素

营销策划既是艺术，也是科学，它是艺术与科学的结合。在某些时候可能表现出艺术性，更多地属于艺术的范畴；而在另一些时候可能表现出科学性，更多地属于科学的范畴。无论是表现出艺术性还是表现出科学性，营销策划都一定是两者的结合，只不过在某些时候，某一方面显现得更多一点。营销策划需要策划人的智慧、经验、品质等，也需要策划人对基本的宏观环境和微观环境的把握和理解，更需要科学的手段和工具。营销策划既要遵循一定的规则，也要具有一定的灵活性。

营销策划活动是指策划人在做营销策划的过程中所进行的一系列活动。营销策划活动的基本要素主要由营销策划主体、营销策划客体和营销策划环境三个部分组成。营销策划主体是营销策划方案的提出者，它可以是个人，例如单个策划人，也可以是组织，例如策划公司组成的策划团队、企业组建的策划团队或者策划公司和企业共同组建的团队。营销客体是营销策划的对象，它是营销策划方案或者营销策划的产品、服务项目，是营销策划主体作用的对象。无论营销策划主体和客体如何，它们都必须在营销策划环境下存在。

2.1.1 营销策划主体

策划是一项富有创意的系统工程，其成败在很大程度上取决于策划主体水平的高低。营销策划主体是指进行营销策划活动，提出营销策划方案的策划人。策划主体可以是个人，也可以是组织。就企业营销策划而言，可以是企业内部工作人员，也可以是企业外部专业策划人员。由于营销策划是一种具备高智力的创造性活动，因而对营销策划主体有着特殊的知识、文化、能力、素质等方面的要求。

现代营销策划主体更多地由专业性的咨询策划公司或有关的科研机构担任，或者由中高级专业研究人员担任。由于营销策划者的经历、知识、能力水平等的不同，不同的营销策划主体对同一营销策划项目所涉及的各项资源的处理方式也就必然不同，所做的营销策划活动和方案也会有很大的差异。因此，企业在开展营销策划之前，应该选择优秀的营销策划主体，即选择适当的组织机构和人员，包括营销策划活动的人员构成、工作机制和工作流程等。

营销策划部或企划部是企业特殊的部门。企业是否需要设立营销策划部门，要看企业建立营销策划部门与聘请营销策划公司做营销策划哪个更好，哪种选择创造的经济利润更高。如果企业自身建立营销策划部门会使企业运营更经济、更有效率，则应该建立营销策划部门；相反，则可以借用外部的营销策划公司。两种形式各有优点，也都存在缺点，在企业实际的营销策划过程中，一般是两种方式同时利用，这样就具有两种优势，避免两种方式单独使用时会产生的缺点，也就是说在大多数情况下，是两种方式的结合。利用企业自身的营销策划部门进行营销策划，一般情况下做出的营销策划方案的可操作性更强，更符合企业的实际情况，与企业文化更吻合，但是格调不高，受到企业内部环境的影响较大，思想没有突破，因此也不会产生突出的作用。利用外部营销策划公司进行的营销策划，一般能跳出企业内部环境和企业文化的影响，形成比较独特的创意，但是在很多情况下其可操作性比较差，不是十分符合企业的实际情况，难以适应企业文化。因此采用两种方式结合，能够利用两者的优势，同时避免两者的缺陷。

另外还要根据实际需要来确定企业是否要建立营销部门，因为不同的营销策划活动需要不同层次的营销策划主体；即使同一等次的营销策划活动，也会因企业内外部环境、企业资源等条件的不同需要不同的营销策划主体参与。

营销策划人员要有大胆创新、细致缜密的想法，既要应变市场状况又要组织人财物以便进行营销策划活动，因此营销策划人在创新求变、市场敏感、问题解决、计划组织、专业学习、分析判断等六个方面要比一般人更为突出。营销策划人要系统掌握现代营销学与营销管理知识，要有较强的观察能力和丰富的想象力，要善于与人合作和有较强的交际能力，有较好的文笔和口才，要有高效率的工作方法。营销策划人员还要对产业相当熟悉，具备撰写营销策划方案的能力，会应用各种办公软件等。上述这些能力都要求营销策划人员不断学习、训练和积累，因为每个人天生的特质都有强项也有弱势，弱势的部分可以经由后天训练来强化，强势可以经过学习和训练变得更强。此外，对营销策划组织也有一定的要求，一般要求团队成员的知识结构、经历、年龄、学历、性别等比例或结构要科学合理。

2.1.2 营销策划客体

营销策划客体是指营销策划的方案或策划的产品、服务等对象。对企业内外部环境的科学分析是营销策划的基础和起点。正确的、新颖的主题和创意是营销策划的核心与灵魂，能否在纷繁复杂的企业内外部环境中发掘和形成新颖的主题和创意，对营销策划者的素质、能力和经验是一个综合性的考验。

创意贵在新颖。好的创意不会与其他人的创意相同。它应具有新颖性、求异性、独特性、从未出现过的。求异思维应该贯穿于整个创意形成的过程之中，要想别人没有想的，要做别人没有做过的。具有新颖性是好创意的关键，因为没有新颖性的、不会吸引公众的关注，更不会得到消费者的认可。营销策划的主题必须要有自己的突出的特色。

2.1.3 营销策划环境

孙子曰："知己知彼，百战不殆。"意思是对企业内部环境和外部环境的完全掌握是取得成功的关键。营销策划者在策划前期要做好充分准备，要通过大量的调查研究掌握宏观环境和行业环境的具体情况，从而发现机会，了解面临的威胁；通过分析和研究了解企业内部的具体情况，把握企业自身的优势和劣势，从而找到营销策划的主题，激发创意。

环境是企业生存和发展的土壤。环境分析就是要对企业的生存土壤进行分析，它是发现机会的基础和前提。动态变化的环境能给行业带来机会，也会制造威胁。环境分析的目的是使策划者了解环境，发现并抓住创业机会。

营销环境是指与营销活动有关的所有要素，包括企业外部环境和企业内部环境，企业外部环境包括宏观环境、行业环境，如图 2-1 所示。

图 2-1　企业营销环境

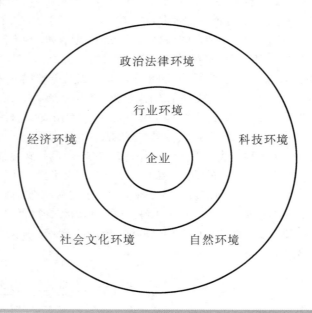

1. 宏观环境分析

宏观环境是指给企业创造市场机会或制造威胁的各种要素，包括政治法律环境、经济环境、社会文化环境、自然环境和科技环境等因素。虽然宏观环境对企业的影响可能是间接的，但是影响巨大，而且企业无法完全控制宏观环境，只能被动地适应它。

1) 政治法律环境

政治环境是指一个国家或地区制约和影响企业的各种与政治有关的环境要素，包括政局、政治制度、体制、方针政策等。政治环境是企业生存与发展的基础和条件。政局包括外交政策、执政党更换、执政要员变换、社会治安恶化、民族矛盾以及社会动乱等情况。这些情况对企业的正常经营活动有很大的影响，因此，策划者在策划前要对影响企业经营的比较敏感的政局环境进行详细分析。国家政策是企业经营必须遵守的准则，企业制定的经营战略和目标必须适应国家政策。策划者应对各种相关政策有充分的了解，并能对它们的变化趋势作出正确的判断，充分利用政策带来的机会。

法律环境包括国家或地区制定的法律法规、法令等，它们既保护企业的正当利益不受侵害，又监督和制约企业的行为。国家会制定许多与企业经营活动相关的法律法规，如《中华人民共和国合同法》、《中华人民共和国知识产权保护法》、《中华人民共和国企业破产法》、《中华人民共和国质量法》、《中华人民共和国商标法》、《中华人民共和国专利法》、《中华人民共和国反不正当竞争条例》、《中华人民共和国环境保护法》等。策划者要对这些法律法规有一定的了解，才能既保护企业的正当利益，又不会因违反相应的法律法规而受到惩罚。

政治法律环境是保障企业正常经营的基本条件。在一个政治稳定、法制健全的环境中，企业才能通过公平竞争，获得长期、稳定的发展。但政治法律环境对企业而言，是不可控的，具有强制性，企业只有适应这些环境，才能生存和发展。

2) 经济环境

经济环境是指构成企业生存和发展的社会经济要素，包括经济周期、经济结构、经济发展战略、消费者收入状况、资本市场和基础设施建设等因素。衡量这些因素的经济指标有国民生产总值、物价水平、消费支出水平、国际收支情况、利率、通货供应量、政府支出、汇率等。

经济周期是经济发展过程中出现的周期性波动，分为繁荣、衰退、萧条和复苏四个阶段。经济周期性波动会影响到几乎所有的产业和部门的变化。策划者要正确认识经济发展的周期性，了解经济发展所处的阶段，利用不同阶段的特点，有针对性地制定相应的策略，避免企业经营的较大波动，使企业持续稳步发展。

经济结构是指国家或地区的产业结构、分配结构和消费结构等。经济发展战略是指国家、地区或部门从全局出发制定的长期的经济发展规划。消费者收入状况是影响购买力的最主要因素之一。但要区分实际收入和货币收入状况，实际收入是指扣除通货膨胀、税收等因素后的收入，它的增加表明实际购买力的增加，但是货币收入却不同，有时货币收入增加并不一定增加实际购买力，可能实际购买力反而下降。

资本市场是市场经济的重要组成部分，在现代经济中有重要作用，它是融通资金、调节投资的重要渠道，它的发展状况直接影响到企业在资本市场上获得资金的数量和难易程度。

3) 社会文化环境

社会文化环境是指一个国家和地区的社会结构、民族特征、社会风俗和习惯、信仰和价值观、行为规范、生活方式、文化传统、人口状况等要素。

人口是消费市场的基本前提，是决定市场规模的重要因素。人口状况包括人口数量、人口密度、年龄结构、地区分布、民族构成、职业构成、家庭规模、家庭寿命周期、收入水平、教育水平等。人口状况的变化意味着市场结构、市场规模的变化。

文化是人们价值观、思想、态度、社会行为等的综合体。一个社会的核心文化和价值观有着高度的持续性，它是人们世代沿袭下来的，影响和制约着人们的行为，同样影响着人们的购买行为和消费习惯，也影响着企业的经营。策划者要充分理解当地的核心文化，同时也不要忽视在核心文化基础上派生出来的亚文化。具有不同亚文化的群体在市场需求和消费行为上表现出很大的差异，即使有相同的亚文化的人，也可能表现出不同的市场需求和消费行为。

4) 科技环境

科技环境是指社会科技总水平及变化趋势，包括科技水平、科技政策、科技力量、科技立法等，它们直接或间接地影响着创业企业的经营。

科技的进步使社会对企业的产品/服务的需求发生重大的变化，它为一个行业或几个行业创造机会，也可能会形成威胁。策划者要特别关注企业所在的行业的科技发展状况及未来发展趋势。

5) 自然环境

自然环境是指影响企业经营的自然因素，包括土地、河流、森林、海洋、生物、矿产、能源等。对自然环境分析的目的是要了解当地的环境和资源是否具备了行业发展的资源条件，是否适合创业企业的生存和发展。许多自然资源是不可再生的，并不是取之不尽用之不竭的，如石油、矿石等资源，因此要了解当地的资源对创业企业发展有何优势，能持续多久，是否会因为某些资源的缺乏影响企业的正常经营，同时也要考虑环境保护等问题。

2. 行业环境

行业是指提供同类产品/服务的企业的总和。行业环境分析包括行业生命周期阶段、行业结构等。

在行业不同的发展阶段，行业的经济特征是不同的，这些不同的经济特征直接影响到企业的产品能否为其带来利润。行业分析的目的是了解有吸引力的行业应具备哪些因素，行业的哪些部分最有吸引力。决定行业吸引力水平的综合分析工具是五力模型，该模型分析了行业内决定价格/成本的关系，同时也分析了决定行业利润水平的五种力量。

1) 行业生命周期阶段

每一个行业的发展都要经历导入期、成长期、成熟期和衰退期四个阶段，如图2-2所示。对企业而言，不同的行业发展阶段带来不同的机会和威胁。

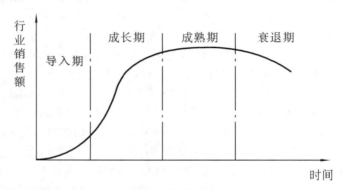

图 2-2 行业生命周期

(1) 导入期。在此阶段，行业处于起步阶段，技术处于研制过程中，技术发展具有很大的不确定性，产品单一，价格较高，产品质量存在许多缺陷，企业数量较少，竞争不激烈，消费者群体不明确且规模较小。行业的发展前景不明朗，但存在许多机会，一般而言，先进入者享有制定生产、技术等标准的优势，也享有声誉上的优势，但也存在很大的技术风险和市场风险。

(2) 成长期。在此阶段，技术趋于成熟，技术发展方向明确，产品数量大，产品种类增多，价格不断下降，质量和可靠性得到提高，企业数量不断增加，行业规模扩大，竞争趋于激烈，消费者群体不断增多，且出现许多细分市场。行业的发展前景较明确，主要的细分市场已经被企业占有，但由于市场需求增长较快，也还存在许多机会。

(3) 成熟期。在此阶段，技术发展已经很成熟，行业稳定发展，产品趋于大众化，产品数量大，产品种类齐全，企业间竞争激烈，产品趋于同质化，企业通过广告等方法扩大品牌，实力弱的企业不断被兼并或破产，实力强的企业的市场占有率较高。细分市场基本被企业占有,消费者规模达到最大,且较稳定。

(4) 衰退期。此阶段是行业衰退、消亡的阶段,行业规模不断削减,很多企业纷纷退出该行业。顾客对产品非常了解,且对价格很敏感,而不注重革新,因此企业的成本控制尤其重要,又由于市场需求不断减少,企业赢利能力不断下降,许多企业倒闭或退出。

上述四个阶段是所有行业都必须经历的,只不过时间的长短不一而已。因此,策划者要充分理解和把握行业发展的四个阶段的特征,利用好这些特征。

2) 行业结构

行业结构是指在特定市场中,企业间在数量、份额、规模上的关系,以及由此形成的竞争形式。行业结构包括企业数量、规模及其在行业中的位置,买主的数量、规模及其构成,从供应商到最终用户的分销渠道状况,行业内的一体化程度,行业的总体规模,进入市场的难易程度,行业的竞争状况及其吸引力等。

对行业结构分析的主要目的是了解行业的长期吸引力及未来的赢利能力。我们可以通过迈克尔·波特提出的五力模型进行分析(见图 2-3),以便了解行业的竞争状况及其吸引力。

五力模型认为企业赢利能力取决于企业所处行业的吸引力以及企业在行业中的相对市场位置。五力模型中的五力是指潜在进入者的威胁、替代品的威胁、供应商的讨价还价能力、购买者的讨价还价能力和行业内竞争者之间的竞争。这五种竞争力的综合作用决定了行业竞争的激烈程度,形成行业的吸引力和赢利能力。不同行业的五种竞争力的综合作用不同,同一行业的不同发展阶段的五种竞争力的综合作用也不同。因此,不同行业或不同行业发展阶段的吸引力大小不同。

3) 行业进入壁垒

大部分企业进入的行业都是已经存在的行业,只有极少数企业进入的是全新的行业。企业在进入一个行业之前要充分了解该行业的进入障碍。行业的进入壁垒越大,潜在进入者就越难进入该行业。有些壁垒是行业特有的,而另外一些壁垒是行业内的企业制造的,因为潜在进入者进入行业后将在两个方面减少现有企业的利润:一方面,进入者会瓜分原有企业的顾客;另一方面,进入者会争夺供应商。对一个行业而言,进入威胁的大小取决于现有企业的反击程度大小和进入门槛的高低,如果进入壁垒高,现有企业的反击程度强,潜在进入者就难以进入该行业,那么进入威胁就小。行业的进入壁垒主要有如下几种。

一是规模经济。规模经济是指在一定时期内,企业所生产产品或提供服务的绝对量增加时,其单位成本反而下降。任何行业,因行业特性等,都会有一个最佳的规模经济生产点。在最佳规模经济生产点生产的现有企业相对新进入者有成本优势,这就构成了进入障碍。新进入者要成功进入一个行业必须具备一定的生产规模,才能取得相应的成本优势,否则将处于成本劣势。

二是产品差异。产品差异优势是指现有企业通过长期的大量广告宣传、优质服务等形成的商标信誉、客户忠诚度等优势。如果行业存在产品差异优势,潜在进入者在进入该行业后将要花费很大代价进行品牌建设、广告宣传等工作来树立自己的品牌和信誉,以及培养客户忠诚度等。只有这样才能改变顾客对企业品牌的接纳,否则企业将很难生存。

图 2-3　五力模型

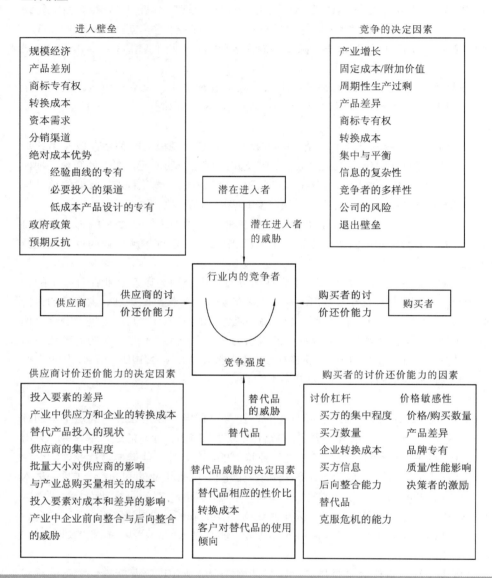

三是投资量的大小。进入任何一个行业都要有相应的技术和资金投入。如果行业的技术是垄断性的,潜在进入企业要获得相应的技术必须通过购买或者自行研发。潜在进入企业通过购买获得技术,可能存在成本劣势或其他风险,而自行研发在技术领先上可能有优势,但是也存在很大的风险,这两种方法的成本都很高。此外,生产产品可能需要大量的资金,这样就形成了进入障碍。

四是转换成本。转换成本是指由于转换而进行购买、生产或销售所花费的成本。企业进入新行业后,原有的固定资产、原材料、技术及员工等进行转换的成本,也包括心理转换成本。转换成本越高,进入新行业越难。

五是绝对成本优势。由于行业内现有企业在此行业内经营了一段时间后，就会拥有经验曲线带来的成本优势。经验曲线是指由于做同一件事情而获得了做该事的某些诀窍之后，完成该事的总成本会更低。相对潜在进入的企业而言，现有企业对投入要素渠道的控制，也将获得成本优势。

六是资源的限制。某些行业的资源，如原材料、劳动力、设备等供应充足，企业就容易进入；相反，某些资源很稀缺，除非有可获得的替代资源，否则企业很难进入该行业。

七是分销渠道。产品的差异化是否对潜在进入者有阻碍与最终消费者对产品的选择偏好有关。对潜在进入企业而言，必须改变原有经销商的偏好，使自己的商品能够通过它们进入销售渠道，这种经销商的偏好就是进入障碍。那些与原有企业建立专营的销售渠道所形成的障碍，对潜在进入企业而言，意味着要进入这种渠道的阻力很大。

八是政府限制。政府对宏观经济和产业经济发展会制定相应的政策法规。如果选择的行业符合政府宏观或产业经济发展政策，那么企业就能在较宽松的环境下生存和发展；相反，可能会受到很多限制，甚至不能得到国家的批准。

九是预期的反抗。行业中已有企业对潜在进入者的反抗越强烈，就越难进入该行业。预期的反抗强烈的情况有：行业内现有企业之间的竞争已经十分激烈；行业内现有企业拥有的资源充足，且没有其他经营的机会和能力；行业的发展潜力小，市场容量较小，现有企业的生产能力已经能够满足市场的需求；行业内使用的资产的专用性很强；退出壁垒很高。

4) 供应商的讨价还价能力

供应商通过两种方式对行业施加讨价压力：一是提高产品或服务的价格；二是在现有价格情况下，降低产品或服务的质量。这两种情况都会使行业的吸引力减小。如果能成功应用上述两种方式，供应商就能将行业利润转移到自己的行业内。供应商能对行业内现有企业的利润施加压力的情况有如下几种。

一是供应商的集中度。当行业的供应商只有极少数几个，也就是说，集中度较高，而相应的替代品较少或者性价比更低时，供应商的讨价能力就更强。

二是替代品。当供应商提供的产品或服务在市场上没有好的替代品，供应商在讨价时就处于优势地位。相反，如果行业能够很容易在市场上获得供应商提供的产品或服务的替代品，那么供应商的讨价能力就会变弱，因为替代品限制了它的价格。

三是购买力。如果行业要购买很大数量和总额的产品或服务，同时又占供应商的销售额的很大比重，那么供应商为了得到这种大订单，在讨价时会适当作出让步。

四是转换成本。行业在选择供应商时，如果存在很高的转换成本，那么行业很难要到低价或要求供应商提高产品质量。

五是整合威胁。当供应商有能力进入行业时，供应商的讨价能力就越强，如果供应商在讨价时的期望得不到满足，那么它很可能选择自己进入现有行业，也就是向前整合。

5) 购买者的讨价还价能力

购买者在讨价还价过程中，通过两种方式对行业施加压力：一是要求行业降低产品或服务的价格，二是要求行业提高产品或服务的质量。购买者的上述两种讨价方式都会降低行业的利润，降低价格会使收益下降，而质量提高会使成本增加而使利润下降。购买者讨价能力可能更强的情况有如下几种。

一是购买者的集中度。当购买者的购买量和购买额很大时，购买者在与行业之间讨价时，要么要求降价，要么要求提高产品或服务质量，从而使购买者处于讨价的有利地位。

二是购买者的成本。如果产品在购买者的总成本中占有较大比重，购买者对价格就会很敏感，特别是在购买数量较大时，单位产品的价格上的细微让步，可能会给购买者带来巨大的利益，因此，购买者在讨价时就会花很多时间和精力。

三是替代品。当购买者可以很容易购买到行业提供的产品的替代品或相似品时，购买者就会有很强的讨价能力。因为如果行业要价过高或提供的产品或服务的质量过低，购买者就会选择替代品或相似品，也就是说替代品或相似品限制了行业提供的产品或服务的最高价格。

四是转换成本。如果购买者在选择供应商时的转换成本很低，那么购买者很容易就会转而购买其他供应商的产品或服务，这样对原有供应商而言，要价不能太高或者提供的产品或服务的质量不能太低，否则顾客就会流失。

五是整合的威胁。如果购买者有能力或有意向自己生产由行业提供的产品或服务，那么购买者的讨价能力就会很强。当购买该产品或服务比自己生产更有利可图时，购买者才会选择购买，否则可能选择自己生产。

4) 替代品的威胁

所有行业都面临替代品的竞争。如果替代品赢利能力很强，就会把本行业的价格限制在一个较低的价格水平上，使行业利润也较低，这样不利于行业的发展。因此，来自替代品的性能/价格的吸引力越大，该产品的价格上限越低。

5) 现有竞争者

如果行业内的其他"四力"(供应商的讨价还价能力、购买者的讨价还价能力、进入壁垒很低、有良好的替代品)都很强，则会使行业竞争更激烈。每一种力量都单独引起成本上升或价格下降或者对两者都有影响，成本上升或价格下降都直接影响行业的利润。当出现以下情况时，会造成行业内企业竞争加剧。

一是行业内有很多实力相当的竞争者。行业中的企业越多，竞争就越激烈。如果行业内存在很多实力相当的竞争者，特别是其中某些企业会通过降价或降低质量来抢夺顾客，则竞争会十分激烈。当行业内有领导者时，会由于领导者能给行业内其他企业以指导或控制而防止行业陷入恶性竞争。

二是行业增长缓慢。随着行业的增长，有足够多的消费者来满足企业生产能力的增长。一旦行业增长速度变慢，即消费量的增加没有生产能力增加的速度快时，就会出现生产能力过剩。为了解决自己的销售问题，企业之间就会通过降低价格或者提高质量等方法来争夺顾客。

三是有较高的固定成本。如果企业有较高的固定成本，则需要有较高的产量才能保本。因此，高固定成本的企业会尽可能地提高生产量，这样就可能会导致价格竞争，从而使整个行业的利润下降。

四是产品差异性较小。如果行业内各企业生产的产品差异性较小，那么顾客选择该类产品的主要标准就是看哪个企业的产品价格更低，就选择购买哪个企业的产品。因此，企业为了能使顾客选择购买自己的产品，只有使价格比竞争对手的产品价格更低，而质量要保持不变或更高，这样就会形成价格战，使行业吸引力降低，利润减少。

五是退出壁垒高。如果行业内企业很难退出该行业或者退出成本太高，那么企业会尽可能地留在行业内，无论竞争多么激烈，除非企业不能再生存了，否则将会一直竞争下去。由此可见，退出壁垒高的行业的竞争会很激烈，行业利润也不会很高。

3. 企业营销内部环境

企业营销内部环境是指企业内部所有与营销活动有关的因素。主要包括企业战略、企业组织结构、企业文化、企业内部的各种资源等。

企业营销活动主要是由企业营销部门完成的，但企业营销部门不是孤立存在的，它必须要得到其他部门的协助才能完成。它不仅要接受上级管理部门的管理，而且要与其他部门，如财务、采购、制造、研发等部门之间进行多方面的合作。同时，部门间也存在争夺资源的矛盾。这些部门的活动状况如何，直接影响到企业的营销决策和日常活动。高层管理部门是负责企业目标、方针政策和发展战略的，它规定了营销部门的职能范围，也限制了营销目标和营销活动。因此，影响企业营销的内部环境包括高层管理、营销部门、财务、会计、研发、采购、制造等部门。

对企业内部环境的分析也就是对企业内部资源的分析。对企业内部资源的分析主要包括企业人力资源的分析、企业财力资源的分析、企业物质资源的分析、企业技术资源的分析等。

对企业人力资源的分析的主要内容有：对企业高层领导者的分析，包括分析高层领导者的经营管理能力和素质、年龄、文化程度、品质、道德、人际关系等；对企业中层管理人员的分析，包括人数比例、年龄结构、学历结构、专业结构、文化程度、工作业绩、经营管理能力、职业道德等方面的分析；对企业技术人员的分析，包括对企业技术人员的数量比例、年龄结构、专业结构、文化程度、新产品开发能力、身体状况等方面的分析；对企业一般员工的分析，包括对一般员工的年龄结构、文化程度、劳动效率、身体状况、技能培训状况等方面的分析。

对企业财力资源的分析的主要内容有：对企业的资金来源、资产负债比例、资本结构、资金的流动比和速动比、企业获利能力、企业利润分配制度、成本管理等财务资源进行分析。

对企业的物质资源的分析主要包括：对企业的生产经营设备的分析，包括分析固定资产总量、固定资产平均量、设备的生产加工能力、设备的使用年限、设备性能的先进性、设备的专业工艺特性等；对原材料供应的分析，包括分析原材料供应的可靠性、及时性、技术标准、质量状况、先进性等。

对企业技术资源的分析主要包括：对研究与开发的技术资源的分析，包括分析科研和开发经费占企业总销售额的比例、新产品销售额占总销售额的比例、研究与开发的物质技术基础、工艺技术水平和产品技术水平、新产品开发的速度及效果等；对信息资源管理的分析，包括分析国际、国内技术发展趋势和技术市场的供求状况，以及金融市场供求信息、顾客信息等信息的变化；对产品或服务质量的技术资源分析，包括分析产品平均技术性能指标、顾客投诉率、产品返修率等。

2.2 营销策划的基本原则

策划人进行营销策划时，应遵循一定的营销策划的基本原则。营销策划的基本原则为营销策划确立了标准。营销策划至少应遵循以下基本原则。

2.2.1 创新原则

创新是人类赖以生存和发展的主要手段，没有创新就没有人类社会的发展与进步。创新适用于人类的一切自觉活动，不能创新就会缺乏生机、缺乏魅力。创新是营销策划的重要原理，也是重要原则。在商战中，没有新意的营销策划只会使企业销声匿迹，而不会带来巨大的成功，只有独辟蹊径，才能取得成功。

创新原则是要打破旧有的思维，获得创造性的思维突破，它应具有唯一性、排他性、权威性。创新原则是要获得解决问题的有效方法内容、手段等，而且这些方法内容、手段等是别人没有想到的、独创的、新颖的。

2.2.2 系统原则

系统原则是指任何营销策划都必须站在企业全局经营的高度来设计与实施。营销是企业经营的一个环节，而不是企业经营的全部。营销策划必须在企业经营战略之下进行，服从和服务企业战略，因此，要把营销策划纳入到经营之中来，而不能将它与企业管理的其他部门和活动割裂开来。

市场是多面的，营销方案也是多面的。市场需求指企业的现实需求和对潜在顾客群体的需求。顾客群体作为整体，它也是多面的。所谓多面，是指顾客可以按不同的标准划分出若干个层次，每一层次的顾客有着与其他层次顾客不同的需求特点。营销策划必须依据不同层次的顾客需求设计出与之相适应的满足内容和满足方式。因此，营销策划经常不是一个单一的方案，而是一个能适应多个层次顾客需求的方案。

营销策划是一个系统工程，其系统性具体表现为以下两点。①营销策划工作是企业全部经营活动的一部分，营销策划工作的完成有赖于企业其他部门的支持和合作，并非营销一个部门所能解决的。如产品质量、产品款式、货款回收等，就要得到生产部门、设计部门、财务部门的配合。②进行营销策划时要系统地分析诸多因素的影响。营销环境不是单一的，它是一个多层次、多因素的复杂系统。政治、经济、文化、科技等都会对营销产生巨大影响，因此营销策划只有系统地分析研究这些因素，并恰到好处地利用这些因素，才能保证策划的成功。

2.2.3 利益原则

市场营销策划必须以最小的投入获得最大的收益。策划是以利益为主导的，企业制定营销策划方案的目的就是要取得经济效益，否则就有违企业制定营销策划的初衷。利益是激励人们产生思想动机的动力，策划因利益而开始，利益是策划活动的前提，没有利益的策划是没有价值的策划。利益能推动策划活动加速，也能阻碍策划活动的进行。没有利益，不但策划人没有积极性，执行者也同样没有积极性。

营销策划方案中必须有科学的预算，有了科学的预算才有可能使资金的投入最少化，效果达到最优化。投入营销活动的每一分钱，都必须发挥出最大功能，这样，营销投入才能做到最经济。营销策划方案也要求节约，即减少不必要的开支，而不是降低必要开支。必要开支不足会严重影响营销效果，这恰恰是一种浪费。它还要求市场营销策划必须产生预期的经济效益，达到预期目标。如果进行营销策划后，企业营销的成本与利润的比率比不进行策划的情况下还高，那营销策划就失去了意义。企业进行营销策划，必须注重以最小的投入产生最大的收益，或者是投入大，但收益要更大，否则，宁可不进行策划。

2.2.4　时效原则

时效是指时机和效果。时效原则是指在最佳的时间获得最好的效果。在营销策划中，决策方案的价值将随着时间的推移而发生变化，因为时间改变了，其他的条件也会改变，在做决策方案时所依据的条件，可能已经完全不同了。时效原则要求在策划过程中把握好时机，重视整体效果，尤其是处理好时机和效果的关系。在变革时代，各种环境的变化速度十分快，利益竞争更激烈，时机往往转瞬即逝。时机与效果又具有紧密的联系，失去时机必然会严重影响效果，甚至没有效果。因此，策划过程中，要尽量缩短从策划到实施的周期，力图使营销策划发挥效用的寿命更长、效果更好。

重视时机不是说策划活动以及从策划到决策实施越快越好。一方面，策划的周密性高低与时间的长短有关；另一方面，策划方案的实施效果好坏与客观条件是否成熟有关。只有当客观条件成熟时，策划方案的实施才能取得预期的效果。

2.2.5　客观原则

客观原则是指策划必须建立在企业内外部客观环境基础上，从实际出发，结合客观环境，做出来的营销策划方案才是可行的，才可能便于操作。虽然营销策划是思维活动的产物，但是必须建立在客观现实基础之上，否则只是空谈，无法实现。

客观性是营销策划由创意变成现实的前提条件，策划需要新颖的创意，但要使之变为现实，还要具备一定的条件。营销策划必须从实际出发，必须建立在客观现实的条件基础之上，不能凭空捏造。虽然创意带有很大的想象性，但它一定要以客观现实为依托。

2.2.6　可操作原则

可操作原则是指营销策划方案能够操作实施。无法在实际中操作执行的策划方案，其创意再新颖也毫无价值可言。营销策划方案必须易于操作。企业的人力、物力、财力资源是有限的，操作过程中若是出现一系列无法解决的难题，就必然会耗费大量的人力、物力和财力，使企业难以承受或投入大于收益。

营销策划方案必须具体，如果方案很抽象、笼统、弹性太大，或者脱离现实可能性太远、太理想化，都会导致方案无法实施或实施失败。营销策划要用于指导营销活动，其指导性涉及营销活动中的每个人的工作及各环节的处理，因此其可操作性非常重要。不能操作的方案创意再好也没有任何价值。不易于操作的营销策划方案也必然要耗费大量人力、财力、物力，而且管理会更复杂，效果会更差。

2.2.7 战略原则

营销策划是从战略的高度对企业营销目标、营销手段进行事先的规划和设计，市场策划方案一旦完成，将成为企业在较长时间内的营销指南。也就是说，企业整个营销工作必须依据此方案进行。因此，在进行企业营销策划时，必须站在企业营销战略的高度去审视它，一定要细致、周密、完善。从营销战略的高度进行策划，其作用是至关重要的。

营销策划不是对营销活动的某一个小环节或某一个具体事情进行安排和处理，它必须站在企业经营的战略高度对企业营销整个活动进行系统的、全方位的、具有远见的策划。营销策划方案一旦完成，它将成为企业相当长一段时间的营销方针，企业的每一位营销人员，包括管理者，都必须严格执行，贯彻到底。

营销策划应具有长远性、稳定性和全局性的特点。长远性是指营销策划不是权宜之计，而是经过长时间的、严密的设计，为企业长远目标服务的，它一旦形成就会成为企业长期的指导方针。稳定性是指营销策划方案形成之后，一般长期不变，最多只作小幅调整，除非特殊情况，否则不作大调整，因此，营销策划具有相对的稳定性。全局性是指营销策划要有全局的观念，这就要求做到部分服从全局，以全局带动局部。

2.2.8 权变原则

权变即随机应变，它是指在策划过程中及时、准确地掌握策划的目标、对象及其环境变化的信息，以调研预测为依据，及时准确地调整策划目标并修正策划方案。策划方案不是一成不变的，要具有灵活性和机动性。

权变原则是完善策划的重要保证，它要求动态意识和随机应变能力；掌握目标对象的变化情况；预测目标对象的变化，掌握随机应变的主动性；依据变化了的情况适时调整策划目标，修正策划方案；要正确把握随机应变的限度。

市场就是战场，竞争犹如战争。现代市场经济中演绎着一场场激烈的竞争，权变性在策划中是不可或缺的思维因素。由于市场随时在波动、变化着，企业营销策划就必须有权变性，只有这样，企业才能在复杂多变的市场环境中获胜。

2.2.9 信息原则

营销策划要求对信息的充分、准确的理解和利用，缺乏信息的营销策划是危险的策划。信息是营销策划的基础。充分和可靠的信息可以帮助策划者及时准确地作出营销决策。营销决策是对未来行为所作的当前决定，其基础是科学预测，而科学预测的前提是信息。当调查和收集了充足的相关信息，并从中找到了有关事物的发展趋向后，才能对事物发展到某一个阶段的可能状态进行定位。一旦这种定位确立，企业就可据此作出决定，提前安排未来的营销行为。

及时、充分、可靠的信息有助于监控营销活动。一个完整的营销策划，并不会随营销方案的确定而结束，它必须伴随整个营销策划过程。因为任何超前设计，都不可能考虑到未来可能出现的所有变量，因此必须在执行过程中加以适当调整，这种调整不是随心所欲地修改，而是根据市场提供的可靠的信息来作修改和完善。

企业营销策划是在策划人掌握了大量而有效的营销信息的基础上进行的，没有这些信息，将导致营销策划的盲目性和误导性。同时，在执行营销策划方案的过程中将会出现方案和现实有出入的情况。调整方案也要在充分调研现有信息的基础上进行，掌握大量的市场信息是营销策划实施成功的保证。

2.2.10　公众原则

公众原则是指营销策划必须以公众为中心，以公众的消费需求为中心来作营销决策、制定营销方案。公众的主体是现实和潜在的顾客，除此之外，还有政府、社区、供应商、经销商、股东、内部员工等。

能否充分体现公众利益，是营销策划是否能取得成功的关键。如果消费者不认同企业的产品或服务，这种策划方案就会失败。因此，以公众的消费需求为中心的策划营销方案，才可能获得成功。营销策划的公众性原则，首先要求了解公众需求。要满足公众需求，就要了解公众需求。只有掌握了公众的需求，才能据此提出相应的营销方案。其次要满足公众需求。满足公众需求是营销策划的目的。当越来越多的企业认识到，没有公众的好感、信任、合作，企业就无法生存。但这些感觉不是凭空产生的，它是企业不断满足顾客的需求之后才逐渐出现的。

本章小结

营销策划是艺术，也是科学。营销策划活动的基本要素包括营销策划主体、营销策划客体和营销策划环境。营销策划主体是指进行营销策划、提出策划方案的策划者。营销策划主体既可以是个人，也可以是组织。营销策划客体是指营销策划的方案、产品或服务等对象。营销策划环境是指与营销活动有关的所有要素，包括企业外部环境和企业内部环境。企业外部环境包括宏观环境、行业环境。宏观环境是指给企业创造市场机会或制造威胁的各种要素，包括政治法律环境、经济环境、社会文化环境、自然环境和科技环境等因素。行业环境包括行业生命周期阶段、行业结构等。企业内部环境是指企业内部所有与营销活动有关的因素，主要包括企业战略、企业组织结构、企业文化、企业内部的各种资源等。

策划人进行营销策划时，至少应遵循创新原则、系统原则、利益原则、时效原则、客观原则、可操作原则、战略原则、权变原则、信息原则、公众原则等十大基本原则。

关键术语

营销策划主体	营销策划客体	营销策划环境	行业生命周期
企业宏观环境	企业微观环境	创新原则	系统原则
利益原则	时效原则	客观原则	可操作原则
战略原则	权变原则	信息原则	公众原则

思考题

1. 营销策划的基本要素包括哪些？它们之间的相互关系如何？
2. 营销策划主体包括哪些？如何优化营销策划组织？
3. 营销策划环境包括哪些？如何分析营销策划环境？
4. 营销策划应遵循哪些基本原则？
5. 如何理解营销策划的基本原则？

参考文献

[1] 张光忠. 营销策划[M]. 北京：中国财政经济出版社，2005: 34-36.
[2] (美)迈克尔·波特. 竞争优势[M]. 陈小悦，译. 北京：华夏出版社，1997.
[3] 卢福财. 创业通论[M]. 北京：高等教育出版社，2007.
[4] 香飘飘奶茶为何能做到十亿？[EB/OL].2009-11-26. http://www.emkt.com.cn/article/444/44423.html.

案例研讨

碧生源的营销神话能挺多久？

纵观中国保健品行业，可以看到一颗颗炫目但转瞬即逝的流星，曾经在电视、广播、报纸上铺天盖地的"今年过节不收礼，收礼只收脑白金"，吃一样补五样的"黄金搭档"等，它们的销售神话早已不再。产品生命周期短已经成了保健品企业的梦魇。相比之下，碧生源品牌行销11年且创下了13.7亿袋的销量，不能不说是保健品行业的一个奇迹。然而，我们希望更多的企业家把精力用于构筑健康、可持续、合法的盈利模式，毕竟寄望于营销神话的可持续性是有巨大的风险的。

碧生源减肥茶真的是能让人一下就瘦的灵丹妙药？2010年9月，碧生源在香港联合交易所正式挂牌上市，给碧生源减肥茶产品的消费者吃了一颗定心丸。尽管当时因产品结构单一、多次广告违规、产品经常被消费者投诉等诸多不利因素遭到投资者和媒体的质疑，招股说明书中风险因素分析长达25页，也并未阻碍其上市步伐。不过，在质疑声浪中挂牌的碧生源至今仍未摆脱潜在的风险。靠两款技术含量不是很高的产品撑起来的公司，靠广告轰炸来赚取眼球和销量的模式到底能走多远？

业内人士指出，如果没有新的替代产品，碧生源也可能步脑白金、黄金搭档后尘，成为保健品史上一颗生命期稍长的流星。碧生源董事长赵一弘也意识到这一点，他高调表示，2012年碧生源将进军OTC（非处方药）市场，推出具有降血压功能的袋泡茶，这意味着碧生源将横跨保健品和OTC两大市场。然而，国家对药品的监管比保健品要严厉许多，进入OTC市场的碧生源还会这么顺风顺水吗？

1. 碧生源的前世今生

碧生源的招股说明书显示，北京澳特舒尔保健品开发有限公司（以下简称"澳特舒尔"）是碧生源的运营实体，而北京市工商局的资料显示，北京澳特舒尔保健品开发有限公司注册成立时间为 2000 年 9 月 25 日。

北京澳特舒尔保健品开发有限公司是一家受境外公司控股的外资公司。碧生源减肥茶的主要成分是番泻叶，其属于治疗结肠的泻药，刺激性颇大，医生会严格控制用量，多服容易损害肠黏膜和神经丛，停用之后反而易造成便秘。有医学常识的人称碧生源减肥茶为一剂"泻药"，而常润茶是一剂温和的"泻药"。

"碧生源"最初只是一个品牌的名称，由北京瑞隆祥商贸有限公司于 2001 年注册，2004 年转让给北京澳特舒尔保健品开发有限公司。2009 年，澳特舒尔实际控制人赵一弘推动公司的海外上市，在开曼群岛注册了碧生源控股有限公司（以下简称"碧生源"）。

据碧生源的招股说明书介绍，澳特舒尔早期一直依托第三方企业生产袋装碧生源牌常润茶和碧生源牌减肥茶，2007 年，其在北京房山区窦店镇下坡店村的生产设施扩充后，才将其拳头产品转为完全自行生产。

根据北京市工商局的年检资料，澳特舒尔在成立后的 7 年时间里却一直在亏损。该公司 2000 年注册资本为 22.5 万美元，第一年的经营产生了 62.75 万元负债。2001 年度的年检报告显示，该年度注册资本增加了王铣的 7.5 万美元，后王铣将股份转让给了新加坡籍的薛家欣，公司总资产增加到 657.53 万元，负债也增加到 518.32 万元。

其后几年时间里，公司年度注册资本、从业人员、营业额及纳税总额等数据陆续有所增加，但利润始终为负值，亏损额持续扩大至 2005 年的 1244.47 万元。2005 年，公司负债额甚至超过了资产总额，属于资不抵债的程度，碧生源股东也因此几度变更。2006 年，盈利的节点姗姗来临，碧生源开始爆发式增长。在此后的几年中，碧生源连续保持每年 60% 以上的利润增长率。2009 年碧生源年销售收入为 56178.47 万元，净利润为 18748.50 万元。截至 2010 年 12 月 31 日，碧生源营业额超 8.74 亿元，同比增长 35.2%；毛利超 7.83 亿元，同比增长 35.4%。

据碧生源 2011 年上半年财报显示，公司 2011 年上半年净利润增长 4.4 倍，至 1.13 亿元；经销商数达 429 家，超出了预期，常润茶和减肥茶市场占有率分别达到 25.8% 和 25.5%。

碧生源的成功离不开赵一弘，他跳出十几年前保健品市场的"三高"（高价格、高广告投入、高承诺）困局，规避冒险的短线思路。在他看来，未来的消费品，第一，要让消费者随处可以买到；第二，要让消费者买得起，否则无法长期持续购买；第三，就是疗效确切，这样消费者才会重复购买。

在创办碧生源之前，赵一弘在顶新集团工作过六年，多年的快消品工作经历使得赵一弘深知渠道对销售的重要性。公开数据表明，碧生源超过 99.5% 的产品由完全独立于碧生源公司的经销商出售。至 2010 年，碧生源直接监管的经销网络就有 409 家经销商，全国有超过 10 万家零售店出售碧生源产品，遍布全国各地大中小城市。

保健品和快消品有一点是相同的，即技术含量低，可快速被简单复制，因此品牌的打造是争夺市场的利器。如何打造？广告营销是关键战术。一位长期观察碧生源的人士透露，2007 年之前，碧生源的广告在大大小小的报纸上铺天盖地，但那时即便在北京知道碧生源的人也很少。2007 年之后，碧生源调整了广告营销方向，因为其发现碧生源的目标人群是女性，而看报纸的女性比例很小，电视、网络和杂志才是女性们关注的重点。于是，电视上、网络上、公交车上、楼宇电梯里、选秀活动中，碧生源无处不在。不仅如此，碧生源在挑选代言人方面也出手大方,2011年3月碧生源签下知性、美丽的人气女王徐静蕾为代言人,之前的代言人郭冬临和牛莉也均是形象正面、人气极高。赞助2007年广东新丝路模特大赛,冠名上海世博会礼仪小姐选拔比赛,联手齐鲁电视台启动了《请你做代言》的选秀活动,拍摄以减肥为主题的微电影《缘来如此》,等等,这些战术成就了碧生源近几年的高增长。

2. 过于依赖单品类存隐忧

港交所的资料显示,碧生源常润茶和碧生源减肥茶分别由澳特舒尔于2001年和2004年开始销售。碧生源的销售额绝大部分来自这两款产品,自2007年至2010年6月底,碧生源常润茶和碧生源减肥茶分别占总营业额的约62.9%及23.9%,62.0%及34.0%,57.7%及41.1%,48.3%及50.9%。

可以这样说,碧生源的业绩相当程度上取决于这两款产品的需求量与利润率。但每个产品都有其生命周期,一旦出现需求下降、定价受压、竞争加剧、销售或宣传受到限制的情形,整个公司的营业额和经营业绩都将受到重大影响。

况且,这两款产品的配方并非碧生源研发团队独立研发,而是购买其他公司开发的产品。碧生源常润茶2001年以一次转让费50万元购自淮阴华医,碧生源减肥茶于2004年以1万元购自北京瑞普乐,后者为赵一弘拥有的公司。

业内人士指出,碧生源的未来取决于新产品的开发力度与推出时机。目前看来,碧生源自身的研发团队对消费者的喜好、市场趋势的判断都不甚熟悉,不具备独自应对市场的能力。此外,碧生源新产品的研发有一定周期,投入市场还需国家食品药品监管局(以下简称"药监局")和其他监管部门的批准,获得有效批文,投入市场的广告也需获批,这些都需要时间。如果新产品不能及时推出,碧生源品牌可能就会走下坡路,也无法给投资人一个好的交代。

北大纵横一位分析人士表示,碧生源常润茶和减肥茶的配方并未申请专利,其主营的产品也算不上有太强的核心竞争力。由于保健品的门槛比较低,做出类似产品的难度并不大,因此一个产品的优势往往不在于配方,而在于品牌及消费者对它的认识,而维持这种认知又需持续的广告及品牌传播的努力。

3. 广告"吹"出的销量

根据碧生源的年度报表,2007年,碧生源广告支出是4910万元,占年度销售总额的30.1%;2008年,碧生源广告费支出是11820万元,占总销售额的33%;到了2009年,碧生源的广告费支出是19670万元,占总销售额的28.4%;在2010年前6个月,碧生源的广告费支出是11710万元,占总营业额的31.8%。

碧生源广告及促销的主要方式包括专业媒体广告团队负责的电视商业广告及电视节目赞助。其在招股说明书中明确表示,公司的广告通常选择目标市场的不同媒体组合,包括报纸、杂志、公共交通工具显示器、电梯大堂及其他公共区域的平板显示器、互联网及广播等。广告费支出是促使未来销售及盈利能力增长的投资。

不难发现,碧生源的主要成本就是广告支出,而且高达30%多。铺天盖地打广告是保健品行业的一贯做法。保健品行业并无非常明显的核心竞争力,靠广告拉动销售已经成了该行业的普遍生存法则,以往的保健品销量大王们莫不如此,只是这种依赖最终都无法避免产品步入衰退期。

与巨额广告费形成鲜明对比的是碧生源产品的产品成本。以碧生源减肥茶为例,其成分是中草药和茶叶,其招股说明书显示,产品原材料为番泻叶、金银花、决明子、土茯苓、沙参,包装材料为纸板、复合膜、茶包纸和标签。这些原材料在普通的菜场和药店都能买到,且价格不高，如其主要成分番泻叶，质量上乘的番泻叶淘宝价约为 2.5 元/100 克，新鲜的土茯苓在广州菜市场的零售价为每斤 8 元。

碧生源招股说明书显示，2007 年、2008 年、2009 年和 2010 年上半年的原材料成本及包装材料成本分别为 3910 万元、4930 万元、5460 万元和 2710 万元，分别仅占该公司总营业额的 24%、13.8%、8.4%和 7.4%，且这一比例呈逐年下降趋势。

其产品研发成本更是低廉，2008 至 2010 年分别为 90 万元、190 万元和 130 万元，如此低的研发成本几乎可以忽略不计。而其生产前导时间仅为 10 天左右，大大提高了上市速度并降低了存货风险。在各行各业纷纷抱怨原材料价格成本上涨的当下，碧生源的成本支出让业内外羡慕，将一剂"温和的泻药"卖至近 40 元一盒的高价也是其利润逐年上涨的因素之一。据知情人士透露，医药保健品行业内产品的市价一般是招商价格的十几倍，有的甚至达几十倍。

4. 频频涉足广告违规雷区

"6 小时见效，45 天成就魔鬼身材，选择碧生源，不仅美丽而且健康"，碧生源在高调的宣传广告中郑重承诺：原料全部为天然草本植物精华，100%不含西药成分，不含激素，不含违禁成分，不伤害身体，不反弹。还特别强调不含西布曲明。

在碧生源旗下电子商务平台的官网首页上，赫然挂着几条媒体引文，内容主题为"骗子曝光"，所列皆为被药监部门查禁和点名曝光的同类减肥产品，其竞争对手曲美、澳曲轻、苦瓜三天瘦胶囊、绿瘦、博美堂左旋肉碱、赛斯美、曲婷、瀚美堂左旋肉碱维生素 Bt 减肥胶囊等名字俱列其中，相较之下，"美丽而且健康"的碧生源成了肥胖人士独一无二的选择。

按照规定，保健食品广告要经过国家食品药品监管局的审核之后才能发布，而且发布内容必须要和所审核的相符合，不能任意篡改。国家食品药品监管局的网站信息显示，碧生源常润茶的功能仅仅为改善便秘。而在碧生源的广告中，却曾声称该产品能快速解决便秘、口臭、青春痘、色斑、皱纹增多等多种问题，夸大其保健功效和功能。

记者发现，在上市前的三年中，碧生源的广告就违规了 23 次。在招股说明书里，碧生源坦陈了每一次广告违规案例，并将其视为风险因素之一。广告违规有可能造成产品品牌形象负面、产品被禁售甚至被召回的严重后果。

在 2007 至 2010 年间，碧生源在北京、上海、广东、湖南、辽宁、江苏等地都曾因侵犯消费者肖像权、有误导成分、夸大功效、未获批文等原因被警告、停售或撤销批文，其非直接监管的经销商也有多次违规。但如此高密度的频繁违规对碧生源却几乎没有任何影响，仅在 2007 年因侵犯消费者肖像权被北京工商部门罚款 1 万元，因有误导成分、夸大功效被罚款 7.3 万元。这对碧生源的高额利润来说是九牛一毛。

在碧生源广告重点覆盖地广东，2007 至 2009 年碧生源就接到 19 份公开警告。药监局官员表示因只有监测权而无处罚权力，给了违规广告许多空间。而对于其罚款数额"太少"的质疑，有官员表示认为其虚假宣传未造成严重后果。香港证监会负责人亦表示，在港上市企业都严格按照上市法规进行审理，但都只核查其财务状况。因此，尽管在上市前，碧生源的广告多次违规，却并未阻碍其上市的步伐。

"碧生源是钻了药监部门对保健品管理制度的空子。"一位地方药监局局长表示。按相关规定，药监局对保健食品的广告只有监管权，却没有相应的处罚权。处罚权一般由当地工商部门进行，这中间往往出现空当，让部分违规发布广告的行为逃脱制裁。同样，业内人士认为，在监管方面，保健品也处于食品与药品中间的灰色地带。目前食品与药品安全问题层出不穷，监管部门对食品与药品都进行了史上最为严格的监察和管理力度，而处于二者中间的保健品却暂时得以游离于严格监管之外。

广东某高校法学教授告诉记者，只要不涉及商业诽谤，行政罚款数额都很低，并不足以对违规企业造成实质性的影响。违法成本极低导致像碧生源这样的违规企业顶风作案，视警告为无物。这不利于整个社会商业环境的净化。

在监管和处罚分离的情况下，实质性处罚难以落实，那么是否意味着对于该公司的违法违规行为仍旧无可奈何呢？资深营销策划人、赢道顾问快消品营销中心高级顾问穆峰表示：“这需要媒体、监管部门和消费者有良好的互动和沟通，通过消费者举报，媒体曝光和监管部门调查取证，依法处罚，并对'惯犯'制定更为严厉的实际性的惩治措施，此外还要追究广告经营者、广告发布者和代言人的连带责任，或许能督促碧生源重视这一问题。"最具有讽刺意味的是，屡屡上违规广告榜的碧生源，却连续多年入选"中国保健品十大公信力品牌"、"北京名牌企业"。上市之后，面对公众和媒体的质疑，碧生源发表公告称，其广告宣传内容全部经过相关部门的审查。

一位分析师认为：“如果说一方面有些企业确实存在广告误导，让消费者在购买产品后产生不适；另外一方面，因为其高毛利率吸引了大批投资者，使得这些公司能够有更多的钱去扩大生产、投放广告，这种恶性循环是很明显的。”

都说树大招风，枪打出头鸟，但碧生源的负面新闻非常少，而在各门户网站的新闻和博客、论坛里面及电子商务网站上充斥着碧生源的广告软文，最值得关注的是"碧生源"善于利用电视媒体赞助或组织综艺节目，同时跟地方政府开展公益活动，其强大的公关团队阵容一直在努力维护碧生源的品牌形象。

（来源：碧生源的营销神话能挺多久?[EB/OL]. 2012-01-05. http://www.ceoun.com/news_info.asp?id=5674&staly=）

思考题

结合案例及碧生源的发展现状，谈谈营销人员应如何对其进行环境分析。

第 3 章 营销策划的程序与方法

📋 **本章提要** 本章主要介绍了准备营销策划、确定策划主题、调查收集资料、形成策划创意、编写策划方案、执行策划方案、总结和分析方案等营销策划程序,详细介绍了创意策划法和造势策划法两种策划方法。本章的重点是营销策划的程序和营销策划的方法。本章的难点是灵活应用策划方法。

引 例

彭小东老师认为:营销策划是一种运用智慧与策略的营销活动与理性行为,营销策划是为了改变广告传媒企业现状,达到理想目标,借助科学方法与创新思维,分析研究创新设计并制定营销策划方案的理性思维活动。这是为实施营销目标而对营销策略进行实际运用的活动,是营销管理全过程的重要组成部分。

营销策划包括六个步骤:情景分析、目标、战略、战术、预算和控制。

(1) 情景分析:广告传媒企业首先要明确所处环境的各种宏观力量(经济、政治/法律、社会/文化、技术)和局内人——企业、竞争者、分销商和供应商。企业可以进行 SWOT 分析(优势(Strengths)、劣势(Weaknesses)、机会(Opportunities)、威胁(Threats))。但是这种分析方法应该做一些修改,修改后成为 TOWS 分析(威胁(Threats)、机会(Opportunities)、劣势(Weaknesses)、优势(Strengths)),原因是分析思维的顺序应该由外而内,而不是由内而外。SWOT 方法可能会赋予内部因素不应有的重要性,误导企业根据自身的优势来选择性地认识外部威胁和机会。这个步骤还应包括广告传媒企业各部门面临的主要问题。

(2) 目标:对于情景分析中确认的那些最好的机会,企业要对其进行排序,然后由此出发,定义目标市场、设立目标和完成时间表。企业还需要为利益相关者、企业的声誉、技术等有关方面设立目标。

(3) 战略:任何目标都有许多达成途径,战略的任务就是选择最有效的行动方式来完成目标。

(4) 战术:战略充分展开成细节,包括 4P(产品、价格、渠道、促销)和各部门人员的时间表和任务。

(5) 预算:企业为达到其目标所计划的行为和活动需要的成本。

(6) 控制:企业必须设立检查时间和措施,及时了解计划完成情况。如果计划进度滞后,则企业必须更正目标、战略或者各种行为来纠正这种局面。

3.1 营销策划的一般程序

营销策划程序是指营销策划运作的先后次序,营销策划是一项很复杂的系统性活动,优质的、完美的营销策划方案的形成,绝非靠某人的突发奇想就能产生,必须要按照合理的策划程序进行。世界上没有完全相同的两片树叶,同样也没有完全相同的企业,因此,营销策划程序也不应该有完全固定的、相同的程序,但是营销策划程序还是有一定的规律性。策划必须明确先做什么、后做什么,按照一定的步骤、章法去思考和处理问题。营销策划的一般程序主要包括准备营销策划、确定策划主题、调查并收集资料、形成策划创意、编写策划方案、执行策划方案、总结和分析方案等程序,如图3-1所示。它们是按照业务流程的先后次序确定的,某一程序出现差错都会影响到其他部分的效果,最终会影响到整个营销策划的实施和效果。营销策划还应具有给予其支持的相应的基本方法,这些方法包括创意策划法、造势策划法等。

图3-1 营销策划程序

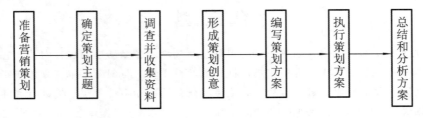

上述营销策划程序是根据策划本身的规律和需要处理的事务,并综合它们之间的内在逻辑关系而确定的最基本、最常见的程序。营销策划各程序之间存在相互影响和相互联系的逻辑关系。营销策划不是只要形成策划方案就结束了,它还包括策划的最后执行,这样才能检验本次策划的效果,否则很难确定营销策划方案是否解决了实际存在的问题。虽然营销策划程序的先后次序有一定的规律性,但在实际策划中,应根据策划的对象、内容等的不同而有所不同。根据实际情况,营销策划程序可以相互交替、交叉或同时进行。

3.1.1 准备营销策划

准备营销策划是指在营销策划进入实质性工作阶段之前的准备工作,主要包括寻找合作伙伴、确定策划意向、签订策划合同。

1. 寻找合作伙伴

在很多情况下,企业的营销策划活动要与策划公司或专业策划人共同完成,因此,企业进行营销策划首先要寻找合适的合作伙伴。寻找合适的合作伙伴主要有企业主动型、策划公司或策划人自我推销型两种情况。

企业主动型是指企业主动与策划公司或策划人取得联系，就策划项目事情进行接洽。一般情况下，企业已经通过某种渠道对策划公司或策划人有一定的了解，或者是为了进一步了解策划公司或策划人的情况，而且，企业已经明确有这种需求，否则不会主动寻找策划公司或策划人帮助策划。在这种情况下，企业应该把自己的需求明确告知策划公司或策划人，了解策划公司或策划人是否能胜任该项策划任务，当然企业也应对多家策划公司或策划人进行比较，选择最适合的一家。而策划公司或策划人在接待企业代表时要了解企业的经营情况、市场状况、希望解决的主要问题和预期的目标、支付能力等，据以判断是否可接受其策划委托。另外策划公司或策划人应详细说明自身的基本情况、服务宗旨、服务领域、业务专长、策划费用标准等，以供企业据此作出判断。在双方认可的情况下，可以就某些情况签订临时协议。

策划公司或策划人自我推销型，是指策划公司或策划人直接与可能需要策划的企业取得联系，通过自己的推销将潜在策划需求转变成现实需求。在这种情况下，策划公司或策划人首先面临的问题是如何让企业相信自己有这种实力，相信自己确实能够帮助企业解决实际问题，促进企业实现目标。因此，策划公司或策划人就要对企业的产品定位、营销观念、市场竞争状况、营销渠道、营销管理等问题进行初步的调查研究，以确定企业存在的营销问题和具体需求。这样就要与企业进行接触和沟通，以了解企业真正需要解决的问题，不过，必须对行业和企业自身进行初步诊断，找出问题，才能与企业进一步交谈，以便达成协议。

2. 确定策划意向

策划意向是指双方决定解决的策划问题和要达成的策划目标。它是双方合作关系确立的关键，也关系到整个营销策划的成功。因此确定策划意向主要工作内容是确定问题和明确目标。营销策划是操作性和目的性都很强的活动，所有策划都是针对企业某个特定问题的，所以要确定问题和明确目标，才能做到有的放矢。

1) 确定策划问题

在营销策划中，正确界定问题是非常重要的。找到问题是解决问题的起点，当然还要付出更多的努力才能解决问题，解决问题才是最终的目的。确定问题就是要明确和界定问题，也就是要定义问题，说明是什么问题，它是解决问题的基础。

（1）确定策划问题的步骤。在营销策划中，策划人在确定问题时，应按照一定的步骤进行。确定问题的步骤主要是发现问题和界定问题。

第一，发现问题。就是指要找到真正需要解决的营销策划问题。正确寻找、发现和识别问题，才能正确界定问题。它是营销策划的开端，是营销策划的首要任务。只有先正确发现问题，才能进行有针对性的策划。

问题是指预期效果与实际效果之间存在着差距，出现差距就存在问题，问题是普遍存在的。发现问题，特别是发现主要问题是一项艰难而复杂的工作。它要求策划人必须与委托者进行多次的充分沟通，了解委托者的真正需求，以及委托者表述了的和没有表述的问题与其背后的动机或目的等。

发现问题要求策划人通过正确收集和分析与问题相关的大量的信息，利用观察问题和发现问题的能力，从大量信息中发现问题。策划人应具有收集信息和分析信息的能力，也应具有强烈的问题意识。如果策划人缺乏问题意识，就很难发现问题，即使问题很明确了，也可能会视而不见。因此，策划人要有很强的问题意识，才能正确认识和发现问题。策划人不仅要有客观问题意识，也要有主观问题意识。客观问题意识是指要看到客观问题存在的普遍性和必然性，客观问题的存在是不以人的意志为转移的，它的存在是客观的。主观问题意识是指策划人应在思想上保持问题意识，不能对现实完全满意。

第二，界定问题。界定问题就是通过发现、分析和识别问题来判明问题，也就是对问题作出正确的分析判断。策划人在界定问题时要明确问题是什么、问题的核心是什么、问题产生的原因是什么、问题的关键是什么、问题的影响程度有多大等。

界定问题时要注意问题的相对性和准确性。问题的相对性是指问题的重要程度、影响力等是相对的，同一问题在不同的条件下，其重要性和影响力也是不一样的。在一些条件下该问题可能是主要问题，而在另外一些条件下它可能是次要问题。问题的准确性是指营销策划的问题必须是明白无误的，是明确的。如果界定的问题是模糊不清的、不准确的，就很难对其作出正确的策划。

（2）确定策划问题的方法。确定策划问题是营销策划的基础，是营销策划的起点，是整个营销策划取得成功的关键。这就要求策划人不仅要熟悉确定问题的步骤，更要会使用确定问题的方法。

确定问题的方法有许多，在此只介绍其中的两种基本方法。

第一种是于建原等提出的方法。该方法可分为四步。①将原始问题进行分解。原始问题是指由委托人提出的问题。一般而言，由委托人提出的需要解决的问题，开始都比较含混。对策划人而言，委托人提出的问题就是原始问题。而这一原始问题是不明确的，必须对其进行分解。②找出其中最重要的问题。原始问题经过分解后，就会产生一些被分解出来的子问题。在这些子问题中，有些子问题是原有问题的另外一种表述，另一些子问题可能与原有问题存在某种逻辑关系。对分解后的子问题要以原始问题为基本依据，分析哪个或哪些问题是最重要的。最重要的子问题应对原始问题的解决起最关键的作用。③重新定义问题，是指将需要解决的最重要问题进行必要的重新定义或转化，使一些原来可能无法解决的原始问题，经过转换，成为可以解决的问题。④用意义来描述问题。策划人通过以意义来描述问题，能使笼统、模糊、含混不清的问题变得更清楚明确。

第二种是高斯等提出的方法。发现问题的真正所在的主要目的和要求就是将碰到的问题的主要原因找到，就是通过遇到的原始问题，找到其背后隐含的真正要解决的问题。可以通过回答以下问题找到问题的本质：问题是什么？这个问题是什么？什么是真正的问题？这是谁的问题？问题是从哪儿来的？我们真正想解决问题吗？

2）明确策划目标

确定问题不是最终目标，营销策划的最终目的是要解决问题，实现营销目标。在确定问题之后，要解决的策划问题就明确了，还要定义营销策划所要达到的标准，也就是营销策划要实现的目标。策划目标应该符合以下一些特征。

（1）具体性。一个策划目标只针对一个单一的目的，而不能出现一个策划目标针对多个目的，否则，策划目标的可操作性和可实现性就会大大降低。

（2）重点突出。在某一时期，企业要实现的营销目标往往不止一个，而受各种条件的限制，又不可能所有目标都能实现。因此，企业应该确定一个当前最为重要、最为迫切的目标。

（3）层次性。在确定目标时，还要考虑到目标的层次性，也就是将一个大目标层层分解，这样分解以后的目标就能得到实现，但要注意的是分解后的同一层次的目标合起来应能达到上一层目标的要求，否则分解就没有完全。

（4）可量化。目标提出后要能被量化，否则很难对其作出定量的评价，只有对于可量化的目标才能定出合理的标准。

（5）可实现性。是指营销目标被提出后，要在企业现有条件下或经过企业的努力后可以实现。也就是说，企业现在拥有的资源条件能够支撑营销目标的达成，或者通过企业以后的努力，其拥有的资源条件能够实现营销目标。

（6）协调性。企业的营销目标体系之间应该相互协调。如果不协调，就可能出现目标与目标之间的相互冲突，而这种相互冲突可能给企业带来一系列的问题，这些问题可能会导致新问题的出现。因此，企业营销目标之间要相互协调。

（7）时间性。所有营销目标的实现都必须在一定的时间内完成。如果营销目标没有完成的时间限制，也就无法评估和判断目标是否已达成。

3．签订策划合同

当双方确定策划意向后，就可以签订正式的策划合同，以便明确双方的利益和责任。这也是保证营销策划顺利进行、维护双方合法权益的法律行为。其内容至少应包括：双方的主要权利和义务事项、策划的课题、策划要达到的目标、策划费用、期限、违约责任等。

3.1.2　确定策划主题

在营销策划准备工作完成之后，或者说开始营销策划作业前，必须明确营销策划主题，使营销策划主题与委托者的营销策划动机相吻合。营销策划主题是营销策划的中心思想，是营销策划的基本观念。营销策划主题经常成为营销管理的中心环节，很多时候它们是一致的。确定营销策划主题主要包括营销策划主题的构成要素、营销策划主题的类型、营销策划主题的标准、营销策划主题的原则、营销策划主题的确定阶段等。

营销策划主题的构成要素主要有以下四点。①国内外市场营销环境与发展趋势。任何企业的营销管理活动都是在一定的国内外市场营销环境中进行的，因此营销主题必须正确反映时代的主题内容。②企业及其营销管理活动过程。企业是营销策划的根基，所以企业的商务模式、资源配置状况、营销战略、企业形象等，都是营销策划的主题。③市场要素及其市场运行。市场是营销策划的出发点，市场运行是营销策划主题的基础和前提。市场建设、市场体系、市场培育、市场开拓、市场活力等市场要素都是营销策划的主题。④消费者及其购买行为。消费者是营销策划的中心。营销策划能否成功关键在于对消费者及其购买行为的理解和领悟程序高低。因此，消费者及其购买行为是营销策划的永恒主题。

营销策划主题有环境主导型、顾客主导型和企业主导型三种。①环境主导型。它是以特定的时代背景为中心来确定营销策划的主题。这种情况下营销策划的主题是企业以外的环境因素。这些因素包括社会体制、政治、科技、文化、经济、消费心理、消费者购买力等。②顾客主导型。它是以顾客为中心来确定营销策划的主题。在此情况下，营销策划的主题是消费者的心理活动和行为，这些因素包括新奇感、方便感、对美的享受、舒适、爱情、亲情、友情、安全、快乐等。③企业主导型。它是以企业资源优化配置为中心来确定营销策划主题。营销策划的主题是企业的各项资源，包括人、才、物、信息、时间等要素。

营销策划主题应符合以下 7 个标准。一是超前性。它要求营销策划主题必须与市场发展的潮流、消费者心理行为的发展等保持一致，它必须能够引导市场、创造市场。二是时尚性。营销策划的主题要引领和创造时尚，不能落后于时代的发展。三是创新性。营销策划的主题必须是创新的，是没有企业做过的或者在该领域中没有人做过的。营销策划的创新主要包括创意的创新、内容的创新、概念的创新等方面。四是鲜明性。营销策划主题必须是与众不同的，具有差异性，才能引起公众的广泛注意。五是大众化。营销策划主题应体现大众化，因为市场是大众的市场，营销策划主题太高雅可能会出现曲高和寡的状况，而营销策划主题越大众化，对市场产生的影响也就越大。六是激励性。营销策划主题应具有一定的号召力、感染力和冲击力，能够使消费者作出某种行动。七是简洁性。营销策划主题越简洁就越容易让公众理解、接受和记住；相反，如果营销策划主题太复杂，就会使大部分人无法理解，就更不用说接受和记住了。

营销策划主题的原则是指营销策划主题的确立应遵循一定的原则。营销策划主题的原则如下。①服务企业的原则。营销策划是为企业的营销管理服务的，而营销策划主题是营销策划的中心思想，更应该为企业的营销管理服务。②培育市场的原则。虽然营销策划主题表现为形象、品牌、质量、价格等，但实质都是为了培育企业的市场。③可持续发展原则。营销策划不是一次性买卖，它在一定程度上决定着企业的持续生存和发展。④培育忠诚顾客的原则。营销策划的主题要体现培育忠诚顾客的功能，因为只有忠诚的顾客，才能给企业带来源源不断的利润。

营销策划主题的确立要做到科学性与经济性的统一、规范性与可行性的统一，也要求营销策划主题与营销管理实践相结合，与市场发展趋势相结合，与消费者的需求相结合。营销策划主题的确定过程，就是对策划资源的利用过程，所以营销策划主题资源的配置应该快速、高效。营销策划主题是为企业营销管理服务的，它必须通过广泛的传播，进行广泛的社会交流，才能从不同的角度表达策划人的意图。营销策划主题应富有时代性，应站在消费者立场上思考，应体现行业特征，应体现企业对消费者的承诺，应体现企业的社会责任。

营销策划主题的确定一般要经过挖掘、过滤、选择和确定四个阶段。①挖掘营销策划主题。营销策划人根据企业营销的特性应尽可能从企业营销中挖掘更多的主题，主题越多越有利于策划人更全面认识企业营销中存在的问题，从而把握住关键问题所在。②过滤主题。通过挖掘主题，可以全面了解营销问题，挖掘的主题越多，对营销问题的了解就越全面。这样就可以把一些次要的主题过滤掉，而专注于重要的主题。③选择主题。在对营销策划主题过滤后，对重要的一些主题进行选择，把一些相对更重要的主题保留下来，最终根据委托人的要求选择最合适的主题。④确定主题。在选择主题后，需要得到委托人的最后确认，在双方对营销策划主题达成共识后，才能进行下一步工作。营销策划主题描述得越详细越好。

3.1.3 调查和收集资料

在确定营销策划主题之后，就要围绕主题展开相关信息的收集工作。但是要注意的是，调查和收集资料在营销策划工作的各环节都是有必要的。策划人要设计出杰出的方案，必须要有充分的信息资料，策划人只有在对调查和收集的信息进行认真细致的分析后，才能设计出杰出的策划方案。因此，信息的调查收集和分析工作是营销策划成功的关键环节。调查和收集信息具有一定的流程，按照科学的流程调查收集资料可以收到事半功倍的效果，信息调查和收集的流程如图3-2所示。

图3-2 调查和收集信息的流程

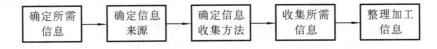

1．确定所需信息

杰出的营销策划方案需要大量的信息作为支持。这些信息不仅来自企业外部环境，而且来自企业内部环境；不仅包括与营销策划问题直接相关的信息，而且包括与营销策划问题不直接相关，但是对作出判断、进行创意、设计方案有所帮助的信息。

营销策划主题一经确定，就要收集各方面的信息来为主题服务。策划人首先应列出要完成营销策划主题所需要的一切直接和间接信息，这一过程要尽可能做到详细、周到；其次，列出现在已经拥有和掌握的信息；最后对两者进行对比，就能确定还需要调查收集的信息。在处理过程中，要注意的是所列出的完成营销策划主题的信息一定要全面、完整，才能处理好后续事项。

2．确定信息来源

营销策划所需要的信息都不可能信手拈来，要由策划人通过各种渠道去收集。在确定营销策划所需要的信息后，接下来要确定这些信息来自哪里，也就是信息的来源。

一般而言，信息依据其来源，可分为现有资料信息（二手资料）和需要通过实地市场调查的资料信息（一手资料）两大类。现有资料信息的来源一般是现成的书籍与报纸杂志、政府出版的统计资料、企业内部资料，现成的登记资料和调查报告等，也就是说已经过别人处理的、现成的各种资料信息，即所谓的二手资料。需要通过实地市场调查的资料信息，是指要求策划人通过对消费者、公众、经销商、竞争对手、供应商、政府和其他组织或个人进行市场调查才能获得的资料，这些资料都是直接调查获得的一手资料，也称初级资料，这些资料必须进行科学合理的整理和加工才能被利用，否则只是杂乱无章的一些数据而已。这两种资料信息的不同在于获得的方法不同，前者是通过查阅前人已做过的研究和调查资料即可获得，而后者要通过对调查对象进行调查，并收集相关的信息和作出相应的整理加工才能获得。

3．确定信息收集方法

由于信息来源的不同，信息的收集方法也不一样。一般而言，二手资料的获得，只需要查阅已有的相关资料，相对较简单，所需要的费用也较少；而一手资料的获得，需要策划人通过现场调查才能获得。

1）一手资料的收集方法

当现有的二手资料不能满足需求时，就必须通过市场调查来获得所需要的资料。市场调查就是直接向公众、消费者、经销商、供应商、政府等调查得来的资料。最常用的市场调查方法有访问法、观察法和实验法。

（1）访问法。访问法是指通过直接询问被调查者而获得相关信息的方法。它是了解市场资料的一种很重要的方法。采用访问法进行调查，通常在实际访问之前就把要了解的信息通过问题形式列在调查表中，再对被调查者进行询问。

访问既可以通过正式的调查问卷，也可以在没有正式调查问卷的情况下进行。在没有正式的调查问卷的情况下，调查者可以通过事先准备访谈问题的方式进行调查。正式问卷调查结构严谨，逻辑性较强，要根据实际情况确定是否使用正式调查问卷。

访问法根据调查者的接触方式不同，可分为面谈访问法、邮寄调查法、电话调查法、留置调查法和网上访问法。

面谈访问法是指调查人员通过与被调查者直接面谈来询问有关问题的方法。面谈访问法可以采用个人访问的方式，也可以采用集体座谈的方式。个人访问是指调查者通过面对面地询问和观察某个被调查者来收集信息。集体座谈是指邀请一定数量的被调查者参加小组讨论，由调查者提出各种问题，以达到收集信息的目的。两种方法都有自身的优点也存在一定的缺陷，所以在使用时，应尽量利用其优点，避免其缺陷。

邮寄调查法是指将事先设计好的调查问卷邮寄给被调查者，由被调查者根据要求填好后寄回的一种调查方法。邮寄调查法的优点是：空间范围广，可以不受调查者所在地区的限制，只要是邮件能到达的地方，就可以采用这种方法；样本数量较多，而费用支出较少；被调查者有充裕的时间回答问题等。邮寄调查法也存在回收率低的缺点，因而会影响样本的代表性。

电话调查法是指调查人员借助电话工具向被调查者询问一些问题，了解相关的信息。在电话调查中，要注重调查对象的选择，同时，在收集电话号码信息时也会面临各种阻力。

留置调查法是由调查人员将调查问卷当面交给被调查者，说明填写要求，并留下问卷，让被调查者自行填写，再由调查人员定期回收的一种调查方法。它的优点是，调查问卷回收率高，被调查者的意见可以不受调查人员的意见的影响。但也存在调查地域范围有限，调查费用较高等缺点。

网上访问法是通过网络对被调查者进行调查的方法。它的方式较多，如通过邮件等方式。网上访问法有辐射范围广、访问速度快、费用低等优点，但也有样本的局限性较大，信息的准确性和真实性程度难以判断等缺点。

（2）观察法。观察法是通过观察被调查者的活动来获得信息的方法。调查者直接或借助仪器把被调查者的活动按实际情况记录下来。但在现场观察中，记录的往往只是表面的信息；也可能出现被调查者意识到自己被观察，出现不正常的表现；花费时间较长，成本较高；对调查人员的素质要求也较高。

（3）实验法。实验法是指通过实验对比来获得市场信息的调查方法。它是在既定条件下，对市场经济活动的某些内容及其变化加以实际验证。它把自然科学中的实验法应用到市场研究中。但是市场研究不可能像自然科学中的实验一样准确,这是因为自然科学实验中的一些条件是可控制的,而市场研究中的很多条件是不可控制的。这种方法可以分析和观察某些市场现象的因果关系及其相互影响程度,通过实验取得的数据比较客观,具有一定的可信度,但实践中的许多因素不可控制,会影响到实验的效果。

2)二手资料的收集方法

二手资料的收集主要是通过对相关的书籍与报纸杂志、对企业内部的相关资料进行收集,通过对政府部门已发行的各种资料进行收集,通过对现成的调查报告和网络资料进行收集。二手资料的收集方法主要是通过图书馆的检索查询、书店图书的检索查询、网络的检索查询等方法获得二手资料。

4. 收集所需信息

通过相应的信息收集方法把一手资料和二手资料收集回来。但在资料收集过程中,要特别注意采用多种方法搭配组合,使不同方法的优缺点形成互补,使收集的信息更齐全、更准确。

5. 整理加工信息

信息收集回来之后,要对其进行筛选、归类、分析、编制索引等整理加工。因为收集回来的一手资料只是一些杂乱无章的数据,还不能称之为信息,只有对其进行整理和加工后才能成为信息;而收集回来的二手资料,虽然是已经处理过的,但是大多都隐藏在其他信息当中,必须把它筛选出来。经过整理加工后,原来大量的、凌乱的资料就会变成精练的、有规律的信息。

3.1.4 形成策划创意

策划人在结合营销策划主题和相关信息的分析基础上,结合自身的经验和灵感形成营销策划的创意。创意是针对要解决的营销问题找到关键性的解决方法,是具有创新的想法或建议。创意是营销策划中不可缺少的要素。

创意通常是由灵感产生的,灵感从萌芽经历成长到成熟,并最终形成创意。创意是组成策划的要素,而创意的形成是对各种信息的加工、整理、组合而产生的一种新信息。创意的产生实际上是一种信息的收集、整理、加工、组合的过程。

好的创意应该既是别人没有想到、不会快速复制或模仿的,也是别人不会用更先进的方式加入竞争的。因此,创意来自独特的心智,是竞争者无法模仿的;创意是用新的方法组合旧的要素的过程。

3.1.5 编写策划方案

在完成营销策划创意之后,对营销策划的关键问题就基本确定了。此时就要将已经形成的创意设计成策划方案,也就是用文字表达的书面方案,即营销策划书。营销策划书就是将营销策划的环境、需要解决的问题、行动安排、组织结构、执行方法、控制要点等内容,用书面的形式、按一定的格式表达出来。本质上,营销策划书是营销行动方案的计划性文件，是一个策略性的行动编制计划，是对营销行动所做的局部安排。

营销策划书要让客户接受，除了创意内容外，还应包括说明性的内容，以便客户更容易接受。而且营销策划书还应具有易接受性和吸引力，否则客户难以接受。易接受性是指营销策划书能够用最通俗、简洁的文字表达出策划人的创意思想和内容，也能使客户很容易读懂、理解和接受。有吸引力是指营销策划书的特点，创意的亮点、新颖性和独特性等要予以突出，以引起读者的兴趣和注意。

营销策划书应具有一定的格式，包含一定的项目，如策划方案名称、策划人、编制时间、简介、目录、策划目标、正文、执行步骤与费用预算、参考资料、注意事项等。营销策划书可以简单也可以复杂，篇幅长则数万字，短则几百字。不同的营销策划书的内容不完全相同，但一些基本项目还是需要具备的。一般而言，营销策划书应能回答"5W、2H、1E"的问题。

（1）What（什么）：方案解决什么问题。
（2）Who（谁）：谁负责创意或编制，谁负责执行，谁负责控制和监督。
（3）Where（何处）：解决问题的地理范围。
（4）Why（为什么）：提出创意或方案的理由。
（5）When（何时）：各项活动何时开始，何时完成。
（6）How（怎样）：如何执行。
（7）How much（多少）：方案需要多少资金，多少人员，多少其他资源。
（8）Evaluation（评估）：效益如何。

3.1.6 执行策划方案

在策划人与委托人都对营销策划方案认可后，在正式执行策划方案前，还要对策划方案进行预演。策划人根据已经拟好的预算表和日程进度表，模拟出策划方案的布局与进度，以及最终要达到的效果。模拟结果得到委托人的认可后，就可以正式进入执行方案阶段。

一般情况下，策划人不直接参与策划方案的实施，但在策划方案的实施过程中，策划人要对实施过程进行指导和监督，对出现的问题要及时处理，对方案中没有设计或当时没有考虑到的问题，要与执行者和管理者进行沟通、协商解决，特别要注意消除参与执行的人员对变化的抵触情绪，这样才能使方案顺利执行。

3.1.7 总结和分析方案

策划方案在设计与执行时的客观环境、约束条件都可能随时发生变化，因此，对策划方案的实施应从构思到行动都不断检查与总结。营销策划的成功与否都要以问题是否被解决为标准。对策划人而言，营销策划方案被采纳很重要，但是目标能否实现是更重要的问题。

在营销策划方案执行过程中，策划人无论是否参与执行，都应该对执行情况进行了解，以便能在需要时提供必要的帮助和指导。但更重要的是，执行完成后，需要对执行结果进行总结分析，目的是总结方案执行成功的经验或失败的教训，为以后做营销策划提供借鉴。

首先，分析结果，看实际结果与预期结果之间是否存在差异。如果不存在差异，则说明营销策划方案以及执行方案都比较理想；相反，如果存在差异，则要找到原因所在。造成差异的原因有很多，但归纳起来主要有策划本身存在错误、执行不力或者不可抗力的影响等原因。

其次，寻找问题点，如果发现实际结果与预期结果存在差异，那么就要找到问题所在。策划人要通过收集资料、数据，思考、分析产生差异的原因。可通过查看执行记录、与执行人员谈话等方法找到问题及原因所在。

最后，策划人要对分析结果写出相应的分析报告。分析报告分书面报告和口头报告两种。分析报告的关键是分析问题，得出有说服力的分析结论。

3.2 营销策划的基本方法

营销策划没有固定的方式，不同的方法适合不同的情况。因此，在营销策划过程中，要针对具体情况，采用最适宜的策划方法，以便达到最佳的策划效果。营销策划有许多种方法，本章只介绍创意策划法和造势策划法两种方法。

3.2.1 创意策划法

在某一特定环境下，人们会以知识、经验、判断为基点，通过亲身的感受和直观的体验而闪现出智慧之光。这种智慧之光可以很全面地揭示事物或问题的本质，可以让人有一种假设性的觉察和敏感，这就是通常所谓的灵感。灵感实际上是因思想集中、情绪高涨而突然表现出来的一种创造能力，即创意。创意与点子是不一样的，点子是解决某一件事情的具体的一个点，所以称之为点子，它不是系统的，而创意可以解决一个点、一条线、一个面、一个体等，它是系统的。因此，创意是策划的起点、前提和核心。创意的产生要在联想、假设的基础上，用大脑去分析、总结、归纳等，只有经过这样反复论证才能产生新的创意。

创造性思维既是创意的基本条件，又是产生创意的方法。创意产生于创造性思维，它认为事物是运动、变化、发展的，可以用人的思维去把握、控制事物。创意也来自策划人对生活的积累，通过策划人深入观察生活，积累资料和经验，提高文学、美学、经济学、管理学、心理学等素养，处处留心，事事思考，日积月累，就可能产生好的创意。

创意策划的过程如下。①提出问题。掌握问题产生的途径，增强问题意识，列举属性，寻找缺点和闪光点，产生好奇心。②确定问题。确定问题的目标、中心、焦点、动机、目的。③寻找资料和有关资料的积累。围绕目标、动机，搜索与创意动机有关的资料。④弄清问题。搞懂问题的表述形式，找出问题的框架和细节（聚焦目标、分化问题、把握要点、扩展重点），寻找问题的新表述形式。⑤生成思路和选择思路。⑥进行思考组合。⑦创意生成、总结及实施。

案例1　　　　　　气味图书馆　创意无处不在

"天堂的呼唤"是什么味道？你拿这个问题去问气味图书馆的任何一个店员，他们便会从"气味图书架"上打开一个抽屉，拿出一个试剂瓶，告诉你："这就是天堂的呼唤，也就是殡仪馆的味道。"事实上，这种香氛使用了西方葬礼常用的白色香花搭配棺木的木质气味，完全不像想象中那么压抑和恐怖，反而带着点淡淡的忧伤和恬静，会让你不经意间想到某个人。

这就是气味图书馆存在的理由。虽然这里的大多数香水还是为人所熟知的果味或自然香味，但也不乏看到"爱情很盲目"、"蚯蚓"、"这不是烟斗"等不明所以的味道。在这里，香水早已超出了点缀、吸引和诱惑的范畴，成为找寻记忆的一个道具。

学西方当代艺术的娄楠石、学电影的李耕和从事建筑设计的周奕辰，她们看中了这门生意的时候还在新西兰，当时她们不想做"太有竞争性的生意"，却敏锐地意识到：相对于视觉、听觉和味觉，服务于嗅觉的生意还只停留在贩卖香水、香薰产品的阶段，这是一片可以在国内做成产业的蓝海。

2008年圣诞节前，她们在新西兰成立了团队，从开始寻找合适的产品到选定Demeter作为公司经营的第一个品牌，足足花了8个月时间做调研。2009年11月17日，气味图书馆的第一家体验店在北京三里屯正式挂牌营业。Demeter在美国只是面向小众市场，因为当地对香水的需求主要还是来自遮盖体味，而这并非Demeter所长。但在香水以"玩"为主的中国，它模拟气味的本事有可能更受欢迎，而且它足够有趣，能引起国内顾客对气味的好奇心，逐渐培养顾客的"嗅觉消费习惯"。

虽然气味图书馆现在看起来更像是Demeter专卖店，甚至连"气味图书馆"这个名字都和Demeter的全称"Demeter Fragrance Library"呼应。但实际上，Demeter只是气味图书馆"嗅觉生意"的第一步。

如果只是单纯的代理和经销，这跟市场上盛行的代购服务并无二致。更何况比起代购来，气味图书馆在店面、运营、人力等各方面成本的压力下，最后的销售价格反而较高。唯有能代购之所不能，才有机会让自身变得无可替代。

就目前来看，只有气味图书馆代理的Demeter才有精装书模样的礼盒包装；到十月前后，它还会在国内推出15毫升小瓶装的特别设计套装，比如用平装书、咖啡和某一款酒味搭配出的"媒体人套装"；美国的研发团队正在为气味图书馆设计乌龙茶、红豆、绿豆之类的新气味，这些也是将来从其他渠道买不到的……

此外，北京三里屯、上海田子坊、成都第一城、杭州万象城……气味图书馆的每一家体验店都力求开在城市最繁华最中心的地方。"我们不花钱做推广，宁可把市场成本放进渠道成本里。"娄楠石说，"文化商圈也好、时髦商场也好，消费者的生活轨迹就是我们的渠道布局。"

如果说出售香水只是气味图书馆影响和培养消费者嗅觉意识的第一步，那么更大的商机则隐藏在体验店之外。在电影《山楂树之恋》热映期间，由Demeter开发的一款号称能闻到"纯爱"味道的限量级香水同步上市，让观影者有机会同时从视觉、听觉、嗅觉三方面丰富体验。

OM 设计（可以简单地解释为公司形象设计中涉及嗅觉的那一部分）或将成为气味图书馆未来的主要盈利方向。在气味图书馆的团队看来，大部分国内的企业还没有开始重视 OM 设计，这又是一片更广阔的蓝海。万科地产成为气味图书馆的第一个 OM 客户。在刚刚过去的九月，娄楠石也受邀在北京举行了一场奥迪气味之旅，通过嗅觉的体验带领大家探寻专属于奥迪品牌的味道。

用无限的创意思维寻找新的行业，用时时的创意策划不断完善产品和服务，在吃透产品属性的同时充分探索多元化的盈利模式。或许对于气味图书馆而言，其目标从一开始就不只是成为"Demeter 在中国的专卖店"而已。

3.2.2 造势策划法

造势策划法是在营销活动中，根据产品的特色和个性，结合企业的特点，通过一系列的营销活动来制造声势，给消费者留下深刻印象，从而达到营销的目的。营销策划方案在实施前和实施过程中，要特别注意对外宣传造势，以提高企业形象。

营销策划宣传造势的对象可分为企业外部对象和企业内部对象。企业外部对象主要是针对企业外部的现实顾客和潜在顾客、社会公众、供应商、销售商、政府部门、社区以及民间组织等，对企业外部造势的主体是顾客。企业内部造势是为发动营销策划和实施营销策划做铺垫和激励的，主要对象是企业内部的所有员工，包括营销人员、生产人员、财务人员、管理人员等。营销策划造势根据不同的营销策划有不同的宣传造势对象，而且营销策划的宣传造势应根据不同的对象采用不同的方法。

营销策划宣传造势也应遵循一定的原则。①准确性原则。这是首要原则，任何对企业内外部宣传的信息都必须是真实可靠的。言过其实的宣传和虚假宣传不仅不利于营销策划的实施，而且可能会造成宣传对象的不信任感，影响企业的形象。②针对性原则。它是指营销策划的宣传造势要根据不同的营销策划对象，不同的营销策划采用不同的宣传方法和宣传内容，这样才能做到有的放矢，达到预期的效果。③及时性原则。它是指营销策划的宣传造势要把握时机，过早或过迟的宣传都可能达不到预期的效果，而应根据整个营销策划的具体需要进行宣传造势。④创造性原则。它是指营销策划的宣传造势的形式和内容一定要新颖。新颖的、个性化的宣传不仅能吸引企业外部的宣传对象的关注和兴趣，而且还能激发企业内部员工的积极性和主动性。因此，宣传的内容、形式、方法等都应该具有新颖性、个性化。⑤适度性原则，它是指宣传造势的规模、声势等必须要适中，不能过火，也不能不足，应恰到好处。

通过营销策划宣传造势可以促进营销策划方案的顺利实施，也能把必要的信息传递给宣传对象，它还可以促进产品销售，改善公共关系，提升企业形象。在应用营销策划宣传造势时，要把握宣传造势的快、新、奇等特点。

案例2　　宣传造势赢市场

由赵本山、小沈阳、于月仙等主演的都市喜剧《不是钱的事》将于10月15日登陆天津卫视。10月12日晚，该剧在京举行首播发布会，剧中演员于月仙、唐鉴军、程野、胖丫等到场助阵，为剧集宣传造势。

"谢广坤"咸鱼翻身　新剧演帅哥

《马大帅》、《乡村爱情》……由赵本山及其弟子主演的一系列农村喜剧可谓红遍大江南北。《不是钱的事》则是"赵家班"打造的第一部都市喜剧，该剧讲述了在文化体制改革背景下，东北二人转演员面临着团队解散的危机。不过，他们通过努力克服了来自市场、家庭、资金等方面的困难，最终改写了团队的命运。

在《乡村爱情》系列电视剧中，唐鉴军扮演的老汉谢广坤给观众留下了深刻的印象。在《不是钱的事》中，他终于咸鱼翻身，用唐鉴军的话说就是终于演了一把帅哥。据他介绍，在《乡村爱情》中，谢广坤是一个60多岁的老头，头发还有点秃。在《不是钱的事》中，他不仅拥有一头茂密的头发，而且扮演的角色也就不到40岁，十分精神。

唐鉴军在接受采访时表示，以往"赵家班"主演的都是农村戏，希望这次《不是钱的事》能给大家带来新的感觉。

程野狂追于月仙　恋情复杂

在《不是钱的事》中，各个角色情感关系颇为复杂。据于月仙透露，在剧中她饰演二人转表演队的副队长，不仅是个女强人，还是个大龄剩女，和程野上演了一段姐弟恋。而程野在剧中则是二人转表演队的音响师，是一个带着孩子的光棍。

本章小结

营销策划程序是营销策划运作的先后次序，它是一项很复杂的系统性活动，按照科学的策划程序才能设计出优质的、完美的营销策划方案。营销策划的程序主要包括准备营销策划、确定策划主题、调查收集资料、形成策划创意、编写策划方案、执行策划方案、总结和分析方案等七个程序。准备营销策划是在营销策划进入实质性工作阶段之前的准备工作，主要包括寻找合作伙伴、确定策划意向、签订策划合同等。确定策划意向是指双方决定解决的策划问题和要达成的策划目标，包括确定策划主题、明确策划目标和签订策划合同三个阶段。营销策划主题是营销策划的中心思想，是营销策划的基本观念。确定营销策划主题的内容主要包括营销策划主题的构成要素、营销策划主题的类型、营销策划主题的标准、营销策划主题的原则、营销策划主题的确定阶段等。信息的调查收集和分析工作是营销策划成功的关键环节。策划人在结合营销策划主题和对相关信息进行分析的基础上，结合自身的经验和灵感形成营销策划的创意。在完成营销策划创意以后，对营销策划的关键问题就基本确定了。此时就要将已经形成的创意设计成策划方案，也就是用文字表达的书面方案，即营销策划书。在策划人与委托人都对营销策划方案认可后，即可正式执行策划方案。最后是对营销策划方案的设计和实施进行总结和分析。

营销策划没有固定的方式，不同的方法适合不同的情况，营销策划有许多种方法。创意是策划的起点、前提和核心。创意策划有提出问题、确定问题、寻找资料，以及有关资料的积累、弄清问题、生成思路和选择思路、进行思考组合、创意生成、总结与实施等过程。造势策划法是指在营销活动中，根据产品的特色和个性，结合企业的特点，通过一系列的营销活动，制造声势，给消费者留下一个深刻印象，从而达到营销目的的策划方法。营销策划宣传造势的对象可分为企业外部对象和企业内部对象。营销策划宣传造势应遵循准确性原则、针对性原则、及时性原则、创造性原则、适度性原则等。

关键术语

| 营销策划程序 | 营销策划方案 | 策划主题 | 创意策划法 | 造势策划法 |
| 准确性原则 | 针对性原则 | 及时性原则 | 创造性原则 | 适度性原则 |

思考题

1. 营销策划的一般程序是什么？
2. 营销策划各个程序之间有什么关系？
3. 营销策划各个程序实施应注意哪些问题？
4. 创意策划法的优点有哪些？
5. 造势策划法应遵循哪些原则？
6. 创意策划法和造势策划法适应的条件是什么？

参考文献

[1] 于建原. 营销策划[M]. 成都：西南财经大学出版社，2005：54-57.

[2] 唐纳德·高斯，杰拉尔德·温伯格. 你的灯亮着吗：发现问题的真正所在[M]. 章柏格，刘敏，译. 北京：清华大学出版社，2003.

[3] 张光忠. 营销策划[M]. 北京：中国财政经济出版社，2001: 129.

[4] 叶万春. 企业营销策划[M]. 北京：中国人民大学出版社，2003.

[5] 广告媒介行销策划的六个步骤[EB/OL].2010-12-21. http://marketing.manaren.com/yxch/show-7757-1/.

[6] 气味图书馆：体验店之外的商机[EB/OL].http://www.chinavalue.net/Media/Article.aspx?ArticleId=68648.

[7] 《不是钱的事》发布会　赵家班弟子助阵[EB/OL]2012-10-12.http://ent.sina.com.cn/v/m/2012-10-12/18403762690.shtml.

案例研讨

巧乐兹升级成功之道

巧乐兹作为伊利旗下最重要的副品牌之一，在2008年度为伊利冷饮的销量贡献占比达25%，份额在行业同价位产品中处于绝对的垄断地位，是伊利冷饮无出其右的明星副品牌，当家花旦。但随着近年来上游原辅料的涨价影响，利润率连年下滑，并拖动事业部整体毛利水平下滑，这与伊利冷饮对巧乐兹品牌的期望大相径庭。涨价，是每一个人都会想到的，但冷饮的价格并非像其他很多商品一样，可以水涨船高，产品的消费习惯决定了其价格只能在以0.5元为单位的阶梯里选择，要不是1元，要不就是1.5元，再不就是两元。你一旦涨到临界点，产品的销售价格就会上升一个梯级，而上升一个梯级则变成了一个全新的产品，将面对另一个阶梯的消费群。伊利也多次上调巧乐兹系列的结算价格，但每次的上调幅度都很小，都控制在了不影响终端零售价格的范围内。毕竟，一个贡献占比超过20%的产品，一旦出现大的波动，对于事业部整体的影响是可想而知的。不仅仅是销量和利润，行业第一的地位都有可能因此而产生动摇。但多次的价格上调也并未解决根本性的问题，同时也严重压缩了中间商的利润空间，导致中间商经营积极性下降，长此以往，将对巧乐兹的贡献乃至事业部的整体销售产生负面影响。

在2008年底的预算沟通过程中，对2009年度利润的预算达成做了几轮论证，最终焦点仍然落在了巧乐兹上，它作为当家花旦，不能贡献如期的利润，既可惜，也悲哀。伊利最终把方向定到了巧乐兹的战略升级上，中心思想是通过对巧乐兹产品本身的物理特性升级和品牌塑造升级，将巧乐兹零售价格上调为两元，同时保证销售贡献同比持平，保证巧克力属性的第一品牌地位。解决中间商的利润分配矛盾和产品毛利贡献偏低的问题，突破伊利冷饮的价格定位瓶颈，为未来的发展奠定基础。

在当时，连对手都不敢相信伊利会如此大胆，如此自信。这不仅仅是在超越自己，更是在超越行业，挑战极限。因为两元类产品的市场容量在此之前只有不足5个亿，与巧乐兹现有的销售贡献相比相差甚远，贸然进入，有可能会出现销售贡献大幅下滑。一时间，各种预言接踵而至，各种对策纷纷出台。但截至现在的数据和市场表现已经充分证明，巧乐兹品牌战略升级取得了让所有人都咋舌的胜利，不仅稳稳站住阵角，连伊利自己都没想到的是，销售额不仅没有下滑，反而同比增长了10%以上，毛利率更是同比增长30%以上，为伊利带来了一个前所未有的丰收年。在行业整体低迷的形势下，可以说是逆风飞扬，独树一帜。

成功有其偶然，更有其必然。完成如此登峰造极的挑战，伊利是如何做到的？

一、科学论证，区域实践

在策略制定之前，伊利就巧乐兹的升级进行了全方位的科学论证，涉及竞争环境、中间商、终端零售商、消费者等各个环节。

1. 竞争环境

和路雪、雀巢等国际巨头占据了零售价2.5元以上市场份额的80%，市场容量规模约15个亿，只有冷饮市场总容量的10%，这个区间国内品牌鲜有涉及。伊利已经占据了1.5元类市场的65%以上，在这个区间基本上是寡头竞争，对伊利威胁最大的蒙牛在该区间也只是占有了区区20%的份额，而其他中小企业早已经失去了该价格区间产品的打造能力。在国际品牌和国内一线品牌的优势区间之间，有一个相对属于真空的地带，就是零售两元的价格区间。这些年各企业均涉及不多，该区间的市场容量也一直没有有效突破，甚至远远低于零售 2.5 元区间以上的容量。作为主要竞争队友的蒙牛，只能将 1.5 元类作为其上挑目标，毕竟产品价格的向上跳跃是相对吃力的，而连跳两级则几乎不可能，因为品牌已经不支持。而伊利在 1.5 元类区间占有了如此绝对的优势，具备了向 2 元区间发力的实力。

2. 中间商

通过这几年的渠道封闭和自然分离，伊利和主要竞争队友蒙牛不管在市区还是在外埠，均不共享主流渠道，已是泾渭分明。尤其是在市区，几乎都是利用配送站系统各服务各自的专柜。而且，伊利通过这几年的渠道建设，已经形成了以配送站和 1+1 模式为主的强大的分销系统，这个系统中的合作伙伴忠诚度高、实力强大，基本上在所辖区域内处于相当大的优势地位，而且伊利的生意份额已经占据了其生意总额的 50%以上。所以价格调整被竞争对手的价格体系扰乱的现象不会大范围发生。因为伊利没有任何有替代能力的品牌，只要一号令，走也得走，不走也得走。再说，水涨船高，中间商也早就做累了廉价搬运工，同样的利润率下它们更愿意做高价位产品。

3. 终端

决胜终端，谁都明白。但现在整个行业决胜终端的手段，大多考虑如何更多地往终端塞货，而对利润需求考虑得较少。我们也往往把终端想象得过于弱势，其实它们有能力把消费者的无限选择变成有限选择。再好的产品，它们可以选择不予销售或是限制销售，这个限度很大程度上由它们把握。它们最看重的是价差，不会过多理会这个产品的进价是多少，厂家赚了多少，只要能够让它们赢利，它们会义无反顾。所以，在涨价后的利润分配中，它们是不会有太多阻拦的。只要给它们一个理由，一个向消费者解释清楚的理由。再说，利差大了，它们比厂家还会去说服自己和消费者。而且，现在伊利在终端投放了数额巨大的专柜，这些专柜因为签订了专营协议，它们是没有选择的，对价格的调整没有抵抗力。

4. 巧乐兹品牌的溢价能力

在消费者的大脑中，有一个神奇的阶梯。他会把日常所接触的品牌很自然地进行区分，哪个是第一阶梯的，哪一个是第二阶梯的，这就是消费者的心智。广告促销等所有的手段都是为了在消费者的心智中占据有利位置。如果巧乐兹品牌在消费者大脑中处于两元以下的阶梯定位，不能高于两元的话，那么此次升级将面临着大幅的销量下滑风险。在前两年推出的巧乐兹高端产品的实践中，伊利发现，消费者已经能够接受巧乐兹品牌零售两元的现实。况且，巧乐兹是冰淇淋行业中巧克力属性的第一提及品牌，有足够的品牌溢价能力。

5. 强大的副品牌阵营

很多人消费了很多年的苦咖啡，却不知道是伊利的，这样的产品还有巧乐兹、四个圈、心多多、冰工厂等，这些都是伊利成熟的副品牌。如同海飞丝、潘婷、沙宣、汰渍、佳洁士等品牌同属于强大的宝洁。副品牌都拥有一批忠实的消费群，领导着一个细分的市场区间。在这个区间，副品牌有足够的能力单打独斗。而且伊利冷饮的副品牌主要集中在 1.5 元类区间，相互之间有区别也有重叠。如果单拿出来一个做大胆的突破，即便失败，剩下的也有足够能力保住这个区间的优势地位。

进可攻，退可守，巧乐兹的升级条件已经完全具备。完成了论证，伊利在 2008 年末在尚属旺季的华南区进行了价格调整测试，并要求其余大区也在有条件的市场进行价格调整测试，测试结果反应如同伊利的预测一样，只有小范围的负面反应。这更加坚定了其进行战略升级的决心。

二、全新打造，更高标准

1. 产品策略

既然是升级，除了价格外，消费者能感觉到的还有什么。如果只有价格，会有欺骗消费者之嫌，竞争对手也会乘虚而入。经过市场调查，发现消费者对巧乐兹产品中的巧克力特别关注，从口感到含量，巧克力是巧乐兹带给消费者最直接的物理接触，也是最受关注的利益点。提升巧乐兹中巧克力的含量，提升巧克力等级，提升巧乐兹带给消费者最直接的物理接触，这是巧乐兹需要完成的第一个升级，当然，这并非难事。几轮口感测试的结果显示，定型后的新巧乐兹口感明显提升。

2. 包装策略

需要与旧包装有区隔，但不能太明显，依然需要在延续巧乐兹原包装主视觉的基础上进行改进，同时提升包装的质感。最后，以原主视觉为主、加"经典"两个字的方案被通过，整体质感较以往大有提升。从此，巧乐兹将升级为经典巧乐兹。

3. 促销策略

继续与原代言人张韶涵合作，并录制全新的广告片，加大资源投放量，诉求以经典巧乐兹的卖点为主，突出"巧克力更多，满足更多"的诉求。同时与浙江卫视签订了"巧乐兹我爱记歌词"的巧乐兹品牌冠名活动，全方位地与消费者进行沟通。

三、一个理由，一个方向

决策层和管理层能理解为什么要对巧乐兹进行战略升级，但是执行层呢，中间商呢，消费者呢？他们是如何理解的？如何说服他们？如此庞大的系统，中间任何一个环节没有疏通，都将对升级工作造成致命的打击。必须找到他们的担心，并给他们一个理由，共同朝一个方向努力。

1. 消费者

消费者会思考，为什么我要多付出5角钱，理由呢？因为巧乐兹的巧克力更多了，品味升级了。从包装上就凸显"巧克力更多，满足更多"的诉求，而且产品本身的物理特性的确比以往得到大幅提升，消费者会在第一次的质疑之后，继续接受新的巧乐兹，因为新的巧乐兹"巧克力更多，满足更多"。

2. 零售商

凭什么我要卖新巧乐兹，我有什么利益？这时候伊利的神来之笔是巧乐兹将装箱支数由40支调整为30支，这带来的变化有两个。第一，客户的单件进货的成本比以往还低了，对价格的调整的感觉不明显。第二，流通同样的支数，却带来了更多件数的增加，在销售过程中使得客户感觉更加畅销了。同时，新的价格体系使得零售商的获利增加了7个百分点。零售商的感觉是既赚钱，又好卖。而且，伊利制作了大量的玻璃贴，在每个冰柜上都清楚地标明一个理由"巧克力更多，满足更多"。使得他们说服消费者的时候更加专业，更加统一。

3. 中间商

利润是中间商更关心的。鉴于此，从年初的各项费用补贴到政策激励，都和巧乐兹的升级挂钩，在完成总体销量的同时，完成巧乐兹的销售指标可以得到更多的销售奖励和补贴。而且，在巧乐兹的新价格体系中，中间商的获利也增加了6.7个百分点，加上事业部的销售奖励，将总体超过10个点。在更高的利润和更多的激励下，他们也会高呼"巧克力更多，满足更多"。

4. 销售团队

大多数基层销售团队，对巧乐兹的战略升级是持反对态度的，因为这将给他们的工作带来更多麻烦，更多压力。伊利在给销售团队描述愿景的同时，更是在各项销售激励上让销售人员在巧乐兹的升级成功中得到实惠，实施排名激励、月度达成激励、增长激励等专项激励，激励的额度甚至超越了基本工资，业绩完成好的销售人员收入能达到往年平均水平的双倍以上。使得整个团队的热情被激发，全身心投入到升级工作中，踊跃向前。

利用一个理由迅速将一个链条整合成一个团队，朝一个方向努力，伊利冷饮在巧乐兹的战略升级中获取了整个链条的鼎力支持。在旁人看来属于登峰造极的挑战，在伊利面前如同推开一扇虚掩的门，而推开这扇门的勇气，来自伊利品牌溢价能力的积累和团队战斗能力的积累。从量变到质变的那一刻，只需做到顺应，一切变得驾轻就熟。

（来源：喜欢你，没道理，巧乐兹升级成功有道理[EB/OL].http://wenku.baidu.com/view/c7ff187302768e9951e738f7.html）

思考题

巧乐兹的营销策划经过了哪些程序？其创新点主要体现在哪些方面？

第 4 章 营销策划的组织与管理

本章提要 本章主要阐述营销策划组织的形式、营销策划实施的方法以及营销策划控制的方法。本章的重点是掌握营销策划实施的营销因素和具体方法。本章的难点在于理解营销策划控制的内涵,以及营销策划控制的步骤和方法。

引 例

曾经有这样一个故事,东北一家国有企业破产,被日本财团收购。厂里的人都翘首盼望着日方能带来让人耳目一新的管理办法。出人意料的是,日本人来了,却什么都没有变,制度没变,人没变,机器设备没变。日方就一个要求:把先前制定的制度坚定不移地执行下去。结果怎么样?不到一年,企业扭亏为盈。日本人的绝招是什么?执行,无条件地执行。

市场营销策划的组织与管理主要是对营销活动开展过程中所涉及的营销组织、营销实施以及营销控制等方面的管理活动和策略谋划,是企业结合自身资源特点,根据外部环境变化,不断地制定、调整和修正营销战略,组织系统负责策划的实施,控制系统负责考查策划的执行结果,诊断产生问题的原因,并加以反馈以便采取适当的纠正措施,包括完善执行过程或调整计划本身,最后实现营销目标的管理活动。营销策划管理的实质在于使人们为了共同目标而有效地合作与协调,因而它也离不开组织。一项好的营销策划在实施中必须依靠相应的营销管理作为保障,否则就不可能达到营销策划的目标。而有效的管理也可以在某种程度上弥补营销策划的不足和漏洞。营销策划仅仅体现为书面文件是不够的,再好的策划方案如果没有在企业的营销实践中得到检验和运用也只能算是空想。因此,只有落实到位的营销策划,对企业的经营管理才具有实际意义。因而市场营销策划管理就成为营销策划的主要内容之一。

4.1 营销策划组织

市场营销策划组织通常被理解为企业的各个营销职位中人的集合,其实质是指对企业内部涉及的营销策划业务活动而设计的相应职能部门、职位的结构形式,营销职能的组织工作及与其他职能部门的协作关系的谋划过程,从而确保营销策划的实施达到预期目标。营销部门的岗位及其职责实际上界定了一个企业营销部门的功能,没有相应的部门和岗位设置,营销工作本身就会失去贯彻策略的途径。

4.1.1 营销策划组织设计原则

营销策划组织设计的目的在于使企业的营销目标在高效率运作中得到实现,但这个目的的实现是建立在营销策划组织设计遵循一定原则的基础上,无原则的组织设计不仅不利于目标的实现,反而会使问题走向反面。因为在任何一个组织中,当一群人为了一个共同的组织目标一起工作时,人员之间的协调问题就会产生。这就要求在组织设计时就必须明确规定组织群体中每个人在工作中的权利、职责以及相互之间的关系,否则矛盾就会存在,组织目标也难于很好地实现。任何组织的建立都必须遵循一定的原则,因此,营销策划组织的设计也不例外。一般来说,营销组织的建立需遵循以下四大原则。

1. 以营销目标为中心

任何组织的存在都有自己一定要达到的目的,但对以赢利为根本目的的企业而言,在不同的环境条件下,这种目的被具体划分为不同阶段的目标,从而构成了企业在每个阶段的中心任务。例如,在当今这个营销时代,营销是企业一切活动的中心,因此,企业营销策划组织的设计必须有利于营销目标的实现。如果违背了这个原则,企业就无法适应新环境的要求,就难于对当今变化不定的市场环境作出迅速的反应,从而使得企业长期失去活力。再比如,若某企业当今的核心问题是开发新产品、开拓新市场,而其营销策划组织机构的设计却是以如何完成承包期的短期利润为核心任务,而将新产品的开发和市场开拓放到一边,或降为次要目标,那么该企业在长期发展中必然会失去活力。

2. 以分工合作为前提

企业为实现营销目标,必然要做大量的工作,如市场调查、新产品开发、人员推销、广告设计、费用成本预算等,这就要求营销组织的设计必须分工明确、职责分明。企业为了能够对市场供求作出快速反应,也要求各级组织的分工合理、职责权限要十分明确,即要给一线工作的市场营销人员相应的决策权力,以应对瞬息万变的市场环境。同时要保证在最短时间内让决策机构了解市场的真实状况并作出正确决策。分工是以提高组织的工作效率为目的的,绝不是分离。因此,它必然要求各部门之间互相协调合作。比如市场研究部门与新产品开发部门的配合,原材料供应部门与生产部门的配合,采购部门与财务部门的配合等。如果企业的营销策划组织设计不以分工合作为前提,企业就无法达到提高工作效率的目的。

3. 以沟通协调为关键

分工合作有利于提高组织的工作效率，但它也会带来一定的问题。分工越细、协调问题就越来越严重。一般而言，分工必然带来以下两大问题。一是本位主义，即各部门仅仅知道自身的工作目标，而对企业的总体目标则不予关心。有的部门负责人为了实现部门自身的利益，甚至不惜牺牲企业全体的利益。二是缺乏协调沟通，即部门之间不协调，各自为王，对别人的要求不予合作，在利益问题上只顾自身、不能兼顾他人，在工作安排上也只图自身的方便而不管其他部门是否能接受和适应。由于上述问题的存在，企业在设计营销策划组织机构时，必须遵循沟通协调的原则，亦即必须注意组织系统内部的各种沟通问题。如意见沟通、市场信息沟通、感情沟通、工作进展情况沟通等。具体可考虑设立专职的协调人员、协调机构，或建立协调制度(如定期召开各部门负责人的意见交流会议)，等等。

4. 以合理授权为根本

所谓授权，就是赋予相关职位人员与其工作岗位相匹配的权利和义务，管理人员应避免该保留的权力不保留、该授权的不授权。在企业的实际营销活动中，不同部门之间往往会产生工作上的分歧，或者下级部门在实际执行中往往只顾切身的利益而违背企业整体利益等。由于这些问题的存在，营销策划组织的设计就必须以合理授权为根本。具体包括确定不同层次营销负责人的职责权限、权力隶属关系，不同机构之间各自应为企业承担的责任和履行的义务，以及当下级机构之间发生纠纷时应由哪一级机构负责仲裁和协调等。

4.1.2 营销策划组织的形式

企业的营销策划及营销活动是由组织中的人来完成的，企业的人才是组织的核心竞争力。市场营销经理必须设计和管理企业的组织机构、各职能部门的营销管理者，他们权力的大小，部门之间的沟通程度、相互信赖程度都与组织类型有关。因此，合理的组织有利于市场营销人员之间的协调和合作。

为了实现企业营销策划目标，营销经理必须选择合适的营销组织形式。现代营销部门具有多种形式，但所有的市场营销组织的职能、地域、产品和消费者市场必须与营销活动的各个领域——职能、地域、产品、消费者市场相适应。市场营销组织的基本形式包括以下几种。

1. 职能型组织

这种组织形式按不同的市场营销职能分别成立相关部门，实行各营销部门中的各类专业经理直接向营销总经理报告的组织制度，并由市场营销总经理协调各专业职能部门之间的活动。这是普遍通行的营销组织形式。职能型组织的优点是层次简化、分工明确、管理集中；缺点是随着企业规模和市场的扩大，产品品种增多，这种组织形式就失去了应有的效用。因为当制定的营销策划与具体的产品及市场不相适应时，没有一个职能组织对具体的产品或市场负完全责任，而且每个职能组织都力图获得与其他职能组织对等或更高的地位，营销经理就必须经常仔细地审查职能性专业人员提出的有竞争力的主张,并解决职能部门之间难于协调的问题。

职能型组织强调市场营销的各种职能,如促销、广告、市场研究和营销策划等的重要性,其具体形式如图4-1所示。

图4-1 职能型营销组织

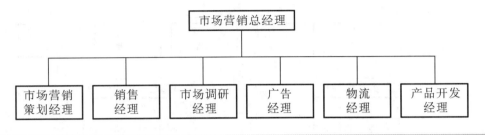

图4-1中的6种专业人员分别是市场营销策划经理、销售经理、市场调研经理、广告经理、物流经理和产品开发经理。有些企业还设置顾客满意服务经理、品牌经理等。

2. 产品和品牌管理型组织

这种组织形式是为了适应产品和品牌多样化的需要,除了按职能分工设立市场营销所属各部门外,还按不同的产品和品牌设立不同的管理组织,以协调职能型组织中可能发生的部门冲突。产品和品牌管理组织并不能代替职能型管理组织,而是作为另外一个管理层次而存在的。产品和品牌经理的主要任务在于为他负责的产品或品牌制定切实可行的策略和计划,并付诸实施,同时监督执行的结果和采取改进措施。具体可分为以下六个方面:

(1) 制定产品和品牌长期竞争战略;
(2) 制订年度销售计划并进行产品销售预测;
(3) 与广告代理商和经销商共同策划广告宣传活动;
(4) 激励推销人员和经销商经销该产品,并予以大力支持;
(5) 倡导新产品开发,提出改进意见,以迎合不断变化的市场新需求;
(6) 收集有关商品、市场信息以及出现的新问题并作出市场机会的分析。

产品和品牌管理型组织的具体形式如图4-2所示。

产品和品牌管理型组织形式的优点是:①产品经理能对市场上出现的问题迅速作出反应;②每种产品都有相对应的产品经理负责,小品牌不容易被忽视;③产品经理能够为开发某种产品协调各方面的力量,设计具有成本效益的营销组合;④产品和品牌管理型组织可以使产品经理开阔视野,是培训年轻主管人员的最佳场所。

产品和品牌管理型组织形式的缺点是由于产品经理通常仅仅是本产品的专家,所以很难成为营销职能专家,并且由于这种管理系统层次过多,导致管理人员增多,从而加大了企业的管理费用。

图 4-2　产品和品牌管理型组织

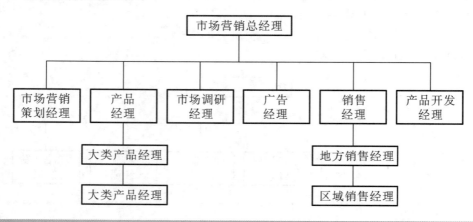

3. 市场管理型组织

这种组织形式按产品的目标市场来建立营销管理组织，使市场成为企业各部门为之服务的中心，并任命市场经理全权负责。市场经理实质上是参谋人员，而不是直线工作人员，其职责和产品经理相类似。市场经理的职责除包括产品经理的 6 项职责外，还需要负责市场开拓、顾客服务，为不同市场制订独具特色的营销策略与计划等。

市场经理要为自己管理的市场制订年度计划和长期计划、分析研究市场发展趋势及市场对企业新产品的需求，比较注重长远的市场占有率，而不是只注重在市场上获得的短期赢利。所以，这种组织形式的优点在于它所组织的营销活动是为了满足不同消费阶层的需要，而不是集中于营销职能、地区或产品本身。通过发现购买者对产品的各种需求，从而组织生产"系列产品"，使企业的市场机会得到进一步扩大。该组织形式的缺点是存在与产品和品牌管理型组织相类似的不足。

市场管理型组织的具体形式如图 4-3 所示。

4. 产品-市场结合型组织

产品-市场结合型组织是指当大型企业生产多种产品、面向多个市场销售时，为解决企业常面临的产品经理不太熟悉高度分化的市场、而市场经理又不太熟悉主管市场上出售的花色品种繁多的产品所形成的进退两难的局面，从而将产品和市场加以合成的结合式组织形式。这种组织形式要求任命产品经理和市场经理，这就是矩阵组织。矩阵组织对于那些产品多样化和市场多样化的公司而言应该是最为合适的。该组织形式的优点是最大限度地利用了产品管理型和市场管理型组织的优势，并在一定程度上弥补了产品管理型组织和市场管理型组织的不足，适合于多元化经营的企业；其缺点是费用较高，容易造成冲突，且存在产品经理和市场经理的权力和责任界限划分不清的问题。

图 4-3 市场管理型组织

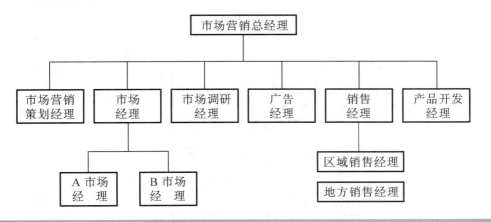

5. 地区管理型组织

如果企业的营销活动面向国际市场和全国市场，就可以按照国内外地理区域来划分并设置垂直型的地域经理制组织形式。在这里，地区经理将掌握一切关于该地区市场的情况，为在该地区打开产品销路而制订长期、中期和短期计划，并负责计划的贯彻实施。随着销售区域的扩大，每一地区经理下还可以分出许多新的层次，一般大企业的管理多采用这种形式。大部分从事全国性销售业务的企业常常将其销售人员按地域进行划分，比如：一个全国性销售经理可以负责 3 个地区销售经理，他们又分别负责 5 个区域经理，每个区域销售经理又分别负责 7 个地方经理，后者每人又分别负责 9 个销售人员。其具体形式如图 4-4 所示。

地区管理型组织的优点在于可以调动营销部门的积极性，发挥他们的优势，从而更好地实现组织目标；缺点在于这种组织形式对地区经理的能力和素质要求非常高，企业要获得这样的人力资源实属不易。同时，由于区域经理的权力过大，也可能造成管理失控的局面。如今有些企业通过增设地方市场专家来支持销量很大的市场中的销售工作，这有助于帮助企业市场营销总经理调整他们的营销组合，以最大限度地利用市场机会。同时，地方市场专家还将协助地区经理制订年度和长期发展计划，并在总公司营销人员和地区性销售人员之间起到联系沟通的作用。

6. 公司和事业部组织

公司和事业部组织是迄今为止企业市场营销组织的最高级形式。随着多产品-多市场公司规模的扩大，销售的产品种类日益多样化，一些大型企业常将其产品-市场管理集群转变为独立事业部，统管企业的全面营销工作，以适应现代市场发展的需求。这些事业部再分设自己的职能部门和服务部门。这种组织形式的优点是充分发挥产品或地区事业部的主动性，从而更好地适应激烈的市场竞争及快速开拓国际市场；缺点是权力过于放任，企业难以控制。

图 4-4 地区管理型组织

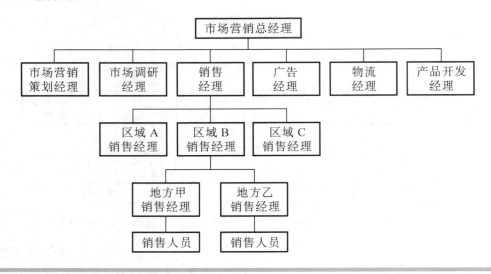

4.1.3 营销策划组织的程序

设计和发展营销策划组织是企业市场营销经理非常重要的任务。营销经理要进行营销策划组织的规划,包括设计组织机构和人员配备,一旦组织机构建立起来,就要不断对其进行调整和发展。因为,随着企业自身的发展和外部环境的日益变化,原先的营销策划组织将不再适应营销环境的变化,会变得僵化和缺乏效率。因此,企业在进行营销策划组织形式的调整、改进时,要本着精兵简政的原则,减少不必要的环节和层次,降低运营成本,争取做到减员增效。市场营销策划组织的一般程序如下。

1. 分析营销策划组织的环境

企业营销策划组织是在不断变化的社会经济环境中运行的,并受这些环境因素的制约。社会经济环境包括政治环境、经济环境、法律环境、社会文化环境、科技环境等,而对营销组织影响最主要的因素是市场状况、竞争者状况和企业状况。由于社会经济这些外部影响是企业的不可控因素,因而营销策划组织必须随着外部环境的变化而不断进行调整、改进。

2. 确定营销策划组织内部的各种活动

企业营销策划组织内部的活动主要有以下两种类型。

(1) 职能性活动。职能性活动涉及营销策划组织的各个部门,包括产品研发、情报收集、广告策划、国外营销业务、订单处理、计划和战略、定价策略、促销策略、品牌战略、市场预测、个人晋升等,企业在制定营销战略时就会确立各个职能部门在营销组织中的作用和地位,以使组织有效地开展市场竞争。

(2) 管理性活动。管理性活动主要涉及管理任务中的计划、组织、协调和控制等方面。企业通常是在市场调查和分析市场机会的基础上，制定营销战略，然后再确定相应的营销活动和营销策划组织的专业化类型。

3．设立营销策划组织职位

设立营销策划组织职位就是科学地设置组织职位，明确各个职位的权力和职责及其在组织中的相互关系，建立岗位责任制，明确分工，确定好职位类型、职位层次和职位数量。

4．设计营销组织机构

无论是制定还是实施市场营销战略，都离不开有效的市场营销组织，特别是市场营销战略的实施，它包含着达到预期战略目标的一系列实际活动。如果没有完善的组织和全面的计划，要顺利完成这些活动是非常困难的。现代营销部门在企业中所占的地位越来越重要，企业应根据组织的具体情况和市场的发展变化，对营销组织形式和结构进行调整。但不管采用哪一种形式，均脱离不了营销功能、产品功能和市场功能这 3 个要素。市场营销组织的基本形式包括职能型组织、产品和品牌管理型组织、市场管理型组织、产品-市场结合型组织、地区管理型组织、公司和事业部组织。一般而言，营销组织没有好坏之分，企业应该结合自己的优势和劣势分析，根据自己的实际情况来选择合适的营销组织结构。

5．配备营销策划组织人员

招聘、考核、甄选、培训、激励高素质的营销人员进行定职、定岗和定任务。配备营销人员要遵循一定的原则和程序。配备营销策划组织人员的关键在于营销策划者必须明确企业的营销目标和资源配备，制定出适合企业要求的岗位职责和用人标准，在有条件的情况下必须与应聘人员签订目标责任书，以规范各级人员的行为。

6．定期检查和评价营销策划组织的绩效

营销组织和企业其他组织或部门一样，要定期接受检查与绩效评估，以便企业及时对组织系统加以改进和完善。效率与效益是衡量一个营销组织绩效的重要指标。一个组织的效率高，说明它内部结构合理、完善。通常效率是指一个组织在一定时间内可以完成的工作量。在企业内部，各个部门的高效率表现在：能在规定时间内完成规定的各项任务；能以最小的工作量换取最大的成果；能很好地吸取过去的经验教训，并且在业务上不断追求创新；能维持机构内部的协调平衡，及时适应外部环境、条件的变化。同时，企业在追求高效率的同时，还要谋求投入-产出的高效益，只有取得了较高的效益，组织目标才能有效地得到实现，企业才能得到顺利的发展。

4.2　营销策划实施

市场营销策划实施是将营销策划转化为具体行动和任务、并加以执行，确保该任务的顺利完成，以实现企业战略决策的既定目标的过程。一个优秀的营销策划案如果不付诸实施，则只是纸上谈兵；如果实施不当，也很难见到成效。优秀的执行能力是保证营销策划获得满意效果的重要保障，因而对于营销策划者而言，如果要

使自己的策划得到有效实施，就应对执行能力进行很好的规划。

营销策划的执行是营销管理的重点内容，是实现企业营销目标的根本保障。策划者在进行有关策划执行的过程和采取措施时，应该结合企业的管理水平和发展目标，在对企业全方位了解的情况下，为企业制定合理的行为准则。

营销策划实施是一个艰巨而复杂的过程。研究表明，营销策划目标之所以未能实现，很大部分原因是由于没有得到有效的执行。营销管理人员常常难以判断营销策划具体实施中的问题。营销失败的原因可能是由于营销策划本身不够完善，也可能是由于优秀的策划没有得到有效的实施。

4.2.1　实施的影响因素

由于企业的内部环境和外部环境都处于动态变化当中，原先编制的营销策划在实施中将会出现一些问题。当面对这些实施中出现的问题时，营销策划人员应该积极探究问题发生的原因，对原因进行分析总结，然后再修订营销策划，使其更好地达到预定的策划目标。影响营销策划顺利实施的因素有很多，一般表现为以下几个方面。

1. 偏离实际的营销策划

市场营销策划通常是由企业的专业策划人员制定的，而策划的实施则要依靠企业的市场营销管理人员。由于制定者和执行者之间常常缺少必要的协调和沟通，往往会导致下列问题的出现。

(1)企业的专业策划人员只考虑总体战略和原则性要求，从而忽视了营销策划实施过程中的细节问题，制定的营销策划过于笼统和流于形式，使得执行人员在具体的实施过程当中无法正确地贯彻落实。

(2)专业策划人员往往不了解营销策划实施过程中将会遇到的具体问题，因而所制定的营销策划常常脱离实际，即制定的策划没有做到企业资源与市场环境的有机结合，使得计划在理论上是可行的，但在具体实践中却没有执行的可能。

(3)专业策划人员和市场管理人员之间没有充分的协调与沟通，这使得市场营销管理人员在执行过程中经常遇到困难，因为他们并不能很好地理解新营销策划的内涵、领会营销策划人员的意图，从而使得实施结果与营销策划目标相去甚远。

最终，由于营销策划脱离实际，会导致专业策划人员和市场管理人员的互相对立和不信任。因此，不能仅仅依靠专业策划人员制定营销策划。可行的做法之一是企业的市场营销管理人员协助专业策划人员共同制定营销策划。这是因为市场管理人员可能比专业策划人员更了解实际，将他们纳入营销策划的制定过程，则更有利于市场营销策划的顺利实施。

2. 与短期目标相矛盾

市场营销策划通常着眼于企业的长期目标，涉及今后 3~5 年的营销活动。如果是战略策划，则涉及的经营年限会更长。但具体实施这些营销策划的市场营销管理人员通常又是根据他们的短期工作绩效，如产品销售量、市场占有率、利润率等量化指标来衡量他们工作绩效，进行评估和奖励，并且通常这些指标与他们的实际收入是挂钩的。因此，市场营销人员常常不得不选择短期行为，从而忽视了企业的长期目标，使得公司的长期目标与短期目标相矛盾。为克服这种长期目标和短期目标之间的矛盾，企业必须采取适当措施，设法求得两者之间的协调。这是企业必须完成的非常重要而且相当艰巨的任务。

3．企业内部对新策划实施的抵制

一般来说，企业当前的营销活动往往是为了实现既定的策划目标，而新的策划如果不符合企业的传统和习惯，就容易遭到企业内部的抵制。新旧策划之间的差异越大，实施新策划过程中可能遇到的阻力也就越大。要想实施与旧策划完全不同的新策划，常常需要打破企业传统的组织机构和运行流程。例如，为了实施给老产品开辟新销路的市场拓展战略，就必须创建一个新的营销机构。这种体制有时虽然只是形式上的改变，但对于那些不愿意接受新机制、习惯于传统做法的营销人员来说是比较难接受的，因而他们会采取多种手段对营销策划的实施进行抵制，从而增加了策划的实施难度。

4．营销策划的执行方案不明确

有些营销策划之所以会失败，是因为企业策划人员没有制定明确而具体的执行方案，如责任、时间、标准、流程、资金、人员等都没有作出具体的安排，只规划出了模糊的轮廓。实践证明，许多企业的营销策划在实施中面临的最大困境，就是因为缺乏一个能够使企业内部各有关部门、相关环节协调一致、齐肩作战、共同努力的具体实施方案。

企业的决策者和市场营销管理人员必须制定详尽的实施方案，规定和协调各部门的活动，编制详细周密的营销策划实施时间表，明确各部门经理的职责。只有这样，企业营销策划的实施才能得到应有的保障。

4.2.2 实施的基本方式

1．指导型方式

指导型方式突出了企业高层领导者在市场营销策划实施中的重要作用，具有极为正式的集中指导倾向，企业领导者凭借权威发布各种指令来推动市场营销策划的实施，根据任务分解原则以行政命令的方式要求各中层单位和部门承担并完成相应营销策划的实施任务，而自己并不介入营销策划实施的具体过程。

实现这种方式的前提条件如下。

(1) 企业在营销策划的实施之前，需要进行大量的市场调查分析，在准确收集市场和产品信息的基础上制订容易执行的计划。

(2)企业领导者拥有足够的权力指挥营销策划方案的实施。

指导型方式最大的优点在于营销策划执行的力度大，一般情况下，能够很好地实现策划目标。其缺点在于对企业领导者和营销策划人员的能力、素质要求都非常高，一方面，要求营销策划几乎是没有什么疏漏的；另一方面，领导者除了要有比较强的贯彻能力以外，还必须有较强的领悟能力，能对营销策划有非常透彻的理解

和领悟。另外，指导性方式由于过分依赖于企业领导者，不利于调动下属员工的工作积极性。员工会因此感到自己在策划的实施上没有任何自主权，处在一种被动执行的状态。长此以往，会挫伤广大员工的自尊心。不过，在环境较为稳定的行业里，或在小型规模的企业中可以有效地运用这种方式。

2．分权型方式

这种方式重点考虑如何运用组织结构、激励手段和控制系统来促进营销策划的实施。其特点是企业高层管理者规定营销策划的管理过程，由中层管理者组织实施企业市场营销策划。在这种方式中，企业高层领导者起着设计师的作用，设计营销策划的管理体系，协调营销策划的实施以及用行为科学方法把企业的组织纳入策划实施的轨道。企业高层管理者设计营销策划的管理体系后，放手让中层管理者根据相关要求组织完成营销策划的实施任务。

分权型方式是指导型方式的完善和补充，更具科学性和有效性。然而，分权型方式并没有解决指导型方式存在的诸如对企业领导者和营销策划人员的能力、素质要求太高；过分依赖于企业领导者，不利于调动下属员工的工作积极性等问题，而且还会产生新的问题。例如，通过控制企业的组织结构来实现计划可能会失去一定的灵活性，对已经建立并运转起来的系统进行调整和改变是相当困难的。分权型方式有其适用的局限性，只能使用于稳定行业中的小型企业。如果企业外部环境变化频繁，企业根本来不及改变自己内部的状况，这种方式便发挥不出作用。

3．合作型方式

合作型方式的特点是企业高、中层管理者共同参与并组织实施营销策划，这就将营销策划的决策范围由高层领导者扩大到企业中层管理人员当中。负责营销策划管理的高层管理者启发相关中层管理者运用"头脑风暴法"去积极思考营销策划实施的有关问题，提出不同方案，并共同参与营销策划的实施工作。在这种方式中，企业高层领导者扮演的是协调者的角色，使中层管理人员的能动性得以充分发挥，使得营销策划的贯彻更加有力、实施更加完善。

从总体上看，合作型方式解决了前两种模式难以解决的问题，而显示出其优越性，即企业高层领导者与中层管理人员实现了很好的沟通，保证了决策时所使用信息的准确性和全面性；同时，营销策划的制定与实施是集体共同参与的，从而提高了策划实施成功的可能性。因此，合作型模式更适合处于复杂而又缺乏稳定性环境的企业。

当然，合作型方式也有它自身的缺点，由于它是不同概念、不同目的的参与者协商的产物，其结果可能是以牺牲经济合理性为代价的，并且它还不能真正达到吸收企业全体人员智慧的目的。还有，在这种方式下决定的营销策划实施方案会过于四平八稳，由个人或策划人员提出的方案带有一定的倾向性。

4．文化型方式

文化型方式是在企业组织里灌输一种适当的文化，使得营销策划得以顺利地实施。它把合作型方式的参与成分扩大到组织中较低的阶层，如基层管理人员当中，消除了策划的制定者与执行者之间的隔阂。这种方式的特点是企业的高、中、基层管理人员共同参与并组织实施营销策划。负责营销策划管理的高层领导者提出自己关于营销策划实施的看法，不断向全体成员灌输这一思想，建立共同的价值观和行为准则，然后鼓励相关中、基层管理人员根据企业使命去思考与设计企业营销策划的具体实施，提出不同的方案。在策划实施过程中则让大家依据策划任务分解自行决策，完成各自的相关工作。

在文化型方式中，领导者起着关键作用，通过灌输企业文化来指导企业组织成员的行动，允许企业中每个人根据企业使命参与制订自身的工作计划。由于文化型方式采取了企业全体职工参与各个层次策划的制定和执行过程，使得参与者与企业组织有着共同的目标，这就保证了营销策划实施既迅速风险又小，企业也就能得到比较稳定的发展。

但这种方式也有其局限性，主要表现在：这种方式假设企业的职工都具有相当高的文化修养和较好的心理素质，而且员工的参与热情也要非常高，实际上这是很难做到的，因为过分强调企业文化，可能会掩盖企业中存在的某些问题，从而妨碍对问题的解决。采用文化型方式要耗费较多的人力和时间，而且还可能会因为企业高层管理者不愿意放弃控制权而使文化型方式形式化。

5．增长型方式

增长型方式的特点是营销策划的产生方式发生了很大的变化，这种模式与其他模式的区别之处在于：它不是由高层管理者自上而下地灌输营销策划实施方案，而是从基层开始自下而上地提出方案。在这种方式中，要求企业领导者有权力用所设置的组织制度来激励革新，有能力正确选择那些可以达到企业预期目标的营销策划设计方案。

增长型方式注重集体决策与领导负责相结合。这种方式的优点是给予中、下层管理人员充分的自主权，鼓励他们制定营销策划的实施方案，并为他们按照自己的计划实施方案提供条件。同时，由于中、下层管理人员和员工直接面对策划案的实施，可以迅速地把握时机，自行调整并执行营销策划。当然，为避免或减少集体决策的风险，应该有针对性地采取措施，如强调某一特定主题或重点来规划计划决策的思路；确定一些规划方法，使计划方案的评价有合理的标准；还可设立规划参谋小组，以保证计划决策及执行的科学性。

总之，对于营销策划实施的方式，企业可以有多种选择途径。原则上说，每一种方式只适用于一种特定的环境条件。而在实际上这些方式往往是交叉或混合使用的，并不能截然分割。这里最重要的是，无论选择什么样的方式，都必须以企业的实际需要和所拥有的资源条件作为前提，来选择适合自身的实施方式。因为没有哪一种方式是完全适合任何企业的，也没有哪一种方式是没有缺点而且可以包治百病的。

4.2.3　实施的具体步骤

市场营销策划实施是一个相当复杂的过程，为了保证营销策划的顺利实施，应该按照以下相互联系的 5 个步骤进行。

1. 拟定行动方案

为了有效地实施市场营销策划，市场营销部门以及相关人员必须制定详细的行动方案。这个方案应该明确市场营销策划实施的关键性决策、措施和任务，并将执行这些决策和任务的责任具体落实到小组或者个人。另外，行动方案还应包括具体的时间表，即制定出营销策划每一项行动实施的准确时间。

2. 建立有效的组织机构

企业的组织机构在市场营销策划的实施过程中起着决定性的作用。企业的领导部门将营销策划实施的任务分配给具体的部门和人员，使工作专门化，规定明确的职责界限和信息沟通渠道，协调企业内部的各项决策、行动以及各部门之间的关系。而且，具有不同营销策划的企业，需要建立不同的组织机构。也就是说，组织机构必须同企业的营销策划相一致，必须同企业本身的特点和营销环境相适应，而且还应该根据企业市场营销策划的需要，适时改变、完善企业的组织结构。

组织机构具有以下两大职能。

(1)提供明确的分工。组织机构使得全部工作分解成几个相互联系的部分，以便于管理，再将分解的任务分配给各有关部门和相关人员。

(2)发挥协调作用。通过正式的组织联系信息并组成沟通网络，协调各部门和相关人员的行动。

一般说来，能有效执行企业市场营销策划的组织机构应具备以下几个特点：①精兵简政；②组织的分权化管理；③高度的非正式沟通；④精干高效的领导班子。

3. 建立激励和约束机制

为有效地实施市场营销策划，还必须设计相应的激励和约束制度。这些制度直接关系到营销策划实施的成败。激励是指如何采取相关措施来调动人员的积极性，以确保营销策划实施的成功。激励产生作用的必要条件是要有约束。没有约束，激励将失去效用，组织将趋于腐败。就企业对管理人员工作的评估和奖励而言，如果以短期的经营利润为目标，则管理人员的行为必定趋于短期化，他们就不会有为实现长期营销目标而努力的积极性。激励和约束系统很大程度上会影响和制约营销工作的方向以及营销策划实施的重点。

4. 增长型方式开发人力资源

市场营销策划最终是由企业内部工作人员来完成的，因此，人力资源的开发至关重要。这涉及人员的考核、选拔、安置、培训和激励等问题。在考核、选拔市场营销管理人员时，要研究是从企业内部还是从企业外部招聘更有利；在安置人员时，要注意将适当的工作分配给适当的人，做到人尽其才；为了调动员工的积极性，必须建立完善的工资、福利和奖惩制度。

此外，企业还必须确定行政管理人员、业务管理人员和一线工人之间的比例，在减少管理费用的同时提高工作效率。

5. 建设企业文化

企业文化主要是指企业在其所处的环境中以及在长期的经营活动中，逐渐形成的共同价值标准、行为规范、群体意识、传统习惯和基本信念。这些标准和信念是通过模范人物塑造来体现的，通过正式和非正式组织加以树立、强化和传播的。由于企业文化体现了集体责任感和荣誉感，它甚至关系到企业职工的人生观、价值观和他们所追求的最高目标，能够起到把全体员工团结到一起的"凝结剂"的作用。因此，塑造和强化企业文化是执行企业计划不容忽视的一环。

企业文化作为一个系统，大体包括以下三个层次。

(1) 观念文化，或称内隐文化。它主要包括企业哲学、价值观、经营思想、职业道德、企业精神、传统习惯等，观念文化是企业文化的灵魂和核心。企业应把"为消费者服务"作为核心价值观念。

(2) 制度与行为文化，即渗透在企业经营管理过程中的文化精华。企业应把营销服务文化作为重点。

(3) 物质文化，也可称为外显文化。它是以企业产品和设施为载体的文化，包括商品、设施和生活福利文化等。企业应把商品文化和营销环境文化作为重点。

4.3 营销策划控制

营销策划控制是企业营销策划管理的重要环节和基本功能之一，随着我国经济体制改革的深入发展，企业和市场的联系日益紧密，任何外部环境的变化都可能影响企业目标的实现。因此，对于一个实行严格营销策划管理的企业，市场营销策划一旦制定，企业的全体成员和各职能部门都要尽最大努力，保证营销策划的顺利实施和预定营销目标的实现，企业就必须对营销策划及其实施进行有效的调节与控制工作。本节则主要就营销策划控制的具体内容展开讨论，因为市场营销控制对营销策划而言，是非常重要的。

4.3.1 营销策划控制的含义

市场营销策划控制是指市场营销管理者经常检查市场营销策划方案的执行情况，将营销计划与实际进行对比分析，如果发现计划与执行结果之间的差距，就要及时查找原因，对偏离市场营销策划的行为采取适当措施加以限制和纠正，对部门之间的不协调、不平衡加以调节，使得全部市场营销活动朝着预定目标进行，以保证营销策划任务的如期完成。

市场营销策划控制一般要完成以下 4 件事情。

1. 确定目标

市场营销策划控制的中心是目标管理，营销策划控制就是监督和预防任何偏离策划与目标的情况出现。

2. 绩效衡量

市场营销控制必须监视策划的实际执行情况。

3. 绩效诊断

通过营销策划控制过程，判断任何严重偏离策划的行为产生的原因。

4. 纠正措施

市场营销策划控制者必须采取纠偏行动，使市场营销活动步入预定轨道，必要时往往需要调整行动方案，甚至改变营销策划目标本身。

市场营销策划控制的过程如图 4-5 所示。

图 4-5　市场营销策划控制过程

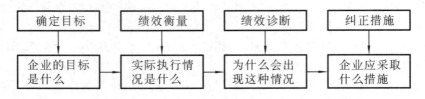

4.3.2　营销策划控制的步骤

营销策划控制的步骤具体如下(见图 4-6)。

图 4-6　营销策划控制的步骤

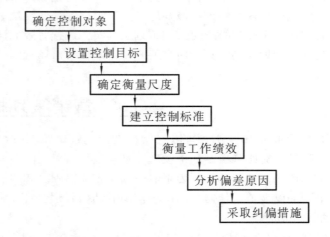

1. 确定控制对象

市场营销策划控制首先应确定要对哪些市场营销活动进行控制，虽然控制的内容多、范围广、可获得大量的信息，但是这些控制活动将引起较高的费用支出。因此，在确定控制内容、范围、额度时，管理者应当平衡收益和成本之间的关系，应当使得控制成本小于控制活动所能带来的效益。

最常见的市场营销策划控制的内容是销售额、销售成本和销售利润，但对市场调查、推销人员工作、消费者服务、新产品开发、广告等营销活动，也应通过控制来加以评价。

2. 设置控制目标

这是将控制与计划联结起来的主要环节。如果在计划中已经认真地设立了目标，那么，这里只要借用过来就可以了。

控制目标有两层含义：第一层含义是指营销控制本身的目标，即企业对市场营销活动进行控制的目的；第二层含义是指被控制对象应实现的目标，即一定时期内企业营销活动应达到的目的。目标是营销控制的核心。它既是营销控制的起始点，因为只有明确了目标才能进行营销控制；又是营销控制的归宿，因为唯有达到了目标才能说明营销控制是有效的。因此，设定目标是营销控制程序中的一个十分重要的步骤。

3. 确定衡量尺度

在很多情况下，企业的营销目标就决定了它的控制衡量尺度，如目标销售收入、利润率、市场占有率、销售增长率等。但还有一些问题则比较复杂，如销售人员的工作效率既可用一年内新增加的客户数也可用客户的平均访问频率来衡量。由于大多数企业都会设置若干营销目标，所以，一般而言，营销控制的衡量尺度也是多种多样。

4. 建立控制标准

控制标准是指以某种衡量尺度来表示控制对象的预期或可接受的活动范围，即对这些活动范围加以适当的量化。它是检查和衡量营销策划执行实际成效的依据，是进行有效控制的前提。而控制标准的建立是以计划目标为基础的，建立起来的控制标准应当具体、尽可能量化，具有稳定性、适应性、明确性等特点。如规定每个推销人员全年应增加 50 个新客户；某项新产品在投入市场 6 个月之后市场占有率达到 5%，等等。此外，一般控制标准还应有一个变动范围，如规定每次访问一个用户的费用标准为 100 元，并允许上下波动 20%。

控制标准的制定一定要切合企业实际，既能激励员工的斗志，为企业好好工作，又必须有一定的难度，以充分发挥员工的主动性和自觉性。设立标准还须考虑到因产品、地区、竞争等的不同而产生的统一性与差别化的协调。例如考察推销员工作效率时需考虑以下因素的影响：①所辖区内的市场潜力；②所辖区内产品的竞争力；③所推销产品的具体情况；④广告强度。因此，不可能要求两个不同地区的推销员都能创造同样的销售额或利润额。

5. 衡量工作绩效

衡量工作绩效就是用控制标准来衡量营销策划活动的成效，其具体做法是将控制标准与实际结果进行比较，若结果与标准相符或好于标准，则应总结经验，继续工作；若结果未能达到预期标准，而且超过承受范围，则应揭示其存在的偏差并分析偏差产生的原因。营销策划活动成效衡量包括对实际活动成效的衡量和对未来活动成效的预测，为此，需要选择正确的控制系统和方法，并在适当的时间和适当的地点进行衡量。完成这样的工作需要相当扎实的专业水平，能够对影响业绩的客观因素作出准确的估计，从而对被评估者保持一个公平的态度。

6．分析偏差原因

产生偏差通常有两种情况：一是营销策划实施过程中的问题，这种偏差比较容易分析；二是营销策划本身的问题，确认这种偏差通常易出差错。这两种情况往往交织在一起。致使分析偏差的工作很可能成为控制过程中的一大难点。要避免因缺乏对背景情况的了解或未加适当分析就妄下判断的情况。如推销员没有完成预定的销售指标，可能是因为自己的能力或投入不足，这就要求销售人员进行自我完善。但也可能是由于销售指标定得过高，这时则应适当降低销售指标以保证销售人员高质量地完成任务。在实际操作中，造成偏差的原因往往是多种多样的，因此，营销经理必须综合考虑各种因素，针对不同的原因，应该采取不同的措施。

7．采取纠偏措施

企业应该建立一套有效机制去防止错误的发生或者至少可以在没有给企业利益造成重大损害之前，制止执行中的错误行为，使企业的运行始终保持在企业预定的轨道上。

明确了产生偏差的原因后，一般有两种应对措施。

(1) 修改控制标准。当导致偏差产生的原因为不可控因素时，企业需要修改控制标准。如预计的市场份额太高，企业根本无法达到，而影响市场份额的因素复杂且有些不可控因素存在，此时，就需要降低市场份额标准。

(2) 采取纠偏行动。当导致偏差的原因为可控因素时，企业没有必要修改控制标准。而是应该针对导致偏差的可控因素，采取纠偏行动。如营销策划中规定降低促销费用 8%，而实际只降低了 5%。分析原因时发现推销人员的差旅费几乎没有下降。因此，需要严格控制、减少推销人员的出差频率，充分利用其他低成本方式与客户保持联系。

4.3.3　营销策划控制方法

因为在营销策划的实施过程当中将发生许多意外情况，营销部门必须连续不断地监督和控制各项营销活动。营销控制是一个复杂的过程，策划者在设计这一过程时，可以采取多种多样的方法。一般来说，年度计划控制、赢利能力控制、效率控制、战略控制是比较常用的 4 种基本控制方法。它们之间的区别如表 4-1 所示。

表 4-1　营销策划控制的主要方法

控 制 方 法	主要职能部门	控 制 目 的	研 究 方 法
年度计划控制	高层管理部门 中层管理部门	检查实际绩效与营销策划目标之间的偏差	销售分析 市场占有率分析 市场营销费用与销售额对比分析 财务分析 细分市场 顾客满意度追踪

续表

控制方法	主要职能部门	控制目的	研究方法
赢利能力控制	市场营销控制主管	测定企业的赢利能力	市场营销成本 销售利润率分析 资产收益率分析 资产管理效率分析 净资产收益率分析
效率控制	市场营销经理 市场营销控制主管	评价提高市场营销活动的效率及费用支出的效果	分销效率控制 销售人员效率控制 广告效率控制 销售促进控制
营销战略策划控制	高层管理人员 营销审计人员	检查企业是否在寻求市场营销的最佳机会	市场营销审计

1. 年度计划控制

任何企业都要制订年度计划，然而，年度市场营销策划的执行能否取得理想的成效，还要看控制工作进行得如何。所谓年度计划控制，是指企业在本年度内采取控制步骤，检查实际绩效与营销策划之间的偏差，并采取必要的改进措施，以确保市场营销策划顺利实现的过程。年度计划控制包括对当前市场营销活动和策划效果的监控，以保证企业实现年度计划内建立的销售目标与利润目标。年度计划控制的核心是目标管理，一般情况下，年度计划控制包括4个步骤，如图4-7所示。

图4-7 年度计划控制步骤

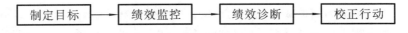

第一，制定目标。企业必须在年度计划中建立月度或季度目标，作为基准点。

第二，绩效监控。企业必须对市场营销的绩效进行监控。

第三，绩效诊断。企业必须对造成任何严重偏离行为的原因作出判断。

第四，校正行动。企业必须采取正确的行动，以弥合营销策划目标和执行结果之间的缺口，这就需要采取最佳的改正措施，改变行动方案甚至改变目标本身。

这种控制模式适用于组织中的每一个层次。企业制定本年度销售目标和利润目标，这些目标又被精心地融入各个基层管理部门的具体目标中。这样，每个产品经理就要负责实现某个销售水平和成本水平，每个地区和行政区的销售经理及每个销售代表也要负责完成某些具体目标。而且，企业要定期检查和分析结果，并且查明需要采取哪些改进措施。

企业经理人员对计划执行绩效的检查可采取以下五种方法：销售分析、市场占有率分析、市场营销费用与销售额对比分析、财务分析和顾客满意度追踪。

1) 销售分析

销售分析是指测量和评价营销经理人员所制定的销售目标与实际销售情况之间的关系。对这一分析有以下两种具体方法。

(1) 销售差异分析。这一分析分为纵向分析和横向比较，即对产生的差异与往年同期和其他企业当期进行比较，衡量不同因素对造成销售差距的影响程度，从而找到关键因素，提出改进措施。例如，某企业年度计划要求本年度以单价 10 元售出 50 000 件产品，即销售额为 500 000 元，但是到了年末，实际只以单价 8 元卖出 40 000 件产品，即 320 000 元，实际销售差额为 –180 000 元。问题是这 180 000 元差额中有多少是由于降价造成的？有多少是由于销售量下降造成的？分析计算方法如下。

由于降价而引起的差额 = (10–8)×40 000 = 80 000 (元)，占总差额的 44.4%。

由于销售量下降而引起的差额 = 10×(50 000–40 000) = 100 000 (元)，占总差额的 55.6%。

结论：销售额下降的 5/9 是由于没有达到销售量目标而造成的，所以企业应仔细调查没有达到预期销售量目标的原因。

(2) 微观销售分析。这一分析主要是从具体产品、销售地区及其他相关方面衡量导致销售差距的原因，并从主观和客观两个方面对差异进行科学评价，从而提出具体的改进方案。例如，假设某企业在 A、B、C 三个地区销售，对产品的预期销售量分别为 1 500 件、500 件、2 000 件，共 4 000 件。但是实际销量分别为 1 400 件、525 件、1 075 件，这样 A 地区比预期销售量少了 7%，B 地区则超额完成了 5%，C 地区少了 46%。由此可见，C 地区是引起问题的主要原因。销售经理可重点检查 C 地区，弄清楚销售量未完成的具体原因是因为 C 地区的销售代表工作不努力或一个强劲的竞争对手进入了该区，还是因为该区的国民生产总值或国民收入下降，等等。

2) 市场占有率分析

企业销售分析并不能反映出企业与竞争对手相比所具有的市场地位。销售额的增加可能是由于整个经济体系的发展所带动，也可能是由于企业比竞争对手采取了更有效的营销努力而造成。而使用市场占有率来分析企业经营状况，则可以剔除一般的环境影响来正确评估企业的竞争地位。如果企业的市场占有率增加了，则意味着企业领先于竞争者；如果市场占有率下降了，则说明企业落后于竞争者。

通常有以下三种不同的测定方法可用来确定市场占有率。

(1) 总体市场占有率。企业的总体市场占有率是以企业的销售额在总体市场销售额中所占的百分比来表示的。市场占有率通过销售额的计算，可以反映出企业间在争取顾客方面竞争地位的变化。使用这种测定方法必须作出两个决定：首先是决定用单位销售量还是销售额来表示市场占有率；其次要正确认定行业的范围，即明确本行业所包括的产品、市场等。

(2) 目标市场占有率。企业的目标市场占有率是指其销售额占目标市场的总体销售额的百分比。企业的目标市场是指对企业产品发生兴趣并为企业营销努力所触及的市场。对于一个企业来说，可能有近 100% 的目标市场占有率，但不可能有全部市场占有率。企业一般更重视目标市场占有率，通过不断开发新产品或强化销售手段，以提高其在目标市场上的占有率。

(3) 相对市场占有率。可以用本企业产品的市场占有率与行业中最大竞争对手的市场占有率进行比较所得出的百分比来表示；也可以用企业的市场占有率与行业中三个最大竞争对手的市场份额总和相比得出的百分比来表示。①与领先的竞争对手相比。相对市场份额超过 100%的企业就是市场领先者。某企业的相对市场份额上升，则意味着该企业的市场成长速度快于最大竞争对手的成长速度。②相对于三个最大的竞争者。例如，某企业有 30%的市场占有率，其最大的三个竞争对手的占有率分别为 20%、10%和 10%，从而形成 30%对 40%的局面，则该企业的相对市场占有率是 75%。一般认为相对市场份额超过 33%的企业即为实力较强的企业。

企业领导者可以通过产品线、顾客类型、地区及其他有关方面来认真考察和分析市场占有率的变动。一种有效的分析方法是通过 4 个因素组成的模式来分析市场占有率的变化，即

$$TRms=(Cp \times Cl)/(Cs \times Ps)$$

式中，$TRms$——全部市场占有率。

Cp——顾客渗透率，即指所有向该企业购买的顾客占市场总顾客的比例。

Cl——顾客忠诚度，即指顾客从该企业所购买的商品量占该顾客购买的全部同类商品的比例。

Cs——顾客选择性，即指该企业的顾客平均购买量与某个一般企业的顾客平均购买量之比。

Ps——价格选择性，即指该企业的平均价格与所有企业的平均价格之比。

经过长期跟踪这些因素，企业可判断出市场占有率变化的潜在原因。假设某企业在年初，顾客渗透率是 50%，顾客忠诚度是 60%，顾客选择性是 125%，价格选择性是 80%，根据上列公式，企业的市场占有份额是 30%。假设在期末，企业的市场占有份额下降到 28%。经过检查，企业发现顾客渗透率是 50%，顾客忠诚度是 55%，顾客选择性为 130%，价格选择性是 75%。很显然，市场占有率的下降主要原因是顾客的购买量下降了(顾客忠诚度下降了)，而产品的价格又低于平均价格(价格选择性下降了)，企业营销就可以采取相应对策来提高企业总体市场占有率。

3) 市场营销费用与销售额对比的分析

年度计划控制的任务之一就是要保证企业在实现其销售目标的前提下，控制销售费用的开支和营销费用的比率。其关键就是要对市场营销费用与销售额的比率进行分析。假定某企业的市场营销费用与销售额之比为 30%，即若销售 100 元货物，其营销支出费用为 30 元，又假定费用由 5 部分构成：推销员费用 15 元、广告费用 5 元、其他促销费用 6 元、市场调查费用 1 元、营销管理费 3 元。则它们与销售额的比率分别为：销售人员与销售额之比 15%，广告费用与销售额之比 5%，促销费用与销售额之比 6%，市场营销费用与销售额之比 1%，营销管理费用与销售额之比 3%。这些目标比率因各种随机因素影响，经常会有一些小波动，通常也允许存在一个正常的偏差值。企业营销管理部门应该监控这些营销开支比率，使其被限定在某一合理的范围内。如果费用率变化不大，处于安全范围内，则无须采取任何措施，如果变化幅度过大或上升速度过快，以致接近或超出控制范围上限，则必须认真查找出现问题的原因，采取有效措施。

4) 财务分析

企业营销管理人员应就不同的费用对销售额的比率和其他的比率进行全面的财务分析，以决定企业如何或在何处展开业务活动，以求获得最大的利润。市场营销费用与销售额的比率应在一个总的财务框架结构中分析，以确定企业在何处及如何获得收益，市场营销人员运用财务分析来寻求赢利性策略，而不只是加强促销策略。

企业管理层利用财务分析来判断影响企业资本净资产收益率的各种因素。资本净资产收益率主要是两种比率即企业资产收益率和财务杠杆率综合作用的结果。为了提高资本净资产收益率，企业必须提高净利润与总资产的比率，或者提高其总资产与资本净值的比率。企业还应当分析其资产的构成(即现金、应收账款、存货和设备)，并且设法改善它的资产管理。

5) 顾客满意度追踪

年度计划控制所采用的上述衡量标准大多属于财务和数量分析，即它们基本上是定量分析。定量分析虽然重要但并不充分，因为它们没有对市场营销的发展变化进行定性分析和描述。所以还需要一些定性分析，以便向管理部门提供市场占有份额即将发生变化的早期警告。因此，企业应当建立一套系统来追踪其顾客、经销商及其他市场营销系统参与者的态度。力争在顾客偏好对企业销售产生影响之前，就对其变化进行监控，以便企业管理部门较早采取措施，争取主动。顾客满意度追踪分析一般要做好以下3个方面的工作。

(1) 顾客意见和建议系统。企业对顾客书面的或口头的抱怨应该进行记录、分析，并作出适当的反应。对不同的抱怨应该进行归类分析并做成卡片。较严重的和经常发生的抱怨应及早予以注意。企业应该鼓励顾客提出批评和建议，使顾客经常有机会发表意见，只有这样，才能收集到顾客对企业产品和服务所作反映的完整资料。

(2) 固定顾客样本。有些企业建立了由具有一定代表性的顾客组成的固定顾客样本，定期地由企业通过电话访问或邮寄问卷了解其态度。这种做法有时比抱怨和建议系统更能代表顾客态度的变化及其分布范围。

(3) 顾客调查系统。企业定期让一组随机顾客回答一组标准化的调查问卷，其中包括职员态度、服务质量等。调查结果一般要按规定程序送交主管部门，通过对这些问卷的分析，企业可及时发现问题，并予以纠正。

6) 校正行动

企业在发现实际绩效与年度计划发生较大偏差时，可考虑采取如下措施：削减产量，降低价格，对销售队伍施加更大的压力，削减杂项支出，裁减员工，调整企业账户，削减投资，出售企业财产，甚至出售整个企业。

2. 赢利能力控制

除了年度营销计划控制之外，企业还需要运用赢利能力控制来测定不同产品、不同销售区域、不同细分市场、不同顾客群体、不同渠道以及不同订货规模的赢利能力。这个分析可以帮助企业管理人员决定哪些产品或哪些市场的营销活动是应该给予支持、扩展、缩减或放弃的。下面就市场营销成本以及赢利能力的考察指标等进行阐述。

1) 市场营销成本

市场营销成本是指与营销活动有关的各项支出，它直接影响了企业的营销利润。因此，企业不仅需要控制销售额和市场占有率，还要控制营销成本。营销成本包括直接推销费用、促销费用、仓储费用、运输费用、其他市场营销费用等，其具体构成如下。

(1) 直接推销费用。如直销人员的工资、奖金、提成、差旅费、培训费和交际费等。

(2) 促销费用。包括广告媒体成本、产品说明书的印制费用、赠奖费用、展览会费用、促销人员工资等。

(3) 仓储费用。包括租金、维护费、折旧、保险、包装费、存货成本等。

(4) 运输费用。包括自有运输工具费用和托运费用等。

(5) 其他市场营销费用。包括市场营销管理人员的工资、办公费用等。

上述成本是企业总成本的重要组成部分，直接影响到企业的经济效益。其中，有些与销售额直接相关，可以称为直接费用；有些与销售额并无直接关系，称为间接费用。但有时两者很难划分。

2) 赢利能力的考察指标

取得利润是任何企业最重要的目标之一。赢利能力分析就是通过对财务数据和报表的一系列处理，把所获得的利润分摊到诸如产品、地区、渠道、顾客等方面，从而衡量出每一因素对于企业最终获利的贡献程度。因而，在对市场营销成本进行分析之后，可从以下考察指标来分析企业的赢利能力，具体包括以下方面。

(1) 销售利润率。通常企业将销售利润率作为评估企业获利能力的主要指标之一。销售利润率是指利润与销售额之间的比率，表示每 100 元销售额使企业获得的利润，其计算公式是

$$销售利润率 = 本期利润/销售额 \times 100\%$$

但是，在同一行业各个企业间的负债比率往往大不相同，而对销售利润率的评价又常需通过与同行业平均水平来进行比较。所以，在评估企业获利能力时最好能将利息支出加上税后利润，这样将能大体消除由于举债经营而支付的利息对利润水平产生的不同影响。因此，销售利润率的计算公式应该是

$$销售利润率 = 税后息前利润/产品销售收入净额 \times 100\%$$

这样的计算方法，在同行业间衡量经营管理水平时才有可比性，才能比较正确地评价市场营销效率。

(2) 资产收益率。资产收益率是指企业所创造的总利润与企业全部资产的比率。其公式是

$$资产收益率 = 本期利润/资产平均总额 \times 100\%$$

与销售利润率的理由一样，为了在同行业间具有可比性，资产收益率可用如下公式计算：

$$资产收益率 = 税后息前利润/资产平均总额 \times 100\%$$

(3) 净资产收益率。净资产收益率是指税后利润与净资产所得的比率。净资产是指总资产减去负债总额后的净值。这是衡量企业偿债后的剩余资产的收益率。其计算公式是

净资产收益率＝税后利润/净资产平均余额×100％

(4) 资产管理效率。资产管理效率可通过资产周转率和存货周转率来分析。资产周转率是指一个企业的产品销售收入净额与资产平均总额的百分比，可以用来衡量企业全部投资的利用效率。其计算公式如下：

资产周转率＝产品销售收入净额/资产平均占用额×100％

存货周转率是指产品销售成本与存货平均余额的百分比，它说明某一时期内存货周转的次数，从而考核存货的流动性。一般而言，存货周转率次数越高，说明存货水平较低，周转快，且资金使用效率较高。其计算公式如下：

存货周转率＝产品销售成本/存货平均余额×100％

资产管理效率与获利能力密切相关。资产管理效率高，获利能力相应也较高。资产收益率实际上是资产周转率和销售利润率的乘积，即

资产收益率＝资产周转率×销售利润率

赢利能力控制的目的在于找出妨碍企业获利的因素，并采取相应措施排除或削弱这些不利因素的影响。可供采用的措施很多，企业应在全面考虑之后作出最佳选择。

3. 效率控制

效率控制的目的在于提高人员推销、广告、销售促进及分销等市场营销活动的效率，企业市场营销经理必须关注能反映上述市场营销职能的执行效率的主要比率。

1) 销售人员效率控制

企业的各地区的销售经理需要记录本地区内销售人员效率的几项主要指标，这些指标包括：

(1) 每个销售人员每天平均的销售访问次数；
(2) 每次会晤的平均访问时间；
(3) 每次销售访问的平均收益、平均成本、招待成本；
(4) 每百次销售访问所订购的百分比；
(5) 每期间的新顾客数和丧失的顾客数；
(6) 销售成本对总销售额的百分比。

企业可以从以上分析中发现一些非常重要的问题，例如，销售代表每天的访问次数是否太少；每次访问所花时间是否太多；是否在招待上花费太多。当企业开始正视销售人员效率的改善后，通常会取得很多实质性的改进。

2) 广告效率控制

企业进行广告效率控制，至少应该做好如下统计：

(1) 每一媒体类型，每一媒体工具接触每千名购买者所花费的广告成本；
(2) 顾客对每一媒体工具关注、联想和阅读的百分比；
(3) 顾客对广告内容和效果的意见；
(4) 广告前后对产品态度的衡量；
(5) 受广告刺激而引起的询问次数。

企业高层管理者可以采取若干措施来提高广告效率，包括进行更加有效的产品定位、确定广告目标、选择最佳的媒体，以及进行广告效果测定等。

3) 销售促进控制

销售促进包括各种激发顾客兴趣和试用产品的方法。为了提高销售促进的效率，企业的管理阶层应该对每项销售促进的成本和对销售的影响做记录，注意做好如下统计：

(1) 由于优惠而销售的百分比；
(2) 每一销售额的展销成本；
(3) 赠券回收率；
(4) 因示范而引起询问的次数。

企业还应观察不同销售促进手段的效果，并选择最有效的促销手段以提高销售率。

4) 分销效率控制

分销效率主要是对企业存货水平、仓库位置及运输方式进行分析和改进，以达到最佳配置并寻找最佳运输方式和途径。采用最佳商品调运决策模型进行分销，使运输总成本达到最小化。

4．营销战略策划控制

企业的市场营销战略策划是指企业根据既定的市场营销目标，在特定的环境中，按照总体的策划过程所拟定的一系列行动方案。由于市场营销环境变化很快，往往会使企业制定的目标、策略、方案失去作用。因此，在企业市场营销战略策划实施过程中必然会出现战略控制问题。

营销战略策划控制是指市场营销管理者采取一系列行动，使实际市场营销工作与原策划尽可能一致，在控制中通过不断评审和信息反馈，对战略不断进行修正的过程。营销战略策划控制的任务是保证企业的市场营销目标、策略和制度能最佳地适应现行的市场营销环境的变化。市场营销战略的控制既重要又难以准确实现。因为企业战略的成功是总体的和全局性的，战略控制注意的是控制未来，是未发生的事件。战略控制必须根据最新的情况重新估计策划的进度，因而难度也就相对较大。

企业在进行营销战略策划控制时，可以运用市场营销审计这一重要工具，各个企业都有财务会计审计，可在一定期间客观地对审核的财务会计资料或事项进行考察、询问、检查、分析，最后根据所获得的数据，按照专业标准进行判断并作出结论，最后提出报告。这种财务会计的控制制度有一套标准的规范和做法。但是，市场营销审计尚未建立一套规范的控制系统。因此，有些企业往往只是在遇到危急情况时才进行，其目的是为了解决一些临时性的问题。目前，在国外越来越多的企业运用市场营销审计进行营销战略策划控制。

所谓市场营销审计，是指对一个企业或一个经营单位的市场营销环境、目标、战略、组织、方法、程序和业务等所作的全面的、系统的、独立的和定期的检查，其目的在于确定问题的范围并发现机会，从而提出行动计划，借以改进企业的市场营销管理的效果和业绩。

所以，市场营销审计不是只审查几个出问题的地方，而是覆盖整个营销环境、内部营销系统以及具体营销活动的所有方面。营销审计通常是由企业外部一个相对独立的、富有经验的营销审计机构客观进行的。

1) 营销审计的四大特征

(1) 检查的全面性。营销审计涉及公司营销活动的所有主要方面，而不只针对有问题的方面，也不仅仅限于功能性审核的任务。如果仅仅涉及功能性审核的任务，如销售队伍、价格策略、渠道设计或其他某种营销活动，则具有很大的局限性。只有全面的营销审计，才能更有效地揭示出企业营销的弊端。

(2) 诊断的系统性。营销审计包括一系列有条不紊的诊断步骤，涉及公司外部的营销环境、内部的营销系统，以及各种具体的营销活动。因为经营不善而产生的营销弊端，并非显而易见，必须经过系统检查，才能正确诊断，并制订改进的行动计划。

(3) 分析的独立性。营销审计有6种途径：自我审计、交叉审计、上级公司审计、公司审计部门审计、公司组织专门的审计小组、邀请专家审计。所有这些审计方式都必须提供合理的分析和结论。营销审计独立于企业营销部门，具有一定的客观性和指导性。

(4) 执行的定期性。营销审计并非权宜之计，而是需要定期而持续地进行。因为及时找到问题症结将有助于企业制定改进措施，提高经济效益。营销审计不仅能为那些陷入困难的企业带来效益，而且还能为那些经营卓有成效的企业增加效益。

2) 营销审计的作用和形式

大多数企业的营销审计是以会议形式完成的，但在开会之前的准备工作同样是非常重要的，需要参会者充分了解企业营销中存在的问题和企业面临的发展机遇。会议议程一般由企业的相关部门按照要求制定，并且在会议开始前将有关资料下发给参会人员，使他们尽可能多地了解会议的主题。被审计者的发言和会议最后形成的有关经营方面的改进措施，应该成为会议的主要内容。这样的会议，其目的不是指出执行者的毛病，而是通过对经营环境的分析，为执行者找到解决相关问题的方法。因此，会议必须要有对未来经营方式的改进方法和具体措施，并且一定要落实到具体的人和时间，只有这样，才能有效解决企业存在的问题。

3) 营销审计的组成部分

(1) 营销环境审计。主要是分析宏观环境中影响企业发展的关键因素，如市场规模、市场增长率、顾客与潜在顾客对企业的评价、竞争者的目标、市场占有率、经销商的分销渠道、供应商的分销方式和营销服务性企业的评价等。

(2) 营销策略审计。要求检查企业的营销目标和营销策略，并评价其与当前和预期营销环境的适应程度。如企业是否能按照市场导向确定自己的任务、目标并设计企业形象，是否能选择与企业任务、目标相一致的竞争地位，是否能制定与产品生命周期、竞争者战略相适应的市场营销战略，是否能进行科学的市场细分并选择最佳的目标市场。

(3) 营销组织审计。主要是评价企业的市场营销组织在执行市场营销战略方面对市场环境的应变能力。主要包括：企业是否拥有强有力的市场营销主管人员及其明确的职责与权利，是否能按产品、用户、地区等有效地组织各项市场营销活动，是否有一支训练有素的销售队伍，对销售人员是否有健全的激励、监督机制和评价体系，市场营销部门与采购部门、生产部门、研究开发部门、财务部门以及其他部门的沟通情况以及是否有密切的合作关系等。

(4) 营销系统审计。主要是检查企业分析、规划和控制系统的质量。企业市场营销系统包括市场营销信息系统、市场营销计划系统、市场营销控制系统和新产品开发系统。

(5) 营销赢利能力审计。主要任务是考察营销实体的赢利能力和各项营销活动的成本效益。并在企业赢利能力分析和成本效益分析的基础上，审核企业的不同产品、不同市场、不同地区以及不同分销渠道的赢利能力，审核进入或退出、扩大或缩小某一具体业务对赢利能力的影响，审核市场营销费用支出情况及其效益。

(6) 营销职能审计。评估市场营销组合的各个组成部分，如产品、价格、渠道、促销、销售人员等。主要是审计企业的产品质量、式样、品牌的顾客满意度，企业定价目标和策略的有效性，市场覆盖率；企业分销商、经销商、代理商、供应商等渠道成员的运作效率、广告预算、媒体选择及广告效果，销售队伍的规模、素质以及能动性等。

本章小结

本章主要从营销策划组织、营销策划实施和营销策划控制这三个方面来阐述市场营销策划的组织与管理。在营销策划组织中介绍了营销策划组织的设计原则、组织的基本形式以及营销策划组织的程序。建立了营销策划的组织形式，还应对营销策划的实施进行管理，主要从实施的营销因素、实施的几种模式以及实施的具体步骤进行了阐述。由于策划的实施可能会遇到一些问题，所以营销策划的管理还涉及对营销策划的控制。一份完整的营销策划书制定出来之后，并不一定能够对企业产生影响，关键是看营销策划的组织与管理活动是否到位，所以说营销策划的组织与管理在营销策划当中起着相当重要的作用。

关键术语

营销策划组织	营销策划实施	营销策划控制	职能型组织
分权型方式	年度计划控制	产品和品牌管理型组织	指导性方式
赢利能力控制	市场管理型组织	合作型方式	效率控制
地区管理型组织	文化型方式	战略策划控制	公司和事业部组织
增长型方式			

思考题

1. 营销策划组织设计的形式有哪些？
2. 营销策划组织设计的程序是什么？
3. 营销策划实施有哪些具体方法？
4. 什么是营销策划控制？
5. 营销策划控制的步骤与方法有哪些？

参考文献

[1] 许宗望. 企业营销管理学[M]. 兰州：兰州大学出版社，1989：206-207.
[2] 董丛文. 实效营销策划[M]. 北京：科学出版社，2004：156-158.
[3] 胡其辉. 市场营销策划[M]. 大连：东北财经大学出版社，2006：206-210.
[4] 任运河. 现代营销管理[M]. 济南：山东人民出版社，2001：455-458.

案例研讨

海尔：由制造向营销蝶变

一、背景介绍

1. 行业环境

2009 年，国家拉动内需的家电下乡行动为家电企业开辟了新的市场。13%的财政补贴让大批农民以相对低廉的价格买到了实惠的电器。据商务部和财政部统计，2009 年财政补贴家电下乡资金达到了 104 亿元，累计拉动消费 9200 亿元，放大农村地区近 7 倍的购买力，家电行业在国家政策刺激下获得了新的机会。

2. 企业环境

有关资料统计显示，2008 年海尔的营业收入为 1220 亿元，比 2007 年的 1180 亿元仅增长了 40 亿元，增幅仅为 0.3%，净利润不足 20 亿元。而格力电器发布的 2008 年年报显示，全年营业收入 422 亿元，同比增长 11%，净利润达到 21.03 亿元。2009 年上半年，海尔集团旗下两家上市公司发布的半年年报显示，在冰箱、洗衣机和热水器等传统强势产品增长的同时，海尔空调业务遭遇了三成以上的下滑。数据显示，2009 年 6 月份，海尔空调的市场份额为 8%，同比下滑 7.15%，而格力、美的同期分别增长 10.18%、28.77%。

3. 竞争环境

在上下游的层层挤压下，家电行业竞争越来越激烈。2008 年，美的销售额突破 900 亿元，与海尔的差距进一步缩小，海信集团通过收购科龙等企业，也在向第一集团军看齐。因此，在整个家电行业规模扩张的进程中，海尔的优势并不明显。在某些产品领域，海尔甚至退出了第一阵营。比如，曾是海尔强势产品的空调，现在只有不到 10%的市场占有率，而格力、美的都占到近 30%。

综观目前国内家电业布局，在高利润区和中高端市场，更多是被国际品牌西门子、三星、大金、索尼、松下等企业占据，而在其他市场区间，又是国产家电企业价格战最为激烈的区域，在家电行业利润率普遍徘徊在 3%左右的低谷时，海尔作为中国家电行业的旗帜也无法独善其身。

二、战略转型

海尔深深地感受到了家电行业制造环节利润率低的危机，并且采取了应对的举措。在海尔的一次内部会议中，张瑞敏提出了海尔转型的想法。张瑞敏表示，在研发设计、生产制造、营销服务这样一个完整的家电制造产业链中，海尔将逐渐淡出生产制造业务，将其生产环节外包，交给台商这样的专业代工企业去做，实现从制造型企业向营销型企业的转型，专注于研发、品牌、渠道和服务。具体步骤是：首先与台湾一些家电产品制造商洽谈，成立双方合资的产品制造工厂，然后将逐步退出这些合资公司，最终实现"制造服务业模式"的运营。

海尔集团乃至中国家电业是否已经成熟到可以甩脱制造环节，向更高端的营销和服务环节转型呢？对于多年来凭借生产成本优势迅速发展壮大的海尔来说，放弃自己的规模优势和制造环节利润，进入到未知的营销和服务领域，到底是中国企业在面对低成本竞争时的无奈选择，还是在国际化进程中主动求变的战略选择？

1. 转型理念

2009年初，张瑞敏就对海尔有了一个新的界定，当时，他提倡的海尔是"美好住居生活的服务商"。这句话，一度被外界解读为海尔"去制造化"的前奏。其实，海尔的转型，既是中国制造业产品同质化、利润率不断下降的外部环境所致，同时也是海尔主动创造差异化竞争优势的必然选择。

作为中国市场化程度最高的消费电子行业，家电产品价格战盛行，"伤敌八百、自损一千"的价格战使得行业利润率长期保持在3%这样一个极低的水平，行业内耗太大。而与此相比，跨国巨头西门子、三星、大金的利润率则保持在7%的水平。而海尔在面对价格战时，并没有很好的应对措施，往往被动应战，疲态日显，后劲不足。因此，寻求转型成为海尔继续引领中国家电行业发展的必然选择。

2. 制造外包

在寻求制造外包的道路上，海尔已经有过成功的经验和战略合作伙伴。作为世界500强企业和第一个跨出国门的国际化企业，海尔横跨了白色家电、手机、电脑、房地产等行业。前期部分海尔产品的制造外包，为海尔在制造外包上的转型打下了一定的基础。目前，海尔电脑已经由广达、富士康、合硕、宝成等台湾地区厂家代工生产。在家电方面，海尔在2003年也已经与声宝集团建立了长期合作关系。这些将为今后海尔的全面转型注入一支强心剂。

3. 管理创新

海尔一直以来都在为实现转型而探索新的管理方式和营销模式。2007年4月，海尔推出了一系列独立的子品牌，如帝博双开门冰箱、INNOV+高清电视、卡萨帝冰箱等，强攻高端市场，寻求新的利润增长点。2007年11月，海尔组建"日日顺"电器连锁，开拓农村市场和三四线市场，在渠道建设上取得了先发优势。同时，海尔发起了一场为期1000天的信息化改造，完成2000到2500个流程再造的"信息化革命"。从2008年1月1日开始，海尔集团层面ERP系统HGVS（海尔全球增值系统）上线，涉及35个事业部、42个工贸公司，涵盖了所有产品线，实现了订单流、物流、信息流和资金流的"四流合一"。2009年2月，海尔全面实行"自主经营体"机制。对于海尔这一全面信息化的建设，有专家认为，这是海尔为实现全面转型而提前做的功课。

4. 国际化战略

国际企业制造外包并转型成功的众多案例为海尔提供了借鉴。在当今的市场环境下，制造外包成了企业寻找新的利润增长点的惯用方式。研究表明，实施外包战略可使企业产品开发成本节约9%，生产能力和质量平均提高15%左右。全球知名的运动服装生产厂家NIKE的产品全部交给其他厂家代工，自己专注于品牌建设，占据以品牌为主的价值链最高端，建立了属于自己的全球供应链和代工体系。曾经一直坚持自己生产所有处理器的芯片巨头Intel，也开始有选择地把部分制造业务外包给台积电等专业代工厂家。IBM（国际商业机器公司）从1994年开始提出从PC（个人计算机）业务向利润更高的咨询和服务业务转型的战略，并在2004年以

12.5亿美元的价格将PC部门全部卖给联想,全面实现了向IT信息服务提供商的转型,取得了巨大的成功,目前,服务业收入已经成为IBM的关键收入来源,所占比重从1994年的26%增长到2008年的56%。这些成功的案例为海尔实现转型提供了参考范本。

三、营销变革

1. 运营机制创新

对于海尔的转型,张瑞敏认为最大的特点是营销模式和运营机制的创新,营销模式即"零库存下的即需即供",运营机制即"每一个员工都是考核单元,称之为自主经营体"。作为低利润的制造行业,家电行业的竞争已不再是由技术革命和产业规模的扩大来推动,只有找到适合的营销模式才能在竞争中立于不败之地。而新的营销模式,在海尔看来,就是改变以制造业为主的业务模式,向高利润的营销和服务环节转变。因此,海尔弱化制造,强化品牌,集中精力进行研发和营销,成为其未来发展的必由之路。

2. 品牌渠道优势

以品牌号召力和渠道力量保持竞争优势。2008年,海尔的品牌价值已经高达803亿元人民币,成为中国家喻户晓、在国际市场上也具有相当品牌知名度的家电品牌。"真诚到永远"是海尔的承诺,也给广大消费者注入了一支强心剂。消费者在选择家电时,强大的品牌感召力使得海尔成为主要的参考对象之一,这种终端影响力的释放,其能量相当巨大,这也是海尔成功实现转型的法宝之一。同时,海尔的渠道力量也成为杀手锏,海尔的渠道与服务网点已经遍布中国五六级市场,甚至进入了一些乡村,尤其是在组建"日日顺"之后,到目前为止,海尔已经拥有超过5000家门店的分销体系。这一体系在2008年创造了150多亿元的营业收入,比当年海尔通过国美和苏宁两家大型专业连锁渠道创造的营业收入总和还要多。

3. 快速反应

营销服务型企业需要超强的供应链整合能力以及即时信息的掌控能力。海尔集团将部分生产业务外包之后,根据市场需求下订单生产,最直接的好处就是能够实现"零库存",进行以用户为中心的业务流程再造,实现渠道的扁平化,提升物流效率,针对终端市场做出及时和快速的反应。2008年,中国家电企业库存周转天数平均为64天,海尔集团的库存周转天数是32天。而实施零库存管理后,海尔的库存周转天数已经降到3天。超低的库存天数使得海尔的资金流速得到了快速提升,同时也让经销商学会了寻找市场需求,而生产的产品都是"以销定产"的适销对路的产品,而不是放在经销商的仓库中、需要降价销售或者大力度促销的滞销产品,加快了货物流转速度,也让经销商赚到了钱。

4. 提升客户体验

发挥营销模式的竞争力,提升顾客的产品体验。海尔作为中国最具影响力的家电品牌,在家电技术成熟、产品同质化严重、市场日趋饱和的今天,品牌的溢价能力也受到了极大的削弱。同时,海尔在前期生产制造环节得以保持利润的规模化生产在价格战的驱使下已无利可图,营销和服务成为海尔重塑核心竞争力的两大利器。企业之间的竞争已经进入到营销模式竞争的阶段,而所有营销模式和体系竞争的制高点,就是持续为顾客创造价值,提升顾客的产品体验。

5. 打造综合性跨国企业

海尔淡化其单纯生产型的企业形象,转而成为一种集生产、科研和技术服务、金融运营为一体的综合性跨国企业,具有"解读并破译消费者需求"的能力,海尔的"零库存商业模式"和"人单合一"的自主经营机制,就是试图为消费者需求提供服务,而不仅仅是销售产品。这需要海尔通过推动运营模式乃至文化的变革来推动服务转型,深入洞悉客户的潜在需求,利用强大的服务能力为客户解决"一站式"、"一揽子"需求，为客户提供更多的增值服务和差异化服务。

四、行业影响

海尔的转型，也带动了整个国内家电制造业的转型思考。美的在内部展开了大讨论，讨论围绕"适合美的自身发展的商业模式"展开，以实现美的集团"由粗放型增长"向"内涵式增长"转变为方向，这也可以看作是美的在家电行业大背景下探究、思索和锻造自身核心竞争力的表现。长虹根据企业实际，提出向"智慧型企业"转变，以信息化提升竞争力，形成了以ERP（企业资源计划）、PDM（产品数据管理）为核心的完整制造业信息系统框架，实现对公司经营管理过程的"全覆盖"，打造快速的信息化管理大循环通路，不仅确保了长虹信息流、资金流、物流的高速运转，而且极大地提升了长虹运营平台的能力和满足消费者需求的能力，加大力度投入到上下游产业链之中。众所周知，即使家电行业的发展在中国市场已经非常成熟，但是核心技术还是垄断在国外厂家手中。国内家电企业更多是获取生产环节的利润，而这种利润率是非常低的。事实上，海尔也一直在寻求极力完善自己制造主业的产业链，以及对家电核心技术、上游核心部件和下游服务的追求。当脱离了生产环节的藩篱之后，海尔可以腾出更多的时间和精力注重对核心技术的研发以及对下游产业链的控制。海尔期望在转型中实现更大程度地为客户量身设计，从用户消费体验及信息便捷的角度去研发，真正实现从"硬制造"到"软服务"的转变。

海尔集团曾经创造出无数令同行惊叹的起死回生的案例，对于海尔向营销服务商转型的胜算几率，只能随着时间的推移和实践的检验而得到验证。但无论"蝶变"之路如何，张瑞敏的审时度势和海尔的勇于探索都将成为"中国制造"在全球化时代具有里程碑意义的重要一步。

（来源：赵琪. 海尔：由制造向营销蝶变[J]. 销售与市场(管理版)，2010(2)）

思考题

试从营销策划角度分析海尔"蝶变"的核心是什么？

第 5 章 营销策划人员的素质与能力

本章提要　本章主要阐述了企业营销策划人员应具备的基本素质与能力，以及营销策划作为一个行业对策划人员的要求。本章的重点和难点在于理解和掌握营销策划业要求营销策划人员应具备的素质和能力，以及这些素质和能力在策划人员日常工作中的作用。

引　例

信淘宝，信光棍

2010 年 11 月 11 日，对于网上交易来说是个值得纪念的日子。在这一天，全中国的光棍与伪光棍把长年的寂寞转化成支付宝的现金流。在这一天，淘宝商城全场半价，早知者呼朋唤友 10 日晚 11 点便守候在电脑前，后知者匆忙间四处寻找信用卡。

12 日，淘宝公布结果，光棍节单日淘宝商城交易额为 9.36 亿元，每秒有超过 2 万元人民币流入支付宝账户。很多淘宝卖家一天完成了一年的任务，其中有 2 家店交易额达 2000 万元，11 家店铺达 1000 万元，20 家店铺达 500 万元，总共 181 家店铺达 100 万元。据悉，在那以前全国百货店单店单日销售的最高纪录是一个商场一天 1.2 亿多元。是什么创造了这个销售的奇迹？乍看之下，光棍与半价、半价与购买没有必然联系，正是淘宝的营销策划人员精准地预期到笼罩在通货膨胀阴影之下的中国网民对五折的疯狂投入，才使得这次营销活动取得空前的成功。

5.1　市场营销策划业的性质

企业营销策划是企业管理咨询服务的一种。咨询服务业是一种智力服务型的行业，被誉为"防止跌倒的金手杖"。现代管理咨询是一种主要通过专业顾问团队，有针对性地利用先进适用的管理技术和经验，协助委托企业系统地识别和解决管理中的关键问题的专业服务活动。

营销策划咨询涉及多学科知识，以管理科学、哲学、市场营销学、美学等软科学理论与方法为指导，以数学、计算机科学、数理统计学等工科知识为背景，运用先进技术、分析软件及仪器设备进行服务，具有很强的实践性、创造性和复杂性。它既可为企业提供切合实际的具体的专业管理知识和技能，又可为企业总体经营决策提供所需的各种信息和建议。

营销策划业作为一种新兴产业，与传统产业相比具有以下行业特征。

1. 超前性

营销策划是对未来环境发展趋势的判断和为实现企业营销目标而采取的对未来行为的安排，它是一种超前行为。营销策划是一种判断。它是凭借现实世界的各种形象资料和抽象世界的间接和概括化了的理论资料，进行形象思维和逻辑思维，从而形成对未来的判断、预测。没有对未来的预测，营销策划就变成了无的放矢。营销策划是一种安排，也是一种计划。它既借助于丰富的经验将各种营销要素进行传统的组合，也借助于高超的创造力将各种营销要素进行前所未有的新组合。

2. 全局性

策划业所从事的策划工作不论是战略性策划还是战术性策划，都必须从全局、大局着眼，通过对外部环境的周到分析，整合多种资源才能有的放矢地进行卓有成效的策划，就事论事是不可能有生命力的。由于企业经营环境不断变化，迫使企业寻求咨询策划支持。特别是科技迅速发展，计算机广泛应用于生产管理，生产、经营方式正在发生巨大转变，政府的经济和科技政策不断地调整，以及国内外市场环境急剧的变化等，促使咨询策划业根据企业的变化开发新的领域，开拓新的市场，增强自身竞争的能力，满足社会对咨询策划业的需求。近年来西方管理咨询策划更是从原来的专项具体咨询策划发展到为企业提供发展规划和战略决策咨询策划。这种趋势受到各国政府、国际组织和企业界的广泛重视，许多大型咨询策划机构，大多转向有关开发、规划、市场和产品预测，以及社会与经济分析等综合研究和系统工程设计领域。

3. 复杂性

营销策划是一项系统工程，是一项要求投入大量智慧的高难度脑力劳动。营销策划需要投入大量的知识和间接经验，一项优秀的营销策划，需要经济学、管理学、心理学、市场营销学、社会学、商品学等诸多学科融会贯通，并且还要灵活地运用到策划中。这里至少有两层含义：一是策划人必须具有广博的知识，以此构成策划的支持系统；二是要将这些广博的知识运用到策划中去。有了广博的知识，并不能保证就一定有好的创意，只有将这些知识与营销实践结合起来，在策划人的精心策划下，才有可能形成一流的营销策划方案。

4. 智能性

策划业要为策划对象出谋划策，要为企业充当智囊。策划业的从业者不仅要具有较高的专业水平，而且要有创新意识和卓越的见识、超群的能力。策划业要能在商海中出奇制胜，为新生企业谋划一片新天地，为受挫的企业寻求新生之路，为扩张型企业设计新的发展空间。策划业除了有先进而实用的技术和经验，灵敏而准确的情报信息外，多数采用了最新的科技成果、科学理论和方法，在策划咨询过程中应用了许多先进的定性分析和定量分析的方法和手段，例如系统分析法、动态规划、计算机模拟、线性规划、博弈论、网络理论等。随着科学技术和策划事业的发展，这些理论和方法不断得到充实和发展，促进了各学科、各领域的综合发展，提高了策划业的经济效益和社会效益。

5. 时效性

策划讲究审时度势，重在适时、及时、适当。过于超前，则难为社会接受；过于滞后，则沦为信息垃圾。策划在于创新、出新、翻新，新是有时效性的，时过境迁之后就再不成其为新。策划作为知识生产行为，比起物质生产更具有时效性。策划是知识生产的完整过程，不只是卖点子，它包括从市场调查、分析到有针对性地制定方案、实施方案，最后收集反馈信息，进行反馈控制这一贯穿始终的全过程。策划公司要对企业的策划全程负责，并以负责到底的精神投入工作，而不是只卖点子，不管后果。

6. 超脱性

一方面，策划人员或机构独立于企业之外，站在独立的立场，以自身的专业学识和经验作出客观的判断，其策划的成果和论证的方式较少受到外界或环境的影响和干扰。策划机构选择或承接的项目、采用的研究方法和手段，不需要有关政府部门、机构的约束或批准。这就是咨询业的独立性、客观性和超脱性。另一方面，由于其独立性，企业可以根据自己的要求，自主地选择策划公司为其服务，这就是策划业的社会性。策划业的此种特性对提高工作效率、开发智力资源、为企业排忧解难具有极重要的意义。策划除了可以弥补企业或部门自身知识、资源和经验的不足之外，还可避免本单位人员、技术、信息的短缺，观点、思想的分歧和矛盾，以及拓宽企业或部门的视野，帮助其提高整体管理水平。

7. 权变性

任何营销策划方案都不是一成不变的，它必须能根据环境条件的变化而进行调整。因为客观世界处于运动变化之中，作为营销策划操作空间的市场更是千变万化、反复无常。如果没有集灵活性和变通性于一体的营销策划，就不可能适应当今商战的需要。营销策划的权变性主要表现在两个方面：一是在营销策划之初，就要考虑未来形势的变化，让方案具有灵活性特征，能适应变化的环境；二是任何方案都不能一成不变，在执行过程中可以根据市场反馈及时修正过时的方案，让方案始终贴近市场。

5.2 企业营销策划人员的一般素质要求

如前所述，管理咨询策划是由管理、政策、信息、经贸、金融、工程、技术等方面的专家联合起来形成的顾问团队，以智力资本向企业提供专业化服务的行为。因此，咨询策划人员的素质是管理咨询策划项目成功与否的关键。与其他行业相比，咨询策划业对人才的要求更高。策划人的行为不是短期行为，不是偶尔为之的卖点子、卖理念的行为，短期行为只会随着历史的推移而风消云散。策划人的行为必须融入市场化的过程和体系中去，这样策划人就必须培养自身的素质。社会对策划人的素质要求主要体现在以下几个方面。

5.2.1 政治思想和道德素质

这是决定策划咨询专家整体素质的核心，主要包括如下内容。

1. 政治思想素质

企业营销策划人员要有正确的政治方向、信念、立场和观点，包括人生观和价值观。其中最重要的是始终坚持社会主义的方向，要拥护并贯彻执行党的基本路线、方针和政策，尤其是与咨询企业经营有关的各项政策法规，自觉遵纪守法；要有敏锐的政治鉴别力，对于所负责的咨询企业和项目涉及的政治事件和思想问题有洞察和辨别的能力，以国家和人民的利益为重，不做有勇损国格和人格的事；要热爱本职工作，勇于奉献，大公无私。

2. 职业道德

企业营销策划人员要有良好的职业道德，在经营活动中遵守咨询业的道德规范。重视并维护企业的信誉，不为谋取一时的利益而出卖企业或做某种交易，搞欺诈行为；严格保守国家、客户和本企业的秘密；切实保证本企业咨询产品的质量，以优质的服务满足客户的需求，赢得客户的信任。

3. 开拓和创业精神

企业营销策划人员要有强烈的发展咨询策划事业和开拓咨询策划市场的精神，不畏艰难，不怕挫折和失败，不怕暂时的"亏损"，具有卧薪尝胆、百折不挠的勇气；善于接受新事物，敢于摒弃旧观念，树立新观念，有在咨询领域中开拓新局面和在咨询企业竞争中力争上游的决心和信心。

5.2.2 复合型知识和技能素质

这是决定策划咨询专家整体素质的内在基础，主要包括如下内容。

1. 政策理论知识

企业营销策划人员要对国际和国内的政治、经济和军事的基本政策和理论有全面系统的了解，对迅猛发展的科技潮流有动态的跟踪和科学的预测。当前尤其要对席卷全球的知识经济和技术创新有深刻的了解，对我国发展知识经济和技术创新的现状和前景有客观的评价。

2. 金融法律知识

策划企业的重要目标也是经济效益，而策划企业的利润一般不高，因此作为策划专家，要想获取更高的利润，进行必要的投资，就必须掌握有关金融、财会、税法、经营方面的知识，学习诸如资本经营、市场营销、经济法律、国际金融贸易等学科以及相应的操作技巧，学会理财才能领导企业致富。

3. 专业技术知识

策划专家要做策划的内行，这样才能真正管好企业。策划专业知识包括各种策划理论、方法、技术等。策划专家尤其要掌握世界现代策划理论的最新进展和现代化咨询方法与技术，涉及软科学研究、市场调查、数据处理、统计分析、建模、网页制作和上网运行等，这都要求具有一定的计算机知识。此外，由于策划专业涉及面广，还需要掌握一定的、各主要高新技术领域的专业知识。

4. 经营管理知识

策划专家不仅要懂策划，而且要精于咨询企业的管理，具备有关企业管理与经营的理论知识。管理是一门科学，咨询企业的管理同样是科学，它也涉及机构、人事、财务、业务等的管理。要做到科学管理，就要采取系统工程的方法，使企业形成一个有机的整体，有条不紊地运行。

5. 现代化技能

21 世纪的策划咨询专家，不仅要能指挥别人，使用秘书，自己也要掌握现代化手段和技能，亲自动手，亲身参与。只有具备一定的计算机应用技能和较好的外语水平，才能适应不断发展的现代科技和经济，拓宽获取信息的渠道，提高处理事务的效率，增加开展国际合作与交流的机会。

5.2.3　行为和经验素质

这是决定策划咨询专家整体素质的关键因素，主要包括如下内容。

1. 领航素质

咨询策划专家如同船长兼领航员，要想具备能够驾驭企业在市场风浪中乘风破浪而不致触礁翻船的能力，就要求在变幻莫测的市场环境中站在战略思想的高度，寻找适合自己发展的航向。首先选好自己的基本定位，如主营决策咨询、管理咨询、信息咨询，还是工程技术咨询、专业事务咨询，然后细分自己的主攻领域和方向。随着内外环境的变化，还要及时修正航向，变换自己的经营方针和策略。尤其要注意"不光看到眼前利益，更要着眼未来发展"。这种领航能力绝不是理论所能解决的，需要在实践中长期摸索与体验，不断总结失败教训，从而积累成功经验。

2. 管理和组织协调素质

咨询策划专家如何把管理知识和经验用于管好自己的企业是一大难题。面对着外部世界和激烈的市场竞争，首要之举是练好内功，既管好本企业，包括各部门的工作安排和各项管理，尤其是计划、项目、人员和质量的管理。我国咨询企业一般规模不大，管理层既要有分工，又要有协作，更要有集中，使分权和集权结合，才能有效实施管理，产生 1+1＞2 的效果。有时，一个咨询专家还要兼(分)管一些部门和项目，这就要求其具备较强的实际组织协调能力。

3. 公关素质

咨询企业的公关事务繁重，不仅要揽项目，而且要完成各种调研和公关活动，接触社会的机会多，因此作为咨询专家，要十分熟悉市场的变化，掌握客户的心理，运用巧妙的公关策略，才能打开市场、抓住机遇、联系客户、赢得项目，并使雪球越滚越大。咨询专家应是"公关能手"，从一定意义上讲，没有公关能力的人当不了咨询企业的领头人。

4. 使用和培养人的素质

搞好策划咨询企业的关键在于人，管好人才能管好企业。策划咨询专家要知人善用，不仅能用人，还能发现"苗子"。只知用人而不知育人是一大失策。我国策划咨询企业缺乏"良才"，尤其是"帅才"和"将才"。首先，要有一个好的总经理，但光一个总经理只能是"光杆司令"，还需要培养一批骨干和接班人，特别是经营型人才，有了几个或十几个具有开拓精神和实干能力的部门经理，咨询企业就好办多了，总经理也就好当多了。其次，总经理不能只会发号施令，更重要的是要能与下层沟通，搞"参与式管理"，多了解下层的状况和要求，采纳合理的建议，充分利用激励机制和约束机制，调动起每个人的积极性，这样才是一个聪明的策划咨询专家。

5.2.4 娴熟的沟通素质

策划人的策划成果要通过策划文案来体现。策划文案是由文字、图形、数据表现的。策划人须具有图像化、数值化和文字表达的能力。这种素质是策划人长期进行语言艺术训练、电脑训练、绘画训练以及刻苦学习相关知识的结果。尤其对于中国语言艺术，包括语法、修辞、逻辑的运用并非一日之功，需要策划人长期坚持不懈地努力。准确、鲜明、生动是表达效果的基本准则。准确是前提，鲜明、生动是表达效果优劣的标志。策划人应在语言艺术的运用上、色彩的选择上、构图的和谐性上充分体现自身的素质。

5.3 营销策划人的一般能力要求

策划能力即策划的才能和本领。从策划流程来看，策划能力包括信息能力、分析能力、创意能力、运筹能力和说服能力等。具备策划能力是策划成功的重要保证。有能力的策划人能运筹帷幄，从全局上把握方向，疏通、协调好各种关系；能根据各种信息作出判断，大胆创新、锐意改革；能通过语言感召组织群众，一呼百应，使策划活动富有效率和生机。相反，没有能力的策划人，总觉得找不到灵感，资料再多也把握不住实质，整天忙忙碌碌却一事无成，甚至把事情搞得一团糟；找不到感觉，没有号召力，得不到别人信任，没办法说服别人。

5.3.1 信息能力

企业营销策划作为一种创造性活动，必须建立在大量的信息基础之上。策划所需要的信息包括过去、现在以及人们预测未来的信息。信息的充分性与准确性是营销策划成功的基本保证。

1. 信息及信息能力的含义

1) 信息的含义

信息的定义可以说是众说纷纭。控制论创始人维纳在《控制论和社会》一书中对信息的表述为："信息是我们用于适应外部世界，并且在使这种适应为外部世界所感知的过程中，同外部世界进行交流的内容名称。"而信息论的创始人申农则认为，信息是组织程度，信息能使物质系统的有序性增强，减少破坏、混乱和噪音。如遗传密码是生物信息，人的语言是社会信息，计算机程序是技术信息等。本体论的信息观认为，信息就是事物运动的状态和方式，如地下矿藏信息，有就有，没有就没有，它不以人的意志为转移，即信息与观察者(包括人、生物和机器)无关。与本体论的观点不同，认识论主张，信息与人的意识是相关的，信息是观察者对事物运动的状态和方式的反映。信息会因观察者的差异而有不同的体现，有的观察者会从中获得大量的信息，而有的则一无所获。同样一个事物的运动状态和方式，对某一个观察者有用，对另一个观察者则可能毫无价值，甚至是有害的。信息是事物运动的状态和方式，而不是事物本身。因此，信息一旦被观察者从事物的本身分离出来，就可以离开事物本身而相对独立，并可以被观察者所摄取、变换、存储、传递、识别、加工和处理，进而提供给他人复制，同他人共享。

信息根据不同的标准，还可以做不同的分类。按内容划分，信息可分为社会和非社会的信息；按感知方式划分，信息又可分为直接和间接的信息；按存在的形式划分，信息分为内储信息和外化信息。面对众多的信息，策划人必须重点掌握如下几种重要的信息。①公众信息，即大众化的普遍信息。这是分析社会大趋势、研究社会背景、确定策划方案的重要条件。②主体信息，即自身条件方面的信息。策划人必须根据自己的条件，量体裁衣、因势利导、扬长避短、充分发挥自身优势，唯有如此方能做到有理有据地开展策划。③时机信息，即事物发展的最佳状态。什么活动该在什么时候进行，就像植物按时节而生长一样。如果找不对时机，策划很有可能会失败。④环境信息，策划的任何活动总要在一定的空间范围内进行。这就必须从特定的地理空间这一实际出发，即策划人必须学会分析区位优势，通过对空间地域的分析，合理利用现有的空间地域资源，创造最佳的策划效果。在具体策划中，还有各种随机的、不确定的信息。这些信息会给策划者提供启发，会与头脑中的策划目标组合成灵感，从而完成具有新意的策划。

2) 信息能力的内涵

信息能力是一名合格策划人必须具备的基础能力。信息能力即收集信息、分析信息、整理信息和利用信息的能力。信息与人的意识是相关的，信息是观察者对客观事物运动状态和方式的主观反映，所以同样的客观事物会因观察者的差异而有不同的反映，有的观察者会从中获得大量的信息，而有的则一无所获。

2. 信息的获取

信息是灵感的前提，而灵感是构成策划的重要因素。美国前总统卡特说，信息"点燃了创造发明的天才的火焰，它帮助人们对世界上日益复杂的各种问题进行决策"。既然信息如此重要，那么，策划人应如何收集信息呢？

策划人获取信息的途径主要有如下几种。

1) 建立自己的信息系统

一般而言，策划人自己建立的信息系统，包括自身的实践经验、理论知识、思辨和灵感，这一部分信息是通过自己平时留心积累、研究、学习而获得的。处处留心皆学问，对于策划人来说，应该养成多留心、勤积累的好习惯。古人云："不积跬步，无以至千里；不积小流，无以成江海。"没有策划人平时信息的积累，都靠临时抱佛脚来寻找信息，所得到的信息往往是片面和零散的。为了做好策划，策划人应建立自己的"信息资料系统"。策划人可将平时积累和收集到的信息，根据自己的习惯，按照一定的规律加以整理，进而建立起属于自己的完整的信息资料系统。直接获得信息的办法中行之有效的，是通过观察生活获得信息，所谓世事洞明皆学问，这学问对于策划人而言就是信息。生活中的逻辑是复杂多变的，细心品味生活、理解生活，从中能够获得十分丰富的信息资料。生活经历就是知识，就是资本，因为经历多了，相关的信息就被逻辑性地关联起来了。

除了平时的积累外，策划人接受策划项目后，为了获得最新、最及时的相关信息，还应通过有意识、有目的的实地调查，直接获取信息。通常的调查方法包括问卷调查、典型访查、实地观察和信息筛选等几种。问卷调查是使用一套格式化的问卷，通过对不特定人群的或书面或口头的问答，得出社会公众对某一特定事物的普遍态度和看法，从而为策划决策提供信息支持的一种比较典型的调查手法。如果问卷设计得当，这种方法能获得很真实的第一手信息。典型访查，这种方法与问卷调查的不同之处在于，它事先选择了一个特定的对象，通过对不同特质的人群的调查，从而获得特定人群对特定事物的真实想法，为策划提供决策依据。问卷调查比较随意，要求有比较大的覆盖面。而典型访查，因为事先已经有策划人对调查对象进行筛选，所以调查人数不多，而意见却代表了不同阶层。实地观察，是直接获得信息的办法。通过现场考察，了解实际情况，获得最真实、最直接的决策信息。信息筛选法是对直接信息的进一步综合，是从众多的信息中选择出有价值的信息，是在占有大量相关信息的基础上的再选择。

为了获得更多、更好的信息，策划人必须为自己建立一套完整的通信网络。这一网络包括电话、电传、电报、计算机网络系统，能及时传递和反馈来自各地方、各方面的即时信息。信息是解决问题的关键，策划从形成创意、制定方案到实施、调整、反馈直至最后的评估，均需要各种即时的信息支持。对于瞬息万变的信息而言，策划人必须保证获得即时的信息，必须在最短时间内集中所有相关信息以便于调整决策。如果信息无法传递或传递速度较慢，最后得到的信息对于策划而言有可能成为无效信息和过时信息，从而影响策划效果。古人云："工欲善其事，必先利其器。"建立完善的通信网络，是建立自己的信息系统的重要保证。

2) 通过间接途径获取信息

能够建立自己的信息网络当然非常好，但是这是对实力雄厚的策划公司而言的，一般规模的小策划公司或策划人要想"事必躬亲"，直接获得各种信息，这是不现实的。所以，策划人在看重直接获取信息的同时，还要重视利用间接信息，利用他人直接获得的信息进行策划，间接获取信息的主要手段有如下几种。

(1) 购买法。它是策划人获得间接信息的主要方法。策划人可以向专业调查公司或个人购买相关信息。所购买的信息可以是没有经过分析的原始信息，也可以是经过专业人员分析筛选过的系统信息。策划人间接获取信息的方式有如下两种。一种是引进模仿。策划项目往往都有类似的、相关的案例，通过对类似案例的模仿、嫁接和改造，可以迅速获得大量的有价值的信息和灵感，这是策划人获得信息的捷径。通过引进和模仿获得信息是很方便的,但这里要指出的是,在引进和模仿过程中,必须注意结合策划项目的实际。模仿不是依样画葫芦,不是照搬照抄,更不是对教条的套用,必须是为我所用的合理选择,必须注意其可行性和切合实际性。另一种是社会咨询。现在信息咨询服务机构很多,这些机构包括经济咨询公司、投资咨询公司、技术情报咨询公司、民意测验或调查公司,以及图书馆、统计局、情报所等行政和企事业单位。它们都拥有大量的信息资源,再加上从业人员的专业水平较高和技术力量较雄厚,策划人很容易从这些机构中获取所需的策划信息。

(2) 媒体信息法。间接获取信息的途径有很多,其中通过报刊、广播、电视以及网络等传播媒体收集信息是一种重要方法。这种信息一般是免费的,所以媒体信息法也是最经济的方法。随着计算机网络的普及,网络信息资源越来越丰富,通过网络查询网上信息越来越受到策划人的青睐。策划人不仅应该充分利用各种媒体信息,而且还应该自己参与进去,在网上建立自己的信息网站。在宣传自己的同时,还可以通过网络来收集信息。

(3) 聊天法。通过聊天获取间接的信息。这种方法类似于形成创意和方案时常用的"头脑风暴法",只是这种聊天更加随意而已。通过随意的聊天获取信息,需要策划人机智的问话,以及科学的引导、诱发。通过你问我答、你说我听、你想我说、我说你想的聊天方式,或使自己从别人的话语信息中获得灵感,或让对方充分发挥出其智慧的能量,进而迸发出创意的火花。聊天或是直接面对面,或是通过电话声音对声音,或是通过网络文字对文字,它是直接信息与间接信息的混合体。在这个混合体中,有时会产生大量的垃圾信息,但有时却能产生直接的创意灵感。许多作家都是在聊天中获得创作灵感的。演讲能创造新意、激发灵感,而顺利和谐的聊天也能将零散的智慧组织起来,使之变得系统、合理,从而迸发出创意的火花。

5.3.2 分析能力

如前文所述,信息收集之后,必须进行信息分析,信息分析是策划的一个很重要的组成部分。信息分析能力直接影响到信息收集的效益,以及信息创意的可靠性和可行性。信息分析能力是指对信息所反映出来的价值进行判断的能力。分析能力是一种判断、筛选的能力,是在零乱资料和相关信息中剔除无用信息、汲取有用情报的能力。分析不同于创意,创意需要有一定的主观想法,而分析却必须立足于客观现实。策划的核心是概念,而概念是策划人挖掘和营造的结果。以下就分析性思考与创造性思考的区别,以及分析的功能和立足点等加以说明。

1. 分析性思考与创造性思考的区别

分析力是一种判断、筛选的能力,它将不切合实际、不能满足人的需求的构想加以剔除,其状态便是分析性思考,它和产生构想的创造性思考是两种不同的思维活动方式。分析性思考是合乎逻辑的,能衍生出单一或少数的答案,并且可以实施;创造性思考则需要借助想象,衍生出许多可能的答案或构想。这两种思考形态完全不同,但是具有互补作用。经由创造性思考衍生出许多想法之后,必须经过分析,才能选出少数可以实施的方案。分析性思考可以把构想和实际结合起来,但如果要继续发展,则必须由创造力来推动。两种思考形态的比较综合如表 5-1 所示。

表 5-1　分析性思考与创造性思考的比较

分析性思考	创造性思考
逻辑的	想象的
唯一或少数答案	许多可能的答案或构想
收敛式	开放式
垂直式	平行式

由此可见，在创意的开发阶段，需要创造性思考法来点燃灵感，提供策划轮廓。在构想抽象成概念的过程中，需由分析性思考法来分析、评价，进行"去粗取精、去伪存真、由此及彼、由表及里"的思索，然后将自己方面的情况加上去，研究双方的对比和相互的关系，因而构成判断，定下决心。在分析构想、抽象成概念的过程中，最重要的分析原则是"策划能够为策划对象所接受"，因为策划者卖给策划对象的是概念。所以这一概念必须让策划对象接受，满足他某一方面的欲求。比如策划一件新产品，可以参照下列问题进行分析，以形成对象意欲购买的概念：新产品是否让消费者觉得更重要？是否使消费者获得更多的舒适感、愉快感、成功感、轻松感和安全感？

2. 通过分析挖掘概念

策划需要创意，创意需要概念，而把握概念有赖于分析，没有分析就得不到概念。概念是抽象思维的基本形式，概念反映了事物的特有属性，即事物的性质和关系。人们在感觉、知觉和想象的基础上，借助思维的抽象作用，便形成了反映事物特有属性的概念。概念是感性的理性化，它的产生是人的认识的一个飞跃。策划的概念挖掘与概念的形成有些类似，但运作是逆向的。策划人以理念挖掘或超前设计某一特定的概念，然后再通过宣传、广告等手法灌输到人们的头脑中，从而形成了类似于哲学上的具有特殊属性的概念，进而达到策划的目的。

策划其实是一系列的规划判断。概念是策划的立足点，是策划最本质的东西。如果说策划有一定的层次，分成核心层、中间层、延伸层的话，策划的概念就居于最中央，而策划的主题则紧紧地包围着它，在其外面，则是时间和空间运筹的具体方案。对于一般人而言，概念是对某一事物的本质的成熟判断，利用概念的判断功能来设计策划方案，正好与策划必须对一系列事物作出规划、决策的特点相吻合。

营造特定事物概念的方法有很多。

(1) 广告法。这是最简单的营造办法。利用广告的传播效应，反复不间断地向不特定的公众输入特定消费观念，比如"送礼要送脑白金"、"果冻我要喜之郎"之类的导向性消费宣传。

(2) 消费档次法。即营造高档次商品或服务氛围。所谓概念消费，就是指消费者在消费商品和服务的同时所能获得的品位、评价心理感受，这种层次是由特定概念推断出来的。打高尔夫球是属于富人的运动，所以介入这类运动的人，自我感觉一定是上档次的高级消费，显然花费较多。

(3) 造势法。通过某种特定的手段，营造特定的概念，实现特定的策划目的。如将策划人的创意，营造成"选择我没错"的思维定式，以此影响公众的行为。造势法因事而异。政治领域内如整风之类的运动，实际上也是造势法的应用。通过这种造势，达到统一思想、增强凝聚力的目的。经济领域的造势可以应用巡回展销、集中展销等形式。

3. 分析方法和立足点

分析能力有赖于分析方法的掌握和运用，要提高分析能力，就必须熟练地掌握各种分析方法。分析方法有很多，其中比较主要的有形式分析法、逻辑分析法、概念分析法、数学分析法、心理分析法、语言分析法等几大类。各种不同类型的分析方法，在手段、内容和适用对象上都有所区别。面对错综复杂的策划环境，策划人必须掌握几种分析方法并加以应用。掌握并应用好各种分析方法，是策划人必备的基本能力。

分析是一种思维方法，它是指思维把事物分解成几个部分加以考察的方法。反之，思维把事物各个部分联结成一个整体加以考察的方法，就是综合。分析和综合是认识过程中相互联系的两个方面，人们可以借助这两种方法揭示事物的本质，获得关于事物多样性的具体认识。运用分析方法解决问题的能力就是分析能力。运用分析与综合相统一的方法有两个基本要求：①必须以客观事实为基础，以客观对象本身的性质、关系及其运动、变化为依据。②在进行分析和综合时，必须首先分析事物的内在矛盾，以便揭示和掌握事物的本质。

形式和内容是一对相互联系的概念。内容是指构成事物的内在矛盾、特性、运动过程和发展趋势诸要素，而形式则指构成内容或要素的结构、组织类型及其外在表现方式。针对事物形式进行分析，即形式分析。逻辑分析是根据各种要素之间的内在的逻辑关系进行推理和演绎。概念分析是逻辑分析的一个分支，概念是逻辑分析的基本单元和形式，通过分析事物概念之间的相互关系以获取人们对事物内在本质的认识，这就是概念分析。至于数学分析、心理分析和语言分析属于专业分析。数学分析是以函数为研究对象的数学学科，它是以微积分等数学方法为手段分析事物的一种方法。心理分析属于心理学的一个主要分支，它通过对各类心理的分析，以获取对事物内在属性的认识，这是心理分析的重要特征。语言分析是分析哲学的一个支派，它重点研究如何通过分析日常语言来解决哲学问题。

分析方法虽然很多，但是它们都不能脱离客观事实而进行。分析必须立足于客观实际，分析就是来源于对客观事实的判断和筛选。在分析构想、抽象成概念的过程中，最重要的分析原则是"策划能否为策划对象所接受"。策划者卖给策划对象的是"概念"，所以这一概念必须让对象接受，满足策划对象某一方面的欲求。否则，分析构想，确定方案，最终都是一句空话。这就是分析的现实支点，也就是分析的立足点。抽象的概念需要现实的支撑，现实的分析需要理性的抽象。根据实际情况分别应用不同的分析方法，对症下药是分析的关键。脱离实际的分析，是幻想；抓住一点实际就对未来进行设计，是梦想。策划人最容易犯的错误就是分不清创意和分析之间的关系，往往将大胆的创意与扎实的分析对立起来，在强调创意、创新的同时，忘却了客观的分析、冷静的思考和科学的论证。正因为这个原因，不少策划人被当做梦想家、说大话的人而遭到唾弃，这是十分可悲的。要使分析符合客观实际，就需要做一定的调查研究。不同的策划有不同的调查对象，针对不同的调查目的，策划者必须根据不同的情况分别应用不同的调查手段。如新产品促销策划，就要对市场供求变化的各种因素及动态、趋势作出调查，以寻求打开市场的方法；公关活动策划，则需了解内部与外部公众的意见、态度和矛盾，以寻找合理的沟通方式。调查的形式虽然不同，但其最终均是为客观、务实的分析服务，为策划的核心——概念提供决策的前提。

5.3.3 创意能力

1. 创意能力的内涵

创意能力即想象的能力。据美国现代辞典解释，想象是建设性的智力行为。想象力能把知识、资料或思想，集合成新的、创造性的、合理的系统。想象力是建设性或创造性才能，它包括诗歌、艺术、哲学、科学及理论的想象力。此外，意志的描绘能力、心理形象、影像、物体或思想的心理象征，尤其是感觉概念和数学式推论对象等的组合，属于记忆形象，也就是想象。根据已知推导未知，这是推理；根据已知经过添附和创造使之变成合理的形象系统，这就是想象。想象是概念与主题之间的一座桥梁，主题产生之后，由主题而进行具体构思，由构思而产生方案，这些过程也需要想象力来激发。

要发挥自己的想象力，必须注意如下几个方面。

(1) 想象需要打破世俗的束缚，突破常规。

(2) 想象需要站在事实的基础上放心大胆地设想，要用全新的角度、另类的眼光来审视事物，将想象的翅膀伸展开来。

(3) 去掉想象的障碍，不要被成见、范围所困，也不要因怕被人嘲笑而退缩，更不要因想不开、钻牛角尖而一条道走到黑。

(4) 善于使用比喻，用比喻打开自己想象的盒子。

(5) 学会"触类旁通"和"举一反三"。

(6) 尽可能多地掌握事物运动的基本原理，并善于根据原理推论、思考和实践。

(7) 善于组合材料。每一项产品都是由许多简单的器件组成的。复杂从简单开始，由简单构成。组合需要想象，通过想象将两个或多个不相干的事物联结在一起，形成有特色的新事物。在组合材料的时候，必须注意各组成部分，在结构、形象和功能上相互协调、分清主次、避免内耗，防止异体排斥。

组合的技巧主要有移植、假设、逆向、联结、类比、破除、夸张等几种。

(1) 移植。是指引进别处的经验、长处、做法等，即将其他已经由实践证明了的事物或解决方案应用于解决此一事物或问题的方法。移植时要注意本土化，注意与现实结合起来，不宜照搬照抄。

(2) 假设。需要大胆进行，通过假设，一方面可以解释概念，另一方面会使主题形象更加活跃。

(3) 逆向。即反向思维，是一种由结果推想原因的思维方法。使用这种方法进行想象时，一定要注意先分析清楚该事物是否可逆，否则会很荒唐。

(4) 联结。这种思维方法是利用两事物之间的功能、形状、色彩、大小等方面的相互关联之处进行的。

(5) 类比。即根据两种事物在某些特征上的相似，推论出它们在其他特征上也有可能相似的推理方法。由这种方法推出的结论是或然性的，是否正确还有待实践证明。通过类比可以获得灵感。

(6) 破除。即除去、消除的意思。通过将旧有的事物进行破坏和解剖，去粗存精，除旧布新，从而保证策划人能在原有事物的基础上进行改革创新。

(7) 夸张。即夸大或言过其实的意思，是拓展思维的重要方法。夸张手段广泛应用于文学作品。策划人应当去掉包袱，应用各种技巧勇敢地去想象吧，不让任何因素束缚自己的想象，让想象的能量向任何一个地方发射。

充分的想象，充分的挖掘，然后再加以充分的论证、充分的分析和筛选，抽象的策划概念终能变成形象生动的主题。

2．利用想象，提出概念

策划主题，是策划的中心思想，是策划为达到某项目的而要说明的基本观念，是策划的灵魂，主题的确定直接影响着策划的创意、构想、方案以及形象等各要素。策划主题是策划所要传达、诉求的中心信息。这一信息能刺激参与者的心理，使他们遵循策划者制定的路线去行动。开发主题需要策划者有丰富的想象，如何让这个主题吸引住受众，让受众获得愉悦的享受，进而接受策划，需要想象，因为这些都是未来的，是策划的目标。以产品推销为例，北京阶梯公司为美国的麦克米兰出版公司推销一套电视英语教材，它由 26 个反映美国人日常生活的故事组成。为了使这次推销活动策划成功，阶梯公司确定以"走遍美国"为策划主题，把这套教材更名为《走遍美国》。这是一个极富想象力的名字，也是极有吸引力的目标。为了实现策划目标，他们宣称："看了这部片子，恰如接触了各种生活场景、各个年龄的美国人。学好这部教材，也就熟悉了美国社会生活的许多方面，若有机会去美国，也可以信心十足地应用英语。"

一般而言，策划主题包含三方面的内容：一是策划者的策划目的，二是策划者提供给参与者的物品信息个性，三是参与者的心理需求。这三者都需要通过策划人应用超一流的想象力先画出一个虚拟的理想蓝图。策划主题不是这三方面内容的简单拼凑，而是它们之间的有机组合，是各方面的结合和渗透。三方面中，无论哪一个方面游离策划主题之外，都会影响主题的发挥，并使主题形同虚设。

策划者的策划目标，是根据策划者所代表的组织宗旨、行动方式、社会角色设定等因素确定的。策划主题只有服从和服务于策划目标，策划才不至于无的放矢，不至于与组织的根本目的相违背。策划目标是为了策划主题而存在的。在这个目标利益的驱动下，方有策划的行动。策划行动启动后，才提出策划概念，进而形成策划主题。所以，策划主题是为策划目标服务的，策划主题不能偏离目标而存在。

策划品的信息个性，也就是策划品有别于其他物品的特点。策划品可以是商品、劳务、纪念品甚至某种观念、行为方式。只有把策划品与一般物品区别开来，才能抓住参与者的兴趣。随着现代社会的发展，个性化服务越来越受到广大消费者的喜爱。欧洲的家庭剧场的出现，将小品、歌剧表演搬到家里去，这就是个性化服务；其他诸如装修、家庭病床、家政服务之类，也都以个性服务为特色。此外，策划者如果不能使策划品区别于其他相同的或相类似的物品，甚至刻意去模仿，则会有剽窃之嫌，还会引发知识产权方面的问题。

参与者的心理需求，是指潜藏在人心底的欲望与追求。一个成功的策划能迎合参与者的这种心理欲求，引起参与者强烈的共鸣，这是策划顺利实施的重要保证。

策划目标、信息个性和心理需求，三者在策划对象中缺一不可。离开了策划目标，策划主题就会变成随波逐流的小舟；离开了信息个性，策划主题就会变成为他人作嫁；离开了策划对象心理，策划主题就会变成枯燥无味的说教。因此，任何一个成功的策划主题，都应当是策划目标、信息个性、心理需求三者的和谐统一，这也是策划目标构成策划主题的基础和依据。信息个性使策划主题针对特定的策划对象，心理需求则使策划主题有了生动的活力。

3. 从概念升华到主题

策划主题的选择，以是否符合三要素的统一为最终标准。策划有不同的策划主题。策划主题必须具备如下几个特点，即显眼、易懂、刺激、独特、简洁。

策划主题必须引人注目，让大家都知道。虽说是金子到处都会发光，但是如果这块金子被埋在地下或被掩盖着，何以发光？所以，策划主题也不能做得晦涩难懂，必须做到通俗易懂。如果策划主题要靠大家猜测，则其效果可想而知。有些广告表面上看来好像很有创意，艺术感、动感都很强，但是广告所要宣传的主题直至最后大家都还不知所云。如此广告，何以成功？策划主题还必须做到刺激，对受众即策划所要影响的对象有震撼力和影响力。策划主题有足够的刺激效果，该主题被众人反复使用，其效果就会越来越明显。当然，策划主题还必须与策划创意和创新结合起来。有些创意用过一次就失效了，这时策划主题就要有独特性，不可拾人牙慧，一定要在某个方面或某些方面与众不同，让人有新鲜感，避免乏味。策划主题的独特性在一定条件下是相当重要的，可以说没有新意，没有特点，就没有好的、成功的策划。策划主题除了必须显眼、易懂、刺激、独特外，简洁也是其必须具备的特质。简洁即简单清楚、主题明确、一针见血、一目了然。策划主题所要传输给大家的信息，如果需要长篇大论才能理解，而且需要花费大量的时间才能略知一二，那么，这样的策划就不是一个有成效的策划。

策划主题上述特点的获得，往往不是从资料中直接获得的，概念是抽象的、原始的，主题则是形象的、生动的。概念如同一张馅饼的馅，主题则是馅饼散发着香气的、诱人的外层。主题正是概念这一策划核心的形象化、情节化和戏剧化。从这个层面上讲，概念升华到主题有赖于策划人的想象能力。只有具有一定的想象能力的人，才有可能让概念内核放射光芒。也就是说，从概念到主题，需要一位魔术师般的人物用"神力"将枯燥无味的概念变成富有情趣的主题。

5.3.4 运筹能力

1. 时空运筹

时间运筹是指策划者根据时间即物质客体的持续性和关联秩序所作的筹划。时间是不可逆的、不间断的。由于事物都有一个发生、发展和衰退的过程，而且不以人的意志为转移，所以策划者要善于抓住事物的时效性，根据情势变化，有步骤、分阶段地开展策划。老练的策划家总是能够在众多的问题中，窥测到什么问题是最重要的，什么问题是次要的；什么问题应当立即着手解决，什么问题可以缓而行之；能够根据问题的重要性及缓急程度，确定时间运筹的目标顺序，轻重相权选其重、急缓相权选其急。在时间运筹中还有一种重要手段，这便是审时度势，积累或释放能量，人为地造就高潮和低潮，从而使策划产生具备冲击力的戏剧性，保证在最好的时间、事物发展最旺盛的时期展开工作。所谓"机不可失，时不再来"，抓准时机是很重要的。

事物的运动不仅在时间上展开，同样也在空间上展开。因此，进行策划时同样要使策划的重心与最主要、最有决定意义的那部分任务目标保持一致,这就是空间运筹。空间是物质客体的广延性和并存的秩序。人们在改造客观世界的过程中,总会感知各种物质客体的大小、形状、场所、方向、距离、排列次序等。空间对策划的影响主要表现在位置与方位上。由于事物在运行目标所指向的位置、策划活动的地点等各要素上对策划活动都有影响,所以策划活动必须考虑策划运作的空间问题。一项活动是在此处进行还是在彼处运行,此处效果如何,影响多大,在策划前都应安排妥当。空间因素,除了具体的方位、处所、地点外,还有电视、电影、电台、网络等媒体以及报纸、杂志和书籍、传播媒介,乃至诸如公交车、路标等物体以及体育场、公园等公共场所等空间因素。空间对策划活动的影响很大,只有综合考虑各种空间因素,再通过细致的分析、给予合理的安排,策划才能获得最佳效果。

2. 构思的"计划化"

计划与策划不同,计划一般要有一定的程序,可借鉴过去的经验。计划是组织或个人即主体为达到某一目标而使工作或行动的顺序、时间、资金、人员、资源、场所等按一定的方式加以排列管理的活动。策划构思的计划化是策划迈入现实的门槛,而构思的计划化需要在运筹下实现。通过运筹,将具体的构思变成程序(计划),包括时间、费用、人员、资源等计划。计划一般有一定的程式,有过去的经验可以借鉴,但策划就不同了,它往往是一种新尝试和创新,根本无前车之鉴。策划从想出创意、决定主题、产生构思到整理成策划提案,直至付诸实践,都需要进行周密的计划。

3. 运筹的"问题化"

在构思的"计划化"的过程中,策划人还必须注意以下主要问题。

1) 策划实施的人际关系对策

凡事都需要靠人来运作,有人的支持。这就是俗话所说的"人气"、"人缘"。一项策划如果得不到人的支持,这项策划可能等于"零"。如何构建策划的"人气"呢?这是运筹的问题之一。策划项目的人气,包括以下几个主要部分。一是参与者的支持,这是根本的"人气"。如果一项策划提出之后,没有参与者或遭到参与者的反对和抵制,策划就不可能取得成功。二是关注者,这个关注者主要是策划所要争取的对象。如果策划要争取的对象对策划毫无感觉、毫无热情、则策划注定要流产。

在注意人际关系的时候,必须注意人际关系的层次,根据策划项目的实际情况,确定具体要争取的人群的层次、范围。如卖学生用品,策划所要争取的对象是"学生",那么,策划所要重视的人际关系则是"学生"、"家长"等自然人,还有"学校"、"文具商店"等组织单位。每项策划都有特定的所要争取的对象,这是策划人在运筹中必须特别注意的问题。

2) 策划运作中的利益分配问题

策划是对资源的综合利用。在综合利用资源的过程中,难免或多或少地要对一部分既得利益进行分配。这时,有关系的组织或团体之间,由于利益的变动必然出现支持、反对和保持中立等各方态度立场的分歧,从而构成对策划或好或坏的影响。策划人在运筹策划时,必须密切关注这种态度的变化,通过调查,摸清相关人员与组织对策划的态度、制定具体的对策,通过说服、解释、利益补偿等措施,平衡利益关系,消除可能产生的内部矛盾，保证策划组织内部人员与内部组织的团结，保证以整体的形象对外开展工作。

3) 策划实施中的资金使用

策划运作需要一定的资金作为后盾。对于有限的资金，应如何分配、如何使用，如何将钱用在刀刃上？这些都是策划资金运筹的重要问题。善于策划的人，能用很少的钱办成很多的事。反之，资金使用不当，花名目众多的钱也没办法办成事情。为了很好地运用有限的资金，策划人在策划时，就应本着有多少钱办多少事的原则，根据资金情况量力而行地展开策划项目，切忌追求高、大、全。

4) 处理好与大众传媒的关系

策划的影响在很大程度上要靠传媒炒作，有效地利用传媒，能使策划在短时间、大范围内产生影响和反应。策划人必须认真分析各类资源的不同价值，针对不同媒体采取不同的对策，获得媒体的协作或通过直接的业务洽谈，通过媒体广告实现策划创意的传播；或通过邀请媒体单位发布相关信息，借媒体之手，以新闻的形式扩大影响；或邀请媒体经营者或执行者即新闻记者、新闻工作者等加盟，以合作的方式获得媒体资源；或通过举办公益活动、提供公益服务等手段，在吸引公众关注的同时设法引起媒体关注。

5) 策划中的应急措施

策划必须是一种创新的活动，虽然策划的每一项活动都已经过严格论证，但当付诸实施后，在运作中出现意想不到的情况也是不可避免的。为了保证策划不因意外而中止，策划者应在事前考虑一套发生意外后的应急措施。这些应急措施包括第二套方案、辅助方案、意外救济方案等。第二套方案与第一套方案即实施方案的创意和主题是相同的，但是在措施和具体操作上却有差别。就如高考试卷的二套制一样，当出现泄题等意外事件时，为了保证高考的公平和公正，可以启动考察内容和知识与第一套相同但具体考查题目不同的第二套考卷。辅助方案只是对主方案做应急式的补充，主要是为了完成主方案而特别设计的，在一般情况下，可执行也可不执行。但在出现主方案实施不利时，可以实施辅助方案。这种做法在战争谋略中经常使用，所谓的"锦囊妙计"，实际上就是战争意外出现后所应用的辅助措施。策划活动必然会引起来自社会的种种抵触和怀疑，这种抵触和怀疑直接影响到策划的成功，是策划障碍。为此，策划者在策划前一定要细致地估量风险，预测障碍因素，准备好应急对策和消除方法，以便使损失减至最低限度。

6) 善于与政府打交道

许多策划项目跟政府机关都有或多或少的关系，需要政府相关部门的支持和协助。为此，为了获得政府的支持，或请某政府官员出任策划执行委员会名誉职位，或请政府某部门领导参与部分合作等办法，均能增添策划的权威性，使之更易执行。

7) 与策划实施有关的法律问题

有的策划纯属异想天开，没有先例可循，难免与各种法律条文产生冲突。一旦牵涉到法律问题，则有可能拖上一年半载，使策划良机尽失，半途而废。因此，策划实施前一定要综合考虑各种法律因素，小心避开法律禁止的雷区，以免策划中途流产。只有在法律的"规矩"之内，策划才有可能畅行无忧。

5.3.5 说服能力

1. 策划需要说服

人的本质是社会关系的总和，人是社会的动物，只有处在社会关系中，方能体现人的存在价值。运用自己的社会关系资源来完成预期目标的人是聪明人。人不是孤立的，成功更不是孤立的。俗话说："一个篱笆三个桩，一个好汉三个帮。"成功是建立在一定的社会基础之上的。如果身边没有一定的社会资源、组织资源、经济资源及其他资源支持，全凭个人是无法成功的。

要成功就需要有人的合作，但人与人之间的合作并不是理所当然的，人与人间的关系是有选择的。人与人之间的关系并不是天生生成的，此人可以与你合作，也可以与他人合作，决定特定的合作对象的重要因素就是彼此之间特定的利益关系，这一特定的利益关系要靠人为的揭示，要靠主动的说服。这就是策划人必须学会说服人、必须训练说服能力的主要原因。唯有学会说服人，方能将自己的策划创意用之于实践。反之，再好的策划方案也只能束之高阁。

无论是经商还是策划，如果凡事都靠自己去想，都期望在自己的能力范围内完成，无异于自缚手脚，这种做法在现代社会市场经济中是绝对行不通的。卓越的策划家除了自己知识渊博、思维敏捷外，还要善于借助别人的头脑，巧妙利用别人的金钱。能使用别人财智的策划，是具有上策之智的策划。策划之神约翰·华那卡指出"成功的策划=他人的头脑+他人的金钱"。而借用他人头脑和金钱，没有灵活机智、素质良好的说服能力作后盾是行不通的。

此外，策划人不能自命清高，守着成功的策划方案，做着"皇帝的女儿不愁嫁"的黄粱美梦，守株待兔。策划人的说服力，除了表现在策划人必须积极地说服别人按自己的方案执行外，策划方案本身也必须是经得起推敲的、科学的，这是说服力的基础。策划人如果出的都是"馊主意"，再能说会道，再巧舌如簧，也经不起实践的检验。就策划人个体而言，策划人的说服能力是由科学可行的策划方案、灵活成熟的说服技巧、积极主动的说服心态、能说会道的辩论能力以及善于揣测对象心理等主要要素组成。

2. 说服的秘诀

要他人为自己工作，让他人按照自己的意图行事，策划人必须掌握一套行之有效的说服秘诀。一般而言，说服的关键在于利益，这里的利益包括物质利益和精神利益。前者如金钱、珠宝等，后者如希望、名誉和荣誉。如果在说服之前，说服者能对被说服者"晓之以理，动之以情，知之以义，行之以诚"，那么，说服就成功了一半。为什么一头熊、一只虎等能被人驯化并按照人的指令表演？原因无他，"食物+强迫"而已。用食物鼓励的办法示意动物做什么动作就有什么收获，动物自然会依法照做。说服人也一样，由于利益的驱动，一些人受骗上当；由于受到威逼，一些人被迫做出不想做的事情。谈判家荷伯·科思在《人生与谈判》中指出："如果你想说服我相信某件事情、做某件事情或购买某件东西，你必须依靠下列三点：①我得知道你说的是什么；②你的证据必须过硬，使我无法争辩；③我相信你的目的是为了满足我现在的需要和希望。这最后一点就是"利益"，是最重要的。能够满足他人利益的说服是最有成效的。"许许多多的事例表明，要控制人的行动，也就是说服别人听从你的安排，其前提就是给别人指明利益。古人所谓"将欲取之，必先予之"，说的就是这个道理。

3. 说服的技巧

1) 知己知彼，有备而来

策划人在进行说服活动之前，应先摸准对方的个性、心理以及利益需求，做到知己知彼，有备而来。针对对象的差异，可以采取激将、挖苦、讽刺以及赞成、赞扬、感叹等各种方法因势利导地加以劝说。不区别对象而进行说服，不分青红皂白地进行说服，其结果必将是失败的，甚至还有可能使被说服者产生逆反心理，由合作者变成反对者，从而导致更大的说服障碍。

2) 促膝谈心，以心交心

说服需要利益的支持，但如何将利益合情、合理、合法、合适地告知被说服者呢？这是需要技巧的，其中之一就是时时处处为说服对象着想，丝毫不能让对方有任何被利用的感觉。尽可能跟对方"以心交心"、"将心比心"、让他感觉到你是他的朋友，听你的没错，做到在"合作"中利用他，在"不利用"的感觉中利用他。这是说服的上上之法，以诚心换真心。

在说服别人之前，我们可以先设身处地地将自己假定为对方，先从对方的角度考虑问题，看看如何说服。这种角色的换位法，能避免说服者先入为主。在不了解对方情绪、脾气、生活环境、社会背景等条件下不顾一切地、填鸭式地将自己所谓的理论倾倒给对方，这种做法是不正确的，也是危险的。填鸭式的说服，对方是被动的，在说服过程中，对方往往会有不服、不合作、生气、愤怒甚至针锋相对的反应，对说服是极不利的。此类不顾一切地向对方灌输的方法，除非希望对方不合作、激怒对方、打击对方，否则，不宜使用。实践中，类似的说服并不少见。说服者在说服过程中，滔滔不绝地陈述自己的观点，对方一言不发，说服者自以为得意，以为对方被自己说得心服口服，可结果却是对方我行我素、依然故我，说服没有获得任何效果。

3) 供其所需，投其所好

揣摩对方的需要或喜好，供其所需，投其所好。用一句通俗的商业用语，即"想顾客之所想、急顾客之所急"。这种填补式的说服方法也十分有效。喜好是产生需要的原因之一。万事开头难，说服也一样，要想达到说服的目的，说服者必须学会应用各种方法吸引说服对象的注意。引起说服对象注意的方法很多，如爱体育的人，可以先与他谈体育，再切入话题。

说服忌单刀直入，宜由浅入深，由表及里，由外到内，由远到近，也就是说服者应学会"循循善诱"。鬼谷子曾云："古之善摩者，如操钓而临深渊，饵而投之，必得鱼焉。"显然，投饵而渔的做法，比直扑直取的方法会文明些、自然些、理性些，对以后的合作也会好些。

4) 礼人不答，反求诸己

孟子说："礼人不答……反求诸己。"也就是说，如果礼貌地对待别人，而别人却不予理会，这时就应该回过头来想想自己哪里出错了。面对这种情况，应该从自己身上找原因，反思自己说话的语气、态度等，包括当时的环境、对方的心情。因为一句很得体的话如果在一个不合适的环境，对着一个不合适的对象说出来，其结果自然是不愉快的了。一般而言，说服者通常处于弱势，尤其是面对决策者或执行者，决策权在决策者手中，相关策划方案只有让决策者愉快地接受才有可能达到说服的目的。而执行者也是一样，执行权掌握在执行者手中，只有说服执行者，使他认为执行是必需的、有益的、愉快的，执行才会顺利。在这种情况下，说服者必须不断揣摩说服对象的心理，调整自己去适应他们，才有可能达到说服目的。鬼谷子曾言："古之善用天下者，必量天下之权，而揣诸侯之情。"这里"揣情"的目的就是为了调整自己的说服策略。

5) 察言观色，因人而异

说服者在说服过程中，必须学会随机应变，根据对方的情绪的变化而调整说服策略、说话方式以及说话语气、语调、词汇、动作、神情等。面对着活生生的说服对象，他的情绪和思想是灵活的，可以改变也可以不改变，可以变成这样的，也可以变成那样。他有他的判断标准，而此标准一样可以变化。因此，说服者如果不根据对象的变化而改变，一味以不变应万变，显然是难以达到说服效果的，甚至有可能弄巧成拙。为此，说服者必须训练自己的观察能力，理解对方的心理，通过观察对方的语言、行动、动作及其他各方面的细微变化，灵机而动，或抓住对方的一点兴趣，不断地延伸；或利用对方的一个缺点，有理有据地挖掘；或获取对方的需求，以此为突破口，寻求与对方的合作，满足对方的要求。从这里出发，不断地推动，进而实现说服目标。策划人要说服的对象有很多，其中首要的是决定策划方案实施与否的决策者，其次是策划实施之后的执行者，再次是策划方案所要争取的对象。前两者要靠策划人的说服能力，后者则主要靠策划方案的科学、合理来实现。

 案例　　　　　　策划人的素质

创造"碧桂园神话"的策划大师王志刚认为策划人应具备以下素质。

1. 策划人是一专多能的复合型人才

策划，是一项融高度知识、智慧以及现代高新技术与信息于一体的事业，因而策划人不仅是某个领域的专家，还应该是拥有多学科、多门类的专业知识以及计算机技术、信息整理能力的复合型人才，也就是要一专多能。因此，策划业还必须注意跟踪当今世界新理论、新技术，注意培养一大批高水平的具有强烈创意意识、敬业精神的高级人才。策划人要有采天地之灵气、集日月之光华的能力，也就是要对信息有高度的敏感性。策划师首先是一个社会人。

2. 策划人员的基本素养

策划人员的基本素养主要包括丰富的阅历、深厚的功力(理论基础)、渊博的头脑、灵敏的感官、锐利的眼光、奇特的联想、雄辩的口才。

3. 策划人员必须具备的思维和素养

(1) 超常思维。即具有超越常规、反常规的思维方式。只有建立在客观物质基础上的有科学依据的超常思维才是可取的、有价值的思维，包括逆向思维、超越思维、超前思维、新异思维、非传统思维等。

(2) 系统思维。特别强调整合的重要性。策划中的整合多样包括时间组合、空间组合等。

(3) 科学的思维。要强调唯实思维，就是从实际出发，以调查研究为依据。

(4) 辩证的思维。强调在策划工作过程中必须因时、因地、因事制宜。

4. 策划人是整合大师

策划人是把文化和商业、知识和利润有机结合起来的人。

本章小结

企业营销策划是企业管理咨询服务的一种。现代管理咨询是一种主要通过专业顾问团队，有针对性地利用先进、适用的管理技术和经验，协助委托企业系统地识别和解决管理中的关键问题，获取竞争优势的专业服务活动。它是由管理、政策、信息、经贸、金融、工程、技术等方面的专家联合起来形成一个顾问团队，以智力资本向企业提供专业化服务的行为。

营销策划咨询涉及多学科知识，它是以管理科学、哲学、市场营销学、美学等软科学理论与方法为指导，以数学、计算机科学、数理统计学等工科知识为背景，运用先进技术、分析软件及仪器设备，具有很强实践性、创造性和复杂性的思维活动过程。咨询策划人员的素质高低是决定管理咨询策划项目成功与否的关键。与其他行业相比，策划业对人才的要求更高。策划人员的一般素质要求有：过硬的政治思想和道德素质，复合型知识和技能素质，丰富的行为和经验素质，娴熟的沟通素质。从营销策划项目运作的流程来看，策划人员还必须具备信息能力、分析能力、创意能力、运筹能力和说服能力。

关键术语

| 思想道德素质 | 技能素质 | 沟通素质 | 信息能力 |
| 创意能力 | 分析能力 | 运筹能力 | 说服能力 |

思考题

1. 收集信息是为策划创意服务的。信息量不大且品种单一时，所收集到的信息不必分类，但是面对数量、品种、用途都不同的信息源，科学的方法是统一整合，包括内容、格式、展示等。请说明这样做的理由。
2. 预见能力、构思能力、创造能力、组织能力、情报能力、表现能力、说服能力、学习能力、创新能力被称之为策划人的"九阴真经"。试比较本章内容，用自己的观点对策划能力的内涵与外延进行归纳或演绎。
3. 请用添加思维法考虑以下问题：有一个装满了水的杯子，你在不倾斜杯子和不打破杯子的情况下，设法取出杯中全部的水。
4. 试根据自己的生活习惯，结合自己的学习任务、工作项目、休闲活动等运筹你的一天时间，如何安排才能达到最佳效果？

参考文献

[1] 叶万春. 企业营销策划[M]. 北京：中国人民大学出版社，2004.
[2] 胡其辉. 营销策划[M]. 大连：东北财经大学出版社，2000.
[3] 冯建民. 营销训练营[M]. 深圳：海天出版社，2000.

案例研讨

2012年5月，《舌尖上的中国》在央视首播后，引起了广泛的关注。这部纪录片制作精良，7集内容制作耗时13个月，通过中华美食的多个侧面，来展现食物给中国人生活带来的仪式、伦理等方面的文化；见识中国特色食材以及与食物相关、构成中国美食特有气质的一系列元素。它的平均收视率达到0.5%，超过了所有同时段的电视剧收视率，和BBC（英国广播公司）纪录片的收视率相差无几。

《舌尖上的中国》一夜走红似乎有些出乎意料，但仔细想想又确实在意料之中。"吃"在中国有着非常重要的地位，在2000多年前的汉朝，中国就有句老话"民以食为天"，可见，中国人把"吃"视为头等大事。因此，作为一部美食纪录片，《舌尖上的中国》也有着不得不红的"背景"。

接地气：挑战"吃货"食欲

鲜醇爽口的毛豆腐、热气腾腾的黄金馒头、肉色红润的金华火腿……《舌尖上的中国》将各地的美食娓娓道来，同时也极大程度地挑战着观众的食欲，尤其是看着影片中的食材如何从原材料一步步制作成美食，更是让人边看边流口水。同时，剧中没有让观众望尘莫及的高级食材，呈现出来的只是一餐餐普通的家常便饭，但就是这些让观众随手可得、甚至是不少人都会做的美食，反而让观众产生共鸣，大有马上就要吃到的想法。

不仅如此，剧中将每一种看似普通的食材都介绍得不普通，甚至有网友称，《舌尖上的中国》将我们再熟悉不过的食物放大得犹如一种理想，而在这种"理想"之下，"吃货"们除了看到的是香喷喷的美食，更激发了他们对美食的感情和敬意。

有情怀：引起观众共鸣

《舌尖上的中国》以美食作为窗口，让海内外观众领略中华饮食之美，进而感知中国的文化传统和社会变迁。人们在对着屏幕咽口水的同时，不难发现，除了摆在面前烹饪好的美味之外，剧中更多是介绍劳动者如何对食材进行采掘、加工、制作。看着剧中职业挖藕人满手泥浆地举起刚刚挖出的莲藕，看着老黄夫妻俩从凌晨三点忙到晚上九点制作700个黄馍馍，再骑1个半小时的车到城里去卖，感动之情油然而生。劳动者们脸上满足的表情，不禁让焦躁的城市人感叹简单的生活竟如此可贵。

不仅如此，《舌尖上的中国》将美食和历史巧妙地杂糅在一起，通过美食展现历史的醇厚，展现中国人的人生百味。一道道美食除了勾起观众的馋虫，也勾起了浓浓的思乡之情，越是简单，越是家常的菜肴，反而让人越是容易泪流满面。"小时候的味道"、"妈妈的味道"、"家乡的味道"，看到影片中的一幅幅画面，尤其是和家乡有关的部分，亲切感溢于言表，但也让离家在外的游子更添了一分乡愁。

擅包装：影片制作精良

除了在内容上的诚意，《舌尖上的中国》在制作上同样极具诚意。该剧从 2011 年 3 月开始大规模拍摄，历时 13 个月拍摄完成，这也是国内第一次使用高清设备拍摄的大型美食类纪录片。

摄制组行走了包括港澳台在内的全国 70 个拍摄地，动用前期调研员 3 人，导演就有 8 人，15 位摄影师拍摄，并由 3 位剪辑师剪辑完成。

会营销：新媒体扩大影响

这部 7 集纪录片刚刚播出，就在网络上引起了不少网友的共鸣，并在微博上迅速形成话题，成为微博话题榜首。总导演陈晓卿对该剧一句简单的介绍，被先后转发了十几万条，一时间，《舌尖上的中国》成为微博刷屏"利器"。

虽然已经播出结束，但是《舌尖上的中国》余热依然未退，不少观众还在期待着第二季、第三季。而剧中的旁白也被网友称为"舌尖体"迅速走红，《舌尖上的美国》、《舌尖上的英国》以及《舌尖上的母校》等等，网友们用《舌尖上的中国》的旁白句式调侃着各国美食以及自己的母校。

除了带动话题外，《舌尖上的中国》也确实为各地美食带去了实惠，毛豆腐、虾子酱等产品在网络店铺的成交量大幅上升，而大部分订单都是在节目播出后成交的。

（来源：腾讯网　《舌尖上的中国》团队会营销[EB/OL]　2012-05-28．http://www.wyw.cn/news/312216.html）

思考题

请从案例出发，分析营销策划人员应该具备哪些素质。

第 6 章　营销策划的创意

本章提要　本章主要从创意在营销策划中的运用、营销创意的基本步骤、创意的开发途径、创意的技法与效果测定、创意的自我训练等五个方面进行阐述。本章的重点是营销创意的基本步骤、创意的开发途径、创意的技法与效果测定、创意的自我训练。本章的难点是创意的技法与效果测定、创意的自我训练。

引　例

按体重收费的旅馆

在美国芝加哥，有一家旅馆的公告明文写道：旅客的体重未超过一定重量者不收费。据了解，这家旅馆全是双人间，接待对象大都为旅行或度蜜月的夫妻。根据规定，只要夫妇两人体重合起来不足两百镑就可不付钱舒舒服服地住上一夜。实际上，能享受此优待的夫妻寥寥可数，但由于有了这个告示，"免费旅馆"的名声不胫而走，生意特别红火。

6.1　创意在营销策划中的运用

营销策划是一种创新行为，在营销策划过程中，要将创意贯穿其中。

6.1.1　创意的含义

创意是营销策划的核心和关键，也是策划方案的生命和灵魂。策划往往由创意引发，所以，创意是策划的前提。创意既可作名词，也可作动词。名词性的创意是指人们在经济、社会、文化等活动中产生的各种新的思想、主意等成果。动词性的创意是指人们为创造新事物或思想而利用创造性思维的行为。创意的核心是创造性思维。名词性的创意是创造性思维的行为结果的表现；动词性的创意是为获得创意结果而进行的创造性思维过程，也就是创造性思维行为。

创意具有一定的系统性,它也具有一定的虚构性、相对的新颖性、相对的超前性和可操作性。创意产生于创造性思维,它是一种高级、复杂的思维活动。创意来源于对生活的领悟和积累,它要求创意者深入观察生活、积累经验,提高自身的文学、美学、管理学、经济学、社会学、心理学、艺术等方面的知识素养。

创意是指在市场调研的前提下,以市场策略为依据,经过独特的心智训练后,有意识地运用新的方法组合旧的要素的过程。创意活动其实就是不断寻找事物与事物间存在的各种一般或不一般的关系,然后把这些关系重新组合、搭配,使其产生奇妙、变幻的创意。

6.1.2 创意的特点

创意作为一种辩证性思维,具有不同于其他思维的特点。

1. 灵感性

创意是人们对生活的长期观察和积累形成经验之后,通过接受外界的刺激而产生的灵感。人们要产生创意,上述二者缺一不可。如果没有对生活的长期观察和深刻的理解领悟,仅依靠外界刺激是不可能产生灵感的;同样,如果没有外界的刺激,人们即使有再丰富的生活经验也不可能产生灵感。因此,灵感是二者在某一特殊情况下经由碰撞而产生的,它既有偶然性,又有必然性。灵感产生于有准备的头脑,它是可遇而不可求的。

2. 洞察性

创意的产生需要有生活经验的积累。生活经验需要人们有敏锐的洞察力才能积累。如果缺乏敏锐的洞察力,人们对日常生活中出现的各种问题就会视而不见、习以为常,这样就不可能积累创意所需的经验,也不可能对外界的刺激产生积极的反应,更不可能产生好的创意。因此,人们要具有观察和认识复杂事物的敏锐的洞察能力,才能抓住和积累大量的创意经验和资源。

3. 新颖性

好的创意不会与其他的创意相同,它应具有新颖性,是独特的、没有出现过的。求异思维应该贯穿于整个创意形成的过程之中,要想别人没有想到的,要做别人没有做过的创意。因此,具有新颖性是好创意的关键,没有新颖性的、以前出现过的创意,不会吸引公众的关注,更不会得到消费者的认可。

4. 想象性

策划创意可以是想象的、虚构的、夸张的,也可以是戏剧性的。想象是人们依靠思维而产生的设想,它是社会发展进步的动力,是创意形成的源泉。想象是思维的自由驰骋,不受时空的限制,它包括联想、设想、幻想等。

6.1.3 创意与营销策划

创意是营销策划的重要特征。创意源于生活、又高于生活,创意需要新颖与奇特。

营销策划的内容必须独特新颖,如果平淡无奇,没有新鲜感,就成了计划安排,也就谈不上什么策划了。但营销策划不是随心所欲的,它有自身独特的内涵和要求。

创意对营销策划的作用主要有以下几个方面。

1. 创意直接影响公众对企业的印象

公众对企业印象的好坏取决于企业形象的好坏,而好的企业形象是由新颖独特的营销策划创意塑造的。只有通过优秀的、有吸引力的营销策划创意塑造出良好的企业形象,才能使企业在公众心中留下好印象。公众对企业的印象是公众对企业的初步认识,其与企业形象可能不一致,也可能一致。

2. 创意可以影响公众的态度

态度是人们的主观的内在的意向,它是由认识、情感和行为等因素组成的。其中,情感因素起主导性作用,它是认识因素和行为因素的桥梁。创意通过了解和掌握公众的情感因素,促使公众对企业的态度产生变化,促使公众对企业形成良好的态度。

3. 创意可以引导公众舆论

舆论是公开在社会上发表的大多数公众的看法和意见。舆论能在社会公众之间进行交流和传递,因而具有更大的影响力。因此,创意要能引导对企业有利的公众舆论,成为公众舆论的依据。

创意融于营销策划之中,它是营销策划的核心和灵魂,营销策划的成功往往来源于绝妙的创意。营销策划就是营销创新,策划思维是一种创新思维,而创新的基础是创新思维。思维是指人脑对客观现实间接的、概括的反映,是人以感觉和知觉为基础,运用分析和综合、抽象和概括等方法,对信息进行加工,以存储于记忆中的知识为媒介来反映事物的本质。

创意在营销中的基本表现形式有如下几种。

1) 理论思维

理论思维是指将理论性认识系统化的思维方式。理论思维具有科学性、真理性,它不以策划人的情感和主观愿望为转移。它要对企业外部环境中存在的机会和威胁,对如何利用企业内部的优势和避免劣势,对企业发展目标等企业生存和发展的所有因素进行理性思考。

2) 直观思维与逆向思维

直观思维是指人们在生活中对外界事物产生直接感觉的思维模式。它是具体的、正常的、生动的、直接的,是触发创意的基础。它取决于人的观察力、记忆力和想象力。逆向思维是指从事物构成要素的反面,或从事物的相反功能等角度,运用反常规的思想、方法或者程序来寻找问题解决方案的一种思维模式。逆向思维是解决特殊问题的有效的、反常规的思维模式。它引导人们打破最初思考问题的思维模式,从与事物发展逻辑相反的方向进行思考。它能为策划者创造标新立异的思路,激发创新思想,产生新颖的创意。

3) 形象思维与抽象思维

形象思维是人们通过一系列的实践活动,根据现实生活中的各种现象加以选择、分析、综合,然后对社会、经济、技术、产品、艺术等客体进行艺术塑造的思维模式。它具有生动性、具体性和艺术性等特点。形象思维是营销策划的重要工具,是营销策划人员素质的重要组成部分。抽象思维是指利用科学的抽象的概念揭示事物本质的思维模式。它是人们借助概念、判断、推理等反映现实的思维活动。抽象思维是把具体问题抽象化后,再去思考,以便突破具体问题的束缚,经由多视角寻求解决问题的方法。

4) 联系思维与倾向思维

联系思维是指运用事物之间存在着普遍联系的本质,努力找出事物之间的各种联系的思维模式。营销策划中的各模块之间的内在联系需要采用联系思维来获得,以使各模块之间的作用力方向保持一致,而不会出现力量的相互抵消。倾向思维是指人们经常依据一定的目标和倾向进行思考的方式。

5) 创造性思维和类比思维

创造性思维是指人们在创造过程中产生出新的思维成果的思维方式,是一种创造新形象或新事物的思维方式,它是由人的聪明才智决定的。创造性思维要求做到大胆假设、小心求证,它是营销策划的前提。类比思维是通过对两种以上的事物进行比较而获得解决问题的方法的思维模式。类比思维可以从异中求同,也可在同中求异,它大大开阔了营销策划创意的视野。

6) 超常思维

超常思维是指以打破常规的、超出想象的思路思考问题的思维模式。它具有自主性、独特性、反常规性、跳跃性、机动性、灵活性等特点。超常思维需要追求差异性和新颖性,做到人无我有、人有我新、人新我变。

6.2 营销创意的基本步骤

6.2.1 明确目标

策划人必须弄清委托人的本意、要求并从中提炼出主题。确定问题不是最终目标,营销策划的最终目的是要解决问题,实现营销目标。策划目标应该符合具体性、层次性、可量化性、可实现性、协调性和时间性等特征。

6.2.2 环境分析

企业的内外部环境是进行创意的依据,因而要对企业内外部环境进行分析,以产生符合环境的正确创意。企业的外部环境包括宏观环境和产业环境。宏观环境包括政治法律环境、社会文化环境、经济环境、科技环境、自然环境等。产业环境包括潜在进入者、供应商、行业竞争者、购买者、替代品等。企业内部环境包括企业的战略、组织结构、文化、内部的各种资源等。

6.2.3 开发信息

策划人要对收集到的二手资料和亲自深入调研获得的一手资料进行认真分析,从而获取和开发信息。开发信息要借助人脑与电脑的合作,借助电脑对数据的量化分析和人脑对企业的内外部环境的感性分析进行整理加工，去粗取精，去伪存真。策划人借助自身的专业知识及其他知识，运用自己的智慧、经验和技能。针对要解决的问题，在反复的调研、探究和研讨的过程中，其不仅对企业内外部环境情况把握十分清楚，而且会产生强烈的创意冲动。

6.2.4　联想

联想是人类基本的思维方式之一，它是用一种经验引起对另一种经验的回想，用一种知识引起对另一种知识的回忆，或者是以一种特定经验、知识去推测另外可能存在的事物或事物属性及表现的一种思维方式。联想是将那些看上去不相关的事情联系起来，获得新的认识的过程。

联想是一种想象力，想象力越丰富联想能力也就越强。联想能力强的人，想象力水平也较高，往往能产生许多独特的想法。营销策划人经常需要借助联想产生好的创意，因此，策划人在掌握足够的信息之后，应依靠自身的知识、经验等，充分发挥自己的想象力，利用联想产生好的营销创意。

6.2.5　比较与模仿

比较是人类在认识、思考、鉴别事物时使用得比较多的思维方法。它是借用过去的经验或熟悉的事情来启发思维活动，也是一种借鉴和模仿。比较是利用原有信息并进行重新组合和使用，以产生新的创意的思维过程。比较分为直接比较和暗喻性比较。常用的比较方法有原理性比较、功能性比较、形态性比较、结构性比较和仿生学比较等方法。

6.2.6　产生创意

在掌握和熟悉了企业内外部环境和策划主题的基础上，策划人依据自身的专业知识和其他知识及经验等，通过联想、比较和模仿等高级思维活动，可产生好的创意。创意是一项系统工作，是策划人通过高级思维活动而出现的灵感闪现的过程。使策划人产生创意还要具备一些条件，如丰富的情报信息、清晰的思路、丰富的想象力、广博的阅历、高度的抽象化提炼能力、灵敏的反应能力等。

6.2.7　形成文案

当策划人的创意火花产生后，就要把它形成书面的、易于交流的文案。创意文案一般包括以下几个部分。一是命名。命名要简洁明了、容易理解、立意新颖、意蕴深远。二是策划人。说明策划人的单位和主创人的简况。三是创意的目标。要突出创意的创新性和适用性，目标概述的用语要准确、肯定，避免概念不清和表达模糊。四是创意的内容。该部分是文案的主体，要说明创意依据、创意的详细内容、创意的内涵以及表现的特色。五是费用预算。详细列出创意计划实施所需要的各项费用，同时分析可能收到的效益，以及围绕效益进行的可行性分析。六是参考资料。列出完成创意的主要参考资料。七是备注。说明创意产生及实施过程中要注意的各种事项。

6.3 创意的开发途径

开发创意是研究创意、从事策划活动的关键。开发创意就是要通过各种思维方法，打破已有的固定思维，寻找灵感的火花，提高策划人的想象力。开发创意的途径主要有以下三种。

6.3.1 培养创意意识

人类的意识有习惯性意识和强制性意识两种，那么创意意识也应该有习惯性创意意识和强制性创意意识两种。习惯性创意意识是指策划人不要经过任何强制，习惯性地出现和有效地支配创意活动的意识。这种意识一旦形成，就不会在短时间内消失，具有稳定性，要经过长时间的培养才能形成。强制性创意意识是需要通过对主体意识进行强制性干预才能形成的创意意识。它受创意主体目的性的支配，当这种创意活动的目的达成后，这种意识就消失了，因此，它具有短期性、目的性和强制性。

因此，培养创意意识要对习惯性创意意识和强制性创意意识分别进行。

1. 习惯性创意意识的培养

习惯性创意意识的培养要从小抓起，注重大脑的开发，注意从品格上加以磨炼。开发大脑要从小开始。人脑分左右半脑，左脑主管逻辑思维，右脑则主管形象思维。开发大脑就是既要开发左脑又要开发右脑，使逻辑思维和形象思维都能得到发展。磨炼创意性品格就是要培养尊重知识、崇尚科学的品格，培养勤于思考、善于钻研的品格，培养勇于探索、追求创新的品格。

2. 强制性创意意识的培养

强制性创意意识又有外部强制性创意意识和内部强制性创意意识之分。外部强制性创意意识是指由外界因素激发的创意意识。内部强制性创意意识是由自我需要的目的而引发的创意意识，而自我需要的目的既有经济利益的需要，又有个人心理的需要，更有理想的需要。

6.3.2 打破思维定式

思维定式是指人们在思考问题时，总是不由自主地按照原有的思路和逻辑思考问题，这种思维框框就是思维定式。

人们对事物的认识是在接触事物时，将事物个别和具体特征传递过来的信息进行综合后产生的，对事物的整体认识就是知觉。在形成知觉的过程中，人们经常会受到选择性注意、选择性歪曲和选择性记忆的影响，这就会造成对事物理解的偏差。选择性注意是指人们只会关注那些自己感兴趣的信息，而忽视不感兴趣的信息。选择性歪曲是指人们将获得的信息尽量按照个人的偏好、信念等进行理解和解释。选择性记忆是指人们经常按照自己的偏好、信念等对信息进行处理，之后把符合偏好、信念等的信息记住，而很快忘记其他信息。由于上述因素对信息处理的影响，造成人们的思维定式。

打破思维定式的途径之一是训练发散性思维。发散性思维是指人们的思维不受任何限制，它是一种扩散性思维、辐射性思维。发散性思维主要有以下两种。一是非逻辑思维，它是与逻辑思维相对应的，是指不运用概念、判断、推理等理性思维形式就可以达到对世界的认识。它是一种非线性的思维，是从多角度、全方位思考问题的思维。二是模糊性思维，它是与清晰思维对立的，没有模糊，也就没有清晰，创意就是从模糊到清晰的过程。

在思考问题时，先不要下任何结论，要有"条条大路通罗马"的思想，在对问题进行充分的了解和研究后，再下结论。另外，从任何人或途径得到的信息，都只能作为参考，一定要认真思考信息的真实性及其对问题处理的作用。

6.3.3 激发灵感，提高想象力

灵感是由于外界的触发而在人的大脑中产生的突如其来的感觉。人的思维有理性状态和非理性状态两种。理性状态是指思维受主体意识支配的状态，非理性状态是指思维不受主体意识支配的状态。当思维处于控制状态时，理性和逻辑思维占主导地位；相反，如果大脑处于非理性的无控制状态，就可能突破思维定式，产生新的、有价值的创意。

灵感的激发与丰富的想象力有关，想象力是创造性思维的核心。提高想象力的途径主要有以下几种。

(1) 排除想象的阻力。想象的阻力是指一切阻碍创意的因素，包括外部环境障碍、智能障碍和非智能障碍等。

(2) 扩大想象空间。想象空间是指由人的知识结构的质和量所形成的个体认识空间。想象空间一般情况下是没有边界的，但是每个人的想象空间是有差别的，知识面广、经验丰富的人，其想象空间较大；相反，则想象空间较小。因此，要不断丰富各类知识、改善知识结构、提高知识水平、增加经验，以扩大想象空间。

(3) 充实想象的源泉。知识和经验的积累是想象的源泉，为此，要充实天文、地理、艺术、文学、历史、经济、社会、科技等各方面的知识。

6.4 创意技法与效果测定

6.4.1 创意技法

策划就是创新，而创新需要各种方法。据统计，科学家们至今已提出了几百种创意方法。但是由于创意理论体系还没有成熟，大多数方法是根据实践经验得出来的，缺乏一致的理论指导，各种方法之间不存在逻辑上的关系，很难形成统一的理论体系。而且这些方法没有得到深入研究，难以形成一致的理论。实际上，各种方法在内容上彼此交叉重叠，既相互依赖，又自成一体，这使得分类比较困难。但是一些学者还是对创意方法进行了一些分类。

(1) LZ 分类法。刘仲林在《美与创造》一书中提出了 LZ 分类方法，他把创意方法分为联想系列方法、类比系列方法、组合系列方法、臻美系列方法四大类。

(2) WBSA 分类法。世界商务策划师联合会把策划创意的通用方法分为移植法、分解法、组合法、重点法、实证法、伏笔法、回避法、逆向法、背景转换法、捆绑连接法等 10 种。

策划方法有三层：第一层是通用的创意方法，即具有较高程度的普适性、应用面广的创意方法；第二层是专用的创意方法，它是普遍适用于企业经营、产品营销等方面的创意方法；第三层是特用的创意方法，它是具有较强的针对性的个性化的创意方法。

在实际工作中，使用策划方法一般按照先通用、后专用、最后特用的顺序，思维方法的难度也由低到高。但是每一种创意方法都能在某一范围内使用，又都会受到限制，也就是说每种创意方法都有优点也有缺点，都有适用的地方，也有不适用的地方。所以在选择创意方法时，应按照最适用的原则来选择。下面介绍几种比较常用的创意方法。

1. 移植法

移植法是指将某一领域的成熟的原理、方法、技术、构思，或者成功的事物、做法、经验移植到另一领域而形成新事物的方法。它是思维领域的一种嫁接现象。生物领域的嫁接可以产生新的物种，同样在社会领域也能做到移植。如把先进地区的经营模式照搬到落后地区去，把别处的项目抄过来，把成熟产业的理念、原理、方法等应用于新的产业等做法都是移植法。

移植法相对于时代而言没有新颖性，但对策划人来说，在不同的时空条件下，这种移植是新颖的。它的核心是人类的模仿本能。运用这一方法成功的关键是要有充分的信息和判断能力，寻找移植对象与策划对象之间的共同点，从而产生新的创意。

移植法可分为直接移植法和间接移植法。直接移植法是指通过直接学习的过程，全面、直接地把移植对象的成功事物、做法和经验完全地、不做太大修改地照搬过来。间接移植法是指策划者通过对事物相似性的发现，把移植对象的成功事物、做法和经验，通过一定的改造以后，应用到新的策划中去的做法。因此，营销策划人可以对不同领域、不同行业企业的某些方面的做法，通过直接或间接方法移植到新的领域，产生新的创意。

移植法主要有以下几种类型。一是原理性移植，它是指把思维原理、技术原理、艺术原理等移植到某一新领域的方法。二是方法性移植，它是指把某一领域的各种方法，如技术方法、管理方法，直接或间接移植到另一领域中的方法。三是功用性移植，它是指把某一种事物所具有的独特功能以某种形式移植到另一领域的方法。四是结构性移植，它是指把某一事物的独特结构通过直接或间接方法移植到另一事物上，并形成另外或相同特色的结构的方法。

2. 组合法

组合法是指将多种因素通过建立某种关系组合或整合在一起，从而形成组合优势的方法。组合法是最常用的创意方法之一，某些巧妙的组合，经常会产生意想不到的效果。

组合法是通过一定的程序、规则、方法等，将若干分立因素巧妙地结合或重组，从而获得新的创意优势。没有规则的组合是堆砌，有了规则的组合才能形成新事物。组合法要考虑组合的前提条件是否成立，还要考虑组合的结果是否优化，是否有更好的效果。

组合法成功的基本前提是各组成要素必须能建立某种关系而成为整体。组合法主要有以下几种。一是简单相加法，它是指先确定好一个主体，然后寻找若干事物与其分别相加，从而产生新的组合的创意。这种方法比较简单，较易被接受，也是应用十分广泛的方法。二是定向组合法，它是指根据特定的方向或对象进行多项组合的方法。事物的组合方向是多种多样的，但是却需要一定的方向性，它可以是事物的形状组合、形象组合、特点组合、功能组合等。它不同于简单相加法，是在特定方向上的事物之间的相互组合。三是相关组合法，它是指将具有某些相关性的事物加以组合而产生创意的方法。世上的万事万物之间都存在着某种联系，这种联系是普遍存在的。因此，相关组合法就是利用事物之间存在的这种直接或间接的相互联系而组合产生新的创意。

3．分解法

分解法是指把一个事物按照一定的规则、程序和方法，分解成若干个相互独立的部分的方法。分解是一种手段，目的是把整体事物分解得更细，这样就能从细节上考虑问题。细节往往会带来机会，细节也决定着成败。

分解法是与组合法相反的一种方法，它是把一个整体按照一定的规则划分为细小的部分，从中找出新的事物的方法。分解的前提条件是要抓住关键要素按照规律分解，这样才能发现细小的、特殊的部分，从而产生新的创意。

4．联想类比法

联想类比法是指通过对已知事物的认识而联想到未知事物，并从已知事物的特性去推测未知事物也有类似特性的方法。联想类比法是比较常用的创意方法，也是人类思维活动中最重要、最常用的方法。它的前提条件是要充分了解和熟悉已知事物，再通过已知事物去产生联想或进行类比。

联想类比法主要包括以下几种类型。一是相近联想。它是以时间或空间上的相近关系为线索，由一事物联想到另外一事物的方法。二是因果联想。它是指从已知事物的因果关系，联想另一事物也存在类似之处，也存在着相似的因果关系。三是直接联想。它是指简单地在两件事物之间直接建立联系的联想方法。四是拟人联想。它是将问题对象同人类的活动进行类比而产生创意的方法，是赋予非生命的具体事物以人的生命、思想等活动的方法。五是结构联想。它是指由未知事物与已知事物在结构上的某些相似点而推测未知事物也具有某种特性的方法。六是功能联想。它是指由未知事物与已知事物在功能上的某些相似点而推测出未知事物也具有某种功能的方法。七是无序联想，它是一种经常应用的创意技法，是指打破所有的物质或事物的时间、空间和功能的顺序，通过联想把任意事物的任何元素相结合，形成新的创意的方法。无序联想是把那些看似风马牛不相及的事物，通过联想进行组合，使它们产生相互联系，从而产生新的创意。

5．模仿法

模仿法是指仿照已知事物来构造未知事物的方法。模仿法可分为仿生法和仿形法。仿生法是指对我们熟知的某种生物进行模仿的方法。仿形法是指仅仅对已知事物的形状而进行模仿的方法。

模仿法是人类最常用的思维方法之一。当人们想了解未知事物时，最便捷易行的方法就是对已知的类似事物进行模仿。模仿不是完全照搬已知事物，而是适时、适地地采取最适合的方法对已知事物进行借鉴和仿造。模仿不是最终的目的，而是一种入门的手段，入门后必须进行创新。

模仿法主要包括以下几种类型。一是原理性模仿，是指通过模仿已知事物的运作原理来构建新事物的运作机制。二是功能性模仿，是指对已知事物的功能进行模仿而产生新的事物。三是形态性模仿，是对已知事物的形态进行模仿而产生新的事物。四是结构性模仿，是指对已知事物的结构进行模仿而产生新的事物。

6．奥本斯法

奥本斯法是一种专门用于创新思维的方法，它提供了进行创造性思维的一系列方法的组合。它的基本方法说明如下。对任何要解决的问题，提出以下9个问题：有没有其他用途？有没有类似的创意可借用？如果改变某些要素会怎样？变大？变小？替换？对调？颠倒？结合起来？这样从9个不同角度或变换角度进行思考或尝试，看能否产生新的创意。

奥本斯法利用各种事物的基本属性，通过感觉的主动引导，产生新的想法。在初始阶段，策划人应从小处着手，通过思考角度的变换来产生新的创意。

奥本斯法应包括以下方法。一是改变，它是奥本斯法的首要方法，是指改变事物的功能、颜色、形状等。它实际上是对新事物进行功能、颜色、形状等方面的变化，通过这些变化来使新事物质量得到提升。二是增加，是指增加事物的各种属性，如尺寸、强度、功能、特征等。增加法不是盲目地把能加到事物上去的所有属性都加上去，而是按照一定的规律，把关键的属性增加到事物上去。三是减少，它是与增加相反的过程，是在原有事物属性中，把不是关键的、无关紧要的属性减去的方法。四是替代，是指用具有其他属性的事物替代现有事物的方法。替代可以是对事物的某些属性的替代，也可以是对整个事物的完全替代。五是颠倒，它是对事物的某些属性，如上下、左右、里外、正反、前后等的颠倒，也可以是对目标与手段的颠倒，它是一种逆向的思维方式。六是重组，它是指对构成事物的要素、元素等各种属性进行叠加、复合、混合等，从而产生新的创意的方法。重组要建立在对过去的事物进行扬弃的基础之上，然后才对现有要素进行重新组合。

6.4.2 创意效果测定

创意效果是指创意应用以后对生产、销售、管理等各方面产生的影响与发挥的作用，是劳动成果与劳动消耗之比较。如果创意成果高而支出的劳动消耗低的话，那么创意效果就好；相反，则创意效果不好。此外，如果创意成果低，而支出的劳动消耗也低，那么创意效果不一定差，要看它们之间比值的大小；同样，如果创意成果好，而支出的劳动消耗也高，也要看它们之间比值的大小，从而确定创意效果的好坏。

创意效果按照内容划分，可分为经济效果、心理效果和社会效果。创意效果按照活动程序的测定划分，可分为事前测定的创意效果、事中测定的创意效果和事后测定的创意效果。创意效果按照产品市场生命周期划分，可分为导入期的创意效果、成长期的创意效果、成熟期的创意效果和衰退期的创意效果。

创意效果的测定应遵循以下原则。

(1) 目标性原则。创意效果的好坏，关键是看创意目标有没有实现，如果创意目标实现了，则可认为创意效果是比较令人满意的；反之，则认为创意效果是不理想的。当然，首先创意目标本身应该是合理的、可实现的、可衡量的，才能确定创意效果的好坏。如果创意效果不理想，则可能是由于创意本身存在问题，也有可能是创意目标没有定好。

(2) 可靠性原则。可靠性原则是指在评价创意效果时，评价方法和评价手段等必须是正确、可靠的，而且要求评价的资料数据也是可靠的。这样，创意效果的测定才是可信的。

(3) 综合性原则。综合性原则是指在评价创意效果时，应综合考虑创意的经济效果、社会效果和心理效果以及影响这些效果的各种相关因素，包括企业可控因素和不可控因素。此外，还应综合考虑短期创意效果和长期创意效果及其对未来的影响。

(4) 经济性原则。经济性原则是指在评价创意效果时，要评价社会效果和心理效果，但更应该关注和评价经济效果。因为企业是以赢利为目的的组织，企业所有行为活动都必须考虑到经济效益。正如被誉为日本企业界经营之神的松下幸之助所说的："如果企业没有赢利，那么企业家就是在犯罪。"企业的所有活动都应以赢利为目的，因此对创意效果的评价也遵循经济性原则。

创意效果测定不仅要遵循上述原则，而且要采用科学的方法进行测定。上述三类创意效果，因为性质和特征等的不同，对它们的测定方法也应不同，要根据它们本身的特点采用不同的方法。三类创意效果中的心理效果相对而言比较难测定，而经济效果比较容易测定。

创意的经济效果测定可以通过创意利润率来测定。创意利润率是指创意实施后，因为实施该创意而获得的经济收益额与因此而支出的所有成本之间的百分比。经济收益额是创意实施后的经济收益与创意实施前的收益之间的差额。总成本是指所有与创意相关的活动支出的成本。

创意的社会效果是指创意实施后，对社会环境带来的正面影响的大小。创意的社会效果的测定一般采用定性分析法。

 案例　　**好创意的五条标准**

对于策划人员来说，获得一个有价值的、优秀的创意，是其梦寐以求的理想。然而，怎样的创意才是一个有价值的、优秀的创意呢？一般情况下，我们可以从以下五个方面来衡量：

(1) 能带来实际效果，对销量和口碑有显著提升；
(2) 能够将营销创意与新技术、新应用巧妙结合；
(3) 创意本身构思精巧，能给人带来不同凡响的炫酷体验；
(4) 能够敏锐地捕捉新的市场空间，感知文化动向，及时洞察最新的消费心理；
(5) 产品本身拥有说服力，让创意拥有牢固的基础。

6.5　创意的自我训练

策划人要想形成好的创意必须进行刻苦的训练。创意的训练水平必须通过策划人长期的、有计划的训练才能得以提高。策划人在进行创意自我训练的过程中，也要经常对训练效果进行检验，了解训练的成效，这样才能更有利于进行自我训练。使用正确的自我训练方法能达事半功倍的效果。策划人的自我训练方法主要有以下几种。

6.5.1　观察训练法

创意的第一个基本功就是观察。观察不是一种天赋，而是要通过耐心的、刻苦的、长期的有意识训练才能形成。观察能力是在不断训练中形成的，它要依靠日常的练习才能逐渐形成，只有经过不断的强化才能形成观察的习惯。

观察力的训练是没有捷径的，必须经过严格的、刻苦的训练才能形成敏锐的观察能力。策划人应该随时利用机会，锻炼自己的观察能力，养成对日常生活中的各种情况留心观察的习惯。

6.5.2　图像记忆训练法

对图像的记忆的训练是对观察能力的最好锻炼，因为图像里充满了各种细节，而语言式记忆只是记忆抽象的要点，缺乏细节。语言思考比较经济，但是画面思考可以容纳较多的细节和内容。细节是创意的材料，它让你看到的事物和别人所看到的不同，看到的不同，想到的也就不同。

图像思考是一种很有用的思考方法。策划人要特别加强图像记忆的训练，因为大多数经过现代教育培养的人，对语言记忆、文字记忆方面的培养和训练较多，而鲜有图像记忆方面的训练。

那么，如何训练图像记忆呢？詹宏志认为，就是要"重新演练你的本能，把图像思考的能力找回来"。可以按照下面的方法去做。

(1) 每天晚上用 15 分钟时间，以白天发生的一件事情为例，用图像思考把它回忆一遍，记住，要一幕一幕地回忆。

(2) 如果看了一场电影，睡觉前试着在脑中"重放"一次，要尽可能地仔细，最好闭上眼睛，眼前就仿佛是一个彩色银幕一样。

一开始，你可能会为图像思考的缓慢而感到不耐烦，但一定要坚持下去。这些训练不是要用来取代语言思考的，而是要唤回你的图像思考能力，以弥补语言思考的不足。

对策划人而言，只要有意识地利用以上所举的或类似的方法加强日常训练，并坚持不懈，即可使自己的图像记忆法效果得到显著提高，并达到应用自如的境界。

6.5.3　重新定义训练法

对事物认识的改变是重要的创意来源。个人的认识每天都在变化，整个社会的认识每天也在变化，但是这种变化是缓慢的、渐进的。当认识发生较大变化时，对问题的看法也会发生较大的改变。

一切事物都处于发展变化中，变化是常态。策划人要根据环境的变化，经常重新定义自己的角色，经常解释社会的特性，以锻炼自己认识问题的能力。

如何训练自己的重新定义的能力呢？可采用詹宏志提出的"渐距推远法"，它是按你的习惯来下定义的，然后扩大定义容纳的范围；再下一次定义，然后再扩大范围；再定义，再将范围扩大得更大，直到你的视野完全变化为止。这种方法是训练重新定义的最常用也是最有用的方法。除此之外，重新定义还可以横向移动，有时也可采用完全无关的重新定义。

因此，策划人在训练重新定义时，不仅要练习渐距推远法，也要训练横向移动法，还要训练完全无关定义法。要养成对日常生活中的事情重新定义的习惯，经常变换角度和思路对事情进行定义。

6.5.4　提问训练法

好的问题的提出，就等于解决了问题的一半。但是人们通常花很短的时间在提出问题上，却花费很长时间来解决自己不清楚的问题，这样做只能是事倍功半。因此，提出好问题是策划人具备的关键能力之一。

世界著名的顾问家杜拉克在面对客户的问题时，总是与客户一起问一些简单而难以回答的问题，如你真正想做的是什么？你为什么要去做？你现在正在做什么？你为什么这样做？通过这些问题，就能使客户集中精力于真正的问题。

杜拉克式的问句实际上是简化问题，把问题都集中在关键目标上，这样就能使人真正知道该把精力集中在何处。

因此，策划人要学会正确而简单地提出问题。策划人只有经过有意识的、经常的训练才能拥有提出好问题的能力。

6.5.5　创造性模仿训练法

完全新颖的创意是不多见的，绝大多数创意是创造性的改良和模仿。创造性模仿不是消极地进行模仿，也不是完全照抄照搬前人的创意，而是在前人创意的基础上结合自身特点进行的一种创造性模仿或重新组合，有积极的观念和精神。它的目标是创造，而不是模仿。

创造性模仿是透过对前人的创意的理解和领悟，对其进行重新组合、改良，而产生不同功能、不同价值的新事物或新思想。策划人要学会在前人创意的基础上，通过适当的组合、改良，形成新的创意。

本章小结

创意是指人们为创造新事物或新思想而利用创造性思维的行为。创意是营销策划的核心和关键，也是策划方案的生命和灵魂。创意是策划的前提。创意的核心是创造性思维。创意有灵感性、洞察性、新颖性、想象性等特点。创意的形成要经过明确目标、环境分析、开发信息、联想、比较与模仿、产生创意、形成文案7个步骤。开发创意是研究创意、从事策划活动的关键。开发创意有培养创意意识，打破思维定式，以及激发灵感、提高想象力三个主要途径。

创意技法有几百种，主要分为通用的创意方法、专用的创意方法和特用的创意方法三层。使用比较多的创意技法有移植法、组合法、分解法、联想类比法、模仿法、奥本斯法等。创意效果是指创意应用以后对生产、销售、管理等各方面产生的影响与发挥的作用，是劳动成果与劳动消耗之比较。创意效果按照内容划分，可分为经济效果、心理效果和社会效果。创意效果的测定应遵循目标性原则、可靠性原则、综合性原则、经济性原则。

策划人的创意技能要通过长期的、有计划的训练才能得以提高。策划人的创意的自我训练方法主要有观察训练法、图像记忆训练法、重新定义训练法、提问训练法、创造性模仿训练法等。

关键术语

创意	创造性思维	创意意识	思维定式
灵感	想象力	移植法	组合法
分解法	联想类比法	模仿法	奥本斯法
创意效果	经济效果	心理效果	社会效果
观察训练法	图像记忆训练法	重新定义训练法	提问训练法
创造性模仿训练法			

思考题

1. 创意的基本步骤有哪些？
2. 创意开发有哪些途径？
3. 创意的一般技法有哪些？它们的特点是什么？
4. 创意效果测定的原则有哪些？
5. 创意效果测定的方法有哪些？如何进行创意效果测定？
6. 策划人的创意的自我训练方法有哪些？它们的优点是什么？

参考文献

[1] 孟韬.市场营销策划[M].大连：东北财经大学出版社，2011.

[2] 叶万春.企业营销策划[M]. 北京：中国人民大学出版社，2004.

[3] 张昊民.营销策划[M]. 北京：电子工业出版社，2005.

案例研讨

中国好声音：梦想售卖机

在一个过度娱乐的时代，以一种"反娱乐"的姿态高调出镜，是《中国好声音》取得巨大成功的秘诀。于操盘者浙江卫视而言，这是一门精致的生意。

据《21世纪商业评论》报道，一首小情歌《我的歌声里》，被李代沫唱得红遍了大江南北。评审刘欢按键后转过椅子，看到李代沫有些粗犷的形象，惊讶得张大了嘴巴。这是出现在浙江卫视《中国好声音》节目中的一幕。

这种背对着选手、只听声音的娱乐选秀节目的模式，让观众眼前一亮，并迅速蹿红。2010年8月17日播出的第六集节目，收视率"破4"，达到4.062%，稳坐同一时间段收视第一宝座。其15秒一条的广告价格也一路升至50万元。

而当初浙江卫视的杜副总监建议将"好声音"引入中国时，大多数人并不看好，过程也一波三折，"不就是转椅子吗"，央视也转了，山东卫视的"天籁之声"也转了，国内已经有那么多"山寨"的节目，浙江卫视巨资引进原版，风险太大。在质疑声中，浙江卫视总监夏陈安拍了板。

杜副总监看好这个节目的原因，是2010年浙江卫视自己研发的《非同凡响》和《中国好声音》的原版节目《The Voice》在模式上有不少相似之处。这档以"谁来领唱华语乐坛"为口号的音乐类节目没有海选，对选手设有门槛，而且有了双选的概念，老师与学员权力互换。杜副总监说："《The Voice》2010年9月底开播，《非同凡响》9月27日已经进入总决赛了，到10月份的时候我们突然看到这个节目，对盲选感觉很新鲜，其他很多地方的模式设置是一样的，当时觉得很兴奋，原来有国际同行和我们想到一起了，那年选秀鼻祖《美国偶像》第九季遭遇《The Voice》的美国版《美国之声》，收视率下滑非常厉害，大家都在反思，选秀节目是不是走进死胡同了。"

"《The Voice》2010年在荷兰第一次录制的时候我就知道了，他们最初录制的时候就请我去了现场。"IPCN公司CEO杨媛草说，"在荷兰看完录制的第一场节目之后，我就在想，在中国我们一直想做很多明星参与类的真人秀，但是我们明星端着的感觉其实很强的。而这个节目，我觉得它的模式在很大程度上逼着让明星没法端着。所以当时节目还没有卖到美国时，我就断言如果这个节目去到美国一定会火，而中国也需要这样的节目。"

《中国好声音》从2010年最初购买版权开始酝酿了将近两年，前期制作花费了半年。和此前的《中国达人秀》一样，在制作《中国好声音》的过程中，IPCN公司和星空公司旗下的灿星制作希望最大限度地吸纳原版权的"节目宝典"。作为原版权方的"飞行制片人"，杨媛草和其团队会定期从伦敦到场指导，和灿星制作一起参与节目前期的策划和制定。力争吸收国外最先进的现场灯光舞美效果、流程和选拔模式，打造一台完美的《中国好声音》。

"反选秀"的内核

在大片化制作娱乐节目的时代，每家电视台都必须用尽办法博人气，因为选秀的本质是一夜成名。而风靡一时的《我爱记歌词》却是一种反选秀的模式，它是一个草根的互动节目，比较平民化，没有评委，什么样的人都能登上舞台，不需要唱得好，也不需要长得漂亮，记住歌词就行了。2008年，浙江卫视以自己研发的《我爱记歌词》作为发力点在全国做线上线下的推广，引发了一波K歌型节目的浪潮，光省级电视台就有20多家跟着做类似的节目。现在，《我爱记歌词》作为常规节目仍能保持不错的收视率。杜副总监说，它的价值在于"为我们提供了一个平等的舞台"。

反观《中国好声音》，在杜副总监看来，表面上看起来有一点像选秀，但精神内核同样是反选秀的。"在全国各地海选是选秀的一个标志，另一个标志是评委点评，但评委和选手之间没有什么关联。选秀的结果往往与选手的实力没有必然的联系，选秀成了各利益方的秀场。而《中国好声音》的选手是节目组在全国各地挖掘的，他们本身就有很高的水平，导师是要真实带着这些人做事情。"杜副总监认为，这有点类似博士生导师挑选学生的过程展示，对节目进行了一些设置，让它变得好看，它跟选秀不是一个逻辑，所以广电总局批准在9：30以后播，而选秀节目要在 10：00 之后播。

走进夏陈安的办公室，迎面挂着一张党报，以整版的篇幅肯定了《中国好声音》与"正能量"之间的关系。夏陈安悠悠地吸着烟说："美国大片对我触动最大，那些大片每次都给人以强烈的视觉冲击，但是看完以后特别敬佩，当泰坦尼克号即将沉没时，女士们优先逃生，绅士们继续拉着小提琴，它们传递了美国精神。中国大片总是缺点什么。"在夏陈安看来，中国电视节目同样流于浮躁，呈现低俗化、游戏化和过度娱乐化。

浙江卫视总编室副主任许继峰则认为，《中国好声音》之所以被追捧，不乏观众对电视浮躁、庸俗的不满积压数年使然，带有一定的报复性，"早几年出现这样的节目，肯定没有现在这么成功"。

夏陈安记得白岩松的一句话："过去放电视机的位置都是古代人的神位，家里装修是先把电视机放好了，再安排沙发放哪里、床放哪里，电视机在老百姓心目中仍很神圣。"夏陈安"不想炒作，不想出丑，不想出位"，在同行泛娱乐化的风潮中，浙江卫视的综艺节目没有跟风，而是选择了向人文回归，最明显的一点就是对选秀类节目的反思。

经营音乐

近几年，随着选秀节目兴起之后，许多唱片公司更热衷于"选秀—过拎着钱箱去签人"，于是不找好歌了，不培养新人了，选秀出来的人至少有点人气，省了不少事。在陈伟看来，抛开版权因素不谈，这种市场短视，也是导致华语乐坛几年来低迷不振的原因之一。

就在陈伟接受记者采访时，还有电话询问是否能签约巡演。"国内现在应接不暇，第一站巡演放在澳门。"放下电话的陈伟拿着茶杯又坐回会客室的沙发，沙发前的茶几上放着两杯特大杯的外卖咖啡，还有浙江卫视的"总监及时嘉奖令"。

不像一般的选秀节目和唱片公司那样短视，《中国好声音》待 4 位导师的 4 个最优秀的学员都选出后，16 名学员进行一场类似于小型演唱会的表演秀，经过 4 位导师共同考核后，每位导师留下一名选手，进行总决赛即好声音盛典。进入表演秀的 16 位学员，将参与节目结束后的全球巡演。

学员未来的音乐生涯成功与否，对节目的生命周期影响颇大。在陈伟看来，至少现在不用担心这个问题，中国不缺好声音，也不缺有梦想的人。《中国好声音》计划先做 3 年。杜坦言："当然中间肯定要'求新、求变'，有微创新的东西产生，如果 3 年之后各方还很认可，肯定会继续做，但中国人的消费观念确实会加速节目的老化。"

在《中国好声音》播出第一期时，王俊的心情可没有现在这么好，当时广告买单率只有 50%。今年经济低迷，很多广告主也并不看好那 4 位导师。在广告主眼里，那 4 位导师不够年轻，多少有些过气了。王俊在北京为《中国好声音》寻找冠名商时，加多宝正好在京举行"加多宝凉茶全国上市仪式"，加多宝负责投放广告的杨总与王俊见面，看了原版剪辑的 10 分钟片花，决定以 6000 万拿下《中国好声音》的冠名权。到目前为止，节目的收入已超过 2 亿元，而最初的营销收入目标只有 1.5 亿元。《中国好声音》的好生意不止广告那么简单，除了今年实行的中国移动彩铃下载外，明年还会引入竞争机制，包括联通、电信的彩铃下载业务，都可能成为《中国好声音》的收入新来源。

针对付费下载，不同于以往嘉宾按集收取酬劳的模式，由那英、刘欢、庚澄庆、杨坤四位导师组成的"导师团"分成彩铃下载的收益，此外，学员们的收入也将来自彩铃下载。节目把整个导师团队跟节目后期的市场开发捆绑在一起，没有单纯地支付劳务报酬，而是把导师在这档节目当中的参与和投入作为投资。

深陷与广药的品牌之争的加多宝和《中国好声音》做起了整合营销。例如加多宝在线上、线下进行推广，围绕《中国好声音》做了很多海报，而浙江卫视的任何一个传播渠道，都要把加多宝的元素加入进去。最著名的，当然就是"中国好舌头"主持人华少的广告词——"正宗好凉茶，正宗好声音"。

（来源：中国好声音：梦想售卖机[EB/OL]. http://www.woohr.com/baike/ziliao-23193.html）

思考题

《中国好声音》采用了哪些创意法？有什么优点？

第 7 章　营销策划书的编制

 本章提要　本章主要阐述营销策划书的内容、结构以及编制的原则和技巧。本章的重点是掌握营销策划书的内容和结构。本章的难点在于如何学以致用，即如何根据营销策划书的结构框架，编制出一份形式与内容相统一的营销策划书。

> **引　例**
>
> 　　手机市场经历十几年的快速发展，催生了极具市场前景的智能手机。现今，智能手机已经成为人们生活中必不可少的一部分。面对这个诱人的市场，苹果、三星、HTC 等厂家无不使出浑身解数，吸引消费者的目光。然而，已经悄然走下神坛的手机市场曾经的霸主诺基亚，不可能放任自流。它在力保低中端市场的同时，也在蓄力打响翻身之战。
> 　　北京时间 2012 年 9 月 5 日晚 22 时，诺基亚公司携手微软公司于美国纽约召开智能手机新品发布会，发布诺基亚 Lumia 920。该智能手机搭载 Windows Phone 8 操作系统，具备 PureMotion HD+显示技术、纯景（PureView）拍照技术、无线充电技术等独具特色的先进技术。诺基亚希望凭借 Lumia 920 手机缩小与苹果 iOS 及安卓系统手机的差距，挽救持续低迷的股价和逐渐减少的市场占有率。

　　市场营销随着市场经济的发展在不断地拓展、延伸，因此，在营销发展的新思路、新趋势中出现了营销策划。它是建立在一般市场营销基础之上的一门更高层次的艺术，其实际操作性更强。随着市场竞争日益激烈，高水平的营销策划便成为企业争创名牌、迎战市场的决胜利器。而营销策划书是营销策划的集中反映，一个高水准的营销策划必须有一份优秀的营销策划书来予以体现。

　　在完成营销策划的创意以后，对营销策划关键问题的解决思路已经非常清楚。这时，就需要将营销策划创意与围绕此创意形成的方案编制成可以与他人进行交流的文案——营销策划书。

7.1 营销策划书的内容

营销策划书的编制是营销策划活动的一项重要内容。策划者经过各项调查，明确策划目标，进行创意设计，然后界定营销策划的关键问题，在对关键问题作出分析研究之后，会形成解决问题的方案，即营销策划书。调查、分析、研究的要点以及行动方案的内容与步骤，都需要以营销策划书的形式表达出来，供企业的市场营销管理者进行审阅和决策。

营销策划书又称营销策划文案，是指由策划者撰写的，反映营销策划者经缜密研究之后形成的解决问题的方法、行动安排、执行措施、控制要点等的想法与内容，是用一种书面载体形式表达出来的营销策划文案。营销策划书是营销策划方案的书面反映，是营销策划成果的重要表现形式，也是市场营销决策的依据。营销策划书写作水平的高低直接影响着策划方案的清晰、准确、有效的表达，进而影响市场营销决策的正确性。

7.1.1 营销策划书的意义与作用

营销策划的最终成果将通过营销策划书的形式体现出来，因此营销策划书的编写具有非常重要的意义。在现实操作中，由于对营销策划书的设计与撰写方面的忽视，最终造成营销策划质量的下降，或者造成营销策划的内容得不到企业管理人员领会的例子不计其数，所以，营销策划者必须充分重视营销策划书的编制工作。

营销策划书不仅是营销策划工作的书面表现形式，而且还是实施营销活动的具体行动指南。因此，营销策划书一直被看做是营销策划的沟通语言。任何一种营销策划，只要通过阅读营销策划书就可以了解策划者的意图与观点。总而言之，营销策划书的意义和作用可以归纳为以下三个方面。

1. 准确、完整地表现营销策划的内容

营销策划书是营销策划工作的书面表现形式，因此，营销策划书的内容能准确无误地表达策划者的真实意图与观点，就显得非常重要。从整个策划过程来看，营销策划书是向营销策划目标迈出的第一步，其准确无误是营销策划成功的关键所在。这是营销策划书的基本作用。

2. 充分、有力地说服决策者

通过营销策划书的文字表述，首先应使企业决策者信服营销策划的内容，并且在此基础上取得决策者对营销策划的进一步认同，使得策划者和决策者达到情感上的共鸣。然后，通过营销策划书的文字表述魅力以及视觉效果来打动和说服企业决策者采纳营销策划中的意见，并按营销策划的内容去开展、实施营销活动。

3. 作为营销策划执行者的行动纲领

作为企业营销策划执行者的行动纲领，营销策划书使得营销职能部门在实施过程中增强了行动的准确性和可控性，确保了营销策划的质量。因此，如何通过营销策划书的文字魅力以及视觉效果等来打动及说服企业决策者就显得非常重要。

7.1.2 营销策划书的基本内容

无论是哪种营销策划，简单的还是复杂的，尽管问题的范围、性质等会有所不同，但其内容构成的主要思路是没有太大差别的。营销策划书主要交代以下几个基本问题，这些问题一般被称为 5W2H。

1．What

实现营销策划方案要解决什么问题？执行营销策划的最终目标是什么？这部分内容主要涉及以下两个方面。

1) 明确营销策划的目标

营销策划的目标即营销策划最终要达到的营销业绩要求或状态改变。营销策划的目标，有些是企业领导层(企业内部策划时)或客户(营销策划公司为客户策划时)直接提出的，有些是由营销策划人员根据企业背景分析、营销环境分析以及市场环境分析提出并得到企业决策者认可的。

2) 对营销关键问题的界定

要对解决营销问题、完成营销目标的关键性问题加以界定。如保健品营销目标的关键问题，可以界定为如何通过销售点的展示来销售产品，如何提高广告品位，以及如何导入新的消费观念来诱导消费者改变由来已久的生活观念。关键性问题的界定，要能深入、准确，一针见血，抓住要害，否则，营销策划方案就可能会偏离策划目标的要求。

2．Who

一项营销策划的创意或编制由谁负责？应该由谁负责执行?如果涉及多个并行的行动，每项具体行动应该由谁承担或负责组织执行？

因此，在营销策划书中，策划者的姓名是必不可少的。策划者的姓名是指编制策划书并对该项策划负责的人的姓名，不仅要标明姓名，还应包括策划者所属单位、职称、职务等。如果策划人是集体，则应先写出集体的全称，再写上该项策划负责人的名称。一般情况下，撰稿人署上策划负责人的姓名，旨在利用有影响力的策划负责人的名望给客户以信任感，使这份营销策划方案具有更强的说服力。

3．Where

本营销策划书要解决的问题的地理范围以及区域场所在哪里？营销策划执行时将涉及哪些地区市场、哪些单位或机构?这部分内容主要界定实施本营销策划的地理区域，即本策划主要解决企业哪个市场的营销问题。明白了营销策划要解决问题的地域之后，就使得营销策划的制定更具针对性。

4．Why

提出本营销策划创意或策划方案的主要理由是什么？为什么要制定这个营销策

划？为什么要这样设想并采取这样的营销策划行动？

这部分内容应该告诉营销策划书的阅读者产生该营销策划创意的理由是什么，通过告诉他们为什么要进行本次营销策划，达到引起阅读者兴趣的目的，最终得到企业决策者的认可，进而采用这份营销策划方案。

5．When

这里主要给出一项营销策划完成的时间要求。其中，如果将营销策划分解为一系列的行动，那么，每项具体行动要求完成的时间应该明确指出。如果行动之间具有时间上的承接关系，则一项行动准备与结束的时间也要有明确的规定。

在营销策划书上所署的编制日期和时间是指营销策划书编制完成的日期与时间，如果营销策划书编写完成的日期离方案评审日期较长，则需要注意策划完成日期的表达。如果评审时距营销策划书的完成已经有较长时间了，可能会给评审者一个"此策划方案草率"的印象。所以，一般情况下，营销策划书的完成日期离评审日期最好不要超过3天。如果需要，特别是涉及问题较多或篇幅较长、内容较多的营销策划书，为了使评审者认为策划者是经过了精心准备或深思熟虑的，可以将本次营销策划的开始日期与结束日期一并表达。

6．How

营销策划方案如何实施？在营销策划中，对需要执行的营销行动，要说明具体应该如何操作，特别是关键环节的行动更要详细说明。除此之外，还需要对营销活动当中必须严格控制、严格检查的方面进行说明。

营销策划方案应该包括营销宗旨、具体的产品策略、价格策略、促销策略、广告宣传、具体的行动方案以及营销策划的实施和控制方面的内容。营销策划方案是营销策划书的核心内容，它既要有讲求创意的方法、方式、手段，又要有理性的、严密的安排，只有这样才可能有效地解决营销策划应该解决的问题。

7．How much

本营销策划方案需要多少资源？其中，资源包括人力、物力、财力及信息资源，这里主要强调的是资金预算。营销预算分析，要按科学的方法提出营销活动的总预算额度，并根据营销活动的具体内容、环节，分配分类预算。营销效益分析，要求按方案内容和预算投入，合理地估计营销活动可能带来的效益。

一般来说，营销策划书中可以单独附一个费用预算表，包括每项行动的预算费用及策划的总费用。在计算费用时，一般要给出计算依据。如某策划行动方案需要在某个媒体上登载5次，共占用媒体5个广告版面，每次每个版面的开支需5万元，因此总的广告费就为25万元。这里的广告单价就是广告费用的计算依据。

7.2 营销策划书的结构

营销策划书是营销策划研究成果的具体反映，是未来企业营销活动具体操作的全部依据。有了一流的营销策划，还要形成一流的营销策划书。否则优秀的策划就得不到完整的反映，或者会使营销策划的内容难以被人理解和接受。一般来说，营销策划书没有一成不变的格式，它依据产品或营销活动的不同要求，在策划的内容与编制格式上也会有相应的变化。但是，营销策划书的写作，随着市场营销策划经验的日益丰富，逐渐形成了为广大策划人员和客户接受并具有广泛代表意义的基本格式。这种基本格式不是主观设计的，而是人们在长期的市场营销策划实践中总结客观规律，逐步摸索出来的，并正在新的市场营销实践中不断得到提高和完善。本节从市场营销策划活动的一般规律来探讨营销策划书的一些基本内容及编制格式。

7.2.1　营销策划书的基本结构

一般情况下，营销策划书的结构可以和营销策划的构成要素保持一致。其意义在于使营销策划书的制作标准化、效率化。目前，被公认为比较合理的营销策划书的结构框架应由以下几个部分组成。

1．封面

给一份营销策划书配上一个美观的封面是绝对不能忽略的。有很多人认为营销策划书重在内容，而封面无关紧要。这种看法忽略了封面的形象效用，其实对于营销策划书来讲，形式与内容都相当重要。

阅读者首先看到的是封面，因而美观的封面能给人留下美好的第一印象，能够给阅读者带来强烈的视觉冲击效果，从而对策划内容的形象定位起到辅助作用。毫无疑问，现在人们对于任何书刊读物的封面设计都非常重视，同样的道理，营销策划书的封面也应好好地策划一番。营销策划书封面的设计原则是醒目、整洁，切忌花哨。至于字体、字号、颜色，应根据视觉效果来具体考虑。

营销策划书的封面一般应提供以下信息：策划书的名称，委托策划的客户，策划机构的名称或策划人的姓名，策划完成日期，策划执行的时间段以及编号。因为营销策划具有较强的时间性，不同时间段的市场状况不同，从而营销执行效果也不一样，所以指出营销策划适用的时间段是非常有必要的。

营销策划书封面的制作要点如下。

(1) 标出营销策划委托方。如果是受委托进行的营销策划，那么在策划书封面要把委托方的名称列出来，如"××公司××年度××策划书"。这里要注意的是不能出现错误，否则会给策划者留下负面的影响。委托方的名称必须具体、完整、明确、规范，如"某某科技公司某年华东市场开拓整体营销策划书"就显得非常完整和准确。

(2) 取一个简明扼要的标题。标题要简洁明了，准确而不累赘。有时为了突出策划的主题或者表现策划的目的，也可以加一个副标题或小标题。

(3) 标明日期。一般营销策划书的日期应以正式提交日为准。不应随随便便确定一个日期，同时要用完整的日期表示，如"2007年7月18日"。如果营销策划书经过了修订，除注明"2007年7月18日完成"外，还应加上"2007年8月16日修订"字样。

(4) 标明营销策划者的身份。一般在营销策划书封面的最下部要标出策划者的名称或策划组织单位的名称。

2. 前言

前言一般是概括性的开篇说明，主要涉及编制营销策划书的缘由、策划导向、内容提示、策划任务及其他相关内容。前言的作用在于引起阅读者的注意和兴趣，也就是说使阅读者翻过封面以后，看了前言能产生看正文的强烈欲望。前言的文字不能过长，一般不要超过一页，字数应控制在1 000以内。其内容可以集中在以下几个方面。

(1) 接受委托的情况。在这里可以简单介绍接受营销策划委托的情况，如"××公司接受××公司的委托，就××年度的新产品推广计划进行具体策划"。

(2) 进行此策划的重要性。前言里应该重点叙述为什么要进行这样一个营销策划，即把此策划的重要性和必要性表达清楚，这样就能吸引读者进一步去阅读正文。如果这个目的达到了，那么前言的作用也就被充分发挥出来了。

(3) 营销策划的概况。即营销策划的主要过程以及策划实施后要达到的预期目标。

3. 目录

目录是营销策划书大部分标题的清单。在营销策划书内容较多时，可以加上目录。目录的作用是使营销策划书的结构一目了然，同时也使阅读者能够方便地查找营销策划书的相关内容。一般人的阅读习惯是先看书的目录，再看书的正文。如果目录不能吸引阅读者，则人们可能不再往下阅读营销策划书的正文。因此，目录的编制也是非常关键的。

编制目录时需要重点注意的是，目录中所标的页码不能和正文的实际页码有出入，否则会增加阅读者的麻烦，同时也有损营销策划书的形象，容易让阅读者对整个营销方案持否定态度。

尽管目录位于营销策划书的前列，但在实际操作中往往是等策划书全部完成之后，再根据营销策划书的内容与页码来编写营销策划书的目录。

4. 摘要

摘要是对营销策划项目所作的一个简单而概括的说明。为了使阅读者对营销策划内容有一个非常清晰的概念，让阅读者立刻能对策划者的意图与观点予以理解，作为总结性的摘要是必不可少的。换句话说，阅读者通过摘要的提示，可以大致理解此营销策划内容的要点。摘要的撰写同样要求简明扼要，篇幅不能过长，最好可以控制在一页纸以内。另外，摘要不是简单地把营销策划的内容予以列举，而是要单独形成一个系统。因此，遣词造句等都要仔细斟酌，尽量做到精练浓缩，让阅读者可以以最快的速度了解营销策划内容。

一般来说，营销策划书摘要的内容应该包括以下3个方面：①营销策划依据的基本假设；②营销策划的目标；③实施营销策划的日程表。

摘要的撰写一般有两种方法——事先确定和事后确定，即在编写营销策划书正文前确定和在营销策划书正文的撰写结束后确定。这两种方法各有利弊，具体采用哪一种方法可以由撰写者根据自己的喜好和经验来决定。一般来说，前者可以使营销策划正文的撰写有条不紊地进行，从而有效防止正文撰写的离题或盲目化；后一种方法的优点是简单易行，只要把营销策划书内容进行归纳提炼即可。

5．正文

营销策划书的正文部分主要包括如下内容。

1) 策划的目的

这要求明确树立本营销策划的目标和宗旨，并将此目标作为执行本策划的动力或意义所在。要求全体人员统一思想、协调行动、共同努力，从而确保营销策划高质量地完成。

企业营销活动中存在的问题纷繁复杂，主要表现在以下6个方面。

(1) 企业成立之初，还没有一套完整的营销方案，因而需要根据市场特点策划出一套系统的营销计划。

(2) 企业发展壮大，沿用原有的营销方案已不再合适，为了适应新的形势和变化，需要重新设计营销方案。

(3) 对企业经营方向作出调整和变革时，营销策略也要作出相应的调整和改变。

(4) 企业原营销方案严重失误，已不能再作为企业的营销计划时，需要设计新的营销方案来予以代替。

(5) 市场行情发生变化，企业原营销方案已不再适应变化后的市场。

(6) 企业在总的营销方案下，需要在不同的时段，根据市场的特征和行情变化，设计新的阶段性营销方案。

这6个方面是大多数企业推行营销策划的目的所在。在具体编制营销策划书时，可以从这6个方面进行思考和分析。

2) 环境分析

环境分析是营销策划的依据与基础，所有营销策划都应以环境分析为出发点。环境分析一般应在外部环境与内部环境中抓重点，描绘出环境变化的轨迹，形成令人信服的资料，从而为营销策划的制定提供依据。

在环境分析中，能对同类产品市场状况、竞争状况以及宏观环境进行正确的分析，对其有一个清醒的认识显得尤为重要。正确的环境分析能够为制定相应的营销策略、采取正确的营销手段提供可靠的依据。知己知彼，方能百战不殆，这就需要策划者对市场进行深入调查，有一个清醒的认识。环境分析可从以下几个方面进行。

第一，对当前市场状况及市场前景进行分析。

(1) 分析产品的市场前景如何，现实市场以及潜在市场状况如何。

(2) 市场成长状况。分析产品目前处于市场生命周期的哪一阶段，对于处于不同市场阶段的产品，公司营销的侧重点如何，相应营销策略的效果如何，需求变化对产品市场有何影响。

(3) 消费者的接受情况。这一内容需要市场营销策划者凭借已掌握的相关资料对产品的市场发展前景进行分析。

第二，对产品市场影响因素进行分析。

这主要是对影响产品的不可控因素进行分析，如宏观环境中的政治环境、经济环境、法律环境、国民收入、居民经济条件、消费者收入水平、消费结构的变化、消费心理等。对一些受科技发展状况影响较大的产品，如计算机、家用电器等产品的营销策划，还需要考虑技术发展趋势方面的影响。

环境分析的整理要点是明了性和准确性。所谓明了性是指列举的数据和事实要有条理，使阅读者能抓住重点。因此，做到分析的明了性是市场营销策划者必须牢记的一个原则。所谓准确性是指分析要符合客观实际，不能有太多的主观臆断。任何一个带有结论性的说明或观点都必须建立在客观事实基础之上，这也是衡量策划者水平的标志之一。

3) SWOT 分析

从上面的环境分析中可以归纳出企业的机会与威胁、优势与劣势，而 SWOT 分析正是通过对企业的机会、威胁和优势、劣势进行分析，发现市场机会和企业存在的营销问题，从而为后面的营销策划方案的制定打下基础。企业的机会与威胁一般通过外部环境的分析来把握，企业的优势与劣势一般通过内部环境的分析来获取。在确定了机会与威胁、优势与劣势之后，再根据对市场运动轨迹的预测，就可以大致找到企业的问题所在了。而营销方案，是对市场机会的把握和策略的运用，因此分析市场机会，就成了营销策划的关键。其实只要找准了市场机会，营销策划就成功了一半。

第一，针对产品目前的营销现状进行问题分析。

一般营销中存在的问题主要表现为以下几个方面：

(1) 企业知名度不高，形象不佳，影响产品销售；
(2) 产品质量不过关，功能不全，被消费者冷落；
(3) 产品包装不上档次，提不起消费者的购买兴趣；
(4) 产品价格定位不当，不能吸引目标消费群体；
(5) 销售渠道不畅或渠道选择有误，使产品销售受阻；
(6) 促销方式不当，导致消费者不了解企业产品；
(7) 售后服务不完善，消费者购买产品后顾虑较多等。

第二，针对产品特点进行优势、劣势分析。

从问题中找劣势予以克服，从优势中找机会予以把握，从而发掘产品的市场潜力。在分析各目标市场或消费群体特点的基础上进一步进行市场细分，对不同的消费需求尽量予以满足，抓住主要消费群体作为营销重点，找出与竞争对手的差距，把握并利用好市场机会。

对市场机会的分析与捕捉，应该建立在市场调查的基础上。没有市场调查，所有的分析都将是企业市场营销策划者的一种主观臆断。而这种主观判断与推测在营销策划当中是非常危险的，不能作为营销策划的主要依据。

4) 营销目标

营销目标是在目前任务的基础上公司所要实现的具体目标，一般涉及市场目标和财务目标。营销目标的制定要求具体、明确，应以定量的形式表现出来，而且最好规定目标完成的时间期限。例如，营销策划方案执行期间，经济效益目标要达到：总销售量为多少万件，预计毛利多少万元，市场占有率为百分之多少。

5) 营销战略

营销战略是营销策划书中最主要的部分，在撰写这部分内容时，要非常清楚地提出企业的营销宗旨、产品策略、价格策略、销售渠道、广告宣传以及具体的行动方案。与医生治病的道理类似,"对症下药"和"因人制宜"也是营销策划者在制定营销战略及具体行动方案时应当遵循的两条基本原则。常言道:"欲速则不达。"在这里特别要注意的是,应当避免人为地提高营销目标以及制定出难以实施的行动方案。因此,可操作性是衡量营销战略这部分内容的主要标准。

为使行动方案更具可操作性,在制定营销策划方案的同时,还必须制定一个时间表作为补充,这样还可以提高营销策划的可信度。这一部分的内容主要包括以下几个方面。

第一,营销宗旨。

企业一般应该注意以下几个方面。

(1) 以强有力的广告宣传攻势顺利拓展市场,为产品准确定位,突出产品特色,采取差异化营销策略。

(2) 以产品主要消费群体作为产品的营销重点。

(3) 建立网络广、覆盖面宽的销售渠道,不断拓宽销售区域等。

第二,产品策略。

根据前面对产品市场机会与问题进行的分析,提出合理的产品策略建议,形成有效的4P组合,从而达到营销活动的最佳效果。

(1) 产品定位方案。如果是产销不对路,就要提出新的产品定位方案,为产品进行重新定位。产品市场定位的关键是要在顾客心目中寻找一个空当,然后抓住这个空当使产品顺利进入消费者的心中,从而迅速启动目标市场。

(2) 产品质量、功能方案。产品的质量是产品的生命。企业对产品应有完善的质量保证体系。只有拥有功能健全的产品才能获得消费者的青睐,如果产品功能不齐全,则要提出产品改进方案,增加产品功能以适应消费者对产品多功能的需求。

(3) 产品品牌。企业必须具有强烈的品牌意识,要树立消费者心目中的知名品牌,形成具有一定知名度、美誉度、忠诚度的产品品牌。

(4) 产品包装。包装作为产品给消费者的第一印象,需要能迎合消费者的心理需求并使其满意的包装策略。

(5) 产品服务。营销策划中要注意产品服务方式的完善、服务质量的改善和提高。

第三,价格策略。

合理的价格改进策略,可以从以下几个方面进行思考。

(1) 渗透定价方案。如果是因为产品价格偏高而打不开产品市场,就可以采取渗透式的低价政策,提出渗透定价方案来改变营销现状。

(2) 吸脂定价方案。如果是因为产品价格太低,不能满足消费者的心理需求;或者是价格太低,企业营销效益太差,企业就可以通过提高价格的吸脂定价方案来改进营销现状。

(3) 差异定价方案。如果是本企业产品的价格高于或者低于竞争企业,就要提出差异定价方案,满足市场需求,以保持其市场占有率。

(4) 折扣定价方案。如果产品价格不利于激励顾客多购买本产品,就可以提出折扣方案,借助多购从优的方式增加产品销售额。

(5) 信用定价方案。如果产品是大件耐用消费品,如汽车、房屋等,消费者一次性支付困难,从而影响了产品的销售,企业就可以提出信用定价方案,采用分期付款的方式来促进产品的销售，增加产品的市场覆盖率。

这里再强调几个关于价格策略的普遍性原则。

(1) 合理拉大批零差价，充分调动批发商、中间商的合作积极性。

(2) 为批发商、中间商提供适当的数量折扣，鼓励多购，增加产品销售量。

(3) 以成本为基础，以同类产品价格为参考，制定更具竞争力的产品价格。还应指出的是，如果企业以产品价格为营销优势，则更应注重产品价格策略的制定。

第四，销售渠道。

对于企业的销售渠道，主要应当分析以下几个方面的内容。

(1) 目前产品销售渠道如何，对销售渠道的拓展有何计划；

(2) 怎样对销售渠道进行管理以使其更加合理化；

(3) 是否还应该制定一些优惠政策鼓励中间商、代理商以提高其销售积极性，是否应该制定适当的奖励政策来提高他们的销售热情。

第五，广告宣传。

广告宣传应当遵循以下几项基本原则。

(1) 服从企业整体营销宣传策略，树立美好的产品形象的同时，还应注重树立良好的企业形象。

(2) 长期化。传达产品个性的广告宣传不宜经常发生变化，因为，如果变动次数频繁了，产品的个性也就模糊了，消费者反而会不认识商品，甚至连老顾客也会觉得陌生，所以，在一定时段上应当推出主题一致的广告宣传。

(3) 广泛化。选择广告宣传媒体多样化的同时，还应注意重点利用宣传效果好的方式。

(4) 不定期地配合阶段性的促销活动，掌握适当时机，及时、灵活地进行产品宣传，如重大节假日、公司有纪念意义的活动日等。

广告宣传的步骤可按以下方式实施：①在营销策划期内推出前期产品的形象广告；②稍后适时推出诚征代理商的广告；③节假日、重大活动前推出促销广告；④把握时机进行适当的公关活动，广泛接触消费者；⑤积极利用新闻媒介，善于创造、利用正面的新闻事件来提升企业产品的知名度。

第六，具体行动方案。

根据营销策划期内各时间段的特点，推出各项具体行动方案。行动方案要细致、周密，操作性强又不乏灵活性。此外，还要考虑行动的费用支出，一切都在预算之内，量力而行，尽量贯彻以较低费用取得良好效果的原则。尤其应该注意季节性产品的淡、旺季营销侧重点，抓住旺季的营销优势，规避淡季的营销劣势。

6) 策划方案各项费用预算

整个营销策划方案推进过程中的费用投入包括营销策划实施过程中的总费用、阶段费用、项目费用等，其原则是争取以较少费用投入获得最优营销效果。营销费用的测算不能马虎、要有凭有据。像电视广告、报纸广告、网络广告的费用等最好列出具体价目表，以示准确。其中，列表是标出营销费用较常见的方法，优点是醒目易读。对此部分的要求是简单明了，切忌累赘。如价目表过细，可作为附录列在最后。还须注意的是，在列成本时要区分不同的项目费用。其他费用预算方法在此不再详谈，企业可凭借自身具备的经验，具体情况具体分析。

7) 方案的控制与调整

这一部分是营销策划方案的补充部分。策划者应明确对策划方案实施过程的管理方法与具体措施。对实施方案的控制设计要有利于决策的组织与实施。在具体的方案实施过程中不可避免地会出现与现实情况不相适应的地方，因此，必须根据市场的反馈，及时对营销策划方案进行调整。

对于方案的控制与调整，是否应该算作营销策划书正文的内容，这在实践中有两种不同的看法。一种观点认为，如果营销策划案完成并得到企业批准，营销策划即宣告完成；另一种观点认为，营销策划案完成后的控制与调整也是营销策划的内容。但不管持哪种观点，客观的事实是，营销策划方案的实施往往少不了企业市场营销策划专家的参与和指导，除非所策划的问题比较简单，方案实施过程中不涉及技术性问题或没有碰到意外困难。而这种假设情况在现实操作中一般是较为少见的，尤其当企业委托营销策划专家进行策划时，往往是因为所面临的问题较大，或者进行的是重大的策划项目。

从某种程度上说，营销策划工作的实施难度并不亚于营销方案的策划。因为方案在实施过程中会碰到许多困难，出现很多意想不到的问题，这就需要策划方案的实施人员付出艰辛的努力。因此，为了保证营销策划方案的顺利实施，企业需要做好以下3个方面的工作。

(1) 做好动员和准备工作。新方案的出台往往牵一发而动全身，而且营销策划方案的实施需要把任务分解到企业的各个相关部门去执行。因此，方案实施之前企业要做好动员工作，从思想上高度重视，做到企业全体员工认识一致、积极配合、共同努力。同时要做好相应的准备工作，如人员配备、设施添置、资金调度以及对执行新业务人员的培训等。

(2) 选择适当的实施时机。营销策划方案的实施要精心挑选时机，瞄准后再出击，这样才能取得最终的胜利。如营销策划的广告方案应当在恰当的宣传时机推出，这样才能取得更好的宣传效果。如果时机选择准确，往往能取得事半功倍的效果；反之，如果贻误时机，结果只能是事倍功半，甚至有可能前功尽弃。

(3) 加强实施过程的调控。在营销策划方案实施过程中，首先要做好任务分解、落实人员、明确责任及熟悉业务操作规程和操作要求这几项前期工作。其次，要加强企业个人与部门的协调。市场营销是一个有机联系的系统，如果企业部门之间、上下级之间、同事之间协调不够，往往一处梗阻便会造成全线瘫痪。最后，要加强营销策划方案的检查和评估。要检查营销策划方案的执行情况、实施进度等。如果发现方案设计中存在不足，则要采取相应的纠偏措施，及时对方案作出必要的调整。

6. 结束语

结束语一般对整个营销策划的要点进行归纳总结，主要起到突出要点和与前言相呼应的作用，使营销策划书有一个圆满的结尾，而不致使人感到太突然。撰写营销策划书的结束语时，市场营销策划者应该能够很好地回答整个营销策划是否能够以及如何解决前面提出的营销问题；否则，整个营销策划的逻辑性就会受到大家的质疑。

7. 附录

附录是营销策划方案的附件，附录的内容是对整个营销策划方案的补充说明。附录的编写，目的是表明营销策划者认真负责的工作态度，为营销策划提供有力的佐证，增加策划书的可信度。因此，附录的作用可以概括为以下几点。

(1) 起补充说明的作用。附录的编写主要是对营销策划书所采用的调查方法与分析技术作一些必要的补充说明。

(2) 为整个营销策划提供客观的证明，从而增加营销策划的可靠性。

因而，凡是技术性较强、会影响人们阅读营销策划书兴趣的内容，以及有助于阅读者理解和信任营销策划内容的资料都可以考虑列入附录当中。比如可以提供一些原始资料，如消费者问卷的样本、座谈会原始照片、图像资料、数据报表等。应该注意的是，为了便于阅读者查找，附录也要标明顺序。

总之，营销策划书的编制一般由以上几项内容构成。但是由于企业产品不同，营销目标不同，因此所侧重的各项内容在编制上也可有详略取舍，应依企业的具体情况而定。

7.2.2　新产品开发策划书的基本结构

新产品开发策划书，即展示企业新产品开发研究结果与方案构成的策划书。新产品开发是一项非常复杂的工程，涉及较多的内外部因素，因此，需要进行具体、系统的研究策划，从而在此基础上形成新产品开发策划书。

新产品开发策划书的封面、目录、前言、摘要与附录的格式与内容和一般营销策划书一样，其他策划书的这些内容也与一般营销策划书相同，只是正文部分各具特色。

新产品开发策划书的正文部分包括如下内容。

1. 新产品开发内部考虑因素

1) 选择新产品

通过分析已获取的市场资料，提出新产品的概念、明确新产品新在哪里以及新的程度如何、估计潜在产品市场和消费者接受的可能性、估算新产品的赢利情况。而且还需要建立与此相适应的全新的分销渠道。

2) 新产品的深入研究

新产品的深入研究项目包括同类产品竞争情况、预估新产品增长曲线、产品定位点、产品的包装与样式、产品的广告宣传、销售促进、营销渠道、生产状况、产品成本核算、相关法律、成功概率等。

3) 市场营销计划。

市场营销计划主要包括如下几方面的内容。

(1) 新产品计划。包括新产品定位、市场细分、目标市场确定、新产品品质与成分确定、销售区域选择、销售量、市场覆盖率、新产品销售进度表等。

(2) 新产品名称与包装。它涉及新产品命名、新产品商标与专利、标签，新产品外观层次、产品用途、包装方式、包装成本等方面。

(3) 新产品促销。人员推销涉及推销技巧、方式和激励的方法，销售促进涉及新产品发布会、展销活动和各类有奖销售活动，广告涉及代理商的选择、营销目标、广告诉求点、费用预算与推广进度，公共关系涉及与有关机构、营销合作者、内部劳资方及各传播媒体的公关活动。

(4) 产品定价。它涉及新产品价格、企业与消费者利益、定价策略等。

(5) 销售渠道。它涉及各类销售形式和销售商的选择。

(6) 产品陈列。它涉及商店布置、产品陈列、售点广告等。

(7) 服务。它涉及销售全程服务、投诉处理和服务训练等。

(8) 产品供应。它涉及新产品开发、产品质量控制、保险周转存货量、原材料供应、成品运输、运输成本、退货与损耗等。

(9) 信用管理。它涉及财务会计、信用额度、收款技巧等。

(10) 损益情况。它涉及新产品营业收入、成本、费用、税前利润和税后纯利等。

2. 新产品开发外部考虑因素

1) 消费者行为研究

它涉及消费者需求和动机、认知与态度，消费者购买角色、购买时间和地点、数量与频率，购买者的社会地位，购买者收入层次等方面。通常可以用 5W 来表示。

(1) who(谁买)。谁是我们产品的主要消费者?谁参与了购买决策?

(2) why(为什么买)。消费者的购买动机是什么?

(3) where(在何处买)。产品分销渠道建设必须考虑的问题。

(4) when(何时买，买多少)。产品的购买是否具有阶段性或季节性特征？消费者购买产品的频率与购买数量为多少？

(5) what(买什么品牌)。消费者对于品牌的价值取向怎样？能否认可品牌所传达的个性。

2) 新产品与消费者的联系

它涉及新产品特点与消费者需求点的匹配程度、消费者潜在购买倾向与购买力等。

3) 企业与竞争者的比较

它涉及企业规模与组织、经营理念、管理制度、销售人员水平、产品特色与包装、产品成本与价格、产量、企业的财务状况等方面。

4) 政府、社会环境与文化背景

它涉及政治、法律、经济、社会、人口、文化教育、宗教信仰、居民生活水平与社会习俗和风尚等方面。

7.2.3 广告策划书的基本结构

广告策划书是对企业广告策划成果的提炼和综合，进而形成广告活动开展的文字表述。广告涉及的不仅仅是广告问题，因为广告是企业营销活动的有机内容，因此，广告策划书的写作必须以相应的营销研究为前提，即使是单纯的广告作品的设计和创作也不例外。广告策划书基本格式的正文部分包括如下内容。

1. 市场分析

市场分析一般涉及当前市场规模、市场占有率、未来市场潜力、产品铺货到达率、产品陈列占有率、产品销售情况、各竞争品牌情况等方面的分析。

市场分析主要包括以下三个方面的内容。

(1) 市场背景：与策划产品有关的市场情况，如国家对某个行业的政策、市场发展趋势、人们消费观念的变化与消费水平的提高等。

(2) 产品情况：产品的市场占有率，同类产品的比较分析。

(3) 竞争状况：与主要竞争对手之间的市场态势比较，可分为国内市场与国际市场。

2. 消费者分析

消费者分析一般涉及消费者购买角色、购买动机，消费者详细特征，主要消费者与次要消费者的购买量和购买频率，消费者购买时间、地点、数量、指名购买率、品牌忠诚度，消费者商品信息来源，消费者品牌转换情况、产品使用状况等方面的分析。

3. 产品分析

产品分析一般涉及产品生产状况、产品供求情况、产品寿命周期、产品品质与功能、产品品牌与包装、产品价格、产品销售的季节性以及产品的替代性等方面的分析。

具体分析产品的优势及不利因素如下。

(1) 产品的精神意义：从产品的特性中延伸、挖掘出可能在消费过程中给消费者带来的精神上的满足。

(2) 产品的个性内涵：从产品的原料、产地、品种、性能、用途、生命周期、包装、服务等要素中，发现产品在现有市场上的独特性，从而提炼出产品的个性。

(3) 产品的优劣比较：同国内外的同类产品进行比较。

4. 企业分析

企业分析一般涉及企业历史与现状、企业的规模与特点、企业人员的素质、企业的经营状况和管理水平、企业在同行业中的地位、企业整体形象、企业个性与优劣势、产品在企业产品组合中的地位、企业的目标等方面的分析。

5. 销售分析

销售状况分析包括下列内容。

(1) 销售渠道分析。分析同类产品销售的地区、渠道与数量情况，零售点建立情况。

(2) 竞争对手销售状况。分析主要竞争对手的销售策略。

(3) 对目前销售中存在的问题进行分析。

6. 与竞争者的比较分析

与竞争者的比较分析一般涉及与竞争品牌在广告、人员销售、销售促进、销售渠道、服务、公关活动等方面的比较。当然，与竞争品牌在产品、价格、包装等方面的比较也是必不可少的。

7. 企业营销战略

为了实现企业的经营目标，企业在整体营销上必须采取全方位的营销策略，包括如下内容。

1) 企业营销重点

找准企业占领市场的突破口，解决如何扩大市场占有率和提高产品的知名度，产品的广告宣传是以事实诉求为主还是以情感诉求为主等问题。

2) 产品定位

以消费者不同时期的消费心理为主要依据，为产品确立具有竞争力、差异化的市场地位。产品定位可以从产品的高、中、低档次出发，也可以从心理位置和消费观念等角度进行考虑。

3) 销售目标

确定产品的主要销售区域及目标消费群体。其中对目标消费群体的分析越具体越好，分析他们的需求特征、心理特征、生活方式及消费方式等，以使广告目标更为明确、广告宣传更为有效。

4) 包装策略

包装策略包括包装的基调(现代的还是古典的、高雅的还是标准色等)，包装材料的质量、造型，以及包装物的信息传播、大众的设计重点(商标、象征物、文字、图形)等。

5) 零售点战略

零售点战略包括零售点的战略分布与专卖店的设立，零售点的风格与形象设计，零售点 POP 广告（售卖场所广告）与其他促销手段配合等。

8. 广告战略

1) 广告目标

依据前述企业经营目标，确定广告在提高知名度、美誉度、市场占有率方面应达到的目标。广告目标可用一定的数值或比例来表示。目标一经确定，广告活动就必须考虑如何实现这些目标。

2) 广告地区

确定广告宣传主要针对的地区，也可提出分阶段、地区的传播目标。

3) 广告对象

依据销售分析和产品定位研究，可找出与产品的目标市场吻合的、最有消费潜力的顾客群体，并进一步明确这类群体的年龄、性别、职业、收入、人群数量等，以利于广告形式、媒介的选择和推出时机的确定。

4) 广告创意

依据广告主题所提出的广告内容和形式进行创意构思。如确定广告诉求的重点或突出表现产品所倡导的某种消费观念以及消费倾向等，广告口号的使用，模特儿的选择或象征物设计，创新性的表现意念等。

5) 广告实施阶段

提出分阶段广告实施策略，包括每个阶段的广告主题、创意、口号、策略等，以加强广告攻势的针对性，最终实现营销目标。

6) 竞争广告分析

分析主要竞争对手的广告诉求点、广告表现形式、广告口号、广告传播时机及攻势等，以适时调整自己的广告战略与计划。

9. 问题点与机会点

问题点与机会点即提出实现广告目标的问题点、关键点及有利点和优势点。

7.3 营销策划书编制的原则与技巧

7.3.1 营销策划书编制的原则

为了提高营销策划书撰写的准确性与科学性，应首先把握其编制的几个主要原则。

1. 逻辑思维原则

营销策划的目的在于解决企业营销中的问题，应按照逻辑性思维的顺序，即提出问题→分析问题→解决问题的思路来编制营销策划书。

(1) 设定情况，提出问题。一般情况下是先交代营销策划的背景，然后分析产品市场现状，层层推进，再把营销策划书的中心目的全盘托出。

(2) 详细阐述具体的策划内容。在突出营销策划中心的情况下，对策划所涉及的其他部分也要给以充分的重视。

(3) 明确提出解决问题的对策。也就是需要帮企业出点子、想主意。这些对策的提出要有事实依据，使整个营销策划方案令人信服。

2. 简洁朴实原则

营销策划书在编制中应注意突出重点，抓住企业营销中所要解决的核心问题，深入地进行分析，提出可行的相应对策。其针对性强，具有实际操作和指导意义。营销策划书的编制不可长篇大论、词不达意、哗众取宠。总之，要以简洁朴实、具体实用、针对性强为原则，让人一下子就能抓住营销策划书的主要内容，使阅读者易于理解。

3. 可操作原则

编制的营销策划书是用于指导具体的营销活动的，其指导性涉及营销活动中每个人的工作及各环节关系的处理，因此营销策划书的可操作性非常重要。不能具体操作的方案，创意再好也无任何价值。实施不易于操作的营销策划方案，必然要耗费大量人力、财力、物力，其管理复杂，效果也不明显。

4. 创意新颖原则

要求营销策划的"点子"(创意)新、内容新、表现手法新，给人以全新的感受。一个新颖的创意是营销策划书的核心内容。

7.3.2 营销策划书写作的要求

营销策划书是一种陈述式、说明式的应用文体，它和其他文体有所不同。营销策划书的水平高低当然首先取决于营销策划者及其策划方案水平的高低，但绝不可忽视策划书的写作问题。营销策划书的写作有其自身的基本要求，若能把策划方案及相关问题表达得清清楚楚而又不流露出写作技巧的痕迹，就达到了营销策划写作的最高境界。

营销策划书的写作通常有以下几点要求。

1. 要简明扼要、准确易懂

营销策划书并非一种多多益善的文字堆砌，宜简洁、精练，把问题讲清楚即可，要尽量删除一切多余的文字，更不能有意卖弄文字技巧、哗众取宠。编制营销策划书时，切忌把一些内容、观点再三重复，如果某一部分已经涵盖它们，确有必要时在其余部分提及即可，不必重复阐述。

营销策划书涉及的概念、重要表述、数据、图表、结论等一定要确保准确无误，只有准确才可信，这关系到市场营销策划者的声誉和客户的切身利益。营销策划书要通俗易懂，不要故作深奥、咬文嚼字，否则会影响营销决策者的认知，使其不能完全领会策划者的意图，从而影响策划者与客户双方的利益。

2. 要讲逻辑归纳，不要推论

讲逻辑是把众多问题表述得更为清楚明白的基础。营销策划书的写作，既要讲结构形式的逻辑，又要讲专业道理的逻辑，不能颠三倒四，让人摸不清营销策划书的脉络，搞不清该营销策划书到底想说明什么问题。

营销策划书的各部分内容，要直接表述归纳的要点，然后明确扼要地支持它，不能搞推论、设悬念。

3. 要以理服人，不能仅以情动人

无论营销策划运用了多少感情因素，达到了多少感情上的效果，策划的思维、文字表述都必须是理性的，营销决策的要求也应当是理性的。

4. 要重视使用各类图表数字

图表的优点是直观、形象、表现力强，而且经常可以节约大量文字表述。在营销策划书的编制过程中，能用图表的地方尽量使用图表，必要时辅以精练的文字说明，则能达到更好的效果。而且，使用图表数字能够更好地为策划提供合理的依据，作出有力的论证。

5．要注意关键内容的强调

营销策划书中较浓缩的问题点、关键点，可以考虑以适当的形式加以强调，如加着重号，变换字体、字号等，目的是使之更加突出，这有助于阅读者理解营销策划方案。

6．要标清各层次内容编号

营销策划书写作的通病是，要么编号太少太粗，要么编号太多太细，这两种情况都不利于营销策划内容的清楚表达，有时还会造成混乱。市场营销策划者要注意段落、内容层次、各层次编号的合理安排。

7.3.3　营销策划书编制的技巧

营销策划书和一般报告文章的不同之处在于，它对可信性、可操作性及说服力的要求特别高，因此，运用撰写技巧提高可信度、可操作性以及说服力，也是营销策划书的编制所追求的目标。

1．寻找一定的理论依据

为了提高营销策划内容的可信性，并使阅读者信服和接受，就要为市场营销策划者的观点寻找一定的理论依据。事实证明，这是一个事半功倍的有效办法。但是，理论依据要有对应关系，纯粹的理论堆砌不仅不能起到提高可信度的效果，反而会给人脱离实际的感觉。

2．通过举例论证

这里的举例论证是指通过正反两方面的例子来证明自己的观点。在营销策划书中，适当地加入成功与失败的例子既能起到调节结构的作用，又能增强策划书的说服力，可谓一举两得。这里要指出的是，举例以多举成功的例子为宜。特别是选择一些国内外先进的经验与做法来验证自己的观点是非常有效的。

3．利用数字说明问题

营销策划书是一份指导企业实践的文件，其可靠程度如何是企业决策者首先要考虑的问题。营销策划书的内容不能留下查无凭证之嫌，任何一个论点最好都要有依据，而数字就是最好的依据。在营销策划书中利用各种绝对数和相对数来进行对比是必不可少的。需要注意的是，各种数字最好都要标明出处以证明其可靠性。

4．运用图表帮助理解

运用图表有助于阅读者理解营销策划书的内容，同时，图表还能增加页面的美观性。图表的主要优点在于能对阅读者起到强烈的视觉冲击效果。因此，用其进行比较分析、概括归纳、辅助说明等非常有效。图表的另一优点是能调节阅读者的情绪，从而有助于阅读者对营销策划书的深刻理解。

5. 合理利用版面安排

营销策划书的视觉效果的优劣会影响到阅读者对其内容的领会程度高低，这在一定程度上会影响策划效果的发挥。合理利用版面安排也是营销策划书撰写的技巧之一。版面安排包括打印的字体、字号、字距、行距，黑体字的应用及插图和颜色，等等。如果整篇营销策划书的字体、字号完全一样，没有层次感、主辅之分，那么这份策划书就会显得呆板，缺乏生气。总之，合理的版面安排可以使策划书重点突出、层次分明，严谨而不失活泼。

关于版面安排，有以下几点指导性的内容：

(1) 开始撰写每一节完整内容时另起一页，哪怕一页只有 5 行或 10 行；
(2) 列举关键点时，采用双倍行距；
(3) 避免在同一页上出现太多的数字；
(4) 打印文件时留出适当的页边距。

随着文字处理的电脑化，这些工作不难完成。市场营销策划者可以先设计几种版面安排，通过比较分析，确定一种效果最好的版面设计，然后再正式打印。

6. 注意细节，消灭差错

细节往往容易被人忽视，但细节对于营销策划书来说却是十分重要的。面对一份错漏迭出的营销策划书，阅读者怎么可能会对策划者产生好的印象呢？因此，对已经打印好的营销策划书要反复进行检查，不允许有差错出现，特别是对于企业的名称、专业术语等更应仔细检查。如一些专业英语词汇，往往差错率很高，因此在检查时应特别予以注意。因为一旦出现英文字母的差错，阅读者往往会认为是撰写人本身知识水平欠缺所致，这就影响了阅读者对策划内容的信任度。另外，一些细节问题，如纸张和打印的质量等都会对营销策划书本身产生不小的影响，绝不能掉以轻心。一般情况下，应尽量选择质量好的纸张，用激光打印机打印，以保证营销策划书的打印质量。

本章小结

企业营销策划书是一份向策划的执行者传达策划详细内容的文件，因此，应该按照一定的逻辑顺序表述所要传达的信息。营销策划书的结构主要包括封面、前言、目录、摘要、正文、结束语和附录等。营销策划书因时、因地、因企业或策划主题而不同，所以应该分别撰写。虽然营销策划书的篇幅、风格没有固定模式，但其写作有一定的规律可循。

营销策划书撰写的主要格式，要适合学生在学习实践过程中的需要。实际上，对于初学者来说，对策划书格式的强调重在培养和训练学生营销策划的思维模式。没有内容的形式是没有意义的，好的策划一定是形式与内容的完美统一。

关键术语

营销策划　　　　　　营销策划书　　　　　　5W2H

思考题

1. 什么是营销策划书？
2. 简述营销策划书的内容。
3. 营销策划书有何作用？
4. 试述营销策划书的结构框架。
5. 营销策划书的撰写有哪些技巧？

参考文献

[1] 于建原. 营销策划[M]. 成都：西南财经大学出版社，2005：99-100.
[2] 靳俊喜. 现代企业营销策划实务[M]. 成都：四川人民出版社，1997：236-238.
[3] 马同斌. 现代企业营销策划[M]. 北京：中国时代经济出版社，2004：356-358.
[4] 陈信康. 营销策划概论——艺术与案例[M]. 上海：东方出版中心，1999：24-26.

案例研讨

茅台系列酒浙江市场营销策划书

杭州和宁贸易有限公司自取得贵州茅台集团保健酒业有限公司系列酒浙江代理后，潜心致力于市场开拓与培育，目前在浙江已开设各级专营店30余家，初步形成了点线结合的市场网络。

那么如何携手茅台系列酒，做好浙江市场，打响系列酒品牌，在激烈的白酒及礼盒酒市场中占据一席之地呢？在现代市场营销实务中，532法则认为：一个产品如果要在市场上取得成功，50%靠产品，即依靠产品质量、功效及附加值；30%靠执行，即依靠销售力量；20%靠策划，即依靠营销策划及广告投入。营销策划并非万能，但它是连接产品与市场的中介体（纽带），它能及时提高产品的知名度、美誉度，为赢得市场打下良好基础。

一、SWOT分析

1. S——优势分析

(1) 茅台酒久负盛名，各个层次的消费者都熟识和认可。

(2) 浙江省是我国的经济大省，也是全国数一数二的消费大省，各类酒的年销售额惊人。我公司是本土公司，在浙江省有着广泛的人脉关系。

(3) 我们的团队经过一年多的实践，拥有了良好的销售经验，具有团结、勤奋、踏实、拼搏的职业精神。

(4) 目前我们的产品线丰富，有低档的小幸福系列、祥莲葡萄酒系列，有中档的锦绣东方系列，也有高档的礼盒酒系列，它适应了不同人群的消费能力，与五粮液等品牌相比，优势明显。

2. W——弱势分析

(1) 小幸福系列酒市场推广没有开展，缺乏知名度，目前仅靠各专营店的推广，显得势单力薄、力不从心。相比浙江市场走俏的泰山、伊力特、宣酒等品牌，它们每年有庞大的广告投入及多种多样的营销措施。

(2) 礼盒酒的销售具有明显的季节性，淡旺季相差很大，淡季市场投入大，上量慢，压力大，要求各专营店有长期发展眼光和心理承受能力。

(3) 大品牌延伸混乱，多品牌战略使商家在品牌竞争中短期获利，造成消费者认知混乱和忠诚度降低。浙江目前有几十个白酒品牌在争夺这个市场，市场竞争激烈，小幸福、锦绣东方虽然属贵州茅台集团，但是百姓对其认识不足，一下子很难接受。

(4) 目前浙江大部分超市的白酒礼盒除有少量其他品牌销售外，大部分为贵州茅台集团技术开发公司开发的产品，虽然品种没有我们多，但是价格相差甚大（如一帆风顺超市零售价是218元，我们专营店是428元）对市场冲击较大。作为领路品牌的53°飞天茅台，我们在价格上也没有什么优势，这样容易给市场造成一种专营店价格虚高的错觉。

3. O——机会分析

(1) 礼盒酒在整个酒行业份额还相当小，目前尚未形成规模，各品牌基础比较薄弱，为新品牌提供了很大的成长空间。

(2) 大多数白酒消费者容易对长期不变的产品产生厌倦心理，尤其是中、高端产品，大家更有体验新鲜的冲动，茅台作为白酒业第一品牌，通过努力可以让消费者接受。

4. T——威胁分析

(1) 流窜品牌的掠夺性市场分割和不计后果的短期操作行为给整个市场带来干扰。

(2) 传统的品牌有在位优势，并且在渠道建设、广告投入、人员培训和人力资源上都有着十分雄厚的实力。

(3) 缺乏完善的营销机制与计划，市场各自为阵，难以形成规模、提升形象。部分终端较难进入或成本较高。

(4) 广告与促销活动未能很好开展，必须在浙江市场完成以下三大任务：
① 鲜明的品牌优势与可利用资源的整合。
② 有效的市场区隔和管理，以及可持续的战略规划。
③ 成功的竞争策略和执行体系，当地化的行销推广及广告宣传。

二、消费行为研究

1. 饮用特征

在不同饮用地点，饮用特征也不尽相同。

(1) 在酒店饮酒，品牌多为当地流行品牌，价格在30~150元之间，酒精度也不同，同饮者多为朋友、同事、领导及生意合作伙伴，饮用量较大。

(2) 在家庭饮酒，品牌多为低价白酒，价格在50元以下，酒精度也不同，同饮者多为亲朋，饮用量不大。

2. 品牌转换的影响因素

(1) 口碑(跟风)及市场流向导向。

(2) 广告及终端促销的吸引力。

(3) 假酒及谬论中关于勾兑酒的批评指向。

(4) 品牌每 1~2 年一换已成为消费者的默契并接近于习惯。

(5) 是每年制造流行品牌，还是品牌每年流行，让厂家大伤脑筋。消费者的品牌转换，最终取决于厂家。

小幸福通过一定的市场投入和良好的市场营销，可以成为浙江的流行品牌。

三、营销目标与定位

一年内在浙江省内开设专营店 100 家。在主市场区域，进入同档次的市场占有率前五名，2009 年销售额突破 5000 万元。

四、市场推广原则

(1) 统分结合：主市场统，次市场分；城市市场统，县乡市场分；大媒介统，小媒介分；大活动统，小活动分。

(2) 以点带面：以城市带县镇，由旺销区向周边扩张。

(3) 避实就虚：避免与同类竞争品牌的正面遭遇战。

(4) 滚动投放：投入与销售挂钩，控制节奏。

(5) 紧扣产品：充分利用茅台系列酒的产品优势，设置活动方案。

(6) 先后分明：先攻集团消费及礼盒酒、家庭消费，后攻餐饮消费。

五、营销策略

根据目前浙江市场的现状和专营店建设状况，我们建议在市场建设粗具规模的台州(目前已开设 8 家专营店)、湖州(目前已开设 5 家专营店)先行启动，以点带面，逐个铺开，一步步把市场做热，增加专营店信心，提升产品知名度，促进系列酒销售。

(一) 营销主题

茅台系列酒，喝出健康来！

(二) 营销对象

(1) 小幸福系列及祥莲葡萄酒系列主要针对大众消费市场，如普通酒店、婚庆宴席、日常接待等。

(2) 礼盒酒主要针对企事业单位上层领导，应酬较多的社会群体以及有一定经济基础、追求生活品位的个体。

(三) 营销活动时间

2008 年 11 月中旬至 2009 年 2 月中旬，本次策划主要选择在中国传统佳节春节前后，作为市场预热，故选择在 11 月中旬逐步展开。

(四) 营销目的

(1) 提高茅台系列酒的品牌知名度、美誉度，培养茅台系列酒的忠实消费群。

(2) 带动元旦、春节前后的节日消费。

(3) 为 2009 年市场的全面启动打好基础。

(五) 广告宣传的计划

1. 投放广告——媒体目标

(1) 利用合理的媒体组合，扩大媒介涵盖面，提高广告的净到达率；

(2) 增加受众的频率累积，提高提示知名度；

(3) 减少广告浪费，有效积累频率，提高未提示知名度；

(4) 配合创意进行媒体安排，刺激消费者对商品的使用，提高第一提及知名度；

(5) 配合周边地区通路推广，向具有销售潜力的地区快速拓展。

2. 主要目标对象的媒体接触习惯(见表7-1)

表7-1 主要目标对象的媒体接触习惯

主体传播人群	影响媒体接受的习惯因素	媒体接受习惯
通路人群	关注经济发展，关注权威媒体的广告	电视，报纸，户外，网络，电台
酒店最终消费人群	关注经济发展，关注权威媒体的广告	电视，现场促销，户外，报纸
其他消费人群	跟随潮流动向，跟风现象严重	电视，现场POP广告，户外，报纸

3. 媒介的投入

根据公司销售状况及总部规划，大范围投入广告时机尚不成熟，大量投入电视广告，费用也太高，故我们选择了受众容易接受，投入费用相对较少的媒体进行适量、逐步的投放。

(1) 在台州及湖州高速出口或交通要道投放高炮广告各一个，县级投放户外广告牌一个，同时可选择小区或道路活动广告牌；选择适当时机在电视、报纸投放少量广告，并配发软文及新闻。

(2) 准备充足的物料供活动使用：

①印刷POP广告和节日促销活动条幅；

②定制红色灯笼(设计式样另定)供专营店及酒店宣传使用，悬挂于店门口，既能美化酒店，又能体现中国传统佳节的氛围；

③印刷广告台历或挂历，赠送给客户和消费者；

④定制小礼品，如桌布、台历、成套茶具、小酒杯、餐巾纸、打火机、笔等，供年底促销使用。

⑤定制促销台，供免费品尝赠饮活动用。

(3) 对酒店服务员要做好工作，让其能够用心帮助推广，可采取开瓶费或赠送小礼物(如简单化妆工具、小化妆包、遮阳伞、时尚手表)等方式作为报酬。

六、营销活动策划

良好的营销活动策划往往会收到事半功倍的效果，既能提升品牌知名度，又能直接推进产品的销售。

(1) 在2008年11月—2009年4月开展"喝茅台小幸福酒，做美丽幸福新人"活动。凡在活动期间使用茅台系列酒作为婚宴用酒的新人，均可凭结婚证参加"幸福新人"活动，每个地区评选2~3名"幸福新人"(浙江省评选10名)。免费参加"品茅台酒文化，游黄果树风景"活动。婚宴酒席人员来自各个层面，小幸福系列又特别适合这种场合，这本身就是一种无形的广告。此活动可与当地电视台联合举办。

(2) 开展免费品尝赠饮活动。节假日选择闹市区或专营店、酒店门口开展免费品尝活动，边介绍茅台系列酒(小幸福为主)，边分发POP广告、赠品，吸引消费者的眼球，提高知名度，同时现场买酒，买两瓶送一瓶。

七、广告策划预算(见表 7-2)

表 7-2　广告策划预算

项　目	说　　明	费　用
策划设计费用	具体细化的活动方案和设计	3 万元
高炮	台州、湖州	28 万元
其他户外	灯箱广告、站亭广告、户外广告牌	28 万元
电视广告	投放地市级、县级适量	10 万元
宣传物料	促销礼品、POP 广告、促销台、台历或挂历	16 万元
"幸福新人"及赠饮费用	现场赠饮及促销，10 位"幸福新人"免费旅游	16 万元

合计：101 万元

(来源：麦肯光华营销策划公司. 茅台系列酒浙江市场营销策划书[EB/OL].2010-05-04. http://www.sohu158.com/Article/ppwh/2010/0504/651.html)

思考题

1. 该策划书的宣传目的和主要策略是什么？
2. 你认为该策划书可行么？
3. 请你为茅台系列酒浙江市场做个创意策划。

第 8 章 企业形象策划

 本章提要 本章主要阐述了企业形象策划的基本概念、组成部分、原则及进行形象策划的基本步骤。本章的重点是掌握企业形象策划的概念及各组成部分的内容、地位与企业形象开发设计程序。本章的难点在于理解企业形象策划及其各组成部分的内涵、意义与企业形象策划的基本步骤。

引　　例

四川省三台县境内有一座海拔 1800 米高的南瓜山,该县的心妙乡四村八组就位于海拔 1500 米的位置,是南瓜山上最高处的一个山村。由于山高路陡,山上的住户从来都与冰箱、冷柜等大型家电"绝缘"。

四村八组的李秀林想买台冰箱,可一想到运输问题心里就打怵。他试着询问了几处商场,可负责人一听是"心妙乡"的就直截了当地说"不送货"。到心妙乡四村必须经过一处险峻的悬崖,没有商家愿意冒险。这事恰巧让四川三台潼川海尔售后服务部经理许美智知道了,他告诉李秀林:"我们海尔给送货!"。

许美智找人专门为这台冰箱制作了一顶"轿子",并把冰箱牢牢地固定在"轿子"上,为了防止上山的时候脚下滑,还特意让抬"轿子"的人穿上草鞋。于是有了海尔冰箱坐着"轿子"过悬崖的故事。

最难走的是一处悬崖,深有百米,下面乱石丛生,如果不小心摔下去,就会粉身碎骨。崖上的小路是在一块巨石上凿出来的,弯弯曲曲大约 150 米,最宽处只有 40 厘米,有一条铁索供过往的山民抓着过山崖,平常空手走人还可以,抬着一台冰箱过悬崖就非常危险,既要保证人的安全还要保证冰箱不碰到悬崖壁上。

经过"翻山越岭",海尔冰箱被平安地送到李秀林家,同时海尔也走进了山里人的心里。李秀林买到的不是产品,而是用户对海尔的满意、信任和忠诚。而顾客体验到的感动,正是海尔致力于满足用户需求、创造感动的企业形象。

8.1　企业整体形象结构分析

市场营销中的竞争已由产品力、促销力的竞争发展到形象力的竞争。国外企业早在20世纪80年代即纷纷自塑崭新的企业形象来增加竞争的砝码。到了90年代，世界东、西方都卷起了导入CIS的浪潮。对企业形象的策划由最早偏重于视觉发展到突出文化，我国则把企业形象的塑造提升到企业发展战略的高度。首先，CIS具有识别功能，使本组织的形象鲜明易认，从而能够帮助公众准确、迅速地识别本组织。其次，CIS具有渗透功能，通过实施CIS，可以强化各形象要素之间的内在联系和呼应效果，从而从不同的角度和渠道给予公众连续的、潜移默化的信息刺激，使组织的形象有更强的渗透力，使公众对组织的产品和服务逐渐形成一种偏爱、厚爱和心理依赖，产生一种思维定式。

8.1.1　企业整体形象的含义

1. 企业整体形象的内涵

企业整体形象系统简称CIS，CIS是corporate identity system的缩写，一般译作"企业识别系统"。CIS也被称为企业形象策划、企业设计系统、企业同一性设计等，在日本，则把CIS延伸为企业形象战略。对CIS的内涵国内外尚无统一定论，常以CI、CI战略、CI策划、CI计划、CI系统、CI设计等来通称。简单地说，CIS是指企业用于市场竞争的一切设计都采用一贯性的统一形象，运用视觉设计和行为展现，将企业的理念及特性视觉化、规范化、系统化，通过各种传播媒介加以扩散，来塑造独特、鲜明的企业形象，使公众对企业产生一致的评价和认同，从而增强企业的整体竞争力。导入CIS后，会使企业从深层的企业理念到表层的企业标志都发生积极改变，从而确立企业的主体性和统一性，并通过快速、有效的企业信息传播，全面提升企业形象。

CIS战略的实施是企业实现自我统一性和人格统一性的过程。自我统一性是指企业管理者和员工经过充分认知企业、认知自我，使自我完全融入企业形象之中，使企业的行为准则成为自我的自觉行动规范，同时通过提高员工素质来形成企业的整体形象。人格统一性是将企业这个实体拟人化，以管理者的经营理念作为企业的经营理念，并借助于视觉形象、企业行动形成整合的人格个性化，通过媒体传送至社会受众，折射出企业整体的人格形象并被社会公众接受和认知。

企业整体形象战略实质上是体现企业差别化经营的一种战略。CIS不仅是企业标志系统的设计，而且是企业整体形象的设计，是包括企业经营目标、社会地位、内部管理等在内的总体形象设计。企业的这种总体形象的设计就在于实现企业的自我认知和企业向社会的自我介绍，以营造最好的经营环境，并以此作为争夺市场的长期战略武器。

CIS作为企业识别系统或身份本身包含着差别化经营的内容，企业导入CIS的动机也是为了从战略高度运用系统化的差别竞争策略。就CIS的实践而言，无论是VI、BI或MI都必须而且始终贯穿"仅此一家，别无分店"的差别化思想。CIS脱胎于工业设计，但不能仅停留在视觉设计上。

2．CIS 与工业设计的区别

1）设计的基点不同

工业设计的基点是产品，是对产品的材料、结构、外观、色彩和包装进行设计；CIS 设计的基点是企业，是对企业整体的软件设计，即从经营理念、行为到视觉识别的系统设计。二者的行为层次不同，工业设计属于企业具体操作层次的行为，CIS 设计则是企业整体战略行为。

2）设计目标不同

工业设计的目标是提高产品的市场竞争力，CIS 设计则是以强化企业整体形象从而提高竞争力为目标。CIS 也不能等同于企业管理，两者的区别如下。

(1) 目标有别。企业管理以提高员工的积极性和工作效率为目标，CIS 则是以提高企业整体竞争力为目标。

(2) 侧重点不同。企业管理侧重于协调企业内部各要素之间的关系，CIS 侧重于协调企业与外部环境的关系。

(3) 职能各异。企业管理的职能是计划、组织、控制、激励和决策，CIS 的职能是识别和整合。

CIS 战略是不能由工业设计或企业管理所取代的战略，CIS 战略的设计也不能取代工业设计或企业管理，CIS 战略是企业战略系统中的一个具有特色的组成部分。

8.1.2　企业整体形象的结构

CIS 产生初期，在不同的国度有不同的称谓，如被称为产业规划、企业设计、企业形象、特殊规划、设计政策、企业身份等，这些称谓都从不同角度揭示了 CIS 的特点。目前，这些称谓均为企业识别系统这一概念所取代，或更直接地称为企业形象或企业文化。CIS 是个整体系统，它由 MIS、BIS、VIS 三个子系统组成，这三个子系统的内涵分别阐述如下。

1.理念识别系统

企业的理念识别系统(mind identity system，MIS)包括企业使命、企业精神、价值观念、行为准则和道德规范，企业的经营方向、经营思想、经营作风、进取精神和风险意识等。企业的理念识别系统是 CIS 的灵魂，它属于最高决策层次，是导入企业识别系统的原动力。

2.行为识别系统

企业的行为识别系统(behavior identity system，BIS)包括对内行为与对外行为。对内行为主要指干部教育、员工培训、生活福利、工作环境、内部经营、研究发展、环境保护等管理活动。对外行为主要指市场调查、产品开发、公关活动、股市对策、公益性资助、文化性赞助等，表现为动态识别形式。

3.视觉识别系统

企业的视觉识别系统(visual identity system，VIS)包括企业的物质设备形象，如厂房、办公楼、仓库、设备、企业标志、建筑物式样、外部装修、色彩配搭、环境绿化与美化、内部装饰格调等，企业员工形象、产品质量形象、品牌包装形象等，表现为静态识别符号，是具体化、视觉化的传达形式，项目最多，层面最广。

MIS、BIS、VIS 三个子系统构成了 CIS 系统。企业导入 CIS，实施 CIS 战略，亦即通过现代设计理论结合企业管理系统理论的整体运作，把企业经营管理理念和企业精神文化传达给社会及公众，从而使 CIS 系统成为实现塑造企业的个性，张扬企业的精神，使社会及公众产生认同感，在市场竞争中谋取有利地位和有效空间的一种总体设计与策划。

MIS、BIS、VIS 的关系表现在如下方面。MIS 是 CIS 的灵魂，是企业识别系统的基本精神所在，也是整个企业识别系统运作的原动力。MIS 影响企业内部的动态、活力和制度，组织的管理与教育，并扩及对社会公益活动、消费者的参与行为的规划，即影响 BIS；最后，经由组织化、系统化、统一化的 VIS 传达企业经营的信息，塑造企业独特的形象，达到企业识别的目标。企业识别系统的子系统结构如图 8-1 所示。

图 8-1　企业识别系统的子系统结构

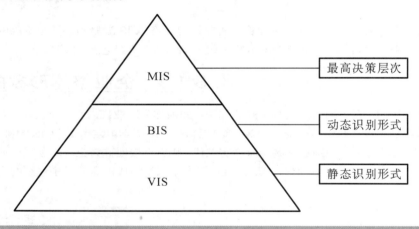

企业导入 CIS 形成的魅力并非来自表面的粉饰、包装、广告所构成的视觉形象，而是来自 CIS 三个子系统及其各个更小的要素的均衡发展和彼此协调，由表及里、表里如一地策划与设计 VIS、BIS、MIS 三个子系统的全面整合，才构筑出包含三个子系统要素的美好企业形象。

8.1.3　企业整体形象战略的核心

企业整体形象战略的核心在于加强企业文化建设。企业文化是企业精神文明与物质文明的总称，是企业及其职工共同持有的思想观念、价值取向和行为准则，它由企业经营观念文化、企业管理文化和企业营销文化组成。任何行业的各类企业一旦走向市场、参与竞争，就不能不进行必要的文化建设。现代社会的市场竞争表面看起来是产品的竞争、价格的竞争，实质上是企业内在活力与动力的竞争，而企业的内在活力与动力正是通过企业文化现象表现出来的。加强企业文化建设是社会主义市场经济的要求，也是企业本身求生存、谋发展的内在条件。

1. 企业经营观念文化

企业经营观念文化建设包括确立市场营销观念和营销道德规范。思想观念是关于行为的指导思想，市场营销观念是指以"市场营销"作为企业行为的指导思想。市场营销是生产者个人与经济组织对经营战略及策略的计划和执行过程，以实现生产者或经济组织的经营目标的整体活动。企业市场营销的目的是满足消费者的现实或潜在需求，其中心是使买卖双方达成交易，其手段是开展综合性的营销活动。这些活动包括对市场和消费者的研究，选定目标市场，进行产品开发和定价，选择分销渠道，采取促销措施，开展售后服务，收集反馈信息等。树立市场营销观念就是要以市场营销所包含的企业活动的目的、中心和手段作为指导企业行为的思想观念。

显然，市场营销是现代社会化大生产条件下的产物，其包含的范围远远超出了我国传统商业活动的范围。一般商业活动过程仅指商品的购、销、调、存等用来沟通生产与消费环节的过程，而市场营销的范围却无所不至，企业要推动商品在国际市场流通，就得对这些特定市场实行大市场营销。企业能否切实树立市场营销及大市场营销观念，仍是企业文化水准高低的基本标志。确立社会主义经营道德规范是企业文化不可忽视的内容。企业的社会主义经营道德是社会主义企业生产经营者处理与本行业或其他行业用户或个人消费者之间关系的行为规范的总和，包括顾全大局、相互支持，实事求是、货真价实，用户至上、服务为荣、公正无私、一视同仁等。企业经营道德与行业风气是互为依存的表里关系。职业道德是本，是核心。道德高尚，风气就正；道德败坏，风气就邪。纠正行业不正之风与树立社会主义经营道德是破与立的过程。只有破陋习，才能树新风。树新型经营道德的过程，也是破行业不正之风的过程。企业道德水准的高低直接影响着企业的信誉和形象好坏。企业信誉直接关联着产品销售、市场占有率和企业经济效益。企业对产品实行声望定价的策略，就是基于对企业信誉可带来效益的正确估计而实施的。可见，提高企业的经营道德水准是与企业市场营销密切相关的。

2. 企业管理文化

企业管理文化集中表现为通过强化企业管理塑造优良的企业精神，即通过强化企业管理使企业具有执著的开拓精神、正确的价值取向、坚定的团体观念和完善的激励机制。

1) 执著的开拓精神

企业的开拓精神是一种强烈的发展欲望的体现，是企业发展的动力所在。企业的发展应表现为市场的开拓和产品的开发两个方面,企业亦应执著地追求市场开拓和产品开发。在市场竞争的条件下，尽可能扩大本企业的市场份额；在产业集中的过程中，尽可能促进企业的规模经济效益的提高，并形成产业集中的核心；在国际市场交换中，不为商品大潮所淹没而能自如地在国际市场上纵横捭阖，这始于选型、定点和设计，在准备原材料、制造商品之前，并延续到产中、产后，一直延伸到消费领域。可见，市场营销活动比流通过程更长。虽然，市场营销活动要与市场、商品打交道，但是又不限于商品交换。市场营销不是推销的同义词，市场营销的目的就在于使推销成为多余。美国学者菲利普·科特勒指出:"推销不是市场营销的最重要部分,推销只是'市场营销冰山'的尖端。推销是企业市场营销人员搞好市场营销研究,了解购买者的需要,按照购买者的需要来设计和生产适销对路的产品,同时合理定价,搞好分销、销售促进等市场营销工作,那么这些产品就能轻而易举地推销出去。"树立市场营销观念必须实行传统经营观念的转化。传统经营观念往往表现为生产观念和产品销售观念。生产观念是在产品供不应求、处于卖方市场的条件下形成的企业生产什么就卖什么以适应传统自然经济的一种早期观念。销售观念虽比生产观念进了一步,是在局部产品积压的情况下,强调把生产出来的产品尽量销售出去。这两类旧观念的特点就在于都是以生产者为中心,目标是企业的短期利润,手段是单纯的生产或推销,重点则是产品本身。这与市场营销观念满足社会需求、获取长远效益、实施整体营销手段、始终以消费者为中心的主旨是决然相悖的。在参与国际市场营销活动中,企业还要在确立市场营销观念的基础上,进一步树立大市场营销观念。大市场营销是菲利普·科特勒于1994年提出的新理论。大市场营销是指为了成功地进入特定市场并从事活动,在策略上协调地施以经济的、心理的、政治的和公共关系的手段,以博得各方面的合作与支持,从而达到预期的目的。但是,现代社会商品的流通是大流通,应是企业的追求精神的体现。产品开发的过程也是个不断创造和提高产品文化的过程。产品文化集中反映在产品的形态、材料、功能三个方面。其中,形态包括外观、色彩、包装、商标等,材料指加工产品所用的物质及加工工艺,功能则包括产品的物质功能和精神功能。物质功能是指产品的实用性、耐用性、科学性,精神功能则是产品以适应和满足不同国家、不同民族的审美情趣、消费心理、生产方式、生活习惯为特征的属性。

2) 正确的价值取向

企业中的共同的价值取向是现代管理的核心因素。美国管理学者奥特曼、彼得斯两人合著的《成功之路——美国最佳管理企业的经验》在分析美国最佳管理企业的经验后,认为搞好现代管理有7个方面的要素,即结构、战略、体制、技巧、人员、作风、共同价值观,其中以共同价值观为核心因素。正确的价值取向就是将企业的价值摆在社会价值之中考虑和对待。追求企业价值不能忽视或背离甚至损害社会整体利益。一切有利于社会发展同时也有利于企业发展的战略、策略、行为、方法都是可取的。相反,妨碍或削弱社会整体利益,哪怕在短期内可能给企业带来局部利益,也是不可取的;既不利于社会整体,也有害于企业发展的价值取向,则更应视为无价值或负价值。正确的价值取向应表现在企业经营的方方面面,如发展成外向型企业的抉择,产品开发方向的抉择,市场开拓规模和程度的抉择。企业内部管理方式的正确价值取向应该是在全体员工中形成的共识,而不是仅限于决策层的行为。只有企业全体人员持有共同的价值导向,才能形成企业上下智能、心理的趋同,相互理解以及行动步调的一致。

3) 坚定的团体观念

团体观念是一种社会化的集体主义观念。这种观念要求企业职工时时、处处、事事以主人翁的姿态参与企业管理。在实践活动中,企业职工要坚守岗位、恪守职责、敬业乐业,企业领导层要对职工形成凝聚力。为此,企业领导人要与群众同甘共苦、身先士卒,群众能做到的或要求群众做的困难工作,领导要率先垂范,切实树立管理即服务的思想。对职工的工作、生活要关怀备至、体贴入微,将其视若家人。同时,群众对领导层要形成向心力，要认识到支持领导层的工作就是维护企业利益，为企业领导分忧解难，甚至为了企业不惜牺牲某些个人利益。要确立"企业兴盛则荣，企业衰退则耻"的同命运、共荣辱的思想。企业有了坚定的团体观念才能众志成城。坚定的团体观念表现在从事国际市场营销时要上升为坚定的爱国主义精神，在复杂的国际市场上要把企业的兴衰、得失与祖国的荣辱维系在一起。大力弘扬中华民族的传统美德，维护民族尊严和祖国的根本利益，这是企业的生存之本和从事国际市场营销的先决条件。

4) 完善的激励机制

激励机制既有鼓励也有惩罚。企业要有活力必须依法办事、循章管理，按经济规律运作。有利于增强企业活力的人和事就要奖励、提倡，有碍于增强企业活力的现象就要予以杜绝，包括采取必要的惩罚手段。只有奖勤罚懒、奖优罚劣，才能做到是非分明。激励机制应体现在用工制度、干部制度和分配制度上。在用工制度上应实行优化组合，职工能进能出，自由流动；在干部制度上应实行任人唯贤，干部能上能下；在分配制度上应实行联利计酬、联责付酬，以充分调动广大职工和干部的积极性。

总之，无论是执著的开拓精神、正确的价值取向，还是坚定的团体观念、完善的激励机制，都是企业管理现代化、科学化的要求，即形成企业管理文化的过程。

3．企业营销文化

企业营销文化包括以下四个层次。

(1) 企业营销环境设施的文明化、美化。它包括厂房、营业场地的整修、装饰，旧设备改造和先进设备的引进，商品储运设施、工具、配件及各种信息处理设施的添置，科研设施和人才培训设施的配置，等等。

(2) 企业营销的艺术化。它包括产品的美化、营销行为的美化，以及营销手段的多样性、技巧化。从产品设计到包装、广告都要遵循美的原则。产品的规格、款式、花色、风格、陈设都要有怡人的美感，产品的包装要力求新颖别致，广告宣传画面要独具匠心，求新、求美、求奇、求佳。营销艺术化的核心是一个"智"字。营销活动要以智取胜，充分利用自身优势，也要充分利用时机和各种有利条件，然后伺机采取最适宜的营销策略，以取得竞争胜利。

(3) 企业营销行为美化。营销行为美化要体现在营销人员的仪表、举止、谈吐、服务态度上。仪表端庄、彬彬有礼、微笑待客、百问不厌、百挑不烦、亲切热情、应答自如等可以构成营销行为美。

(4) 企业营销行为艺术化。营销行为艺术化必须树立现代公共关系意识，在人际关系中要善于周旋，讲信誉、讲情谊，以便谋求更多的交易机会。同时，在营销活动中要讲究策略、善用技巧，如营销中常用的让利销售、附赠品销售、有奖销售、招徕销售等多种销售术均可因时因地择善而用。

综上所述，企业文化是企业经营观念文化、企业管理文化和企业营销文化三个层次的综合反映，其内容可衍生出观念、道德、精神、共识、追求、情谊、审美、技巧等诸多方面，提高企业文化水准是推动企业现代化的中心环节，研究企业文化对加强企业现代化建设有十分重要的意义。

案例　　　**安踏企业文化建设项目**

2008年6月，安踏(中国)有限公司(以下简称"安踏")为建设企业文化，启动了企业文化建设项目。

一、安踏为什么要进行企业文化建设

从1994年创立安踏品牌以来，在"品牌至上、创新求变、专注务实、诚信感恩"核心价值观的引领下，安踏取得了许多辉煌的成绩。但我们与国际知名体育品牌相比，还有较大的差距。这种差距主要不在硬件上，而是在品牌和企业文化等方面的软实力上。与其说我们未来与竞争对手的竞争是市场竞争，还不如说是彼此之间一种思维模式的竞争，一种文化的竞争。

对于安踏来讲，企业文化建设的必要性主要表现在以下三个方面。

首先，系统建设安踏企业文化是适应安踏未来发展的需要。随着中国体育用品市场的飞速发展，企业内外环境发生一系列新的变化。为了适应这一新形势的变化，安踏需要系统建设与行业及自身发展要求相适应的企业文化，明确安踏追求什么、不追求什么、为什么要有这样的追求及如何追求，让每个安踏人都拥有共同的价值立场，懂得系统的做事原则，在各个领域或各个方面，使其行为举止具有内在的一致性，自觉且有效地维护我们所持的价值立场。

其次，系统建设安踏企业文化是人才队伍建设的需要。在当前知识经济时代，企业与企业之间的竞争，越来越体现为人才的竞争、团队的竞争。打造一支有特色的、敢拼善拼的人才队伍是关系到安踏持续快速发展的关键，因此，应提高每一个安踏人对公司的认同感。

再次，系统建设安踏企业文化是解决安踏目前存在问题的需要。随着近年来安踏的快速发展与国际化，安踏将面临更开放、更多元、更复杂的文化冲击。为此，安踏除了要加强制度管理之外，更加需要企业文化的牵引力。

二、安踏企业文化建设应如何进行

企业文化对于企业的长期持续发展起着决定性的作用，但是再好的集团文化如果不能落实到基层单位，落实到员工的思想与行为上，那也只能是"镜中花、水中月"。

首先，我们要做到全员参与。安踏的企业文化建设项目要达到内化于心、外践于行的目标，还需要我们所有安踏人的共同努力。我们必须通过文化的内部营销，让广大员工了解安踏鼓励什么、提倡什么和激励什么。

其次，我们要做到全面落实。要将之落实到公司的管理制度当中，落实到公司的各项经营管理工作当中，落实到每个员工的日常行为规范当中，真正让文化落地。在具体实施上我们将分三步来进行。

第一步，理念生根。理念生根就是要让每一个员工心里都对安踏的企业文化有清楚的认识，通过不同形式和渠道在企业内部进行文化理念的宣贯，让无形的文化通过员工有形的工作表现来展示；开展企业文化讨论和相关活动的策划，提高员工对文化理念的关注和认同；开展丰富多彩的团队活动和班组兴趣活动，加强团队之间的沟通，提升团队的凝聚力，从而实现以文化理念指导员工行为；最后通过整合和细化到班组，形成独具特色的管理文化、团队文化等。

第二步，行为落地。通过策划一系列的文化活动和文化建设工作，通过标杆作用传递等活动，让文化建设不仅仅是纸上谈兵，而是贴近每个员工的工作和生活的行动。

第三步，制度管理。制度管理就是要保障文化更好实施。在员工对安踏企业文化已经有了很好的认识和认同的情况下，使员工在行为导向上也有章可循，以达到规范员工的行为，保障前两步努力成果的效果。确保制度成为文化建设的推进器，而不是束缚文化建设的枷锁。

倡导和营造具有时代特点及安踏个性的企业文化，是为了迎接市场激烈竞争的挑战，是保证安踏基业长青的一项战略任务。一个企业能够持续不断地健康发展，其中必然有一种根本性的因素在发挥作用，这种因素就是文化。

(来源：普智经盛管理咨询(中国)有限公司. 文化铸就安踏百年品牌 安踏(中国)有限公司企业文化咨询项目纪实[EB/OL].2008-08-20. http://www.wccep.com/Html/200882093435-1.html)

8.2 CIS 策划的基本原则

8.2.1 系统化原则

导入 CIS 的系统化原则有以下两层含义。

首先，CIS 作为企业识别系统即整体形象战略，它是一个有机的整体，由三个相互联系的子系统构成：理念识别系统、行为识别系统、视觉识别系统，要注意使三者协调和谐，形成一个规范的大系统，起好协调放大作用，即 1+1+1＞3。完整而有效的 CIS 应是企业理念、文化、经营方针、经营目标、发展战略、行为准则、经营作风、组织管理、社会责任等企业内隐形象与企业名称、标志、代表色、产品、服务、广告、包装等企业外显形象的整合，是一个有密切内在联系的不可分开的整体。

其次，导入 CIS 的系统性是指企业要把 CIS 的导入作为一项系统工程来实施，因为它是涉及企业这个组织系统的全员性、全范围、全面的方法与手段。所谓全员性是指 CIS 导入需要企业全体员工的共同努力、积极参与和广泛支持；所谓全范围是指企业生产经营的各个部门、各个环节、各个过程的方方面面均要体现 CIS 的理念精神、行为指南、视觉传达的要求，不能各部门或各环节自搞一套，而割裂整体的有机联系；所谓全面的方法与手段是指要运用各种合理的媒介、活动和方法、手段，把企业的整体形象信息传递给社会公众。

总之，导入 CIS 的系统性是指 CIS 本身和企业组织本身都要从系统整体出发来展示形象，而不是支离破碎地传递企业形象信息。

8.2.2 个性化原则

CIS 的根本目的是塑造具有鲜明特色的个性形象，它归根结底是一种差异性(个性化)战略，日本著名 CI 设计专家中西元男有一句名言："CIS 的要点，就是要创造企业个性。" CIS 中的 "Identity" 一词本身就具有 "身份、个性、特性" 的含义。因此，差异性是 CIS 的本质特征，这种差异性不论是在企业名称、标志、标准字、标准色、广告、包装、口号等方面，还是在企业经营理念、经营策略、管理制度等方面，都要体现企业特色，将企业特有的个性展示于消费者面前，而不是照搬别人的模式。即要创造差异，以"异"形成优势、以"优势"谋取成功。企业形象通过差异化设计以后，不仅有利于社会公众在庞杂的信息中识别企业和认同企业，也有利于表现本企业与其他企业在产品或服务上的差异，从而树立企业独特的形象。

8.2.3 战略性原则

CIS 的导入是一项艰巨的系统工程，涉及企业的方方面面，是企业从"外表"到"灵魂"的革新。运用 CIS 来强化企业的统一精神，培育自我独特的企业文化，需要长时间的积累与培养。要使企业形象真正得到社会公众的认同和支持，并不是短期就能奏效的。因此，导入 CIS 不是一朝一夕的事情，也不是通过一两个成功的活动便能一劳永逸的，必须树立长期的观念，有计划、按步骤地实施。导入 CIS 本身就包括策划、实施，完成整个系统工程，国外企业一般周期在 10 年左右，即使只是部分导入，也往往需要 3～5 年的时间。更为重要的是，CIS 是一个只有始点而无终点的运动过程。企业在导入 CIS 的过程中，时代的变迁、企业环境的变化，如经营方向、经营策略、关系企业、产品结构、组织机构的变化，都会使企业形象的要求发生变化；CIS 也应随着企业内外部环境的变化而不断进行局部更新，或全面更新，甚至进行多次 CIS。因此 CIS 的导入是一项战略活动，是一个不断适应外部环境，与企业具体实际相互结合、相互促进和提高的过程。

8.2.4 可操作性原则

CIS 并不是一种空洞、抽象的哲学理论，也不是一种装点门面、追求时髦的手段，而是一种理论与实践有机结合的、实实在在的企业整体形象战略和战术，具备很强的科学性和应用性，它必须是可以操作的，是企业形象塑造的行动指南。CIS 的操作应用性，主要体现在四个方面：必须有一套贯彻宣传企业理念的具体方法；必须有一套可具体执行的行为规范；必须有一套能形象直观地体现理念的视听传达设计方案；CIS 方案的每一个环节都必须是可操作的，对存在的问题都必须有相应的解决措施。

8.3　CIS 策划的基本步骤

8.3.1　开发设计阶段

企业导入 CIS 是一项系统工程，虽然因企业特点、经营范围、导入动机的不同，在设计规划的流程与表现的重点上有所区别，但基本程序步骤大同小异。CIS 的导入程序大致可分为准备、调研、企划、设计等。具体可分述如下。

1. 准备

导入 CIS 活动正式开始之前，实际上都有一个准备阶段，其任务是确认导入 CIS 的动机和目的，制订基本计划，落实人、财等条件，为正式启动导入计划做必要的准备。企业基于内部自觉的需求或迫于市场经营外在的压力，在诊断自己、重新认识自己的基础上，产生了需要导入 CIS 的想法，然后由企业负责人倡议，或由企业广告、公关、宣传、销售等部门负责人提出倡议，或由外界人士(如策划、咨询、设计公司)推崇，提出导入 CIS 的提案。提案者必须根据企业现状确认导入 CIS 的动机和目的。企业领导必须组织有关人员慎重讨论实施 CIS 的理由，明确实施的意义和目的。导入 CIS 的提案被批准后，一般应组建 CI 委员会(CI 工作小组)，其成员由企业主要负责人、部门负责人、CIS 专业公司人员组成，主要任务是 CIS 计划的制订与实施，确立 CIS 的项目与日程安排，制定预算费用，进行必要的预备调查。准备阶段完成后，应提交一份规范的 CIS 提案书，内容一般包括导入 CIS 的理由和背景、基本方针、计划项目与日程安排、负责机构、项目预算、预期效果等。

2. 调研

提交 CIS 提案书并获得企业领导或董事会的通过后，CIS 进入实质性运作阶段，首先从调查分析阶段开始。调查分析的任务是确定调查内容、调查问题与问卷设计、调查对象、调查方法、调查程序与期限、调查结果分析等。调研的内容包括企业的历史、企业的经营现状、企业的发展战略、企业法人代表及高层管理人员的经营风格、企业组织文化氛围、市场同业竞争形势、市场同类产品竞争形势、企业知名度、市场地位及产品力等。

3. 企划

企划即企业形象策划。企业形象策划主要围绕企业形象的社会定位、市场定位与风格定位，企业形象的表现战略的选择，企业形象的计划实施方案及管理办法方案等方面进行。在企划阶段，要对调查结果作出综合性结论，归纳整理出企业经营上的问题，并给予有效的回答；还要对本企业今后的思想、活动及形象构筑方向，提出新形象概念，设定出基础设计的方向，并根据总概念构筑基本理念系统。如果把下一阶段的设计比作形象概念的展开的话，那么企划阶段就是整个形象概念的总设计。

4. 设计

企业形象设计包含企业经营思想、精神信条、企业口号、企业座右铭、企业歌曲的设计。如麦当劳的经营思想是"顾客永远是最重要的，服务是无价的，公司是大家的"。IBM 的经营宗旨是"尊敬个人、服务顾客"。第一投资公司的口号是"人是我们的第一投资"。声宝公司的口号是"商标就是责任"。

企业形象基本要素设计，包括企业名称，企业、品牌标志、标准字体、专用印刷字体，企业象征、造型、图案，企业宣传标语、口号，以及企业标准色等。如 IBM 被誉为蓝色巨人，富士胶卷和柯达胶卷分别以绿色和黄色为本企业的主色调。企业投资、赞助的选项原则及媒体选择，如国邦公司以选取中长期的具有重大意义的工业、高科技、贸易及房地产、旅游项目作为投资项目。在实施赞助等行为时，支持对社会真正有益、有用而非徒具虚名的社会公益活动(如捐建海口滨江大道、龙昆北路、南航路公汽候车亭，为交通警订制遮阳伞，支持少儿书画大赛等)。

企业形象设计的六个应用系统包括办公室内陈设系列、办公用品系列、交通工具系列、员工制服系列、产品包装系列、广告用品系列等。具体如图 8-2 所示。

图 8-2　企业整体形象设计要素体系

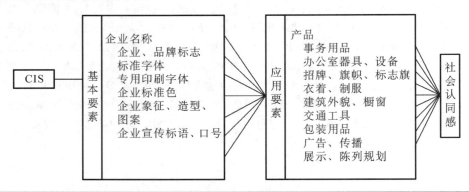

8.3.2　实施管理阶段

1. CIS 的实施

这一阶段重点在于将设计规划完成的识别系统制成规范化、标准化的手册和文件，策划 CIS 的发表活动、宣传活动，建立 CIS 的推进小组和管理系统。

在实施阶段，一般应进行的活动如下。

(1) 选择时机对内、对外进行 CIS 计划的发表。CIS 的发表一定要选择好恰当时机，否则可能会事倍功半。可选择企业纪念日、企业重大活动、新产品上市、成立新公司或组建企业集团等时机，但一般不宜选择有重大社会事件发生、重大会议召开之时发表，以免被社会公众忽视，产生不了应有的效应。当然，也可把重大社会事件与热点问题同企业导入 CIS 的活动联系起来，如果策划得当，则能引起社会公众的关注，从而起到事半功倍的效果。CIS 的对内发表一般应早于对外发表，应对企业内部员工做一次完整的 CIS 宣传说明，进行 CIS 的教育与训练，以便统一员工认识，激发员工的热情，强化员工的决心，使他们在 CIS 实施过程中能了解、支持企业的 CIS 计划，自觉执行各项计划，积极参与企业各种内外活动。对内发表的主要内容有：CIS 的意义以及企业实施 CIS 的目的，企业员工与 CIS 的关联和必要的心理准备；实施 CIS 的过程，关于新的企业理念说明；关于新标志的说明，识别系统设计的管理和应用，统一对外的说明方式。CIS 的对外发表主要是通过广告、公关活动、新闻报道的形式，宣传企业导入 CIS 的新视觉设计系统、理念体系以及有关 CIS 的重大活动，让社会公众广泛知晓企业的 CIS 运行与企业形象的全新面貌。

(2) 推行 CIS 相关计划与活动。对于与 CIS 相关的计划，必须考虑其应用问题，以及在企业内有效推行的方法。要进行员工培训与内部架构的调整，通过培训和教育使企业理念成为企业员工的共同价值观，规范企业员工行为举止，并透过行为来传播企业理念，"员工决定企业形象"，并把视觉识别系统的基本要素广泛应用于各种应用要素和各种场合上，全方位展示识别系统，开展各种广告、公关宣传活动来塑造新的企业形象。

(3) 建立相应机构，监督 CIS 计划的执行，并对导入和推行 CIS 的效果进行测定和评估，以便肯定成绩，总结经验，发现问题并找出改进方法，对下一步的工作进行适当调整，以取得更好的成绩。

2．CIS 应用要素系列

将基本要素的设计具体应用到组织经营管理活动的各个方面，才可能形成 CI 的传播效果。以企业为例，CI 的应用要素包括如下几种。

(1) 产品系列。包括工艺设计风格、款式、色调、商标品牌、包装(包装箱、盒、袋、纸、绳等)等。

(2) 办公用品系列。包括信笺、信封、印章、单据、表册、名片、文件夹、公事包、笔等。

(3) 宣传制品系列。包括公司简介、目录、报刊、小册子、画册、宣传单、公关礼品等。

(4) 环境系列。包括建筑物风格、门面招牌、内部装修情况(办公室、会议室、接待室、陈列室、生产车间等)、路标和指示牌等。

(5) 装备与运输工具系列。包括主要设备、集装箱、生产与办公室车辆、交通车辆、船舶等。

(6) 人员服饰系列。包括制服、领带、领带夹、厂徽、胸章、帽徽、专用纽扣、皮带扣等。

(7) 事物用品系列。包括茶具、碗碟、保温瓶、卫生桶、烟灰缸、打火机、毛巾等。

(8) 营销活动系列。包括销售专柜和设备、各种 POP 宣传品(海报、挂旗、悬空气球、宣传单张)、橱窗、陈列室、展览室、订货室等方面的布置。

(9) 广告宣传系列。包括电话、电台、报纸、杂志的广告设计，以及招牌、灯箱等广告平面设计。

(10) 公关特别节目系列。包括专题活动、庆典仪式、发布会、赞助社会公益事业、组织文化活动等的现场装饰布置。

总之，对有关本组织的一切可视事物的形象，进行统筹策划、设计、制作、控制和传播，以强化组织整体形象宣传的力度，这就是 CI 传播的宗旨。

3．监测与管理

CIS 系统实施的结果对企业而言主要表现为企业的知名度和美誉度。进行企业知名度与美誉度的分析，可以概括出本企业和竞争企业的总体情况。根据企业形象系统的构成要素，确定企业形象要素的具体项目后，可运用"语意差别分析法"来制作调查分析表格(见表 8-1)，作为形象要素的分析工具。

表 8-1　CIS 效果监测要素体系表

调查项目	评价	非常	相当	稍微	中	稍微	相当	非常	评价	调查项目
经营理念正确										经营理念不正确
企业宣传口号合理										企业宣传口号不合理
名称、标志易记										名称、标志难记
企业标准色醒目										企业标准色不醒目
企业规模大										企业规模小

续表

调查项目 / 评价	非常	相当	稍微	中	稍微	相当	非常	评价 / 调查项目
办事效率高								办事效率低
服务态度诚恳								服务态度恶劣
创新能力强								缺乏创新能力
管理水平高								管理水平低

现以 A 企业为例来予以具体说明。策划者将有关的民意测验表发给事先选定的社会各界公众和消费者填写，收回表后将有效调查表的结果填入企业形象要素调查表中，并进行有关方面的综合评价，如表 8-2 所示。

表 8-2　A 企业 CIS 效果监测要素体系表

调查项目 / 评价	非常	相当	稍微	中	稍微	相当	非常	评价 / 调查项目
经营理念正确		65	25	10				经营理念不正确
企业宣传口号合理		40	30	30				企业宣传口号不合理
名称、标志易记	25	45	20	10				名称、标志难记
企业标准色醒目		35	25	30	10			企业标准色不醒目
企业规模大					25	55	20	企业规模小
办事效率高			25	65	10			办事效率低
服务态度诚恳				15	20	65		服务态度恶劣
创新能力强				10	20	60	10	缺乏创新能力
管理水平高						10	90	管理水平低

对此调查表进行综合评价，可以勾画出 A 企业的整体形象为：企业经营理念比较正确，企业对外宣传口号合理，但企业名称、标志的吸引力一般，企业的标准色不醒目，办事效率平平，服务态度较差，业务缺乏创新，管理水平低，公司规模较小。

CIS 的确立不是一朝一夕的事，而是需要长期坚持不懈的维护、发展，以图保持良好形象不致中途瓦解、毁坏。因此，要想使 CIS 的实施获得成功，一定要在企业内部使员工达成对 CIS 的认同，就一些基本观念达成共识，并且积极参与企业的 CIS 运动。吸引全员参与，建立导入 CIS 的共识，可通过教育培训，增加员工认识，改变观念；实行信息分享，唤起员工的 CIS 意识；参与设计，增强员工的认同感等基本方法来进行。

本章小结

（1）CIS 的含义。市场营销中的竞争已由产品力、促销力的竞争发展到形象力的竞争。CIS 是企业用于市场竞争的一切设计都采用一贯性的统一形象，运用视觉设计和行为展现，将企业的理念及特性视觉化、规范化、系统化，通过各种传播媒介加以扩散，来塑造独特而鲜明的企业形象，使公众对企业产生一致的评价和认同，从而增强企业的整体竞争力。

(2) CIS 的内容与导入步骤。CIS 是一个整体系统，它由 MIS、BIS、VIS 三个子系统组成。CIS 的导入需要注意系统化原则、个性化原则、战略性原则、可操作性原则。CIS 的导入程序大致可分为准备、调研、企划、设计、实施、监测与管理等几个步骤。

关键术语

| 企业整体形象 | 经营观念文化 | 企业管理文化 | 企业营销文化 |
| CIS 内涵 | MIS 内涵 | BIS 内涵 | VIS 内涵 |

思考题

1. 简述企业导入 CIS 的目的。
2. 企业导入 CIS 应遵循哪些原则？
3. 简述 CIS 策划的基本程序。
4. 简述 MIS 的主要表现形式。
5. 简述企业内部行为识别的主要内容。
6. 企业导入 CIS 应注意哪些问题？

参考文献

[1] 海尔. 创造感动[EB/OL].2009-05-01. http://www.jakj.com.cn/anli/19881.html.
[2] 普智经盛管理咨询(中国)有限公司. 文化铸就安踏百年品牌　安踏(中国)有限公司企业文化咨询项目纪实 [EB/OL].2008-08-20. http://www.wccep.com/Html/200882093435-1.html.

案例研讨

中石化 CIS 设计

一、中国石油化工集团公司概况

中国石油化工集团公司(简称"中石化")是 1998 年 7 月，国家在原中国石油化工总公司基础上重组成立的特大型石油石化企业集团，是国家独资设立的国有公司、国家授权投资的机构和国家控股公司。中石化注册资本 1820 亿元，总部设在北京。2009 年 11 月 23 日，中石化正式颁布《中国石油化工集团公司企业文化建设纲要》。为给推动公司持续、有效、和谐发展提供文化支撑和精神动力，中石化决定打造企业形象。

二、公司 CIS 设计

(一)理念识别系统(MIS)设计

辉盛品牌形象设计公司深知 CIS 设计开始于 MIS 设计。MIS 设计是 BIS 和 VIS 设计的基础。根据《中国石油化工集团公司企业文化建设纲要》确定的中石化的企业宗旨、企业愿景、企业精神和企业经营理念进行设计，即中石化以"发展企业、贡献国家、回报股东、服务社会、造福员工"为企业宗旨；以"建设世界一流能源化工公司"为企业愿景；传承、丰富和弘扬"爱我中华、振兴石化"的企业精神；继承和发扬"精细严谨，务实创新"的优良作风；秉承"诚信规范，合作共赢"的企业经营理念。

(二)行为识别系统(BIS)设计

1. 规范企业内部行为

1) 平等就业、合法用工

遵循《中华人民共和国劳动合同法》、《中华人民共和国工会法》等相关法律规定，遵守相关国际劳工公约，尊重并公平对待每位员工，与员工建立和谐稳定的劳动关系。

2) 有效沟通、民主决策

尊重员工个人隐私，并且公司在员工薪酬分配、职位提升、解聘和退休问题上，没有种族、社会等级、国籍、宗教、身体残疾、性别、性取向、工会会员、政治归属或年龄方面的歧视性规定，日常活动没有歧视性行为。

3) 立足发展、加强培训

立足员工职业生涯，加大培训投入，丰富培训内容，创新培训方式，提升员工的综合素质。

4) 科学考核、有效激励

以培养人才为目标，建立以品德、知识、能力、业绩为主要内容的人才评价体系。

5) 文化引领、严格规范

在企业文化的引领下，员工应遵循企业的共同意识、价值理念、职业道德、行为规范等。并且严格按照公司制定的《员工守则》规范员工行为。

2. 规范企业外部行为

1) 服务行为

依靠技术进步和精细管理，保证石油产量的平稳增长和稳定供应。并且，为了更好地增产稳产，要加强国际合作，拓展贸易来源，采取多种贸易方式，优化物流运输，不断扩大贸易量。

2) 公益行为

作为国有大型企业，中石化有责任、有义务为全国人民提供帮助与服务。在大灾大难面前更应体现大型企业的责任与担当，积极投身于社会公益和慈善活动中。

(三)视觉识别系统(VIS)设计

VIS 是以公司的标识、公司名称为中心的系统工程，它通过统一设计公司标准标识来装饰公司的各种建筑物和活动场所，以及一切用品，使社会公众从视觉角度、从整体上认识公司的独立系统形象。

中石化标志由朝阳图形、中文简称和英文简称(SINOPEC)三部分构成。代表中石化秉承可持续发展的理念，通过完备的上、中、下游产业链，肩负起社会责任、关注环境、提升消费者生活品质的神圣使命。红色圆圈将中文与英文和谐地连接为一个整体，寓意中石化是能源的提供者，是经济运行的血脉，是朝阳工业，正朝着建设世界一流能源化工公司的愿景目标迈进。

其中各字母的寓意分别如下：

S——可持续发展；

I——建设具有较强国际竞争力的跨国能源化工公司；

N——奉献国家；

O——每一滴油都是承诺；

P——回报股东、服务社会、造福员工；

E——关注环境；

C——合作共赢。

辉盛公司不仅设计了公司标志，还为中石化及其下属公司设计了名片、信纸、信封、传真纸、文件夹、手提袋、桌旗、旗帜、加油站雨篷等，使中石化的企业形象具有极强的一致性和辨识性。

(来源：结合中国石油化工集团公司官方网站和辉盛品牌官方网站信息整理而成)

思考题

讨论：

1. 中石化的 VIS 设计体现出什么内涵？
2. 你认为中国石油化工集团公司的 CSI 设计是否成功？

第 9 章 品牌策划

📄 **本章提要** 本章主要阐述了企业品牌策划的相关概念、组成部分以及品牌策划的基本步骤。本章的重点是掌握品牌战略规划、定位策划、设计策划、推广策划、品牌资产管理策划的概念以及内容。本章的难点在于理解品牌策划与其各组成部分的内涵、意义、基本步骤,以及由此产生的品牌策划问题。

引 例

农夫山泉品牌被国际专业市场调研机构公布为最受消费者欢迎的产品。全球最大市场研究机构——AC 尼尔森公司发布中国城市消费市场报告,公布农夫山泉为国内最受消费者欢迎的六大品牌之一,农夫山泉是其中唯一的本土品牌。经过十几年的时间,农夫山泉目前已经无可争议地成为中国瓶装饮用水的领导品牌之一,近年来一直位居市场占有率第二位。可以说农夫山泉的成功是市场营销的成功,是品牌定位的成功。

2008 年,农夫山泉的广告语悄然换成了"我们不生产水,我们只是大自然的搬运工"。这个广告将矛头直指矿泉水行业中的纯净水制造商,着重突出宣传农夫山泉独特的品牌定位,即健康、天然水的理念。广告告诉消费者:"农夫山泉的水既不是生产加工出来的,也不是后续添加矿物质生产出来的,而是从大自然那里搬运过来的。农夫山泉在"水源地建厂,水源地罐装",把千岛湖纯粹自然的精华天然水呈现在消费者的面前。正是这简单的"搬运",使农夫山泉区别于其他"过滤"矿泉水,从而树立独特的品牌定位。并且,农夫山泉借此独特品牌定位将竞争对手越甩越远。2008 年,"农夫山泉"被美国《读者文摘》评选为中国瓶装水中唯一的"白金品牌"。

从企业经营的角度看,企业经历了从产品经营型向资本经营型、从资本经营型向品牌经营型的两次质的飞跃。发达国家正处在品牌经营型阶段,发达国家以名牌推进世界各国市场,正以强大的攻势不断扩大市场份额。品牌,是企业产品和服务立足于市场的个性形象的集中体现,是一种潜在竞争力与获利能力;是质量与信誉的保证,可以减少消费者的购买风险与成本,更是一项重要的、可积累的无形资产。科特勒认为品牌是销售者向购买者长期提供的一组具有特定的特点、利益和服务的允诺。他将品牌功能(属性)归结为以下 6 个层面的含义。

(1) 属性。品牌首先使人们想到某种属性。

(2) 利益。品牌体现了给消费者的功能性利益和情感性利益。属性需要转换成功能性利益和情感性利益。

(3) 价值。它主要体现品牌给消费者与企业所带来的经济价值、信誉价值、艺术价值和权利价值。

(4) 文化。文化是包括语言、审美情趣、价值观念、消费习俗、道德规范、生活方式以及具有历史继承性的人类行为模式等的综合体。

(5) 个性。品牌还代表了一定的个性。

(6) 用户。品牌还体现了产品的目标顾客。

通过对大多数成功品牌运营案例的分析,不难发现品牌运营具有一定的内在机理,如图 9-1 所示。

图 9-1 品牌运营内在机理逻辑流程图

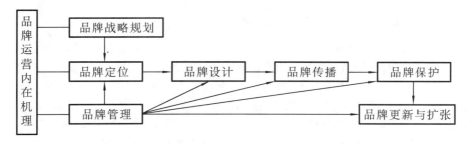

9.1 品牌战略规划

品牌战略就是高屋建瓴地将品牌建设提升到企业经营战略的高度,以建立强势品牌、创造品牌价值为目标的企业经营战略。品牌战略规划作为品牌运营全过程中的首要环节,它涉及解决企业品牌的统分(是采用统一品牌还是采用分类品牌或个别品牌)及企业品牌间的相互配合、联合并用等问题。企业如果缺乏品牌整体运作的长远思路,则会导致经营混乱无序,这无疑是对品牌资源的极大浪费。不同企业面临的内外环境千差万别,它们采取的相应品牌战略也各有千秋。

9.1.1 品牌战略规划内涵

品牌战略规划的目的在于为品牌建设设立目标、方向与指导原则,为日常的品牌建设活动制定行为规范。品牌战略有自己独特的研究范畴,有自身的使命,它所要解决的是品牌经营中的根本问题,就是品牌现在与未来的属性、结构、范围、内容、远景与管理机制等问题,对这些问题作出清晰的规划,就为品牌的长期发展道路扫清了种种障碍。不能将之等同于营销推广、广告传播。事实说明,国内品牌空心化的危机根源就是由于忽视了这些基本问题所导致的。品牌战略规划至少包括以下与品牌属性、结构、内容、范围、管理机制及远景相对应的 6 个方面，即品牌化决策、品牌模式选择、品牌识别界定、品牌延伸规划、品牌管理规划与品牌远景设立。对于一艘盲目航行的船来说，来自任何方向的风都是逆风。对于企业而言，只有先做对的事，然后再把事情做好，才能顺利实现战略目标。正确的品牌战略是企业做对的事的起点。但在市场实战中，重视品牌战略的企业并不多见，反而经常可以看见企业热衷于不断开发新品，但很少对品牌的发展方向作出明确决策，走一步看一步的企业比比皆是。

1. 品牌化决策环节——解决品牌的属性问题

是选择制造商品牌还是经销商品牌？是塑造企业品牌还是产品品牌？是自创品牌还是外购或加盟品牌？这些看似不重要的问题，实际上在企业的品牌建设过程中却是经常存在的困惑，大多数企业根本不明白它们之间的关系。在品牌创立之前解决好这个问题，实际上就决定了品牌经营的不同策略，预示着品牌不同的道路与命运，或如"宜家"(IKEA)产供销一体，或学"耐克"虚拟经营，或走"沃尔玛"的商家品牌路线，或走"麦当劳"的特许加盟之路。总之，不同类别的品牌，在不同行业与企业所处的不同阶段有其特定的适应性。

2. 品牌模式的选择——解决品牌的结构问题

是选择综合性的单一品牌还是多元化的多品牌？是联合品牌还是主副品牌？是背书品牌还是担保品牌？品牌模式虽无所谓好与坏，但有一定的行业适用性与时间性，尤其对资源与管理能力有相当高的要求。一个清晰、协调且科学的品牌结构，对于整合有限的资源、减少内耗、提高效能、加速品牌累积资产无疑是至关重要的。如海尔在拓展医药领域的时候，就不拘泥于单一品牌模式，而是另立一个新品牌，将海尔作为背书品牌或担保品牌。日本丰田汽车在进入美国的高档轿车市场时，就没有继续使用"TOYOTA"，而是另立一个完全崭新的独立品牌"凌志"(LEXUS)，甚至不以"丰田"为其作担保与背书。凌志并不公开把自己的名字与丰田公司联系在一起，它对消费者说的是，它有自己独立的定位，而这种声明要比消费者是否了解那种联系更重要。丰田公司尽量避免"TOYOTA"会给"凌志"带来低档化印象，以至于成就了一个可以与"宝马"、"奔驰"、"保时捷"、"凯迪拉克"相媲美的高档轿车品牌，曾一度占据了美国高档轿车市场。

3. 品牌识别界定——确立品牌的内涵

确立消费者所认同的品牌形象，它是整个品牌战略规划的重心所在。它从品牌的理念识别、行为识别与符号识别等 3 个方面规范了品牌的思想、行为、外表等外在内涵，其中包括以品牌的核心价值为中心的核心识别及以品牌承诺、品牌个性等元素组成的基本识别，还规范了品牌在企业、企业家、员工、代言人与产品、推广、传播等层面上的"为与不为"的行为准则，同时为品牌在视觉、听觉、触觉等方面的表现确立基本标准，例如，在 2000 年海信的品牌战略规划中，就不仅仅明确了海信"创新科技，立信百年"的品牌核心价值，还提出了"创新就是生活"的品牌理念，并确定立足科技领域的传播范畴，更以品牌的核心价值为中心，对产品、人员、企业、企业家等一系列品牌行为进行了规范，同时导入了全新的视觉识别系统。之后，通过一系列以品牌的核心价值为统帅的营销传播，一改以往模糊混乱的品牌形象，以清晰的品牌识别一举成为家电行业首屈一指的"技术流"品牌。

4. 品牌延伸规则

品牌延伸规则是对品牌未来发展所适宜的事业领域范围的清晰界定，明确了未来品牌适合在哪些领域、行业发展与延伸，在降低延伸风险、规避品牌价值稀释的前提下，谋求品牌价值的最大化。

5. 品牌管理规则

品牌管理规则是从组织机构与管理机制上为品牌建设保驾护航，最后在上述规划的基础上，为品牌的发展设立远景，并明确品牌发展各阶段的目标与衡量指标。可以说，品牌化决策、品牌模式选择、品牌识别界定、品牌延伸规划、品牌管理规划与品牌远景设立之间既彼此独立又相互影响。品牌战略规划是一个完整的体系，密不可分。

9.1.2 品牌战略体系

品牌战略决策是企业的根本性决策，也是企业品牌经营的纲领和"领袖"。一般意义上讲，品牌战略决策可分为产品线扩展策略、品牌延伸策略、多品牌策略、新品牌策略、合作品牌策略。但从策划的角度来看，这一分类过于笼统，可从经典案例出发，寻求更细致、更具有代表性和可操作性的分类方法。宝洁、海尔、五粮液、美的等品牌给我们展示了不同的品牌战略决策。大多数企业完全可以通过分析它们的成功思路，并根据自己的内外部环境，设计出可操作的品牌战略。一些共性因素形成了以下10种品牌战略的基本模式。

1) 多品牌战略

当一个企业同时经营两个或两个以上相互独立的品牌时，它所采用的就是多品牌战略。宝洁堪称是多品牌战略的高手，其旗下拥有80多个品牌，这些品牌针对不同目标市场，在经营上也是相对独立的。

实施多品牌战略可以最大限度地占有市场，实现对消费者的交叉覆盖，而且还能降低企业的经营风险——即使一个品牌失败，对其他品牌也没有多大影响。不过，多品牌战略是地道的强者游戏，如果不是强势企业，不宜轻易尝试。

2) 单一品牌

相对于多品牌战略，也有企业在所有产品上使用同一个品牌。像佳能公司，它所生产的照相机、传真机、复印机等产品都统一使用"Canon"品牌。这样做的好处在于，企业可以节省传播费用，有利于推出新品、彰显品牌形象。以现状而言，国内大多数企业比较适合采取单一品牌战略。但单一品牌战略也有它的劣势——只要其中一个产品出现问题，就会殃及池鱼，产生恶性连锁反应。此外，使用同一品牌的产品间也不宜出现太大反差。

海尔可以说是单一品牌战略的成功典范。不过，在进军金融、制药业后，海尔仍沿用了原有品牌。海尔能否继续获得市场的认同，值得关注。

3) 一牌多品

一牌多品即多种产品使用同一个品牌的情形。它又可分为两种情况：一种是一家企业有多个品牌，每一品牌下又拥有多种产品；另一种是一家企业只有一个品牌，在这个品牌下有多种产品。海王属于后者。2001 年，海王在全国 30 多家卫视台展开了大规模的广告投放，其主推产品虽然只有 3 个——海王银得菲、海王金樽及海王银杏叶片，但是目前不仅这 3 个产品供不应求，其他没有做广告的海王产品销量也都有不同程度的上升。

4) 一牌一品

一牌一品战略是指一个品牌下只有一种产品的品牌战略。一般来说，它有两种情形：多品牌战略下，每一品牌只有一种产品；单一品牌战略下，每一品牌下只有一种产品。松下公司是前一种情形，其音像制品以 Panasonic 为品牌，家用电器产品以 National 为品牌，立体音响则以 Technics 为品牌。"金嗓子"喉宝即属于后一种情形。实施一牌一品战略的最大好处是有利于树立产品的专业化形象。

5) 企业与品牌同名

三九、燕京等企业实施的就是企业与品牌同名战略。这一战略可以减少传播费用——宣传企业的同时也在宣传品牌，宣传品牌时又可以宣传企业。消费者会将每一次品牌行为都当做企业行为，也会将每一次企业行为积累到品牌身上。这种企业与品牌的互动，将有效加快品牌积累。海尔推出可以洗地瓜的洗衣机，本来是品牌行为，但消费者会把它作为企业行为看待，认为海尔是个创新型企业。不过，品牌和企业名称间具有捆绑关系，容易一荣俱荣、一损俱损。

6) 主副品牌

副品牌战略是以企业的一个成功品牌作为主品牌，以涵盖企业的系列产品，同时又给不同产品起一个生动活泼、富有魅力的名字作为副品牌，以突出产品的个性形象。副品牌虽然适用面窄，但内涵比主品牌丰富。

例如，美的空调有 100 多款，而怎样才能让消费者一一记住它们呢？副品牌战略便是解决之道。于是，美的利用星座作为产品的副品牌，"冷静星"、"超静星"、"智灵星"、"健康星"等应运而生。由于副品牌定位准确，美的产品投放市场后引起强烈反响。不过，值得注意的是，在实施副品牌战略的过程中，品牌传播的重心一定要放在主品牌上，副品牌应处于从属地位。

7) 背书品牌

浏阳河、京酒、金六福等品牌在短短几年里，成为中国酒市新贵。探究它们成功的背后，人们会发现它们的产品都是由五粮液酒厂生产的。它们在传播品牌时，有意识地将这一信息传达给了消费者。与其他品牌关系相比，浏阳河、京酒、金六福等品牌与五粮液之间的关系比较松散：包装上，"五粮液"的位置并不突出，它只起到背书和担保的作用。这就是背书品牌战略。

背书品牌主要是向消费者保证这些产品一定会带来所承诺的优点，因为这个品牌的背后是一个成功的企业，它可以生产出优质的产品。背书战略尤其适合推广新品。不过，对于被担保品牌而言，背书品牌既是支持，也是制约。背书品牌的形象可能会阻碍被担保品牌走自己的路。因此，当被担保品牌较为强大后，它可以选择走出背书品牌的"庇护"，开创自己的天地。

8) 品牌联合

在同一产品上使用两个或更多品牌，以实现相互借势，达到 1+1＞2 的目的，这就是品牌联合战略。

Intel 公司与全球主要计算机制造商之间的合作，就是典型的品牌联合案例。Intel 公司是世界上最大的计算机芯片生产商，曾以开发、生产 X86 系列微处理器产品而闻名于世。但由于 X86 系列产品未获得商标保护，因此，竞争对手也大量生产，这使得 Intel 公司受损。有鉴于此，Intel 公司推出了鼓励计算机制造商在其产品上使用"Intel Inside"标志的联合计划。结果在计划实施的短短 18 个月里，"Intel Inside"标志的曝光数高达 100 亿次，使得许多购买者认定要购买有"Intel Inside"标志的 PC。

9) 品牌特许经营

特许人与受许人借助同一品牌，在相同模式下实现品牌扩张，以达到双赢或多赢的目的。当特许人向受许人提供统一的品牌、技术、管理、营销等之后，受许人要向特许人支付一定费用。品牌特许经营战略可以实现品牌的快速扩张，并能借助受许人的资金，降低风险与成本。

在全球范围内，实施品牌特许经营战略最为成功的企业当数麦当劳。目前，麦当劳在国内的加盟店已有 500 多家，全球加盟店数以十万计。其近 50 年的特许经营历史所积累的经验值得借鉴。

10) 品牌虚拟经营

普通消费者也许并不知道，他所穿的耐克鞋、喝的浏阳河酒并不是由这些企业生产的，而是委托其他企业加工的。这些产品加工费相对低廉，但一旦贴上耐克、浏阳河的品牌标志后，便立即身价倍增。

这就是品牌虚拟经营的魅力，它实现了品牌与生产的分离，使品牌持有者从烦琐的生产事务中解脱出来，专注于技术、服务与品牌推广。在移动电话行业，索尼爱立信、诺基亚、摩托罗拉等都在尝试品牌虚拟经营战略。

对一特定企业而言，以上 10 种品牌战略并没有好与不好之分，只有合适与不合适之别。

9.2 品牌定位策划

英特尔前总裁格罗夫就曾说过："整个世界将会展开争夺'眼球'的战役，谁能吸引更多的注意力，谁就能成为 21 世纪的主宰。"吸引不了注意力的产品将经不起市场的惊涛骇浪，注定要在竞争中败下阵来。如何创造出自己品牌的"与众不同"？如何让自己的品牌使消费者"一见钟情"？如何使自己的品牌进入消费者的心中？成功的"品牌定位"能够很好地回答这些问题。

9.2.1 品牌定位的意义

品牌定位是对未来潜在消费者需求心理所下的工夫，发掘或创造出品牌在竞争者中的相对优越性，将品牌定位在未来潜在消费者的心中。品牌定位有其不可忽视的营销战略意义。

1．品牌定位是联系品牌形象与目标消费者的无形纽带

品牌定位是力求品牌形象与目标消费者实现最佳结合的过程。"万宝路"香烟品牌在美国被塑造成自由自在、粗犷豪放、浑身是劲、纵横驰骋的西部牛仔形象，已是众所周知，其迎合了美国男性烟民对那种不屈不挠、四海为家的男子汉精神的渴求。在我国香港地区，万宝路的牛仔形象为了适应当地的文化特征，摇身一变为年轻洒脱、事业有成的农场主。而在日本，又变成了依靠自己的智慧和勇气征服自然，过着诗歌般田园生活的日本牧人。正是由于品牌定位不断地为适应新的市场而改变策略与形象，万宝路香烟才能在不同的市场竞争中佳绩频传。

2. 品牌定位是市场细分过程的结果

"市场细分"是指根据不同消费者的需求偏好、购买习惯、价值观念和生活方式等不同特征把市场分割为若干个消费群体的过程。企业只有将总体市场细分出适合自己产品特色、自己能提供有效服务的目标市场，并依据目标消费群体的特征进行合理的定位，才能使自己的营销力做到"有的放矢"，集中本企业的"优势兵力"将企业的这块"市场蛋糕"做大。如酒类市场就被细分为啤酒、果酒、黄酒和白酒等几块市场。

3. 品牌定位是确立品牌个性的必要条件

品牌定位不明，品牌个性就会显得模糊不清。产品的同质化使得品牌功能性的益处已无法跟上和满足消费者在情感性益处和自我表达性益处上的需求，消费者渴望在产品的品牌定位当中找到满足自己情感需求的归宿，而品牌个性则是品牌的情感诉求的集中表现。如万宝路的品牌个性是强壮、充满阳刚之气，耐克则被认为充满了运动之美，可口可乐被认为是真实可信的，百事可乐则被认为是年轻、活泼和刺激的。

4. 品牌定位是品牌传播的基础

品牌传播是指通过广告、公关、包装等宣传手段将产品的品牌形象传递给目标消费群体的过程。品牌定位依赖积极的传播强化在消费者心目中的品牌形象，并依靠品牌传播达到定位的目的——用以显示其相较于其他品牌的相对优越性。这种相对优越性也规定了品牌传播的方向。麦当劳若以干净与清洁与其主要竞争对手(如肯德基)相比，则并无相对的优越性。然而，北京的麦当劳餐厅以代售公交月票的新服务特色，方便了群众，免去人们的风吹日晒之苦，还可以获得抽奖机会，并在轻松的休息之余，享受到一顿便宜实惠的麦当劳快餐，此举相对于竞争对手的优越性就显而易见了。

9.2.2 品牌定位的原则

成功的品牌定位是企业产品进占市场、拓展市场的助推剂。在进行品牌定位之前，应该思考并解决以下问题。

1. 找出品牌主张

如深圳海王集团将其品牌主张定位于"健康"，打出"健康成就未来"的主题广告口号，在药类市场上个性鲜明、独树一帜，为其产品占领市场创造了良好条件。

2. 必须考虑目标消费群的特征，与目标消费群的需求相吻合

"悄悄豆"品牌正是抓住儿童与成年人完全不一样的独特心理特征，凭一句简单的广告诉求"悄悄豆，不要悄悄吃"而一举名扬全国。

3. 应考虑产品本身的特点

品牌能使人想到某种属性是品牌的重要含义。像钻石戒指这类消费品，可以将其定位于富贵、显示身份和拥有坚贞不移的爱情等象征；酒类产品，可以将市场进行细分后，以不同的定位满足消费者不同的需求，如白酒市场既有高档尊贵的国宴佳酿茅台，又有为广大群众所钟爱的二锅头。

4. 必须结合企业的规模、技术水平和实力等相关因素

品牌定位是为了让产品占领和拓展市场，为企业带来利润，在品牌定位上的投入与企业所得的经济效益比是企业经营者应该着重考虑的问题之一。因此，企业一定要做"力所能及"的事，而不是好高骛远地空有一番雄心做"想当然"的事。比如，企业要进军高科技产品领域，就必须有相应的高新技术和研发能力；定位于国际性的品牌，就要有雄厚的支持资金和运作全球市场的经营管理水平。

5. 应该区别于竞争对手的定位

企业在进行品牌定位时应力求在品牌个性和形象风格上与竞争者有所区别，否则，消费者很容易将后进入市场的品牌视为"模仿秀"而难以产生信任感，哪怕企业做得再好，顶多也不过是个"超级模仿秀"。百事可乐刚进入市场时，使用"ME-TOO(我也是)"的战略，可口可乐借机推出"只有'可口可乐'才是真正的可乐"的战略进一步提醒消费者，可口可乐才是原创，其他皆为冒牌货，给了百事可乐以迎头痛击。因此，拥有属于自己的品牌特色并与竞争者区分开，是企业在进行品牌定位时不可忽视的。

 案例　　　　**魔娘方便面　胜在定位**

随着原料的上涨，低价面和平价面所带来的毛利贡献严重缩水，甚至出现亏本的现象，极大地影响了产品综合毛利水平。相应地，企业必然对产品结构逐步进行调整，低价面和平价面的市场份额会逐步减少，毛利较高的休闲干吃面、中价面、容器面会成为各面企重点经营的品项。

面对这样的市场环境，"魔娘"方便面首先想到的是创新，从而脱离红海。创新是一种打破常规的哲学，创新战略是"魔娘"战胜巨型企业的有效手段。"魔娘"方便面致力于健康低脂专业化发展。低脂方便面在中国还处于跑马圈地的时代，产品鱼龙混杂，品种同质化严重，主要以杂粮为主，口感很难被消费者接受。"魔娘"方便面携巨资挺进低脂健康产业，借助湖北作为中国第一魔芋大省的魔芋特产资源，以魔芋健康原料为基础，对接五谷杂粮产业，既解决了低脂方便面的口感问题，也解决了日常营养摄入的均衡问题。

"魔娘方便面"集中集团内部的优势资源，突出核心专长，借此来构建"魔娘"长期的竞争优势。在目前的竞争环境下，明确"魔娘"的核心竞争优势并加以优化和提升，才有可能脱离价格战的误区，走出一条适合企业的发展道路。

"魔娘"一方面看准低脂食品、高纤维食品是未来方便面的消费趋势，另一方面充分利用湖北省最大的淡水养殖基地、魔芋种植基地和加工基地的资源，致力于发展低脂

健康方便面产业。"魔娘"总成本领先战略的成功在于借助规模经济、技术创新、运作效率高、人工成本低、原材料优惠等因素。"魔娘"方便面在荆州拥有10万亩淡水生态养殖基地，在宜昌累计投资21亿元建成了1200亩生态工业园，集团先后投资2000万人民币，与中国农业大学、武汉工业大学、西南大学等国内数十所食品行业顶尖学府合作，建成了武汉农业科技研发中心，成功研制出魔娘魔芋方便面、魔娘魔芋方便粉丝、魔娘魔芋方便米饭。其中方便面的杂粮成分高达50%，富含低脂肪、高膳食纤维，调料包、菜包真材实料，口感独具特色。

魔娘方便面坚信差异化战略要借助于高超的质量、非凡的服务、创新的设计及技术性专长，或不同凡响的品牌形象，以此培养顾客忠诚度，获得"溢价"。"魔娘"方便面低脂健康的定位战略，是企业在产业层面的目标，决定了"魔娘"的发展方向，奠定了成败的基础。我们坚信，随着"魔娘"方便面专业化的不断加深，中国方便面产业又会进入一个新的时代，那便是均衡营养新时代！

9.2.3 品牌定位的步骤

品牌定位是经常向消费者宣传的那部分品牌识别，目的是有效地建立品牌与竞争者的差异性，在消费者心目中占据一个与众不同的位置。在产品越来越同质化的今天，要成功打造一个品牌，品牌定位举足轻重。品牌定位是技术性较强的策略，离不开科学、严密的思维，必须讲究策略和方法。品牌定位流程如图9-2所示。

图 9-2　品牌定位流程图

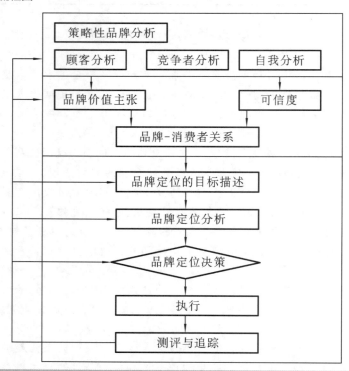

9.2.4 品牌定位的策略

1. 功效定位

消费者购买产品主要是为了获得产品的使用价值，希望产品具有所期望的功效，因而以强调产品的功效为诉求是品牌定位的常见形式。很多产品具有多重功效，定位时向顾客传达单一的功效还是多重功效并没有绝对的定论，但由于消费者能记住的信息是有限的，往往只对某一强烈诉求容易产生较深的印象，因此，向消费者承诺一个功效点的单一诉求更能突出品牌的个性，获得成功的定位。如洗发水中飘柔的承诺是"柔顺"，海飞丝是"去头屑"，潘婷是"健康亮泽"；舒肤佳香皂强调"有效去除细菌"；沃尔沃汽车定位于"安全"；新飞欧洲能效A+冰箱诉求"节能"效果。

2. 品质定位

品质定位就是以产品优良的或独特的品质作为诉求内容，如"好品质"、"天然出品"等，以面向那些主要注重产品品质的消费者。适合这种定位的产品往往具有较强的实用性，能经得起市场考验，赢得消费者的信赖。企业诉求制造产品的高水准技术和工艺也是品质定位的主要内容，体现出"工欲善其事，必先利其器"的思想，如乐百氏纯净水的"27层净化"让消费者至今记忆深刻，长富牛奶宣传的"全体系高端标准奶源，全程序高端标准工艺，纯品质完成本真口味"给人以不凡的品质印象。

3. 情感定位

情感定位是将人类情感中的关怀、牵挂、思念、温暖、怀旧、爱等情感内涵融入品牌，使消费者在购买、使用产品的过程中获得这些情感体验，从而唤起消费者内心深处的认同和共鸣，最终获得消费者对品牌的喜爱和忠诚。浙江纳爱斯的雕牌洗衣粉，借用社会关注资源，在品牌塑造上大打情感牌，其创造的"下岗片"就是较成功的情感定位策略，"……妈妈，我能帮您干活啦"的真情流露引起了消费者内心深处的震颤以及强烈的情感共鸣。自此，纳爱斯雕牌更加深入人心；还有丽珠得乐的"其实男人更需要关怀"也是情感定位策略的巧妙运用；哈尔滨啤酒"岁月流转，情怀依旧"的品牌内涵让人勾起无限的岁月怀念。

4. 企业理念定位

企业理念定位就是企业用自己的具有鲜明特点的经营理念和企业精神作为品牌的定位诉求，体现企业的内在本质。一个企业如果具有正确的企业宗旨，良好的精神面貌和经营哲学，那么，企业采用理念定位策略就容易树立起令公众产生好感的企业形象，借此提高品牌的价值，光大品牌形象。如"IBM就是服务"是IBM的一句响彻全球的口号，也是IBM经营理念的精髓所在；金娃的"奉献优质营养，关爱少儿长远身心健康"，使家长觉得金娃是一个有责任心与爱心的品牌，从而对金娃产生认同；飞利浦的"让我们做得更好"、诺基亚的"科技以人为本"、TCL的"为顾客创造价值"、招商银行的"因您而变"等都是企业理念定位的典型代表。

5. 自我表现定位

自我表现定位通过表现品牌的某种独特形象和内涵，让品牌成为消费者表达个人价值观、审美情趣、自我个性、生活品位、心理期待的一种载体和媒介，使消费者获得一种自我满足和自我陶醉的快乐感觉。如果汁品牌"酷儿"的"代言人"大头娃娃，右手叉腰左手拿着果汁饮料，陶醉地说"QOO……"这个有点儿笨手笨脚，却又不易气馁的蓝色酷儿形象正好符合儿童"快乐、喜好助人但又爱模仿大人"的心理，小朋友看到酷儿就像看到了自己，因而博得了小朋友的喜爱；浪莎袜业锲而不舍地宣扬"动人、高雅、时尚"的品牌内涵，给消费者一种表现靓丽、妩媚、前卫的心理满足；夏蒙西服定位于"007的选择"，对渴望勇敢、智慧、酷美的消费者极具吸引力。

6. 高级群体定位

企业可借助群体的声望、集体概念或模糊数学的手法，打出入会限制严格的俱乐部式的高级团体牌子，强调自己是这一高级群体的一员，从而提高自己的地位、形象和声望，赢得消费者的信赖。美国克莱斯勒汽车公司宣布自己是美国"三大汽车公司之一"，使消费者感到克莱斯勒和第一、第二一样都是知名轿车了，从而收到了良好的效果。利君沙、雕牌、冷酸灵都打出"中国驰名商标"的口号给人留下深刻的印象；升达地板强调"国家免检产品"，增强了消费者对公司产品的信赖感。

7. 首席定位

首席定位即强调品牌在同行业或同类中的领导性、专业性地位，如宣称"销量第一"。在现今信息爆炸的社会里，消费者对大多数信息毫无记忆，但对领导性、专业性的品牌印象较为深刻。如百威啤酒宣称是"全世界影响力最大，最有名的美国啤酒"，双汇强调"开创中国肉类品牌"，这些都是首席定位策略的运用。雅戈尔宣称是"衬衫专家"，格兰仕推出柜式空调，宣称是"柜机专家"，致使其他的竞争品牌不能采用相同的定位策略，这些也是首席定位策略的表现。

8. 质量/价格定位

质量/价格定位即将质量和价格结合起来构筑品牌识别。质量和价格通常是消费者最关注的要素，都希望买到质量好、价格适中或便宜的物品。这种定位往往表现为宣传产品的价廉物美和物有所值。戴尔电脑采用直销模式，降低了成本，并将降低的成本让渡给顾客，因而戴尔电脑总是强调"物超所值，实惠之选"；雕牌用"只选对的，不买贵的"暗示雕牌的实惠价格；奥克斯空调告诉消费者"让你付出更少，得到更多"和乐凯胶卷宣称的"拍得好，花得少"也都是既考虑了质量又考虑了价格的定位策略。

9. 生活情调定位

生活情调定位就是使消费者在产品的使用过程中能体会到一种良好的令人惬意的生活气氛、生活情调、生活滋味和生活感受，从而获得一种精神满足。该定位使产品融入消费者的生活中，成为消费者的生活内容，使品牌更加生活化。如青岛纯生啤酒的"鲜活滋味，激活人生"给人以奔放、舒畅的心情体验；美的空调的"原来生活可以更美的"给人以舒适、惬意的生活感受；云南印象酒业公司推出印象干红的广告语为"有效沟通，印象干红"，赋予品牌在人际交往中获得轻松、惬意的交流氛围，从而达到有效沟通的效果。

10. 类别定位

类别定位就是使自身与某些知名而又属司空见惯类型的产品作出明显的区别，或给自己的产品与众不同的定位，这种定位也可称为与竞争者划定界线的定位。如美国的七喜汽水，之所以能成为美国第三大软性饮料，就是由于采用了这种策略，宣称自己是"非可乐"型饮料，是代替可口可乐和百事可乐的清凉解渴饮料，突出其与两"乐"的区别，因而吸引了相当部分的两"乐"转移者。又如娃哈哈出品的有机绿茶与一般绿茶构成显著差异，江苏雪豹日化公司推出的雪豹生物牙膏与其他牙膏形成区别，也都是对类别定位策略的运用。

11. 档次定位

不同档次的品牌带给消费者不同的心理感受和体验。现实中，常见的是高档次定位策略，高档次的品牌传达了产品高品质的信息，往往通过高价位来体现其价值，并被赋予很强的表现意义和象征意义。如劳力士、浪琴和上百万元一块的江诗丹顿能带给消费者独特的精神体验和表达"高贵、成就、完美、优雅"的形象与地位；奥迪 A4 上市时，宣称"撼动世界的豪华新定义"，显示出产品的尊贵和气派。

12. 文化定位

将文化内涵融入品牌，形成文化上的品牌识别，文化定位能大大提高品牌的品位，使品牌形象更加独具特色。中国文化源远流长，国内企业要予以更多的关注和运用，目前已有不少成功的案例。珠江云峰酒业推出的"小糊涂仙"酒，就成功地实施了文化定位，他们借"聪明"与"糊涂"反衬，将郑板桥的"难得糊涂"的名言融入酒中，由于把握了消费者的心理，将一个没什么历史渊源的品牌运作得风生水起；金六福酒实现了"酒品牌"与"酒文化"的信息对称，把在中国具有亲和力与广泛群众基础的"福"文化作为品牌内涵，与老百姓的"福文化"心理巧妙地产生平衡与对称，使金六福品牌迅速崛起。

13. 对比定位

对比定位是指通过与竞争对手的客观比较来确定自己的定位，也可称为排挤竞争对手的定位。在该定位中，企业设法改变竞争者在消费者心目中的现有形象，找出其缺点或弱点，并用自己的品牌进行对比，从而确立自己的地位。在止痛药市场，美国的泰诺击败占据"领导者"地位的阿司匹林，也是采用这一定位策略，由于阿司匹林有潜在的引发肠胃微量出血的可能，泰诺就宣传"为了千千万万不宜使用阿司匹林的人们，请大家选用泰诺"。又如农夫山泉通过天然水与纯净水的客观比较，确定天然水优于纯净水的事实，宣布停产纯净水，只出品天然水，鲜明地亮出自己的定位，从而树立了专业的健康品牌形象。

14. 概念定位

概念定位就是使产品、品牌在消费者心中占据一个新的位置，形成一个新的概念，甚至形成一种思维定式，以获得消费者的认同，使其产生购买欲望。该类产品可以是以前存在的，也可是新产品类。如在 PDA（掌上电脑）行业里，商务通运用概念定位，创造了一个行销的神话 "手机、CALL机、商务通，一个都不能少"，给消费者一个清晰的定位，以至于消费者认为PDA即商务通，商务通即PDA，商务通也由此坐上了行业老大的宝座。另一个概念定位成功的案例是"脑白金"，其品牌本身就创下了一个概念，容易让消费者形成诱导式购买，人们已经是身不由己地把脑白金和送礼佳品、"年轻态健康品"等同起来了。

15. 历史定位

历史定位即以产品悠久的历史建立品牌识别。消费者都有这样一种惯性思维，对于历史悠久的企业及其产品容易产生信任感，以为产品品质、服务质量应该是可靠的，而且给人以神秘感，令人向往，因而历史定位具有"无言的说服力"。云南香格里拉酒业公司推出的香格里拉·藏秘青稞干红传说是根据19世纪中期法国传教士的秘方酿制而成的，近年来在干酒行业异军突起，这与其历史定位是分不开的，"来自天籁，始于1848年，跨越三个世纪，傲然独立"的品牌渲染给人以凝重、悠远的历史品位和令人神往的感觉。泸州老窖公司拥有始建于明代万历元年(公元1573年)的老窖池群，所以总是用"您品味的历史，国窖1573"的历史定位来突出品牌传承的历史与文明。

16. 生活理念定位

该定位将品牌形象和生活理念联系在一起，将品牌形象人性化。这样的生活理念必须是简单而深刻的，能引起消费者内心的共鸣和对生活的信心，产生一种振奋人心的感觉，催人上进，甚至成为消费者心中的座右铭，从而给消费者以深刻印象。纳爱斯雕牌的一则广告，将"努力就有机会"这一简单而深奥的生活真理融入品牌，让人无限感慨，尤令下岗工人感动，品牌自然令人喜欢；劲霸男装的广告很短，但十分精练，只强调"奋斗，成就男人"，让男人有一种奋斗的动力，因为它使男人深感只有努力奋斗，才会有所成就。

17. 比附定位

比附定位就是攀附名牌，以叨名牌之光而使自己的品牌生辉，主要有以下两种形式。①甘居第二，即明确承认同类中另有最负盛名的品牌，自己只不过是第二而已。这种策略会使人们对公司产生一种谦虚诚恳的印象，相信公司所说的是真实可靠的。如美国阿维斯出租汽车公司强调"我们是老二，我们要进一步努力"，从而赢得了更多忠诚的客户；蒙牛乳业启动市场时，宣称"做内蒙古第二品牌"、"千里草原腾起伊利集团、蒙牛乳业……我们为内蒙古喝彩"。②攀龙附凤，其切入点亦如上述，承认同类中某一领导品牌，本品牌虽自愧弗如，但在某地区或在某一方面还可与它并驾齐驱、平分秋色，并和该品牌一起宣传。如内蒙古的宁城老窖，宣称是"宁城老窖——塞外茅台"。

18. 形态定位

形态定位是根据产品独特外部形态来作为品牌识别的。在产品的内在特性越来越相同的今天，产品的形态本身就可以造就一种市场优势。这种定位方式在曾经硝烟四起的手机市场尤为突出。康佳推出独特的R6166"黑屏"手机，在手机中独树一帜；夏新会"跳舞"的A8手机，让人耳目一新；海尔的"奔风"手机，强调独具一格的笔形。这些对于崇尚独特个性、喜好求新求异的消费者尤其有吸引力。

19. 情景定位

情景定位是将品牌与一定环境、场合下产品的使用情况联系起来，以唤起消费者在特定的情景下对该品牌的联想，从而产生购买欲望和购买行动。雀巢咖啡的广告不断提示在工作场合喝咖啡，会让上班族在口渴、疲倦时想到雀巢；喜之郎果冻在广告中推荐"工作休闲来一个，游山玩水来一个，朋友聚会来一个，健身娱乐来一个"，让人在这些快乐和喜悦的场合想起喜之郎。

20. 消费群体定位

该定位直接以产品的消费群体为诉求对象，突出产品专为该类消费群体服务，来获得目标消费群的认同。把品牌与消费者结合起来，有利于增进消费者的归属感，使其产生"我自己的品牌"的感觉。如金利来定位为"男人的世界"，哈药的护彤定位为"儿童感冒药"，百事可乐定位为"青年一代的可乐"，北京统一石油化工公司的"统一经典"润滑油将目标锁定为"高级轿车专用润滑油"。

9.3 品牌设计策划

品牌设计是品牌运营的基础。蕴涵美感、富有感召力的品牌是品牌运营获得理想效果的必要前提。品牌设计得好，容易在消费者心目中留下深刻的印象，也就容易打开市场销路，增强品牌的市场竞争能力；品牌设计得不好，会使消费者看到品牌就产生反感，降低购买欲望。实践证明，名称不仅仅是一个简单的文字符号，对于一个品牌而言，它也是企业整体的化身，是企业理念的缩影和体现。富有感召力和亲和力的品牌，不仅有利于增强宣传效果，而且能缩短企业与消费者之间的距离。

正因如此，有的企业不惜重金设计品牌。例如，美国新泽西标准石油(Standard Oil of New Jersey)公司(1911 年分家的最大一个独立分公司)为了给自己的产品创出一个能够通行于全世界、能够为全世界消费者所接受的品牌名称及标志，曾动员了心理学、社会学、语言学、统计学等各方面专家历时 6 年，耗资 1.2 亿美元，先后了解了 55 个国家和地区的风俗习惯，对约 1 万个预选方案几经筛选，最后定名为 EXXON，堪称是世界上成本最昂贵的品牌。这一个案说明了西方企业对品牌设计的重视，也反映了品牌设计中充满了艺术性和创造性。

9.3.1 品牌名称设计

鉴于前述企业品牌设计工作存在的与市场竞争的不协调性，为了有利于提升企业品牌形象，必须重视品牌设计。在品牌设计过程中，一般应遵循以下几个基本原则。

1. 简洁醒目，易读易记

来自心理学家的一项调查分析结果表明，在人们接受到的外界信息中，83%的印象通过眼睛，11%借助听觉，3.5%依赖触摸，其余的源于味觉和嗅觉。基于此，为了便于消费者认知、传诵和记忆，品牌设计的首要原则就是简洁醒目，易读易记。适应这个要求，不宜把过长的和难以读诵的字符串作为品牌名称(冗长、复杂、令消费者难以理解的品牌名称不容易记忆)，也不宜将呆板、缺乏特色感的符号、颜色、图案用作品标。只有简洁醒目,才便于消费者识别和记忆。

Kodak(柯达),这是个曾经享誉全世界的知名品牌。柯达品牌创立于1888年。它是柯达公司的创始人乔治·伊斯曼(Eeastman)独具匠心和深邃思考的结晶。"K"是伊斯曼母亲名字的第一个字母,把"K"字母用在品牌上可以表达他对母亲的缅怀;不仅如此,伊斯曼还认为"K"能够表示一种事物的突出部分和尖端,具有坚固、锋利等特征。所以,"柯达"品牌的前后两个字母都是"K"。5个字母拼凑在一起的Kodak,在符合各国商标法的要求的同时,具有简洁醒目、个性独特、朗朗上口、易认易记等特征。正是由于有这些特征,才使得Kodak成为妇孺皆知、家喻户晓的品牌。

再如,"M"这个很普通的字母,对其施以不同的艺术加工,就形成表示不同商品的标记或标志。鲜艳的金黄色拱门"M"是麦当劳(McDonald's)的标记。由于它棱角圆润,色调柔和,给人自然亲切之感。现如今,麦当劳这个"M"形标志已经出现在全世界70多个国家和地区的数百个城市的闹市区,成为孩子以及成人们最喜爱的快餐标志。与麦当劳的设计完全不同,摩托罗拉(Motorola)的"M"虽然也只取一个字头"M",但是,摩托罗拉充分考虑到自己的产品特点,把一个"M"设计得棱角分明,双峰突起,突出了自己在无线电领域的特殊地位和高科技形象。此外,SONY、BMW、IBM等品牌也以其简洁醒目、新颖独特、易认易记、朗朗上口而著称于世。

2. 构思巧妙,暗示属性

一个与众不同、充满感召力的品牌,在设计上不仅要做到简洁醒目、易读易记,还应该充分体现品牌标示产品的优点和特性,暗示产品的优良属性。美国的"克宁"奶粉,用英文牛奶单词的倒写形式"KLIM"作为品牌,可谓构思奇特而巧妙。

"鄂尔多斯羊绒衫温暖全世界",这是广大消费者熟知的广告语。"鄂尔多斯"原本是蒙古话(其含义是多个宫帐),原来专指成吉思汗陵墓及为其守护的蒙古部落,后指黄河"几"字湾以南的大片高原。这里是上好的山羊绒产地,早在一百多年前就被西方人称作真正的开司米的故乡。内蒙古鄂尔多斯羊绒衫厂(原名是内蒙古伊盟羊绒衫厂)采用"鄂尔多斯"为品牌名称,一方面因鄂尔多斯具有浓厚的民族地方特色,有利于使消费者树立信任感(土产,正牌货);另一方面,取鄂尔多斯为名,作为西方人熟知的开司米的故乡,为进占海外市场奠定基础。不仅如此,鄂尔多斯的独创性英文称谓 Erdos 更是令人感到构思巧妙。巧妙的品牌设计,为"鄂尔多斯"进占市场、拓展市场消除了障碍,使其不仅在国内而且在英国、美国、日本等国家和地区都享有较好的市场声誉。

3. 富蕴内涵,情意浓重

品牌,大多都有其独特的含义和解释或释义。有的就是一个地方的名称,有的是一种产品的功能,有的是一个典故;富蕴内涵、情意浓重的品牌,因其能唤起消费者和社会公众美好的联想,而使其备受厂商青睐。

红豆是一种植物,是人们常用的镶嵌饰物,是美好情感的象征物(又称"相思子"或"相思豆"),同时,"红豆"也是江苏红豆集团的服装品牌和企业名称。"红豆"是家喻户晓的知名品牌,1997年4月被国家工商总局认定为中国驰名商标。"红豆"之所以具有较高的知名度,主要是因为"红豆"一词与情爱有关,其英文是 The seed of love(爱的种子)。提起它,即会使人们想起唐代大诗人王维的千古绝句,即会勾起人们的相思之情。此外,"红豆"作为品牌,也表达了企业对消费者的关爱。借助红豆传情,大大缩短了企业与消费者之间的距离,并以其丰富的文化内涵、特有的情感吸引着广大消费者。年轻的情侣通过互赠"红豆"服装表示爱慕之意;离家的游子(包括海外华侨)以"红豆"服装寄托其思乡之情。"红豆"服装正是借"红豆"这一富蕴中国传统文化内涵、情意浓重的品牌"红"起来的。

4. 避免雷同,别具一格

品牌是为了区别同类商品而诞生的。如果品牌名称或品牌标志与竞争对手的同类商标近似或趋同,就失去了品牌的显著性,也就失去了品牌的意义。品牌雷同或近似的结果,一方面,因缺乏显著性不便于消费者识别而不能获得《中华人民共和国商标法》中规定的商标专有权,品牌的保护力就大大降低,品牌增值的目的也将不复存在;另一方面,即使能够获准注册,也会因在宣传自己的品牌同时为竞争对手的雷同或相近品牌宣传,从而使品牌传播费用增大、品牌传播效果减低。鉴于此,企业在品牌设计时必须克服这个品牌运营中的大忌,使自己的品牌别具一格,具备较强的显著性。前面提及的"EXXON"、"SONY"、"Erdos"和"Kodak"等都是具有较强的显著性、别具一格的品牌的范例。

5. 品名与品标协调互映

品名与品标协调、相互辉映,易加深消费者和社会公众对产品品牌的认知与记忆。所以,品名与品标协调是企业品牌设计时常遵循的一个重要原则。

以汽车发明人BENZ先生的名字命名的"奔驰"(BENZ)车,100多年来赢得了顾客的信任,其品牌一直深入人心。那个构思巧妙、简洁明快、特点突出的圆形的汽车方向盘似的三叉星标志,已经成了豪华优质高档汽车的象征。"奔驰"这个品名与圆形的汽车方向盘似的品标的有机结合,不仅暗示品牌所标定的商品是汽车,而且是可以"奔驰"的优质汽车,此乃匠心独具之力作。"雀巢"(NESTLE)是广大消费者十分熟悉的品牌名称,它是瑞士学者型食品技术人员Henri Nestle发明的育儿用乳制品(把果树和营养剂加入奶粉中)的品牌,此品牌是以他的名字命名的。Nestle的英文含义是"舒适地坐定"、"依偎"等意思,与英文Nestle(雀巢)是同一个词根,所以,在中文中一并译作"雀巢"。值得提及的是,"雀巢"品牌标志是鸟巢图案,这极易使人们联想到待哺的婴儿、慈爱的母亲和健康营养的雀巢产品。如此,"雀巢"名称与"雀巢"图案的紧密结合、互相映衬与协调,使人们视名称即知图形、视图形即知名称,有较强的感召力。

6. 尊重习俗,符合法律

扩大销售区域、拓展市场是企业孜孜以求的重要的奋斗目标。然而,如果品牌设计不当,不能够受到拟扩展地区的消费者喜欢,就会影响产品出口,甚至还会导致国际争端或伤害他国人民的感情。所以,为了扩大品牌的使用区域,以利于拓展市场,在品牌的设计上还应注意尊重目标市场所在地的风俗习惯和法律法规,使品牌能够超越空间限制。

超越空间限制主要是指品牌超越地理文化边界的限制。由于世界各国消费者受其历史文化传统、语言文字、风俗习惯、价值观念、审美情趣等方面存在差异的影响，不同国家和地区的消费者对同一品牌的认知与联想会产生很大差异；试想，如果把"BENZ"译成"奔死"(也是谐音)在中国销售，还有人敢认购这种车吗？同样，若将"Sprite"直译成"妖精"，又有多少中国人乐于去认购呢？可是，把"BENZ"和"Sprite"分别译成了符合中国文化特征的"奔驰"和"雪碧"，就比较准确地揭示出品牌标定产品的属性(奔驰是可以飞奔的优质汽车，雪碧是"凉"而"爽"的饮料)。这些品牌的妙译为其进占异域市场奠定了文化基础。

9.3.2　品牌标志设计

品牌标志设计涉及品牌图案、色彩。谈及字图的颜色选择及个性表现，可口可乐是非常成功的设计典范。可口可乐的字是变体的 CocaCola，颜色是用红色作底色来衬托白色的文字，并将英文字母艺术地柔化、变形，其两个大写的"C"分别延伸出了两个波状的弧线，第一个大写的"C"从下面延伸到第四个字母的位置，第二个大写的"C"从上面延伸到最后，弧线由粗变细，再由细变粗，顺畅而又巧妙地与文字融为一体，使人产生一种"飘"的感觉。这正是饮用可口可乐后神采飞扬的感受和体现。

色彩是一种视觉感受，同时又会使人产生无穷的联想。不同的人，由于环境、阅历和文化修养等多方面的差异，会产生不同的颜色偏好。或者说，不同的颜色使人产生的联想和感觉是具有差异性的。了解其中的差异是品牌设计中的必要前提。就一般而言，白色使人联想到纯真、清洁、明快、素雅；黑色使人联想到静寂、悲哀、绝望、沉默和恐怖，但黑色的礼服却给人一种高贵的感觉；红色使人联想到太阳、火焰、热血、喜悦、热情、爱情、激动、活力、积极等。

9.4　品牌推广策划

品牌传播既是诉求品牌个性的手段，也是形成品牌文化的重要组成部分。通过何种媒体及其组合向消费者传递品牌个性的信息，用何种方式演绎和表达品牌个性，都必须注意品牌个性与传播媒介的一致性。菲利浦·莫里斯赞助一级方程式车赛20余年，在公众看来，一级方程式车赛就是万宝路的专利，这种对特有的体育运动的支持——万宝路所选择的品牌传播路径的独特性，不仅传播了品牌本身，而且赋予万宝路更具体的品牌个性和品牌文化。万宝路以赞助活动所进行的品牌传播有着统一于品牌个性的共同标准：①活动必须与特定的目标群体的利益与兴趣相关；②活动必须有较好的密集覆盖面；③活动必须符合公司所期望的声望需要；④活动的宣传必须与一个市场领导者的身份保持一致。

9.4.1　品牌有效传播原则

1. 传播应选择一种有效的途径加以执行

通常的传播渠道分为传统途径和网络途径。传统途径主要是指报纸、杂志、电视、广播、户外广告、POP 广告、交通广告、社区公益广告牌等，传播的内容一定要集中在消费者的兴趣上，对企业最重要的内容和消费者最感兴趣的内容一定要交代清楚。网络途径是指搜索引擎登录、网络论坛和新闻组、广告交换登录、友情链接登录和网站排行榜登记以及自身商务网站的建立等。品牌最有效的传播途径应采用传统与网络相结合，双管齐下，并驾齐驱。

2. 传播应通过一种简明的方式来表达

再好的传播主张若无法准确表达，则无法传播。若传播过程失真，则表明方式选择不对。需要不断锤炼和提高，尤其是主要诉求。因此一个品牌的主要诉求也应该力求简洁到位，一矢中的。

3. 传播技能必须一致

整合营销传播之所以对营销有重大意义，就在于传播得以整合。传播技能的整合是媒体整合营销最简单也是最经常的一种运用。它是指将各种传播方式有机地组合运用，用同一种策略、同一种节奏，作用于消费者的各种感观，达到同一种信息的有效传达，也就是"同一种声音"。所谓同一种声音主要还是在于企业的诉求的统一，无论在什么媒体出现的本企业品牌，都是同一个品牌，或者更加具体的品牌。

4. 传播主张必须持久执行

如果一种传播主张朝令夕改，消费者就会对某一具体的企业形象和品牌产生认知错乱。大凡做得好的企业品牌，其传播主张往往比较稳定，使消费者有一种稳定感和自豪感，从而形成品牌忠诚。因此，品牌的独特销售主张必须放到企业的战略蓝图里面去，企业的标准化系统也要尽早定夺，将诉求的主体和主题定下来，在正确的方向下走最佳的途径。

5. 传播主张应将自己的品牌与竞争者的品牌加以区别

将自己的品牌与竞争者的品牌互相区别也就是必须要有自己独特的销售主张。现代企业提供的产品与服务同质化现象愈来愈普遍、愈来愈严重。由此直接导致的结果是产品、服务大都势均力敌。对于消费者而言，能够比较明显地区分不同品牌需要的就是各自的特征表现。因此企业优势和独特卖点需要淋漓尽致的阐释和重复的表达。产品组合内容与服务的质量、功能、各种细节等，都是可以被竞争者仿效、抄袭，甚至超越的。那么，还有什么可以区别于同类、令消费者情有独钟的法宝呢？那就是企业的品牌和品牌形象。唯有品牌价值存在于消费者心中，无法替代。而企业品牌形象的建立及品牌价值的转换只有依赖于传播，来自于周而复始的媒介传达。

6. 了解消费者行为

企业媒介营销传播的核心内容和最主要部分就是了解消费者行为。加强互动性，是了解消费者行为的最有效方式，运用得好，可收立竿见影之效。

9.4.2 品牌有效传播模式

1. 扩大痛苦，再施于人

人有两种基本的人格模式，一种是逃避型，另一种是追求型。逃避型者大都拒绝困难，害怕痛苦，而追求型的人正好相反。更多的情况是集两种特质于一身。人之所以采取行动，对于逃避型的人来说，是因为如果不行动，痛苦将会大于快乐；对于追求型的人来说，则是因为采取行动后，快乐将大于痛苦。消费者之所以购买某种产品，是因为他相信它能够给他解除某种痛苦。如果我们将这种痛苦戏剧性地夸大化，用于产品的广告创意策略中，就能给广告受众留下较为深刻的印象，促使其采取购买行动。

成功案例：复合牌牙膏与海飞丝洗发水。

复合牌牙膏是德国最成功的牙膏品牌，多年来，其市场占有率高达 25%。该品牌对消费者的许诺是解决牙龈出血的问题。广告描绘了牙龈出血导致牙齿脱落的恐怖景象。海飞丝在中国台湾地区和日本的广告语是："你不会有第二次机会给人留下第一印象。"此话听起来悦耳，实际上暗藏杀机：谁要是不去消灭他的头屑，就可能会葬送一生的事业。在日本播放的电视广告上，一位豆蔻年华的戏剧专业女生在决定性的入学考试前夕遭到头屑的侵袭。"我的前途完了。"女生认命地说。这时候，海飞丝从天而降，拯救了她的职业生涯。

2. 价值承诺，循循善诱

如果我们在品牌的传播策略中，巧妙地从商品的产生、发展到使用情景中提炼出一个特别的特征、量化的指标，或创意出积极的情景作用、极端的夸张场面，消费者就会从中得出商品质量优异的结论。

成功案例：乐百氏纯净水和娃哈哈钙奶。

"乐百氏，27 层过滤"，"喝了娃哈哈，吃饭就是香"的广告语，使成人煞有耐心地围在电视机旁欣赏一帮小家伙狼吞虎咽的情景。而"妈妈，我要！"的童音更是为"娃哈哈"产品激活一片积极的市场情景。要避免用陈旧的方式来表达引导的价值，对购买特性来说，引导的独特性表现得越成功，这一策略也就越成功。

3. 分类分级，避敌锋芒

消费者在认知产品的时候，都存在一定的认知定式，他们会不自觉地把产品按照自己的逻辑与同类产品进行比较。如果我们通过创意，把需要推广的品牌从消费者习以为常的"概念抽屉"中取出来，划归到另一个类别或等级中去，就会避免与现有竞争产品展开激烈的竞争。

成功案例：七喜饮料和西门子手机。

七喜饮料投放市场后，效果一直不理想，因为当时美国的饮料市场被可口可乐一统天下。后来，七喜饮料采用分类定位的方法获取了市场位置。广告中宣称：饮料分为两大类，一类是可乐类饮料，另一类是非可乐饮料，市场上最好的可乐饮料是可口可乐，最好的非可乐饮料是七喜饮料。西门子 S10 手机最显著的特点是它的彩色显示功能，但是彩色有多大的实际用处呢？它只不过把菜单显示得更加清晰易见而已，这并不能给消费者带来什么特别了不起的价值。除此之外，还存在消费者对彩显功能感到失望的可能，原因是手机屏幕的色彩明显不如电视或电脑显示屏幕那么鲜艳夺目。最后，西门子公司终于在分级广告战略中找到出路：隆重宣布西门子 S10 手机是新一代商用手机。世界上有很多"彩色"都是新一代产品的标志性特征，如胶卷、电视等，因此将彩显作为新一代手机就容易被消费者接受，这与将彩显作为一种手机的新价值来宣传是不一样的，那么，黑白显示的手机就自然降格为"过时一代"产品的标志了。

4. 树立新敌，以长补短

为推广的品牌树立一个令人意外的、可以替代的新"对手"，用推广品牌的优点与"敌人"的弱点相比较。

成功案例：箭牌口香糖。

20 世纪 90 年代初，箭牌口香糖的销量开始徘徊不前。经过策划，它出人意料地将香烟作为自己的竞争对手。它引导消费者在不能吸烟的场所用咀嚼口香糖来代替吸烟。箭牌公司在广告宣传中戏剧性地展现了禁止或不宜吸烟场合，如在办公室、会议或者前去拜访岳父岳母等。实行这种"树敌"广告战略后，箭牌的销量重新回到上升轨道。

5. 刺激消费者的内心情结

在每个人的头脑中，都有许多情结。一种为生理性的情结：当我们看见一个婴儿、动物或者异性的身体时，就会产生一种可以观察到的情感表现。另一种为文化情结：对家乡、某一地区、某些浪漫事件、某种时期怀有特殊的感情。如果我们用品牌传播的创意不断去刺激消费者心中这些已存在的情结，它们就会与该品牌融合在一起。

成功案例：奥妮 100 年润发与南方黑芝麻糊。

"青丝秀发，缘系百年"的广告语，以及大牌明星周润发将 100 年润发洗发水轻缓地倾洒在梦中情人飘逸的长发上时，温情的微笑，不知引起多少东方女性的情感共鸣。在幽深的由青石铺成的小巷里，悠扬的"芝麻糊"叫卖声，小男孩用舌头舔尽碗底最后一滴黑芝麻糊……这情景勾起人们对童年的回忆。

6. 消除内疚，达成购买

每个人对自己都有一些期望，期望自己是对家人、对朋友、对社会有责任感、义务感的人，当他发现自己的作为不能达到这些要求时，就会感到良心的"不安"。如果我们通过广告创意来刺激他的"不安"，并帮其消除"内疚"，就能促成其采取购买行动。

成功案例："帮宝适"。

"帮宝适"是一种婴儿尿布，20 世纪 50 年代刚在美国面市时，市场效果很不好。后来，广告内容诉求点变为："帮宝适"能够使您的孩子肌肤更加干爽。有哪一位母亲不愿意使自己的孩子干干净净呢？

7. 展示个性，显示身份

有些品牌的功能看似对消费者没有，但如果通过与自然界的某些事物相类比，将问题直观形象地展示出来，就可出现戏剧性的转折。

成功案例：达克宁胶囊。

很多消费者对真菌感染的脚气病并不是很在意，达克宁胶囊在广告创意中通过自然界原野上的野草"死灰复燃"的形象类比，在消费者心中留下了极深的印象。

9.5 品牌资产管理策划

9.5.1 品牌资产的建立

1. 品牌资产的含义

品牌权益作为品牌资产的根源，揭示了品牌资产形成的动态过程以及各个构成要素之间的相互作用机制，成为近年来营销领域研究的热点问题。西方多数学者对品牌资产的界定倾向于从使用某一个品牌与不使用该品牌时，消费者对某一特定产品或服务的不同反应这一角度来考察。例如，法奎汉(Farguhar)将品牌资产定义为"品牌给消费者提供的超越其功能的附加价值或附加利益"。品牌给消费者提供的附加利益越大，他对消费者的吸引就越大，从而品牌资产价值就越高。大卫·艾克(David A.Aaker)教授认为：品牌资产是这样一种资产，它能够为企业和顾客提供超越产品和服务本身利益之外的价值；同时品牌资产又是与某一特定的品牌紧密联系的；如果说品牌文字、图形作改变，附属于品牌之上的财产将会部分或全部丧失。我国学者将品牌资产定义为"附着于品牌之上，并且能为企业在未来带来额外收益的顾客关系"。这种观点认为，品牌资产给企业带来的附加利益，归根结底来源于品牌对消费者的吸引力和感召力。所以，品牌资产实质上反映的是品牌与顾客之间的某种关系，或者说是一种承诺。这种关系不是一种短期的关系，而是一种长期的动态关系。

2. 品牌资产的构成

品牌资产是一个系统概念，它由一系列因素构成，如图 9-3 所示。

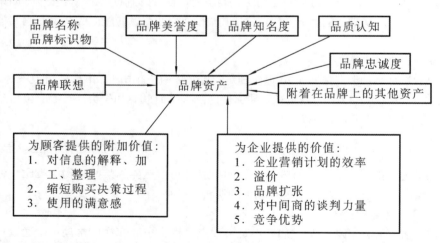

图 9-3　品牌资产系统图

品牌名称和品牌标志是品牌资产的物质载体，品牌知名度、品牌美誉度、品质认知、品牌联想、品牌忠诚度和附着在品牌上的其他资产是品牌资产的有机构成，为消费者和企业提供附加利益是品牌资产的实质内容。

9.5.2 品牌资产的保护

只有树立正确的品牌保护意识、及时地对品牌进行注册获得商标权，并做好品牌的自我保护工作，才能使品牌运营顺利而有序地进行，也才能使品牌运营成果得到应有的保护。可见，对品牌施以保护是品牌运营过程中不可缺少的环节，或者说，品牌保护是品牌运营的必要保障。实施品牌保护必须做到以下几点。

1．提高企业的信息处理能力

市场总是千变万化的，机遇与风险并存，对市场信息的把握能力直接关系到品牌在竞争中的地位。有些企业由于信息处理能力较强与决策及时正确，不仅把握了一个个机会，而且顺利渡过了企业经营中的各种危机。维他奶是香港的著名品牌，有着悠久的历史，但是在1996年，由于其在深圳的生产厂产品品质出现问题，造成企业的危机。为了维护消费者的利益，企业在获取及时准确市场信息同时，迅速作出了将市面上的产品及时全部收回的决定，使品牌形象得以维护。为此，企业在思想上高度重视信息的搜集、处理在品牌建设中的重要性的同时，应自觉建立并不断完善信息收集、传输、有效处理企业经营信息的(包括品牌建设)系统和运行机制，使企业信息的收集全面、及时。信息的处理准确、快捷，为维护品牌提供前提条件。

2．保持并完善产品品质

虽然曾有人说"想成名打广告"，但仅靠广告成名的品牌，生命短暂，转瞬即逝。打广告、做宣传确实能引起消费者的注意，也能调动消费者最初的购买欲望。但消费者购买产品时最终还是会理性选择，最起码要根据产品本身的品质来决定是否购买。因此，良好的品质才是"创牌"的基石，更是"保牌"的根本。

目前，人们对产品不仅关注其基本效用和利益，也关注其形式特征，甚至关注销售服务与保障、产品可能的发展趋势和前景等。因此，企业的品质保证应是对现有产品整体的品质保证。即从产品的核心利益、产品的形式特征到产品的外延，任何一个环节都决不可疏忽大意。尤其是随着企业知名度的提高不可以妄自尊大，要做好对顾客及中间商的销售服务与保障。一个良好的服务体系之所以能加快品牌的提升，就在于优质服务能保证优质产品的正确使用，使其质量优势充分体现出来，进而形成消费者的品牌偏好和品牌忠诚，使品牌经久不衰。

3．积极开拓创新

在激烈的市场竞争中，能够永葆品牌青春不老、绿树常青的秘诀是不断创新，包括产品创新和营销手段创新。要在广泛学习(甚至"模仿")国外先进技术的基础上开发新产品，进行产品开发与全方位营销创新，即包括产品核心利益以外的产品特色(如药品的口味)创新、包装创新、产品服务创新，甚至整个商业模式的创新。企业只有认真对待并进行大胆探索，才能使创新进入良性运行轨道。

4. 进行恰当的品牌延伸

品牌延伸有三种具体形式，即向下延伸、向上延伸和双向延伸。一般讲，向上延伸可以有效地提升品牌价值、改善原有品牌的形象。事实上，很多国际上的著名品牌开始都定位于中低档的大众品牌，待迅速占领市场后再运用向上延伸策略来拓展市场，以此来获得较高的销售增长率和边际贡献率，并逐渐提升企业的产品形象和品牌价值。虽然向下延伸对企业来讲进入市场相对容易得多，而且营销成本低廉，但其风险要比向上延伸大得多，会严重影响品牌资产的价值。成功的品牌延伸首先应得到消费者的接受和认定，其主要取决于品牌的影响力。在其他条件相同的情况下，享有较高知名度的品牌有助于引起消费者对延伸产品的注意力，从而使延伸产品在其产品领域处于一定的有利地位。现有品牌对消费者的影响力越大，消费者对现有品牌的态度就越积极和肯定，品牌延伸被消费者接受的可能性就越大，或者说现有品牌越具有延伸力。品牌忠诚度作为消费者对某一品牌偏爱程度的衡量指标，反映了对该品牌的信任和依赖程度。品牌忠诚度高，消费者对品牌延伸的认可程度相对就高。国际上一些知名企业之所以品牌延伸容易成功，很重要的一个原因是拥有大量的品牌忠诚顾客群。

5. 加强对品牌假冒产品的打击

品牌价值的保持与提升除了取决于企业内在因素外，还受企业外在因素的约束和影响。目前，我国在这两方面还都存在着不完善之处。近年来，各执法部门加大了打假力度，但是假冒产品仍然猖獗，假冒名牌与真正名牌同登一台，消费者真假难辨，加上地方保护主义，使真正的名牌产品市场份额下降，严重影响了名牌产品的销售和企业效益。为此，企业要树立自我保护意识，寻求法律保护。其一，多方位注册，预防他人侵权。其二，技术保护。企业要运用《中华人民共和国专利法》等法律保护自己，能够申请专利技术的一定要申请，享有产品的制造权、销售权、使用权和转让权等。其三，打假。运用法律武器，积极开展打假活动，既可以保护企业产品，保护消费者利益，又可以强化品牌形象。其四，政府支持。针对假冒名牌的不法行为，有关部门除了建立一系列有效的法律法规外，还应拨专款，采取政企联合、跨地区联合等方式，适时组织打击假冒伪劣活动，保护品牌的权益。

本章小结

品牌作为企业产品和服务立足于市场的个性形象的集中体现，是一种潜在竞争力与获利能力；是质量与信誉的保证，可以减少消费者的购买风险与成本；更是一项重要的可积累的无形资产。一个成功的品牌应具有以下 6 方面的含义。①属性：品牌首先使人们想到某种属性。②利益：品牌体现了给消费者的功能性利益和情感性利益。属性需要转换成功能性利益和情感性利益。③价值：主要体现品牌给消费者与企业所带来的经济价值、信誉价值、艺术价值和权利价值。④文化：文化作为包括语言、审美情趣、价值观念、消费习俗、道德规范、生活方式以及具有历史继承性的人类行为模式等的综合体。⑤个性：品牌还代表了一定的个性。⑥用户：品牌还体现了产品的目标顾客。品牌策划具有内在合理流程：品牌战略规划—品牌定位—品牌设计—品牌传播—品牌保护及更新(品牌资产的维护及强化)。任何一个环节的失误都有可能导致品牌运营的失败。

关键术语

品牌内涵　　　　　　　品牌战略　　　　　　品牌定位　　　　　品牌名称
品牌有效传播模式　　　品牌资产

思考题

1. 品牌对消费者而言，具体的消费价值表现在哪些方面？
2. 一个成功品牌应具备哪些条件？
3. 品牌策划的科学流程包含哪些环节？
4. 随着市场变化的快速发展，品牌定位的新策略有哪些？

参考文献

[1] 农夫山泉官方网站.发展历程[EB/OL].2012-10-03.http://www.nongfuspring.com/app/gsinfo.action? headId=607.
[2] 郭国庆.市场营销学通论[M].北京：中国人民大学出版社，2003, 191.
[3] 高京君.魔娘方便面胜在定位[EB/OL]．2011-3-22.http://www.ceconlinebbs.com/FORUM_POST_900001_900003_950610_0.HTM.
[4] 黄静.产品管理[M].北京：高等教育出版社，2001.
[5] 刘凤军.品牌运营[M].北京：中国人民大学出版社，2002.

案例研讨

加多宝的品牌运营之道

2012年5月9日，对于中国凉茶市场是一个不平凡的日子。这一天，中国国际经济贸易仲裁委员会一纸裁决判定王老吉商标回归广药集团。同时，加多宝将原红罐凉茶正式更名为"加多宝"，掀开了加多宝品牌转型的新篇章。随后，加多宝在全国范围内掀起了一场"全国销量领先的红罐凉茶更名加多宝"的风暴，其宣传力度之大、传播范围之广、反应速度之快令业内叹为观止。三个月过去了，从坊间流传的顺口溜"加多宝，押对宝"这句话真正说出了加多宝品牌运营的成功之道。

众所周知，更名易标对于市场知名度和美誉度较高的品牌来说无异于釜底抽薪。加多宝在与广药集团的纠纷中输掉了"王老吉"商标，不得不重塑新的品牌。如何在这种被动的局面下挽回原有的市场份额？加多宝给我们上了生动的一课。

一、定位准确

品牌定位是品牌运营的重要一环。"怕上火"、"正宗凉茶"、"加多宝出品"，加多宝在多个维度间切换得都非常稳。对于一个已经十分成功的定位，谁能全盘让消费者把自己与"原来的"王老吉画上等号，谁就能迅速铺开销量。另辟山头不是不可以，但一是不好找这个点；二是培育期漫长；三是所得与 160 亿元（2011 年红罐王老吉销售额）相比只能是蝇头小利。当然，加多宝和王老吉都已经认识到这一点。那么"原来的"王老吉是什么？最核心的根基有两点：怕上火；红罐。这也是加多宝现在把广告变为"怕上火，现在喝加多宝；全国销量领先的红罐凉茶，改名加多宝；还是原来的配方，还是熟悉的味道"的真正原因。

二、宣传精准

广告语中，使用"现在"这个词极为巧妙，它把消费者过去对王老吉的认识使劲拽到加多宝身上来。首先，加多宝所做的，就是要使消费者联想到"原来的王老吉改名为加多宝了"。其次，为了加强联想力度，着重强调原"王老吉"的标志性包装——"红罐"。再次，通过"还是原来的配方，还是熟悉的味道"告诉消费者加多宝就是原来的王老吉。最后，用"现在"切割时间点，隐喻"王老吉"时代已经过去，现在是加多宝的时代。

三、反应迅速

加多宝在品牌重塑的过程中，不仅格外重视商标所有权的重要性，而且加快了新品牌的锻造速度。在与王老吉的商标纠纷悬而未决时，加多宝就在电视、地铁、公交、报纸等媒体展开地毯式宣传，向社会灌输"全国销量第一的红罐凉茶更名加多宝"的品牌信息，以速战速决的方式最大限度地发挥出其自身在渠道和营销上的优势。

四、借势造势

加多宝品牌运营的成功也传递出了这样一个信号：将时事热点与企业自身形象相结合，是企业在短时间内迅速实施品牌定位，建立起品牌形象的有效方式。失去商标的加多宝集团一直在寻求重塑品牌和为自身正名的机会，《中国好声音》所宣扬的"正宗版权"的概念，正好与加多宝"正宗好凉茶"的品牌形象不谋而合。加多宝与《中国好声音》的合作，从决定投资到谈判、沟通一共只用了十几天。为了达到冠名的预期效果，加多宝集团全程参与到节目的制作和推广过程中。通过节目场面的布置、产品的展示，再到节目色调、理念的契合，最大限度地完成了由经典红罐凉茶到加多宝凉茶的品牌转换。由加多宝冠名、浙江卫视打造的《中国好声音》自开播以来，收视率节节攀高，成为目前中国关注度最高的音乐类节目。第三方数据显示，更名后的加多宝凉茶同比增长已超过 50%，在广东、浙江等凉茶重点销售区，同比增长甚至超过了 70%，加多宝凉茶的销售创造了阶段性新高峰。借此契机，加多宝集团也成为最大赢家，坐稳中国凉茶头把交椅。

（来源：未已．赞！加多宝的品牌运营之道[EB/OL]．2012-09-26．http://www.cipnews.com.cn/showArticle.asp?Articleid=24849）

思考题

1. 加多宝继续领跑凉茶市场的关键是什么？
2. 加多宝接下来该怎么走？
3. 加多宝成功更名给我们的启示有哪些？

第 10 章 新产品开发与推广的策划

📝 **本章提要** 本章主要阐述新产品开发战略的意义、类型、新产品开发大纲、新产品开发的程序和新产品推广的方式和方法等。本章的重点是掌握新产品开发战略的意义、新产品构思产生的方法和新产品市场化的策略。本章的难点在于把握新产品开发过程中构思产生和筛选的方法以及掌握新产品推广中的策略。

引 例

"不创新就灭亡。"福特公司创始人亨利·福特的这句话一直都备受企业家们的重视,而如果给这句话以补充,则是"持续创新一路领跑"。追寻建筑陶瓷里的创新力量,绝大多数人都会将目光投向欧神诺陶瓷(以下简称"欧神诺"),无论是在前十年中,还是现在,抑或是对未来的分析、预测和判断,这家企业都始终保持着创新的激情,牢牢占据行业领跑者的地位。

在过去的数年中,欧神诺陶瓷一直注重技术与产品创新研发,专注原创,以原创品质作为行业的风向标引领行业的潮流,囊括了"世纪金陶奖"、"中国最具流行魅力陶瓷品牌"、"最具创新力品牌"以及建筑陶瓷行业最高荣誉奖"金土奖"等多个代表创新地位的大奖,享有"创新标杆"之誉。先后开发出具有自主知识产权的Ⅲ元素、都市温情、冰川 99、星运石、负离子印象砖、浮石绘、智慧果、两极 show、析晶玉、微晶玉、刚玉石、莽岩、普拉提等处于行业领先地位的系列产品和业界最齐全的陶瓷配件产品系列。2009 年底推出 IC 微晶、天岩抛釉砖、奢华风瓷片等王牌系列产品,开创陶瓷业低调奢华风尚,在品质、设计、视觉、整体空间应用等方面创造了新的瓷砖境界。

在产品方面的创新只是欧神诺陶瓷整个创新体系中的部分构成,其在服务和营销上的创新同样不断刷新行业纪录。作为"陶瓷时装化"的首倡者和实践者,欧神诺于 2005 年创造性地提出了"天下无砖"的经营理念,以不懈精神,切实地阐释着"天下无砖"的内涵——元素、空间、服务,以此为每一位客户提供美化人居环境的解决之道。

2010 年欧神诺陶瓷的经营理念升华为"奢瓷主义精英生活",为精英阶层提供一种低调奢华的、用陶瓷创造的生活方式，将瓷砖经营上升到生活方式层面，再度打破优势、重建优势。不断进行产品理念创新、技术创新与营销创新，带动了整个企业不断向前奔跑。创新是不竭的动力，而沿着正确方向的创新则构成了企业能够持续奔跑必不可少的助推力。

10.1 新产品开发战略策划

10.1.1 新产品开发战略概述

随着顾客需求的不断变化，每一家企业都必须开发新产品。新产品开发是企业未来的源泉。为了保持和提高企业的销量以求得企业的生存和发展，企业应该改进和替代现有产品，以满足现有市场的需求、发掘潜在的市场需求以及创造新的需求。当然，开发新产品是充满风险的，一旦失败损失极为惨重。因此，任何一家企业在开发新产品前必须制定出行之有效的开发战略，以降低开发过程中的风险，提高新产品开发的成功率。

1. 新产品开发战略的概念

新产品开发战略是指企业在市场条件下，根据企业环境和所具有的资源，为求得企业生存和长期稳定地发展，对企业新产品开发目标、达到目标的途径和手段的总体谋划。它是企业新产品开发思想的集中体现，是一系列战略决策的结果，同时又是制定企业新产品开发规划和计划的基础。新产品开发战略为企业的开发活动划定界线，限定方向。新产品开发战略具有以下特征。

(1) 全局性。新产品开发战略，简单地说，就是"做什么才能指导企业新产品开发，使企业得以生存和发展"。具体地说，就是它是指导整个新产品开发过程的一切活动的总体谋划。除了要与企业自身的总体战略一致外，还表现在它必须与大的宏观形势如国家政治、技术、社会发展战略等相一致，否则，新产品开发就有可能失败。

(2) 系统性。新产品的开发是一项系统工程，它牵扯到方方面面，需要以系统的观念和眼光去分析、解决问题。应充分考虑企业使命、外部环境、企业资源等各方面的问题，以避免因某些因素过弱而最后导致新产品开发失败。

(3) 未来性。未来充满变数，这增加了新产品开发的风险。新产品的开发战略要本着风险最小化而机会最大化的原则制定。企业领导者要立足过去、面向未来，只有这样才能使新产品开发活动更具有成功的可能性。

(4) 竞争性。开发新产品的目的是为了使企业能够提高销量、增强竞争力。因此，竞争是新产品开发过程中必须要面对的问题，战略的制定必须本着壮大自己、削弱对手的目的出发。

(5) 相对稳定性和适度灵活性。新产品开发战略必须在一定时期内具有适度的稳定性，才能具有指导意义。否则，朝令夕改的战略会使企业经营无所适从，产生混乱。同时，由于战略着眼的是未来。因此，一个有价值的战略必须具有一定的灵活性，以适应经营环境多变的特点。

综上所述，新产品开发战略可界定为：新产品开发战略是企业在市场条件下，根据企业环境及可取得资源的情况，为求得企业生存和长期稳定的发展，对企业新产品开发目标、达成目标的途径和手段的总体谋划，它是企业新产品开发思想的集中体现，是一系列战略决策的结果，同时又是制定企业新产品开发规划和计划的基础。

2. 新产品开发战略的意义

一个企业的产品和服务是其最主要的有形资产。企业有关新产品的决策是总体经营战略和市场营销决策的重要组成部分。新产品开发是企业生存和发展的重要支柱，它对企业将来的经营状况和前景有重大的影响。

1) 新产品开发可以促进企业成长

促进企业的成长是开发新产品最根本的意义所在。一方面，成功的新产品开发可以为企业带来可观的利润和提高市场份额；另一方面，新产品开发过程可以为企业培养更多的后备型人才。研究表明，大多数企业销售额和利润的30%～40%来自5年前还不属于本企业产品范围的那些产品，新产品已经在企业成长方面起了重要作用。从投资的角度看，成长即意味着成功。所以，多数企业都力图向市场投入更多的新产品，扩大本企业的市场份额。某类产品市场占有率的提高使企业获得更高的利润率和资金周转率成为可能；反过来，仅靠现有产品去提高这些衡量企业成长的比率，是很困难的，企业要负担更为繁重的市场营销费用。据统计，凡是经营得好的企业大多数都有向市场推出更多新产品的能力。

2) 新产品开发可以成为竞争优势的源泉

在现代市场竞争中，为拥有消费者，占有市场份额，企业通常会采用各种方式和手段来获取可持续的竞争优势。可持续的竞争优势借助于从已有的资源中产生出有利于将来的资源。这是一个以时间为基础的不断更新的过程。而开发新产品是当今企业获得这种竞争优势的重要手段。

企业通过不断推出有创造性和市场前景的高质量产品来维持提高其声望。如果产品优质优价，企业就能获得较高的利润，而利用这些利润，在不断的生产循环中，又可以支持以后的新产品开发工作。此外，新产品包含多方面的概念，它能提供并满足那些对它感兴趣的利益相关者早先未曾体验过的需要。这种早先未曾体验过的"需要"的范围很广，它可以是性能上逐步提升的产品(改进性产品)，也可以是有重大突破的产品(创新性产品)。改进性产品通常比创新性产品需要较少的资金，冒较低的风险，往往构成一个企业的新产品开发项目组合的主要部分。无论一项新产品是改进性的还是创新性的，它即将带来的持续竞争优势会诱导企业利用新产品开发作为从战略上管理企业的一个途径。

3) 新产品开发可以促进现在产品的销售

当一种新产品成功地进入市场后，随着该新产品销量的增加，有可能增加整个行业的市场空间，从而本企业其他相关产品的销量也随之增加。这也是开发新产品的一个重要原因，特别是在工业品市场上。例如，美国的一家计算机企业在前几年开发了小型机系统，随着小型机系统销量上升，使它的传统产品大型机系统也扩大了销量。工业品用户需求的变化，比如设备更新、工艺换代，往往有向同一供货商或制造厂购进更高档产品的趋势，以便发挥他们已熟悉该类产品技术的优势。因此，开发好新产品可以改善现有产品的市场地位。

4) 新产品开发有利于保持与提高企业的研究与开发能力

企业在新产品开发中的战略会有所不同：有的企业自己进行研究与开发，以支持新产品的一切过程；有的企业借用在市场上居领先地位的企业的研究开发成果；有的企业在这方面进行战略联合或合作研究；有的则进行了上述所有活动。但是，要搞好新产品开发必须依靠企业管理人员、工程技术人员和工人的革新精神和创造力，所以，新产品开发的整个过程可以提高企业的管理水平、科学技术水平以及革新精神等，从这个角度来说，哪怕是经济上失败的新产品开发也并不是一无所获。事实上，古今中外凡有所作为的企业家和工程技术专家都是富于创新、探索和开拓的勇士。一旦企业高层管理者把这种创新精神注入本企业的管理体系时，其市场营销和新产品开发就如一部得到新能源的机器，会加速地运转。正如美国著名管理学家杜拉克指出的："经营型企业有且只有两个根本任务：一是革新，二是市场营销。"

5）新产品开发可以充分利用生产和经营资源

在企业的生产、经营能力有富余时，开发适当的新产品可以使企业现有过剩的生产能力得到利用，比如获得范围经济的好处，同时实现更为均衡的生产。因为在固定成本不变的情况下，开发新产品可以使得全部产品的平均固定成本降低，从而提高企业资源利用率。

6）新产品开发可以提高品牌效益

未来企业之间的竞争将是品牌的竞争，现在一些企业已经利用其品牌来确定营销计划，进而开发新产品。当这种营销计划(例如产品特性、定价、广告、促销、销售队伍、分销渠道以及消费者服务等)的实现情况优于竞争对手，并且在一段时间内吸引了一批认识到该企业品牌价值的忠实客户时，那么就存在着品牌延伸的可能性，从而增加企业的品牌资产。当然，由于新产品也有可能有损现有品牌的信誉，从而损害整个企业，因此对新产品是否利用已树立的品牌名称的做法必须谨慎对待。

3. 新产品开发风险

任何新产品开发都存在风险。尤其在开发全新产品时，因其投资大、时间长、各种不确定因素变化频繁，其风险就更为突出。开发新产品因失败而造成损失并不鲜见。近年来的研究表明，美国新产品开发失败的比率在40%以上，不太成功的消费品开发比率高达95%，而在欧洲这一比率也达到了90%。

1983年美国工业会议对新产品开发的失败原因进行分类，结果如表10-1，其中1、4、5、6四项可以归结为市场营销方面的原因，合计占63%，也就是说，新产品开发失败，半数以上并非技术性方面的原因，而是市场方面原因造成的。由此可见，了解市场，把握住消费者的需求，在新产品销售方面下工夫，对于新产品开发是至关重要的。

表10-1 新产品失败原因分布

新产品失败的原因	比重/(%)
1. 市场分析不当	32
2. 产品本身不好	23
3. 成本超过预期值	14
4. 投放时机不当	10
5. 竞争的阻碍	8
6. 销售力量、分销和促销组织不当	13

据另一个资料介绍,美国十位最著名的市场学学者之一菲利普·科特勒曾从企业管理职能运用的角度,对新产品失败的原因进行了研究,他认为导致开发失败的原因有如下 15 项:

(1) 高层管理者对自己欣赏的设想,不顾一切地投入力量进行开发;
(2) 不善于对新产品开发过程进行组织和实施有效的管理;
(3) 没有对新产品市场的规模进行认真的调研和预测;
(4) 缺乏完备有效的产品计划,如产品定位不当、市场细分差、开发预算不足、新产品定价过高等;
(5) 新产品与现有同类产品的差异小,因而新产品本身包含的消费利益不大;
(6) 设计未达到开发目标要求;
(7) 新产品制造成本过高;
(8) 对新产品市场竞争的激烈程度估计不足;
(9) 有些领域的新产品很难具有创意;
(10) 市场分得过细;
(11) 社会和政府的限制;
(12) 开发过程中代价过高;
(13) 资金短缺;
(14) 新产品开发完成的时限缩短;
(15) 成功产品的生命周期缩短。

有些高绩效的企业,能够将新产品开发失败的比率控制在 10%以下,这就需要依据企业技术、产品市场和指导方针等制定正确、切实可行的新产品开发战略。建立相应的新产品开发小组以执行新产品开发战略,是新产品能否成功的一个重要因素。

10.1.2　新产品开发战略类型

战略是对未来的预先谋划。战略上的失败是最大的失败。一个企业在确定了要发展新产品后就要制定适宜的战略,以开发出具有强大生命力的新产品,创造出较好的投资效果。归纳中外新产品开发的战略类型,一般有如下几种。

1. 领先战略

领先战略又常被称为开拓型战略、风险型战略、进攻型战略、改革型战略等。这种战略的主要特点就是始终追求产品的高技术水平和最终用途的新颖性。通过这种战略使企业在市场竞争中始终处于强有力的领先地位,以取得持续的领先优势和垄断利润。全球 500 强之一的美国惠普电子企业设有庞大的研究机构,每年以销售额的 8%～10%的研制费从事新产品开发,使其出售的产品中有 60%是新产品,在市场上具有独一无二的强大竞争力。

当然,采用这种战略,风险也会比较大。只有那些具有一定的科研能力和资金实力而又敢于冒风险的企业才有可能采用这种战略。所以多数情况下只有大企业才会去考虑。在有些情况下,中小型企业也会通过这种战略实现实力的"蛙跳"。

2. 模仿战略

模仿战略又常称为防守型战略或紧跟型战略。这种战略是指企业并不抢先研究新产品，而是当市场上出现了成功的新产品后，立即进行仿造或加以改进，迅速占领市场，以防止竞争对手的技术进步构成对自己的威胁。领先战略要求企业必须具备一定的实力，而且风险比较大。有些企业宁愿采用这种较为稳妥的模仿战略。如惠普企业创新性模仿开发出美国考克劳斯企业的彩色激光复印机，为此获得了"领导世界复印机新潮流"的新产品称号。日本电气、富士、日立、东芝等企业也将引进的美国 IBM 的计算机制造技术，经过消化、吸收、改进、创新，研制出了自己的新产品，打入国际市场，成为 IBM 的强劲竞争对手。

企业采用这种战略并不容易，必须具备以下的条件：首先，要有很强的消化、吸收和创新的能力，善于巧妙地在他人研究成果的基础上进行开发，研制出带有自己特色的新产品；其次，要有很强的技术情报力量，迅速了解其他企业的研究动向和研究成果，特别是对构成威胁的竞争对手的情况要了如指掌；最后，要有较强的营销管理运作实力。

3. 系列化战略

无论是从增加利润还是减小风险的角度来看，系列化战略的优势是显而易见的。当今仅经营一个产品、一个品牌的企业并不是很多，如何对品牌进行延伸、整合、提升，是一个企业及其产品屹立于市场、立足于不败之地的重要举措。系列化策略是指在打造优异产品质量的基础上，从广度、深度、长度对产品(品牌)进行立体式、全方位开发，研发出不同类型、不同规格、不同档次、不同用途的系列产品，增加产品多方位市场冲击力，又能分散品牌经营风险，营造一种"东方不亮西方亮"的境界。采用这一战略最典型的企业是美国的宝洁公司，宝洁公司的产品有三大系列 12 个主导品牌 200 多种子系列品牌。五粮液通过买断品牌、品牌延伸，其麾下品牌也多达 200 个，可谓"人丁兴旺"。系列化策略要求企业在新产品上市时必须有两三种包装、规格、型号系列推出，营造整合型的上市效应。

4. 多功能战略

功能单一，诉求简单，产品功能难以充分体现出其附加价值，是一个产品缺乏市场吸引力乃至短命的症结所在。因此，在有效市场细分基础上，把产品功能多样化、层次化，以一种基本功能为基础，把其他功能亦叠加其上，或把不同功能的产品精华进行抽取、捆绑，从而创造出一个复合型多用途的全新产品，提高产品的顾客价值，将能有效延长产品寿命期，增强产品竞争力。比如在农村十分畅销的海尔洗衣机既能洗衣服，又能淘洗地瓜，还能制冷测温，用途广泛，深受农民乡亲的青睐。

企业对产品采用什么战略，没有一成不变的模式，而应持"实用主义"态度。原则是从实际出发，做到少投入多产出。因此，就会出现这样的情况：企业对某些产品采用领先型开发战略，有些产品采用模仿开发战略，有些产品采用系列化开发战略，有些产品则任其发展，等等。

10.1.3 新产品开发大纲

新产品开发大纲是新产品开发的纲领性文件，是新产品战略的具体表现，企业进行新产品开发活动将以此大纲为指导。其主要内容如表 10-2 所示。

表 10-2　新产品开发大纲概要

产品竞争领域

A．产品类型或等级

B．最终用户应用/活动

C．顾客群

1．用户状况：现有用户/新用户

2．人口统计方面

3．心理统计方面

4．分销状况

D．技术

1．科学/技术

2．经营

3．营销

新产品活动目标

A．发展

1．迅速发展

2．受控发展

3．维持现状——更新

4．受控收缩——转移

B．市场状况

1．创造新的市场机会

2．扩大市场占有率——进攻型

3．维持市场占有率——防御型

4．放弃市场占有率

C．特殊目的

1．多样化

2．季节性调整

3．避免被收购

4．建成生产线

5．投资/资产收益率

6．资金回收

7．维持/改变企业形象

8．其他

实现目标规划

A．关键创新要素的来源

1．市场/市场营销

a．经常关注对手的产品

b．市场重新定位

c．特许权扩展

续表

(1) 商标/企业名称

(2) 销售人员特许权

(3) 交易地位

d. 用户研究，未满足的需求

2. 生产/经营

a. 工艺/制造技术

b. 产品质量

c. 低成本

3. 技术创新

a. 内部资源

(1) 基础研究

(2) 应用研究

(3) 开发/生产

b. 外部资源

(1) 合资企业

(2) 许可证

(3) 收购

B. 所用创新程度

1. 先导

a. 艺术性突破

b. 杠杆性创新

c. 应用技术

2. 适应：技术性/非技术性

3. 模仿/竞争

a. 紧跟战略

b. 分片特许

c. 经济手段——价格竞争

C. 次序/时机选择

1. 率先进入

2. 敏感反应

3. 迟钝反应

D. 特殊方面

1. 避开职能

2. 避免法规

3. 产品质量水平

4. 获取专利可能性

5. 有无组织体系

6. 避开竞争对手

7. 仅进入发展的市场

8. 其他

1. 战略竞争领域

战略竞争领域主要从顾客、产品和技术几个方面来确定。

(1) 顾客。即确定新产品的目标顾客群。目标顾客群的划分可依据年龄、地理位置及心理统计等变量来进行。

(2) 产品。确定新产品的市场定位：属于哪个行业，新产品的功能和最终用途是什么。

(3) 技术。确定生产新产品科学技术的来源，以及经营管理和市场营销技术等。

2. 新产品活动的目标

每个企业开发新产品都有一定的目标，不同企业的目标并不完全相同。新产品开发的目标主要体现在以下层次上：第一种目标是追求销售目标和利润水平，以谋求企业最基本的发展；第二种目标是应对竞争或充分有效地利用资源，提高企业在市场上的地位；第三种目标是与企业特定目标有关的各种目标的集合。

(1) 谋求发展。主要有四种方式：迅速发展、受控发展、维持现状和收缩。

(2) 市场地位。衡量企业市场地位的主要指标是市场占有率。

(3) 特殊目标。主要有如下几种：追求多元化、改变企业形象、资金回收和避免被收购等。

3. 实现目标的规划

实现目标的规划主要由以下几部分组成。

(1) 主要创新要素的来源。一般来说，新产品创新主要来源于市场、生产和技术三个方面。

(2) 确定创新的程度。新产品创新的程度一般有变革型的创新、适应型的创新和模仿型的创新三种。每类型的创新对企业能力和资源的要求程度不同，企业应根据自己的情况来确定新产品的创新程度。

(3) 新产品开发时序/时机选择。时序是指企业开发新产品时的时间顺序。一般有早期进入、同期进入和晚期进入三种方式可供选择。

(4) 特殊方面。在新产品开发战略的制定中，企业通常会采取一些特殊的行动规则来应对其他的影响因素。如避开法规、获取专利、获得高质量等。

10.2 新产品开发策划

企业一旦决定了要开发新产品，那么，为了提高成功开发的可能性，遵从一定的开发程序是很有必要的。虽然没有固定的开发模式，但以下做法通常都是需要考虑的：

(1) 新产品构思；

(2) 新产品概念；

(3) 新产品实体开发。

10.2.1 新产品构思策划

1. 创意产生

进行新产品构思是新产品开发的首要阶段。构思是创造性的思维，新产品能成功，好的创意是一个关键。创意通常来自企业内部和外部。

(1) 企业销售人员。
(2) 研发部门人员。
(3) 前台人员。
(4) 高层管理人员。
(5) 顾客。
(6) 中间商。
(7) 竞争对手。
(8) 企业外的研发人员和咨询机构。

企业可以通过情报部门的资料和基于对市场行情的把握，采用各种不同的方式和方法形成创意。

2. 构思的方法

当然并非所有的创意都有现实价值，企业应当筛选剔除那些没有开发成功可能性的创意和不划算的创意，这一步要慎重。对经筛选留下来的创意可以采用加权平均的方法进行分等，以决定是否采用创意。企业必须注意和各方面保持密切的联系，经常倾听他们的意见，并对这些意见进行归纳和分析，以发现新的市场机会。在这方面经常采取的方法有如下几种。

(1) 询问调查法。询问调查法即通过上门询问或采取问卷调查的方式来收集意见和建议，作为分析的依据，从中寻找和发现市场机会。

(2) 德尔菲法。德尔菲法即通过轮番征求专家意见来从中寻找和发现市场机会。

(3) 座谈会法。如召开消费者座谈会、企业内部人员座谈会、销售人员座谈会、专家座谈会等，收集意见和建议。

(4) 课题招标(承包)法。即将某些方面的环境变化趋势对企业市场营销的影响，以课题的形式进行招标或承包，由中标的科研机构或承包的专门小组(或人员)在一定期限内拿出他们的分析报告，从中寻找和发现市场机会。

(5) 头脑风暴法。亦称"操脑术"活动，即将有关人员召集在一起，不给任何限制，对任何人提出的意见，哪怕是异想天开，也不能批评。通过这种方法，来收集那些从常规渠道或常规方法中得不到的意见，从中寻找和发现有价值的市场机会。

3. 构思筛选

新产品构思阶段的目的是产生大量有关新产品的概念，然后再对这些概念构思进行分析、取舍，这就是对新产品构思的筛选。筛选的目的是为了剔除可能使企业亏损的产品构思，找出有潜在市场的、赢利大的产品，为新产品开发的后继工作提供指导。在筛选阶段，企业必须避免误舍错误和误用错误。大多数的企业要求主管人员把新产品创意填入一张标准的表格内，以便于新产品委员会审核。表格包括产品名称、目标市场、竞争状况以及粗略推测的市场规模、产品价格、开发时间和成本、制造成本、报酬率。然后，新产品开发部根据一组标准来检查一个新产品构思。如通过价值分析和技术分析，以确定该构思是否满足市场的需求；它是否提供了优越的价值；它是否有明显的优势；企业是否有技术支持；利润前景如何，等等。对经筛选留下来的构思，一般用指数加权法来进行分析，如表 10-3 所示。

表中第一列为产品成功的主要因素，第二列为企业高层对各因素所赋予的权数，第三列为每一因素的得分，第四列为相应的第二、三列的乘积，得到新产品导入市场的总得分。企业可以自定一个分等标准，例：0.00～0.30 为差，0.31～0.60 为尚可，0.61～0.80 为佳。最低可接受标准为 0.61。

表 10-3　新产品构思筛选指数加权法

成功产品的必要条件	相对权数(1)	产品能力水平(2)	评分(1*2)
产品的优势	0.3	0.7	0.21
预期产品绩效	0.4	0.8	0.32
企业支持力度	0.2	0.6	0.12
面对竞争强度	0.1	0.4	0.04
合计	1.0		0.69

10.2.2　新产品概念策划

1．新产品概念发展

从各种创意中最终筛选出了有价值的创意，形成产品概念。产品概念是企业从消费者的角度对产品构思进行的详尽的描述。消费者购买的是产品概念而不是产品构思。新产品概念决定了能提供给消费者的产品效用。

新产品的构思是一个笼统的名称，在此基础上，企业应将构思细分为多种类别，比如通常按产品的使用人群、使用地点、功用等划分为多产品概念，每一种产品概念代表一种概念类别，类别的多少取决于市场细分的程度高低。

一家食品生产商想到了一个粉状牛奶添加剂产品的创意，它能增加营养水平和改善味道。下面就要根据市场细分，将这一产品构思转化为产品概念。首先要明确的是这种产品的目标顾客是谁，是老人、中年人、青年人、小孩还是婴儿；其次要明确这种产品的主要使用场合在哪儿，是早餐、午餐、下午点心、晚餐还是夜宵；最后要明确这种产品能提供给消费者什么效用，口味、营养、提神还是健身。根据这些问题，可以得到以下的几个新产品概念。

概念 1：一种快速早餐饮料，供成年人得到营养并且不需要专门制作。

概念 2：一种可口快餐饮料，供孩子们中午饮用。

概念 3：一种滋补饮品，适合于老人夜间就餐时饮用。

这样就形成了以上三种产品类别概念，它们提供给消费者的功用、竞争对手是不同的。快速早餐饮料必须与火腿肠和鸡蛋、油条及其他早餐饮料竞争。可口快餐饮料必须与软饮料、水果汁及其他饮料相竞争。

假定快餐饮料适合本企业，下一步就是显示该产品与其他同类产品之间的差别，进行差别化定位。接下来是将产品概念转化为品牌概念。产品概念是该产品与同类产品的属性比较,而品牌概念则是该产品与其他产品的品牌特征或个性的比较。

2. 新产品概念测试

在形成了产品概念,选定产品和品牌的市场位置后,就应该对产品概念进行测试。概念测试需要和合适的目标消费者小组一起测试这些产品概念,然后收集消费者的反应。具体做法是用文字、图画描述或者用实物将产品概念展示给选定的目标顾客,观察他们的反应,并征求他们的意见。计算机辅助设计和制造程序可以大大简化其中的操作和降低费用。越来越多的企业还利用顾客驱动工程,在网络上让顾客参与产品的设计。

现以"快速早餐饮料"为例,可以描述为一种粉状的奶制营养品,为人们提供早餐所需的营养,有巧克力味、香草味和草莓味三种口味,价格便宜,配制简便,独立包装,一盒 6 包,每盒 2.99 元。消费者在收到这些信息后可以要求他们回答以下问题。

(1) 你清楚地知道该产品概念所提供的利益吗?该问题是用来衡量产品概念的可传播性和可信度的,如果得分低,这个概念就必须重新界定或修订了。

(2) 产品解决了你的某一问题或满足了某个需要吗?这一问题是用来衡量需求程度的,需求越强烈,预期的消费者兴趣就越高。

(3) 目前是否有其他产品满足了这一需要并使你满意呢?这一问题是用来衡量新产品和已有产品的差距的。差距越大,预期的消费者兴趣就会越高。将需求程度与差距程度相乘,分值越高,预期的消费者兴趣就越大。

(4) 相对于产品提供的利益而言,价格是否合理?该问题是用来衡量感知价值的。感知价值越高,预期的消费者兴趣就会越高。

(5) 你是否(肯定、可能、可能不、肯定不)会买该产品?该问题用来衡量购买意图。

(6) 谁可能会使用这一产品,使用频率怎样?该问题是用来研究目标顾客的特征,并预测销售量。

这些问题的答案将表明这个产品概念是否有广泛的吸引力,会有哪些产品会与这个产品竞争,哪些消费者将是最好的消费对象。产品经理可以通过顾客对这些问题的回答,以决定是否该产品概念能否成功,是否值得尝试。

3. 组合分析法

有一种应用日益广泛的组合分析法技术可以用来很好地分析消费者对产品概念的综合偏好程度。通过测试某一产品构思下的多个不同产品概念的得分情况,来衡量其受欢迎程度。

企业开发一种新型的去头皮屑洗发水。假定新产品开发人员考虑以下三种设计要素:

(1) 三种价格(8 元、9 元、10 元);

(2) 三种包装(A、B、C);

(3) 两种香型(茉莉花、牛奶)。

根据以上要素可以形成 18 种产品概念,如表 10-4 所示。

表 10-4　新产品概念形成过程

价　　格	包装名称	香　　型	评价排名
8 元	A	茉莉花	
9 元	A	牛奶	
10 元	A	茉莉花	
8 元	A	牛奶	
9 元	A	茉莉花	
10 元	A	牛奶	
8 元	B	茉莉花	
9 元	B	牛奶	
10 元	B	茉莉花	
8 元	B	牛奶	
9 元	B	茉莉花	
10 元	B	牛奶	
8 元	C	茉莉花	
9 元	C	牛奶	
10 元	C	茉莉花	
8 元	C	牛奶	
9 元	C	茉莉花	
10 元	C	牛奶	

让消费者对以上 18 种产品概念进行排序。有时如果觉得工作量大，可以先精选出一部分来再进行排序。

10.2.3　新产品实体策划

1. 制定营销战略

企业在选取可行的新产品概念后，必须制定出一份初步的营销策略的报告书，说明如何将这种产品引入市场，营销策划书包括三个部分。第一部分描述目标市场的规模、结构和顾客购买行为、产品定位，以及在开始几年内的销售量预期、市场占有率和利润目标。第二部分描述产品的计划价格、分销策略和第一年的营销预算。第三部分描述预计今后的长期销售额、利润目标和不同时间的营销组合战略。

2. 商业分析

商业分析的实质是对新产品的经济效益进行分析评价。主要是审查新产品未来的销售额、成本和利润水平，以确定它们是否能够满足企业的目标。如果符合，就可以进入产品研制阶段了。

3. 新产品研制

经过重重筛选后，能够通过商业分析阶段的就只剩下 1/10 左右了。虽然企业为此已经花费不少，但到目前为止的产品仍只是停留在一段语言描述、一张图纸或一个非常原始的模型。新产品研制将这些产品概念转化为实物。由于投入将会迅速加大(所需的资金和时间分别占整个新产品开发费用的 30%和 40%左右)，新产品经理必须思考产品概念能否转变成技术上和商业上可行的产品，如果不能的话，意味着以前的投资将会付诸东流。

新产品开发的过程就是将目标顾客的需求转化为实际产品原型的过程。工程技术部门负责技术方面的可行性论证，如产品外形设计分析、使用材料与加工工艺分析和价值工程分析。市场营销部门负责商业方面的可行性分析，如包装设计的选定、品牌设计以及产品的花色设计等。设计出来的新产品应能在预算成本控制内反映产品概念说明书上的关键属性。

当样品研制出来后，还必须经过严格的功能测试和消费者试验。功能性测试在实验室中进行，看它在不同的环境下表现如何。消费者测试可用多种方式，比如把消费者带入实验室或是送样品上门试用，这取决于产品的特点，目的是征求他们对新产品的意见。

10.3 新产品推广策略策划

10.3.1 新产品进入市场策略策划

1. 新产品试销

新产品试销的目的是对新产品正式上市前所做的最后一次测试，且该次测试的评价者是消费者的货币选票。通过市场试销将新产品投放到有代表性地区的小范围的目标市场进行测试，企业才能真正了解该新产品的市场前景。市场试销是对新产品的全面检验，可为新产品是否全面上市提供全面、系统的决策依据，也为新产品的改进和市场营销策略的完善提供启示，有许多新产品是通过试销改进后才取得成功的。一般来说，消费品和工业用品的市场试销是不一样的。

新产品市场试销的基本程序如下。①决定是否试销。并非所有的新产品都要经过试销，可根据新产品的特点及试销对新产品的利弊分析来决定。②对试销技术的选择。常用的消费品试销技术有：销售波测试、模拟市场测试、控制性试销及试验市场试销。工业品常用的试销方法是产品使用测试，或通过商业展览会介绍新产品。③对试销市场的选择。决定新产品是否推向单一的地区、几个地区、全国市场还是全球市场。所选择的试销市场在广告、分销、竞争和产品使用等方面要尽可能地接近新产品最终要进入的目标市场。④对新产品试销过程进行控制。对促销宣传效果、试销成本、试销计划的目标和试销时间的控制是试销人员必须把握的重点。⑤对试销信息资料的收集和分析。如，消费者的试用率与重购率，竞争者对新产品的反应，消费者对新产品性能、包装、价格、分销渠道、促销发生等的反应。企业据此对新产品不断地加以完善。

2. 新产品入市策划

在新产品上市时，企业应做好以下决策：何时推出新产品，何地推出新产品，向谁推出新产品，如何推出新产品。

1) 何时推出新产品

何时推出新产品指企业高层管理者要决定在什么时间将新产品投放市场最适宜。特别是当竞争对手也有类似的新产品开发计划时，推出新产品时机的合理性就显得更为重要，需要综合考虑企业内外的各种因素。一般有三种选择：首先进入、平行进入和后期进入。例如，如果新产品可以代替原有的老产品，就应该等到老产品的存货被处理掉时，再将新产品投入市场；如果新产品的市场具有高度的季节性，就应该在销售旺季来临时就将这种新产品投放市场；如果这种新产品还存在着需要改进的地方，就不应该将其仓促推向市场，而应该等到完善之后再投放市场。

2) 何地推出新产品

何地推出新产品指企业高层管理者要决定在什么地方(某一地区、某些地区、全国市场或国际市场)推出新产品最适宜。一般来讲，在新产品上市之初就将其在全国市场上投放的企业并不多见。多数企业采取逐步地进行有计划的市场扩展。先选择具有吸引力的市场作为立足点，然后再向其他市场扩展。

选择市场时要考察这样几个方面：公司规模，市场潜力，企业在该地区的声誉，投放成本，该地区调查资料的质量，对其他地区的影响力以及竞争渗透能力。此外竞争情况也十分重要，它同样可以影响到新产品商业化的成功。

3) 向谁推出新产品

向谁推出新产品指企业高层管理者要把分销和促销目标面向最优秀的顾客群，或是最有希望购买的顾客群体。这种顾客群体一般有以下特点：早期采用者，大用户，意见舆论领袖，或与他们的接触成本不高。这样做的目的是要利用最优秀的顾客群带动一般顾客，以最快的速度、最少的费用，扩大新产品的市场占有率。如亚都公司开发出空气加湿器后，最先介绍给在华工作的外国人。因为他们中很多人在国内时就已经熟悉了加湿器，了解加湿器能够给健康带来的益处，所以，他们比较容易接受此产品。

4) 如何推出新产品

企业管理部门要制定开始投放市场的市场营销战略。这里，首先要对各项市场营销活动分配预算，然后规定各项活动的先后顺序(管理层可以采用各种网络计划技术例如关键路线排序法)，从而有计划地开展市场营销管理。

企业应选择一个最适宜新产品上市的时间，在最适宜的地点，向最需要新产品的顾客，以最恰当的方式推出新产品。企业在新产品上市前价格制定依然要考虑诸多利益相关者的价格空间，特别是经销商的利益空间。

10.3.2 新产品价格、分销策划

1. 新产品价格策划

新产品上市前的价格制定与新产品上市后的价格管理是评判一个营销组织新产品营销执行水平的一个重要标志。一般情况下，新产品的价格制定主要取决于如下因素。

1) 行业价格水平

制定任何新产品价格都不可能摆脱我们所处的这个行业，因为行业价格水平会自动为我们的新产品设定上限。特别是对于紧跟型和防守型企业的产品约束更大。比如彩电市场，在数字电视尚未普及的情况下，即使是过渡性的背投电视价格也会高达上万元，但一旦技术壁垒不再是制约中国彩电企业的桎梏，一旦规模效益成为行业特征时，所谓的数字电视便很快回归价格真实。

2) 产品自身的差异化

研究表明：产品价格与产品的差异化水平呈正相关性。产品越独特、新颖，一般定价也会越高。我们知道，索芙特化妆品在新产品价格策略上一直执行着一条高溢价的原则，为什么？因为索芙特本身就是产品差异化的高手，其推出的海藻香皂、防脱洗发水等新产品在当时的中国市场上都是独树一帜；养生堂也是一家执行高溢价的快速消费品企业，其推出的农夫山泉、农夫果园、尖叫、浆果奶昔等一直在中国市场上执行一条高价格道路，而养生堂恰恰又是一个塑造差异化的高手。因此，差异化策略是新产品定价的一个十分重要的因素。

3) 技术水平

当生产产品的技术水平还不普及或成熟时，企业一般会采用撇脂定价的方法(即一开始定高价)。生产产品的技术水平特别是原创性技术水平对新产品价格影响十分巨大。比如手机，20世纪80年代末90年代初其定价高达几万元一部，能够使用手机的人群被认为是高端消费人群，因为手机在刚刚登陆中国市场时，充当的是高技术产品的角色，特别是一些外资品牌手机，工业设计水平很高，深刻地影响了中国市场消费者的购买欲望。

4) 渠道

什么样的渠道就有什么样的价格几乎成为中国市场新产品价格判断标准。即使是同样产品，在不同渠道也有不一样的价格。比如说餐饮渠道，一般价格会比较高，而超市渠道价格一般比较低。渠道很显然是形成价格剪刀差的一个不可忽视的因素。新产品选择什么样的渠道，基本上决定了新产品定价策略上的取向。

5) 品牌

品牌对新产品价格影响十分明显，特别是耐用消费品，强势品牌的产品能够轻易地获得无品牌产品数倍的利润。新产品价格定价策略必须要考虑品牌因素。

6) 定价方法

不同的企业会出于不同的目的采用不同的定价策略，比如有的企业的目的是提高市场份额而采用相对的低价，另有的企业可能是出于追求利润而价格定得相对较高。以前，企业将直接与间接产品成本进行累积，在一个单位规模下制定新产品市场价格，这种价格在早期的工业时代广泛地被使用，但随着现代营销理念的建立，越来越多的企业摒弃了这种直接的成本价格制定方法，而只是将这个成本核算作为价格制定的一个参数。

新产品市场销售价格是一个完整的体系，上述我们给出的仅仅是零售终端表现出来的价格特征，而企业在新产品上市前价格制定依然要考虑诸多利益相关者的价格空间，特别是经销商的利益空间。

2. 新产品渠道策划

不同的产品特征，分销渠道的设计是否合理也是至关重要的。不少企业新产品上市只考虑广告、促销怎么做，只求尽快扩大产品的知名度，再者就是安排大量的人力、物力铺市，往往会出现两种结果：或者石沉大海，市场没有反应；或者昙花一现，初战告捷而后续无力。根据产品、消费者、企业状况和市场需求的特征对渠道做科学的设计和有序的构建缺乏系统的认识。产品特征直接影响分销渠道的长度、宽度和广度。因为生产者为实现产品价值并增值这个产品的价值，必须高效率而又低成本地将产品分销至目标消费者手中。为了实现这个目的，生产者必须使产品分销与消费需求相适应，产品特征直接影响着这种适应性。在作渠道设计时应着重考虑产品重量、产品体积、产品易腐性、产品时尚性、产品单位价值、产品标准化、产品技术化、产品生命周期、产品耐用性、市场规模、季节性、市场布局、购买批量、购买频度、购买时间、购买空间以及附加服务等变量因素。

1) 一般营销渠道决策的原则

(1) 产品对分销渠道长度的影响：产品越重，渠道越短，反之则长；产品越易腐，渠道越短，反之则长；产品价值越高，渠道越短，反之则长；产品越是非规格化，渠道越短，反之则长；产品技术性越强，渠道越短，反之则长；产品生命周期越短，渠道越短，反之则长；产品越耐用，渠道越短，反之则长。

(2) 产品对分销渠道宽广度的影响：产品越重，渠道越窄，反之则宽；产品价值越高，渠道越窄，反之则宽；产品越是非规格化，渠道越窄，反之则宽；产品技术性越强，渠道越窄，反之则宽；产品周期越短，渠道越窄，反之则宽；产品越耐用，渠道越窄，反之则宽。

(3) 消费需求对分销渠道长度的影响：市场规模越大，渠道越长，反之则短；市场聚集度越弱，渠道越长，反之则短。

(4) 消费需求对分销渠道宽广度的影响：市场规模越大，渠道越宽，反之则窄；市场聚集度越弱，渠道越宽，反之则窄。

(5) 分销渠道规模选择模型的基础有两个。一是厂商追求利益最大化。一方面表现为交易成本的节约；另一方面是消费者追求利益最大化，表现为购买的便利性。厂商交易成本节约与消费者购买便利矛盾的平衡，就是理想分销渠道规模。二是厂商交易成本的节约程度和消费者购买便利的需要程度直接受产品本身因素的影响。而利润最大的基础是销售额最大和分销成本最低，前者是由产品与需求的适应程度来确定的。分销渠道规模最重要的影响为消费需求，产品和成本三个变量。

企业可根据以上原则，结合自身实际情况和市场目标进行渠道设计，选择最适合企业发展和新产品推广的渠道模式。此外，除了以上提到的传统分销渠道系统外，直接销售近来也成为一些企业的手段。

2) 新产品渠道整合

营销渠道是促使产品或服务顺利地被使用或消费的一整套相互依存的组织，如经销商、代理商、推销人员等。现在的企业正在使混合渠道的数目成倍的增加。如 IBM 分别运用销售队伍向大客户推销，利用外部电信向中等客户推销，将直接邮递方式用于小客户，利用零售商向更小的客户推销，利用互联网向零星客户销售。在终端市场中，许多不同的渠道表面上看起来很封闭，其实他们是相互连通，互相依赖的。例如餐饮渠道，销售的产品好像都是中、高端的；而批发、零售渠道销售的产品主要是中低端的；商场、超市则融合了餐饮、批发零售渠道的精华，销售的是集大成的产品系列。渠道整合就是将渠道的各种相关资源整合利用，以提高渠道效益。从分销策略的角度来分析，单一品牌单一渠道的分销，从资源分配与运用的角度上来讲，是一种浪费，从企业经营的角度上来讲，不利于提高竞争的能力。因此，新产品上市应该在作渠道设计时，就要考虑到渠道的互补和整合，渠道的互利以及渠道之间的冲突要做全盘计划。经过渠道的整合，调整利用各种渠道资源，使各种渠道产生优势互补，一方面提高了分销成功的机会；另一方面也拓宽了分销渠道，节省了资源，提高了分销效率，实现最大限度的销售量。

混合渠道组合所必须遵循的四条原则：用集中型组合方式满足重要顾客的要求，追求利润目标，适时采用选择组合方式，化解渠道冲突。如某企业最初采用单一的渠道模式，即全部用推销员直销，交易成本是500元。在渠道整合过程中，增加了电话渠道，它负责挖掘潜在客户、电话订货、售后服务，交易过程由推销员完成，交易成本降低至300元。后来又增加了网络销售，它负责挖掘潜在顾客，推销员负责交易完成，其他事情由电话渠道完成，最终使交易成本降低至200元。一般情况下，新产品上市，企业主要采用销售人员直接做终端的短渠道策略，这样有利于新产品的推进，但是这种方法营销资源的利用比较有限，要把产品全面推向市场并要保持长期的终端维护，靠厂家的单打独斗不仅上市的时间会很长、市场开发面窄，而且风险较大、难以持久。选择合适的分销商进行合作，利用各级渠道分销商的资金和网络可以大大缩短上市时间和减小上市的风险。

10.3.3　新产品广告与人员推销策划

1. 新产品广告策划

现代营销要求开发的新产品，除了要有优良的品质，有吸引力的价格外，还必须为目标顾客所接受。这就需要企业与其现实的和潜在的关系方和公众进行沟通。对于大多数企业来说，问题不在于要不要和顾客进行沟通，而是说什么怎么说的问题。无疑广告和人员推销是有效的方式。然而，做广告是一门学问，现实中失败的广告案例也不在少数。关于新产品上市的广告宣传，以下几点应特别注意。

1) 新产品广告定位策划

企业在制定广告策略时，必须对产品进行广告定位。广告定位是产品定位在广告上的投影。需要将新产品的卖点结合传播学的知识与顾客进行沟通。以将商品或服务打入消费者的心中。广告定位决定着广告内容和广告形式。它是从消费者的角度，企业采用"攻心"的战术，使新产品在消费者心目中形成独特的个性，最终形成购买的欲望。

制胜的广告定位策略在于找缝隙和空洞，通过前面的市场分析，应将以下三个问题作为重点考虑的内容：①我有别人没有的什么东西？②我能不能做别人做不到的什么事情？③我可以提供别人无法提供的什么利益？

如 VHS 录放机可以播放 4 小时而其他产品只能播放 2 小时的广告信息重新定位，司迪麦口香糖以零售价 9 元再定位口香糖。

2) 广告预算策划

新上市产品来说，消费者知晓度低，因而需要花费大量的广告预算以便建立知晓度。同样，新产品进入一个已经有很多竞争干扰和广告投入的市场，也需要加大广告预算。制定广告预算，要考虑企业的财务状况，盲目加大广告预算，造成运营成本过高是不明智的举动。首先，要看到不同的企业，不同的新品类型在上市时广告和营销沟通策略都是不同的。只有在明确目标、产品定位后，才有可能实施有效的广告策略达成最终的目标。新产品的广告预算比较困难，很多是在经验的推动下作出的决策，另有的企业采用销售百分比法，其后随着市场的变化作出适当的调整。一般来说，广告费用的高低在不同的行业和企业之间呈现较大的差异性。从现实情况来看，我国的很多企业在新产品上市广告策略存在以下误区：①收费贵的媒体一定是最好的；②传统媒体的效果比较好；③明星广告效应一定好；④广告行为虎头蛇尾。

但事实证明：广告策略没有最好的只有最合适的。因而，在新品上市进行广告与营销沟通时，一定要分析产品的特点，不能人云亦云，否则得不偿失！

3) 广告诉求策划

通常来说，广告诉求可以分为功能型和情感型两种方式。对于一个新产品来说，采用何种方式，还取决于产品的类型。一般而言，对于功能性较强的产品需要消费者了解其功能，必须使用理智型诉求；对于必须赋予感受、体现地位的产品，可以以情感型诉求。此外，在诉求时还应注意：①对于同质化较强的产品，如清洁剂、香烟等，必须注意表达方式，以差别化。②选择一种适当的语调，如为了突出产品的专业性，必须采用肯定的语调，以免转移人们对广告的注意力。

在确定广告诉求时要注意广告的重点不仅取决于它说什么，还取决于它怎么说。在确定诉求时，必须明确以下几点。

(1) 广告的目标是什么(定位策略)；
(2) 明确新产品可能提供的重要利益是什么；
(3) 新产品的潜在消费顾客是谁；
(4) 这些潜在顾客购买的动机是什么；
(5) 新产品适合的诉求方式是理智还是情感；
(6) 采取什么样的方式表达；
(7) 通过什么媒体来传达。

新产品上市是严谨的技术也是实践的艺术！广告宣传只有用得其所才能发挥真正效用。

2. 人员推销策划

人员推销是指销售人员用口头谈话的方式，向目标顾客就企业的产品或服务进行介绍、宣传、推广，达到推销商品、满足顾客需求的目的，从而实现企业销售目标的一种直接推销法。与其他非人员推销方式相比，其特点如下。

(1) 方法灵活，作业弹性大。人员推销由于与客户保持直接接触，可以根据各类客户的欲望、需求、动机和行为，有针对性地采取必要的协调行动。同时也便于观察客户反应，及时调整推销计划和内容，顾客有什么意见或问题也可以及时回答和解决。

(2) 面对面的接触。人员推销是在两个或两个以上的人之间，在一种直接的和相互影响的关系中进行，每一方都能近距离地观察对方的反应。

(3) 高成本性。人员推销的成本在各种推销中是最大的，其成本主要包括招聘、培训推销员、差旅费、公共交际费用，推销员的工资、奖金和福利待遇等。

人员推销的任务如下。

(1) 寻找新的顾客，开辟新客户市场。重要的是寻找和发现潜在顾客，吸引新的顾客，开拓新的市场，提高市场占有率。

(2) 向顾客传递商品信息。要善于向现实的和潜在的顾客传递产品(服务)信息，如功能、性能、品牌和商标等，努力提高其产品(服务)在顾客中的知名度。

(3) 推销产品，提供服务。灵活运用各种推销方法，达到营销产品与服务的目的。

(4) 从事市场调研，收集情报。推销人员直接接触客户，能及时收集他们的意见、要求和建议，以及竞争对手的情况和市场的新动向。推销人员要及时将收集到的情报和信息向本中心提交。

(5) 对产品或服务进行协调平衡，调剂余缺。推销人员要密切配合内部管理的协调工作，使产品或服务平衡有序，避免资源浪费，以适应市场的变化。

推销人员应具备如下素质。

(1) 思想品德素质。对客户要诚恳、热情、谦恭有礼。具备全心全意为顾客服务的精神，要有高度的责任感，一言一行都必须为企业负责，绝对不允许损害企业形象的行为发生。遵纪守法，不假公济私，不铺张浪费。同时，合格的推销人员必须具有强烈的成功欲望、百折不挠的进取精神和言行一致。

(2) 个人素质。应具备健康的身体、恰当的仪表和装束、彬彬有礼、善于交谈。

(3) 知识素质。应当知识面广，学识渊博。要具备市场知识、顾客知识、产品知识和企业知识等。

本章小结

本章讨论了新产品开发战略，新产品开发的基本程序和新产品推广的策划。任何一家开发新产品的企业都要制定新产品开发的战略，以对未来进行合理的战略规划，减小开发风险和失败的可能性。

企业应根据自己的实际情况，选择适合自己的新产品开发类型，新产品开发战略类型一般有领先战略、模型战略、系列化战略和多功能战略等。并在此基础上制定新产品的开发大纲。

新产品开发过程包括创意产生、创意筛选、概念发展和测试、营销战略发展、商业分析、产品开发、市场试销、商品化。每一阶段的目的是确定该创意是否应该进一步发展或放弃。公司一般要求差的创意被继续发展、好的创意抛弃的可能性为最小。

本章还讨论了新产品的推广过程中的原理和方法，一般从何时推出新产品、何地推出新产品、向谁推出新产品和如何推出新产品四个方向进行，并分别从产品、价格、渠道和促销四个方面进行阐述。

关键术语

新产品	开发	战略	开发大纲	构思
创意	构思筛选	市场测试	商品化	

思考题

1. 什么是新产品开发战略?
2. 新产品开发战略有哪几种类型?
3. 新产品开发一般有哪些步骤?应分别注意哪些要点?
4. 新产品推广过程中应重点注意哪些方面?

参考文献

[1] 菲利普·科特勒等著. 市场营销管理[M]. 2版. 梅清豪, 译. 北京:中国人民大学出版社, 2001:291-292.
[2] 黄静. 产品管理[M]. 北京:高等教育出版社, 2001.
[3] 庄贵军. 企业营销策划[M]. 北京:清华大学出版社, 2005.
[4] 甘华鸣. 新产品开发[M]. 北京:中国国际广播出版社, 2003.
[5] 欧神诺陶瓷给中国建陶业带来四大变化[EB/OL]. 慧聪建材网, 2010-07-28. http://info.bm.hc360.com/2010/07/281348199642-3.shtml.

案例研讨

必胜客的创新术:"新品委员会"定菜单

如果不刻意关注的话,或许根本不会留意到在上海某繁华地段坐落的一栋深藏在繁茂树林背后的小洋房,它是百胜餐饮集团中国事业部(下称"百胜中国")的研发中心。走进小洋房,数十台制作扒类、饮料、比萨、小吃等不同品类的机器一字排开,陆思远(化名)正在操作台上分门别类地选取制作新品比萨的食材,他是研发中心内必胜客新品研发团队中的一员。上周末的一天,他与团队里的其他6个伙伴一起为几天后要在"新品研发委员会"会议上向必胜客团队推出的扒类、比萨类新品做最后的口味改进。

与巴黎时装周发布秋季流行趋势一样,这个团队此刻准备的正是今年9月必胜客的新菜单。"一般新品的研发都需要提前一年的时间,而最终确定新品则也需要半年的时间。"百胜中国必胜客品牌总经理高耀说。

从2008年至今,必胜客超过200个上市新产品的雏形均出自这里。据高耀透露,其实在研发过程中,被不断淘汰否定的新产品数量远远大于200个。

运营贯穿研发

百胜"新品研发委员会"的会议每月召开一次,"新品研发委员会"成员由公司高管组成,包括百胜中国首席执行官苏敬轼、百胜中国必胜客品牌总经理高耀,还有行销企划部、营运部、食品安全部、采购部及研发部等几十个人,当天委员会成员在研发中心三楼的会议室里一待就是大半天。

据高耀介绍，在当天的会议上，一般由研发团队向大家展示新品，并对该委员会成员就该新品做简单的介绍，之后由大家品尝。品尝后大家会针对该新品提出很多问题，比如：这个新品的卖点在哪里？你们认为顾客会喜欢的原因是什么？

高耀向记者透露，"新品研发委员会"会议的召开其实只是确定新品的一个环节。而在此之前，一款新品从研发到摆上餐桌，其背后牵动的是整个运营系统。

新品创意的"主力军"为研发团队和以五星级酒店总厨为主的研发顾问团队。之后，在研发中心三楼的品尝室内，由外聘人员组成的食品感官评定小组会对新研发的产品做严格的口感测试，对品相、口味、用料等逐一打分。

同时进行的还有采购和供应商管理团队，他们要确定新研发产品的订货流程，供应商的选择，考虑新品在餐厅如何进行实际操作，比如是否需要为新品配备新的杯、碟，新品的制作具体在餐厅厨房的哪个操作台进行。

食品安全管理部门此时则负责严格筛选供应商，确保原材料供应的品质。而行销企划团队也闲不得，他们需要通过顾客测试来确定消费者的接受程度，了解消费者的口味需求和变化，以此作为新品研发的参考方向，并安排下一步的市场推广计划。

一款新品在上述每个环节的实施过程中，都会面临随时被"枪毙"的可能。高耀举例说，比如有些新品选用的食材很好，但无法供应到现有的600多家门店就会被舍弃，而餐厅优化团队也会参与新品研发，若某款新品口感虽好但在制作上费时费力，可能耽误消费者的用餐时间，也会被排除出入选名单。此外，原材料价格的波动也是新品研发的一大阻碍。

据高耀介绍，在新品的备选单中，采购团队会设专人对进口原料、肉类、脂类等各类原料的价格在国内外市场的波动做长期跟踪，并在每季度的沟通会上详细介绍现有原料的价格情况，与现有合作供应商在下个合约期到期时可能会产生的价格变化，同时预估下个季度的价格走向，最终对是否需要使用该食材提出自己的意见。为此，负责研发的团队一般都有足够的后备选项，以免被物价牵制。

"一个有天赋的厨师可以研发出好的产品，但对于必胜客而言，如何能够既保证原料供应和食品安全，又有相同的口味，保证厨房正常运转、员工培训及时到位，以此来满足全国近140个城市625家必胜客餐厅成千上万消费者的需求，却是一个大工程。"高耀指出。

据悉，必胜客的物流体系由其母公司百胜餐饮集团专门成立的物流中心支持，由其将原物料从全国17个配销中心运送到全国的餐厅。有人曾开玩笑地说，如果只是从覆盖地域上来讲，百胜餐饮集团可能是世界第三大物流公司。

创新背后的动因

营销专家李志起告诉记者，必胜客正在应时代的诉求而改变，迎合消费者的需求与喜好是其创新和突破的基本立足点。

高耀对此也颇有感触。他向记者回忆道，1990年在北京东直门开第一家必胜客餐厅时，室内装饰以挂着彩色的吊灯，深色的桌椅为主，体现的是位于郊区的、传统美国家庭的家居风格，产品也以比萨为主。可后来他发现，中外消费者的需求完全不同。对于"比萨"这种在西方非常流行的传统食品，在当时的中国却很陌生。

而这在一定程度上也影响了必胜客在中国市场的扩张。高耀向记者坦言，必胜客在1998年之前一度不知如何打开中国市场，最初几年比较辛苦。"我们尝试过以美国必胜客的品牌定位打开中国市场，也尝试过自主经营以外的发展模式。比如在北京、华南等地寻找加盟商。"高耀说。

高耀向记者解释道，早期顾客培养比较慢，但随着国内开放程度的加剧，城市化进程的推进，新进城市的接受程度以及不确定因素逐渐减少，1998年必胜客在中国对经营模式进行调整，提出西式休闲餐饮概念，并相继在2000年、2003年随着加盟合约的到期而收回部分地区的加盟权。

必胜客真正开始提速发展是在2008年，通过调整产品研发策略，开始每年两次更换菜单，并以高低中价位的产品满足不同地域消费群体的需求。

李志起指出，必胜客的优势在于其品牌运作的管理能力、标准化流程以及完善的供应链管理，而这也是必胜客能在中国市场多次"变脸"成功的真正原因。

"目前成熟地区的物业仅需4个月就能开出新店，尽管有的城市可能暂时达不到我们的销售目标，但必胜客到了加速扩张的时候。三四线城市将是今明两年大力发展的重心。"高耀强调，"今年必胜客计划投资超过7亿元，新开至少150家店。"

（来源：李静颖. 必胜客的创新术："新品委员会"定菜单[EB/OL]. 第一财经日报，2010-03-09，http://www.yicai.com/news/2012/03/1506123.html）

思考题

此案例体现了新产品开发的哪些重要环节？

第 11 章 新市场拓展的策划

📖 **本章提要**　本章内容主要阐述新市场拓展的意义、新市场拓展的时机选择、新市场拓展的策略和风险以及海外市场拓展的基本概念和要点。本章的重点、难点是新市场拓展时机选择和策略。

引　例

男装如何打入区域市场？具体要采取哪些有效措施？如何保持业绩增长？这些都是希望开拓新市场的男装企业所广泛关注的问题。当年，JACK&JONES 成功打入杭州市场，无疑是这方面的一个经典案例。

对于品牌企业而言，如何拓展市场是一个永恒的命题。每个品牌的做法不尽相同，因此取得的效果也会有所不同。采取"因地制宜"的拓展策略，是包括男装在内的成衣品牌企业能否在市场拓展中成功的关键。

毛雅琴曾任 JACK&JONES 杭州大区的区域经理。在他任职期间，JACK&JONES 在杭州区域的业绩增长显著。JACK&JONES 是如何打入杭州市场的？具体采取了哪些有效的措施？让我们听毛雅琴一一道来。

导入期——调查是关键

在 JACK&JONES 进入杭州市场之前，首先调查了当地同类男装市场的状况，对竞争品牌的历史、经营销售状况、市场策略等情况进行全方位的了解。毛雅琴认为，只有这样，才能找准定位，做到有的放矢。

对于零售品牌的公司，数据管理起着至关重要的作用。数据最能科学、客观地反映企业所需信息。因此，要对当地男装市场的销售数据做客观分析，首先要得到真实的数据。数据的获取有三个渠道。第一，从当地重要的百货公司那里得到准确的数据。这是最好的途径。第二，到竞争品牌专卖店去统计进客量和拎袋率。这种方法虽然原始，却是一种有效的市场调查方式。目前，很多品牌在进入新市场前都会采用这个方法收集数据。第三，到竞争品牌的柜台购买产品，同时向售货员了解竞争品牌的销售状况。这样，也能得到相对直观可靠的销售数据。

除了对数据的分析外,还有就是要对当地消费者的需求做到心中有数。了解消费者的需求,是品牌新进市场所必做的功课。常用的方式就是通过咨询公司,进行透镜访谈。预先设定一些问题,对品牌的目标消费群体进行访谈。

进入期——系统思考市场

通过前期的调查,JACK&JONES 得到了一些初步判断,如品牌的机会、品牌的困难、品牌该如何做;然后,就要开始考察适合自己品牌开店的地区,根据自己品牌的定位,研究当地区域的消费层次,设定自己的开店区域。

在考虑新进市场开店数时,要参考同类品牌在当地城市的开店率,研究区域消费群体是否和品牌定位的消费群体一致。JACK&JONES 最初也是这样做的。JACK&JONES 在一线和二线城市是以进入商场的形式开拓市场的。因此,考察当地商场的定位,成为计划开店数目的重要依据。现在,很多城市都在修建地铁,地铁的修建让城市变大,出现了居住型的新城区,很多年轻新贵们聚集在那里。因此,JACK&JONES 也开始开社区店。在社区开店,会选择与品牌定位相符的社区进行考察,考察店铺的客流量、住宅的入住率、亮灯率等,以此为依据决定是否在这个社区开店。

运作期——决胜在终端

JACK&JONES 进入新市场时会在时尚杂志进行宣传,很少利用当地媒体。JACK&JONES 致力于打造终端形象店和终端服务,如专柜装修和对销售人员培训。终端形象店既展示了品牌形象,又是一种品牌推广方式。终端培训是 JACK&JONES 的传统,优质的终端服务是他们宣传自己的一种方式。JACK&JONES 认为,好的服务能带来好的口碑。与很多品牌重视广告宣传不同,他们更看重消费者的口碑宣传。

JACK&JONES 的做法让其在进入新的市场后能够稳健发展,并且不断在新渠道的拓展中取得成功。JACK&JONES 多年来取得的销售佳绩就是一个很好的证明。

(来源:殷黎杰. 男装进入区域市场三策略[EB/OL]. 2009-08-14. http://www.cfw.com.cn/zgfsb/html/2009-08/14/content_76876.htm)

11.1 新市场拓展战略

11.1.1 新市场拓展的意义

当企业拥有一定的实力并谋求新的发展时,就需要进行市场拓展。所谓市场拓展,一是扩大现有市场的广度,即当老产品在老市场已无进一步扩大需求可能时,应设法开辟新的市场。如将高档耐用消费品从城市推向农村,由国内市场推向国际市场等。二是增加现有市场的深度。如使老顾客增加购买数量,吸引竞争对手的顾客,争取一些潜在的新顾客等,用以提高本企业的市场占有率。

进行市场拓展,对企业具有十分重要的意义。市场拓展可以提高产品的销量,从而增加赢利水平。对于新项目来说,则可以使消费者的潜在需求转变为现实需求。

(1) 扩大需求量从而增加产品销量。这是市场拓展的最重要的意义。

(2) 保护原有销售市场。这里又有两种表现:一是通过市场拓展生产与原有产品配套的新产品,不但开辟了新市场,也保护了原有产品的市场份额;二是通过新市场的拓展可以转移竞争对手对原有市场的注意力,分散对手的力量。

(3) 市场拓展可以抢占有利市场。在竞争中保持领先地位。先于竞争对手的市场拓展可以树立本企业产品的声誉,提高知度,从而当对手也开始进入这一市场时,企业已经站稳了脚跟。

11.1.2 新市场拓展的风险

1. 主观方面

从市场营销风险及所表现出来的几种现象看,之所以产生风险,第一,企业未摆脱传统计划经济体制的影响,仍然保持传统的市场营销观念。计划经济时期商品供不应求,传统的营销观念奉行的是以产定销原则,企业生产什么样的商品,顾客就消费什么样的产品。现代市场营销观念奉行按需生产、以销定产原则,强调根据市场需求组织生产经营活动。在现代市场经济条件下,商品供应相对过剩,消费是一种属于消费者主权的行为。企业营销观念错误,必然导致行为错误,错误的行为就会产生风险。第二,企业决策者习惯于凭主观想象作出营销决策。最终将会导致产品积压,资金搁浅。第三,企业营销管理者和营销人员不了解市场规则、规范或法规,也极易引发市场营销风险。在市场经济体制下,为了维护公平的竞争环境,长期以来形成了一系列规则规范、法律法规(如国家有关的法律法规、行业行为规范、惯例等),如果某一企业的营销活动违反了市场规则规范,重则受到国家法律的制裁,轻则受到同行其他企业的抵制、封杀和联合反击,最终使企业败北。市场经济的运行有其内在的规律和机制,如供求规律、价格规律、价格机制和竞争机制等,企业营销行为若违背了市场经济规律,或不能合理、有效地运用这些规律,就会产生营销风险。第四,企业缺乏处理市场营销风险的经验和知识。当企业产生营销风险后,由于缺乏处理营销风险的经验和知识,风险就不能被及时控制并化险为夷。第五,企业对市场营销风险的危害认识不足。在我国企业组织机构中,很难找到有关处理风险危机的机构,企业营销管理中关于风险危机的管理也往往被轻视,这些都是对风险危害缺乏警惕的表现。浙江绍兴生产的"会稽山"牌黄酒是国内名牌货,在日本也大受欢迎。在长期的销售过程中,竟然没有认识到不申请注册商标会产生的风险,结果被人在日本国抢先注册,进而导致企业在日本的销售受制于人,最终花费10万美元买回本来属于自己的商标。有些企业在营销风险出现征兆时,或风险发生时,抱着侥幸的心理,总往好的方面想,而对其危害认识不足,以至延误了处理的最佳时机而成大祸。杭州正宇贸易有限企业是一家从事原材料贸易的企业,在向杭州某搪瓷厂供应一批原材料时,发现该厂经营很不正常,但该企业经理认为几万元的货款回收不会有问题。结果,某搪瓷厂停产,货款拖欠不还,企业派员一催再催,该厂厂长一次次承诺,企业经理又轻信其承诺,抱着侥幸心理认为钱能收回,最终结果是该厂被法院宣布破产,正宇企业等到的是法院的债权申告通知书。第六,企业信息不灵,也是产生风险的重要原因。企业没有及时足量地收集用户、中间商、竞争者等有关信息资料,没有对交易对象进行信誉调查,盲目发生业务往来,最终产生风险。当前市场上发生的大量受骗上当的事例都属此列。

2. 客观方面

客观方面主要包括市场需求变化的客观性，经济形势与经济政策变化产生市场拓展风险等。科技进步是导致市场营销风险的又一因素。

1) 外部的其他因素

政治因素、军事因素等都会间接产生市场拓展风险。如"9·11"事件引发的美国对阿富汗的战争，以及由此导致的美国经济由上升转而下滑，间接地影响了一些企业的市场拓展结果；国家内部的政局不稳定，国家与国家间的外交与合作关系不顺利等，也都会影响并产生国内市场营销风险和国际市场营销风险。

2) 风险控制

(1) 加强目标市场的调查研究，是市场拓展风险控制的根本性措施。企业从设计产品开始，到定位、分销和促销活动的全过程，都必须深入市场，进行调查研究。通过市场的调研活动，掌握相关的情报资料信息，包括顾客需求信息、竞争者信息、国家宏观经济及相应的政策信息、国际政治与经济形势以及其他信息。企业的营销活动，必须在充分掌握了相关信息资料的基础上才能顺利展开，否则企业营销活动就会产生风险。中粮美特是一家生产包装产品的企业，为众多生产企业提供包装产品，近几年来营销风险得到了有效控制，应收款都已收回。该企业规定营销人员在销售产品时，随货同行，货到人到，与客户当场验货，并办妥相应手续。同时营销人员还必须了解客户相应的信息，如产品销售是否正常，是否出现催要款项的情况等，通过营销人员深入客户的现场调查来分析判断交易是否存在风险。如该企业在与某生产饮料企业业务往来中，发现该企业出现了催要款的人员，且该企业产品库存积压上升，就及时调整对该企业的供应方式，后来该饮料企业被宣布破产，许多供应商的货款无法回收，而中粮美特则毫发未损。

(2) 建立风险防范与处理机构。在变化的市场环境下，企业在运营中风险随时都可能发生，因此建立风险防范与处理机构就如同建立营销机构一样重要。风险防范与处理小组的工作应包括以下几个方面：一是在企业内部建立风险预防的规章制度，并督促制度的贯彻执行；二是调查研究相关信息资料，对企业客户的信息和能力进行分析和评定；三是在日常管理工作中进行风险处理演练，以提高对风险处理的应对能力，强化职工的风险防范意识；四是在企业出现风险后，由风险防范与处理机构统一处理风险事件。一座城市没有消防部门不行，同样道理，企业没有风险防范与处理机构恐怕也不行。

(3) 正确面对发生的风险。当风险产生以后，包括面对风险，是决定风险能否正确和顺利处理的关键。风险的发生会给企业带来损害，也可能给社会、顾客带来损害。企业首先应该诚实地面对社会和顾客，一方面最大限度地减少对社会和顾客的损害，另一方面快速采取措施制止风险的扩大和扩散。风险产生后，企业回避、推托、甚至辩解，反而会使风险扩大，损害增加。1999 年 6 月在欧洲发生的可口可乐饮料污染事件，就是可口可乐企业面对的一次风险。可口可乐企业采取的措施首先是由企业高层管理者飞赴比利时、法国处理饮料污染事件，并向受害者道歉。其次是委托权威机构对风险原因进行调查并将结果向公众公布。最后是控制和影响信息发布源。通过企业一系列措施，最终成功地控制了风险的损害程度。又如 1996 年湖南常德一顾客因服用三株口服液后引发了其他疾病并致死，经媒体报道后引发了三株企业的风险。面对该风险，三株企业一开始不承认，进而是推卸责任，最后被推上了法庭，风险越搞越大，最终酿成三株企业的灭顶之灾。

(4) 依法处理。企业风险产生后，企业应该迅速地运用法律武器来处理风险。国家为了规范市场行为，保护公平竞争，维护企业合法权益，制定了一系列相关的经济法律和法规，如《中华人民共和国合同法》、《中华人民共和国价格法》、《中华人民共和国反不正当竞争法》等，企业决策者应该了解相应的法律法规，在营销活动中依法办事。在日常业务往来中，企业对一些具有潜在风险的业务，首先，要依法签订好合同，签订合同是预防风险的第一道门槛。其次，当因为对方的原因而给企业造成风险后，应该当机立断，积极寻求法律途径处理风险。

(5) 提高企业员工素质。企业拓展活动中的一些风险，是由企业员工素质不高或其他主观因素造成的。如有些企业销售人员因不熟悉所推销产品的相关知识而发生销售阻碍，或责任心不强而导致货款不能及时回收及损失，都属于员工素质问题而产生的营销风险。因此，加强企业员工素质的培训与提高，是控制企业市场拓展风险的重要措施之一。企业员工素质培训应包括员工的政治素质、文化素质、业务素质、道德素质等多方面的内容。对于营销第一线的员工，其综合素质的提升与否，直接影响企业拓展，对其强化培训就显得更为迫切和重要。企业在对营销人员考核中，注重销售额及利润的考核固然重要，对其责任心与有关风险防范的考核同样重要。目前，许多企业实现的销售额从会计账面看非常大，但实际的销售回笼资金却不理想，有些应收款可能成为呆账或死账。因此，营销人员既要努力促进销售额的提高，更应注意风险的防范。

11.1.3　新市场的选择

目标市场就是企业决定要进入的市场。企业在对整体市场进行细分之后，要对各细分市场进行评估，然后根据细分市场的市场潜力、竞争状况、本企业资源条件等多种因素决定把哪一个或哪几个细分市场作为目标市场。一般而言，企业考虑进入的目标市场，应符合以下标准或条件。

1. 有一定的规模和发展潜力

企业进入某一市场是期望能够有利可图，如果市场规模狭小或者趋于萎缩状态，企业进入后难以获得发展，此时，应审慎考虑，不宜轻易进入。当然，企业也不宜以市场吸引力作为唯一取舍，特别是应力求避免"多数谬误"，即与竞争企业遵循同一思维逻辑，将规模最大、吸引力最大的市场作为目标市场。大家共同争夺同一个顾客群的结果是，造成过度竞争和社会资源的无端浪费，同时使消费者的一些本应得到满足的需求遭受冷落和忽视。

2. 竞争者未完全控制

不言而喻，企业应尽量选择那些竞争相对较少，竞争对手比较弱的市场作为目标市场。如果竞争已经十分激烈，而且竞争对手势力强劲，企业进入后付出的代价就会十分昂贵。

3. 符合企业目标和能力

某些细分市场虽然有较大吸引力，但不能推动企业实现发展目标，甚至分散企业的精力，使之无法完成其主要目标，这样的市场应考虑放弃。此外，还应考虑企业的资源条件是否适合在某一细分市场经营。只有选择那些企业有条件进入、能充分发挥其资源优势的市场作为目标市场，企业才会立于不败之地。

选择目标市场应处理好下述几个关系：①市场面多与少、大与小的关系；②重点市场的一般市场的关系；③本地市场和外地的市场的关系；④国内市场与国外市场的关系；⑤当前市场与长远市场的关系。

11.2 新市场拓展时机策划

市场进入时机好坏对企业的成败是关键性的。准备好了就出场通常是不可取的，企业敞开大门，拓展市场的时机，需要仔细地规划和研究。让产品和服务在恰到好处的时机和地点出现，其窍门多半在于了解顾客，而不是在于企业内部经营计划表的预期进度。

营销人员应参照产业特性与他们的业务和顾客习性，以决定进入市场时机。企业所在产业领域内的各型商业刊物，以及商业机构发布的消息，会提供所需要的有关产业季节性波动形态的资讯。

11.2.1 早期进入市场策略

早期进入时机是指在没有其他进入者时提前进入某个行业或某个市场区间。第一个进入市场的企业通常可得到"先行者的优势"，培养顾客的忠诚度，还可掌握主要的分销商和顾客以及得到有声望的领先者的地位同时建立该行业的进入壁垒，防止潜在的竞争者进入，易于建立市场标准。IBM 就是一个典型的例子，它是世界上最早生产和推出个人计算机的厂商，它的计算机被业界视为"正宗"，而后来的康柏等企业生产的计算机则被视为"兼容机"。

不过，由于通常情况下早期进入意味着市场是一片新天地，市场存在着高风险和不确定的因素，市场拓展成本也较大。如果产品未经过彻底审查而匆匆上市，则该企业还可能获得有缺陷的形象。

不管新产品和它所满足的需要是否基于价格或其他特点，早期进入者总是有机会建立进入壁垒的。这些壁垒可以建立在规模经济、经济效应、投放市场营销计划的修正、产品、生产和技术的继续改进，以及在其他领域中日益改进的有效资源配置上。下列情况下，早期进入一般是比较合适的。

(1) 顾客忠诚度高的市场，早期进入可以自然而然地得到更多利益；
(2) 企业具有领导者的地位，在新市场有比较高的声望；
(3) 早期进入能够获得对生产资源的控制；
(4) 新市场对该产品有迫切的需求；
(5) 市场拓展成本较小的；
(6) 高新技术市场。

11.2.2 同期进入市场策略

同期进入是指与其他企业同时或十分接近的时间里拓展新市场,在这段时间里,是否能成为第一对于市场和其他利益相关者没有太大的差别。在支持这种同期进入逻辑的市场行为基础中,在潜在购买者有机会了解一种新的品牌,试用并培养起偏好之前,第二个进入的新品牌将分享这种趋势,因此将会使市场回归到竞争平等状态。当有两个或更多个竞争者对新产品同时做广告时,能引起市场更多的注意。

在主要竞争对手的产品信息比较容易得到时,同期进入市场是比较好的战术,它可以使企业以不变应万变而又不失去主动权,因为可以迅速对对手的举动作出是采用防御还是进攻的选择。以此削弱竞争对手拓展可能造成的潜在的优势,从而赢得更大的市场。特别是在多元化战略的情况下,它更是可以作为一种进攻战略。如果知道竞争对手善于迅速仿效,则可以因势利导地将竞争者的注意力从较重要的市场吸引到较小的市场去。

在这一时期要注意的是同期进入的时间区域长度,它按产品和市场情势的不同而不同。同时要重视市场的细分和定位,因为一旦细分把握不准,就可能失去时机。

11.2.3 晚期进入市场策略

晚期进入指在竞争对手进入市场后,再将自己新产品推向市场。晚期进入的一个主要的优势是可以等待市场机会发展到足够的规模,以达到取得长期竞争优势的目的。

早期市场拓展的主要劣势是风险大和成本高。晚期进入可以让竞争者去担当第一个启动者,跟在竞争者之后可以降低风险,还可以学习竞争对手的经验并发现消费者的偏好,同时,新产品如果有缺陷,还可以有针对性地改进,找准目标市场,同时也节约了成本。杜克特尔企业在 1970 年率先进入了自动出纳机市场。70 年代早期和中期,当杜克特尔企业垄断了市场时,迪博特企业正在酝酿市场进入。当 1975 年迪博特企业最终进入市场时,它的产品已经有了改进,具有竞争性的性能,因此能稳步地提升其市场占有率。到了 1982 年,迪博特企业已经达到 47%的市场占有率,IBM 企业占有 25%,而杜克特尔企业占有 19%,只能尾随其后了。

11.2.4 进入市场的规模

新产品进入市场一般有两种规模可供选择,一是针对目标细分市场全面投入新产品;二是针对目标细分市场采用某种顺序进行滚动式投放。

1. "滚动型"市场拓展战略

"滚动型"战略的基本思维是先以具有某种"辐射性"功能的市场为拓展目标,并围绕该市场进行进入市场的 4P 营销组合策划和实施,待企业获得稳定的市场占有率和利益后,再逐步利用其"辐射"的影响作用向周边市场推进,形成稳定—推进—稳定—推进的滚动拓展趋势。

"滚动型"战略的特点如下。

(1) 能充分发挥企业的资源能力,特别对中小企业资源能力的发挥产生积极推动作用,使其能从局部市场的占有获得较快的资本积累,从而壮大企业的实力,为进一步拓展奠定基础。

(2) 可能动地把握产品定位差别化特征，选择相适应的"辐射性"功能市场，并能充分利用"辐射性"市场对周边市场产生刺激影响，为进一步拓展创造条件。

(3) 企业能较好地利用市场"滞后性"特征把握将要推进的"目标市场"消费状态和环境变化对市场的影响，有针对性地制定进入市场的 4P 营销组合策略，特别是配以形式多样的营业推广手段并辅以广告促销宣传，形成局部优势，使企业短期内克服进入市场的壁垒而顺利进入目标市场并逐步稳定。

(4) 特别适用处于产品生命周期导入期和增长期的产品，因其相对竞争者较少，消费处于认知过程中，为企业从容制定 4P 营销组合和逐步实施提供了条件。

(5) 其不足之处在于拓展市场的速度较慢，易引起竞争者的注意，也为竞争者的入市提供了空间。特别是产品以大众消费习俗特征定位，企业资源能力较弱时，强大竞争者乘虚而入将对企业的利益产生极大的影响。

"滚动型"战略的基本形式有"辐射中心"市场向周边市场的推进，产地中心市场向外部市场的推进，周边市场合围向目标中心市场的推进。

"辐射中心"市场型战略的特征在于企业根据其产品定位和资源能力的大小选择一个或几个相应的具有一定辐射性的市场，并针对所选市场的特点制定进入市场的 4P 营销组合策略。"稳定"后，一可横向发展，选择所受影响较大也同样具有一定辐射性的市场推进；二可纵向发展，选择向低一层次的周边市场推进。美国"肯德基"进入中国市场时，首要的拓展目标为北京。因为，当时北京已具有一定数量欧美等国人的消费群体，可以保证其基本的收益。另外，"肯德基"蕴涵着浓郁的外来文化气息，而北京为中国政治、文化的中心，其辐射性极强。组合中，"肯德基"的促销方式主要以营业推广为主，从而降低了进入市场的成本。"肯德基"在北京取得了极大成功，北京的辐射性波及了几乎中国所有的城市，由此也形成了以"鸡"为主的快餐行业。"肯德基"乘胜向北方和南方的主要大城市拓展，以期获得同样的收益，但遭到了中国本地"鸡"军堵截围剿，使"肯德基"的拓展受到了极大的限制。

"肯德基"的拓展结果暂且不提，从中已能体会到"辐射中心"市场型战略的精华所在和存在的风险，其关键在于企业如何把握拓展的时机和速度。

产地中心市场型战略的特征是企业以局部区域的土特产品或较小的消费群体需求特征作为产品的定位。因此，消费群体局限在局部区域或较小的群体中，其自然的辐射性较小，大多数市场还存在进一步对产品认知的过程。企业努力稳定"本地"市场或特定消费群体市场后，以大众媒体广告为主提高"外部"市场消费群体的认知度；以营业推广和配以适当的分销策略作为进入市场的手段，保证推进的顺利展开；以符合整体市场的产品包装、功能品质等产品组合满足大众群体的需求，并在此基础上向周边地区市场逐步拓展，形成稳定—推进—稳定—推进的渐进形式，也可跳跃式选择有一定认知度基础的市场进行拓展形成滚动效应。

周边市场向目标中心市场的推进战略，其最重要的拓展市场思维是暂时避开激烈竞争和对自己不利的市场，向竞争相对较弱和有利的市场拓展，为企业积累实力和资本，再充分利用周边市场的影响力进入目标中心市场。此思维对成熟市场中企业制定竞争策略也十分有效。

以洗涤用品起家的美国著名企业"宝洁"企业和"高露洁"企业可谓比翼齐飞，

但过去"高露洁"企业在美国市场中被冠以"笨拙的肥皂商"而饱受其他企业的竞争打压,市场份额和实力远远低于"宝洁"企业。"高露洁"企业痛定思变及时调整了其市场拓展战略,把其拓展重点转移到了欧洲市场,并利用美国强大的政治和文化影响力及在激烈竞争中积累的经验和产品的优势,配以完整的营销策略和强大的营销攻势手段,一举进入了欧洲各国的市场,并获得了极大成功,其品牌形象和销售收入蒸蒸日上,对美国市场形成了合围之势,再也没人敢小瞧它。

2. "同轴型"市场拓展战略

"同轴型"战略的基本思维:根据产品定位特征和企业资源能力大小,在"定值"市场中选择满足条件的区域市场为核心同时拓展,并制定相应的 4P 营销组合策略进入市场和巩固市场。其形式有:主要区域市场同轴,主要、次要区域市场同轴,国内外区域市场同轴等。

"同轴型"战略的特点如下。

(1) 市场的覆盖性好,能在较短的时间里提高市场占有率和销售收入。

(2) 能充分发挥企业的资源能力,有效提高企业的竞争能力。

(3) 特别是在产品导入期和增长期,较易提升品牌知名度与消费群体的认知度和忠实度。

(4) 消费群体大而集中的区域市场为主要市场,消费群体小而分散或存在"求"滞后的区域市场为次要市场,"同轴"拓展能防止"供"的滞后和竞争者的乘虚而入。

(5) 市场拓展费用较高,特别是以建立各地分销企业的企业还增加了管理和控制的难度,从而影响企业的资本积累和生产规模的扩大,导致利润的降低。

"高路华"彩电和"牡丹"彩电都是采用主要区域市场同轴的拓展战略。1997 年中期,几乎在一夜之间,"高路华"把其 25~29 英寸(1 英寸=2.54 厘米)的彩电以与当时其他品牌同尺寸彩电相比低得多的价格在全国主要城市推出,得力的广告宣传和具有诱惑力的营业推广活动吸引了大量的消费者。在短短的一年中,"高路华"的市场占有率和销售收入一跃进入彩电行业前五名,其成功除了在于产品定位中以"大"和低价满足市场已存在的"求"的滞后外,更重要的是其市场同轴拓展战略使主要城市中此类消费群体在短时间内同时得到了满足。与"高路华"相比,"牡丹"彩电的产品定位是以农村市场为主要区域市场。因此,"牡丹"彩电的市场拓展是以内陆省份为主,在各省市主要城市建立办事处,利用城市的辐射功能直接管理基层中间商,做到了资金回笼快,市场费用低,从而在激烈的市场竞争之中寻觅到了较理想的栖身之地。

目前,国内家电行业具有实力的企业都是以"同轴型"作为市场拓展的策略。其一,新技术的采用和竞争的加剧使企业的产品生产呈多元化和档次化。其二,家电的主要市场(城市)的消费群体随购买力和消费观念的提高,其消费层次和对产品的各项功能的要求也不断提高。因此,在多元化和档次化产品中的一部分逐渐被主要市场的消费群体放弃,这一部分产品成为原市场的次要产品,对产品而言原市场也成为次要市场。另外,一直被作为家电次要市场的农村,随收入水平不同程度的提高,被主要市场逐渐放弃的产品则被企业作为农村市场的主打产品。其三,企业根据不同市场需求层次的差异,有针对性地选择产品投放的市场,并以组合产品来满足同一市场还存在的消费层次的差别,能够最大限度地提高企业的经济效益、市场竞争能力和降低产品开发、生产成本。

如"长虹"在市场拓展中，把城市市场作为其25～29英寸、24英寸彩电及更新产品的主要市场，把农村市场作为其18～22英寸彩电的主要市场。在产品组合营销中，城市市场配以一定量的小屏幕彩电，农村市场配以一定量的大屏幕彩电，不但满足了同一市场中的不同需求层次的要求，也为市场进一步发展奠定了基础。

企业市场拓展战略的分析能使企业的经营者在更高层次上把握企业发展方向，有效提高企业的市场和竞争效率，从而避免企业盲目开发、生产和销售产品，为企业决策者提供可资借鉴的思维方式。

 案例　　**大连走出"中国式"服务外包之路**

2009年，"中国服务"受到前所未有的关注。国际金融危机加快了经济全球化、产业结构调整和梯次转移的步伐，以软件和服务外包为代表的现代信息服务业已经成为全球新一轮产业转移浪潮的主角和新的经济增长点。中国被认为是最具代表性的外包承接地。在中国的城市中，大连则是过去10年中国软件和服务外包产业第一轮快速增长期中最典型的案例。尽管被冠以"中国的班加罗尔"、"中国硅谷"，实际上，大连的服务外包之路具有鲜明的"中国特色"。这主要体现在对国际市场的把握、如何启动在岸外包业务以及对外包基地外部形象的统一包装上。这条"中国式"服务外包之路或许对于后金融危机时代的"中国服务"尤其具有参考价值。

产业升级：以创新技术打开国际高端市场

大连承接国际外包业务也是从产业链低端的数据录入、程序编码等做起。即便是现在，成本驱动仍然是跨国企业向中国发包的首要因素，但大连真正得到国际外包市场认同的并不仅仅是成本低。大连对日软件出口占中国对日软件出口的80%。而在一份由日本专业机构发布的《日本离岸外包市场调查报告》中，中国在外包"成本"、"技术"、"交货"等方面都处于全球新兴外包地的前列。

真正确立大连外包国际地位的则是以具有自主知识产权的技术和产品为基础的大连服务。

目前，大连已经形成了比较完整的外包业务产业链，业务内容也从初级的软件开发和业务流程管理，逐步扩展到技术含量高、管理含量高和附加值高的外包业务。大连高新区现已拥有800多个自主研发的项目、1000多个软件登记品种。大连华信的铁路财务管理系统、交通管理系统，大连华畅研发的WCDMA第三代手机3GPP协议栈软件等已成功打入国际市场，博涵前锋科技成为世界级港口软件系统供应商都证明，大连软件和服务外包已成为国际产业链的重要一环。

市场转移："由外转内"以服务拉动需求

大连软件外包从对日离岸外包起步，鲜明的国际化特色形成了"大连服务"的国际化标准、高水平队伍和全球化视野。当大连和大连企业的视角"由外转内"，对于潜力巨大的中国在岸外包市场，大连带来的不仅是服务，更有通过服务激发的需求。

一方面，大连充分借鉴日本、韩国和印度的软件及服务产业发展经验，充分利用我国信息化建设、"两化融合"和传统产业技术改造的机遇，实现行业软件产业化。目前，大连本土软件企业在数据处理、软件测试、呼叫服务和电信增值、应用通信，以及银行、保险、税收、财务、医疗领域的外包服务能力等方面领先全国。大连企业信息化建设已从"降成本"转向"创价值"。通过信息化建设重塑企业管理流程，而国际化管理流程和管理理念的引入则进一步提升了信息化需求。

另一方面，大连企业注重挖掘内需市场机遇，释放国家重大工程、重大建设项目的外包资源。大连圣达信息中标港珠澳大桥主体工程综合管理信息系统总体规划设计项目具有典型意义。此外，在国家一系列"保增长、扩内需、促稳定"的政策体系下，大连港航物流软件、自动化控制系统、嵌入式软件等也得到广泛应用：光洋数控、大森数控研发的数控系统位居行业前列；海大航科研发的"EAR 船舶导航系统"填补我国空白；阿依艾开发的钢结构设计软件，占据国内 30%以上的市场。

品牌包装：建立公共支撑体系和整体品牌

危机之后的经济复苏必然引发新一轮市场洗牌，从全球外包市场看，新兴外包中心正面临难得机遇。产业基础深厚、整体品牌突出的地区更具竞争力。

目前，我市已依托重点企业建立了大连市嵌入式系统公共开发服务平台、辽宁省集成电路设计公共服务平台、大连市开源软件公共开发服务平台等。公共技术、测试、服务、人才等支撑平台体系的形成夯实了产业发展基础，特别是为中小企业的成长提供了可能。而在政府支持下，由企业自发组建的中小企业联盟则为大连企业抱团闯市场提供了可能。

大连软件和服务外包的整体品牌建设体现在"大连软件"的统一形象上。2008 年底，大连日本(东京)软件园的成立开辟了中国城市海外办软件园的先河；大连软件园异地拓展形成了"一个好汉三个帮"的"中国服务"集团军的出现。"外包找中国，外包到中国"的实现需要更多的"大连"的出现。

(来源：姜云飞. 大连走出"中国式"服务外包之路[N]. 大连日报，2009-12-09)

11.3 海外市场拓展策划

11.3.1 海外市场行情分析

全面分析海外市场营销环境，是国际市场营销战略观念所要求的，是进军国际市场的基础性工作。国际市场营销环境，包括经济环境、技术环境、政治法律环境和社会文化环境等。这些因素，对国际市场消费者的购买行为有影响和制约作用。

1. 经济环境

经济环境包括经济结构、居民收入状况、消费结构、进出口贸易和经济基础条件等。

1）经济结构

从经济结构看，各国国民经济发展可划分三种类型。

(1) 自然经济类型。亦称原始农业经济类型。其特点是，生产力水平低下，自给自足为基本特征，商品经济很不发达，用于交换的产品不多，进口能力很低。

(2) 原材料与能源出口经济类型。其特点是除自然资源丰富的部门较快发展外，其他部门都很落后。其外汇收入主要靠出口自然资源。如阿拉伯国家出口石油，马来西亚出口橡胶，智利出口铜、锡等，均属该类型。它们对先进技术装备进口较为迫切。

正在工业化的经济类型。其特点是加工制造业增加值在国民生产总值中的比重越来越大。埃及、巴西、菲律宾、印度等国经济结构属于该类型。它们需要钢铁、重型机器设备、工业原料的进口。

(3) 工业发达国家类型。其特点是生产力水平很高，人们的收入高，购买力很强，大多出口最终产品并输出资本。进口他们需要的原材料、半成品、农副土特产品、手工艺品、医药、工艺美术品、其他轻纺产品等。美、日、德、法等国经济结构属于该类型。

2) 居民收入状况

居民收入状况是制约市场规模及容量的一个重要指标。一般来讲，居民收入水平与消费品购买力水平是水涨船高的关系。收入水平愈高，消费者的购买力就愈强，同时，还直接影响到消费品结构的变化。各国的居民收入水平差异很大，使各国市场各自具有自己的特点。对各国的居民收入水平及其变化，要有一个详尽的了解，以便于有针对性地开发市场。

3) 消费结构

消费结构是指居民收入中用于不同消费的分配关系。比如恩格尔系数、耐用消费品支出比例、交通通信支出比例等。通过消费结构的分析，企业可以掌握待拓展市场的消费特点、热点，特别是对于本企业所处行业产品的消费要作重要分析。

4) 经济基础条件

经济基础条件包括交通运输和通信设施、能源供应状况、商业和金融机构，广告及宣传媒介、经销组织机构、市场调研及咨询组织。开发一个国家和地区的市场必须依靠这些条件。这些经济基础条件越好，市场开发起来越顺利。

2. 技术环境

把科学技术是第一生产力的理论运用到国际市场环境分析中去，有必要把技术环境从经济环境中分离出来，单独予以分析。技术环境，指一个国家或地区的技术水平，新产品开发能力以及技术发展的动向等。技术水平高的国家或地区，对于产品的需求，不同于技术水平低的国家或地区。各国产品在技术水平不同的国家或地区，竞争力也不一样。比如，技术水平高的国家，往往凭借其资金和技术优势，发展技术密集型产品；而生产销售技术、资金密集型技术水平低一些的国家，一般根据他们的资源和劳动力优势，发展劳动密集型产品。因此，什么样的产品进入哪一类国家的市场必须考虑到双边的科学技术水平。

3. 政治法律环境

政治法律环境指各国政局、国家关税政策、对外贸易政策、其他相关政策法令等。

1) 国家政局

国家政局主要指一个国家或地区的社会性质、政治制度、外交政策、战争、及社会秩序等情况。这些情况既可能阻碍国际市场的开发，也为国际市场开发提供契机。例如 1990 年德国统一，1990 年苏联解体，20 世纪 90 年代前半期南斯拉夫波黑地区战火连绵，等等，都对这些国家的市场产生了深远的影响。必须善于分析各国政局变化，尽量减少开发风险，掌握一切有利的机遇。

2) 国家的法律法规

每个国家为了保护自身利益，必然要制定各种方面的法律法规，如投资法、专利法、海商法、合同法、仲裁规则、票据法、广告法、商标法、商品检验法、消费者权益保护法等。

此类法律、法规的具体条款，必须仔细研究，增强适应性，寻求有效对策。

3) 关税政策

一般讲来，世界各国都采取"奖出限入"政策，即制定各种鼓励出口和限制进口的关税政策。尽量减少或豁免本国产品的出口税，又尽量提高商品的进口税，有时利用高达百分之几百的税率来限制商品的进口，以削弱进口商品的竞争能力，使本国商品能在市场上保持低价格优势。这样，关税就像一道高墙把国内市场保护起来，故称之为"关税壁垒"。各国对进出口商品征收的关税主要有进口税、出口税及过境税等。进口税，是对进口商品征收的关税，税率高低，取决于所进口的商品对进口国带来利益的大小。发达国家对自己能生产的工业品征收高额进口税，以保护本国生产的发展，而对本国急需的原材料征收低税或免税。发展中国家对自己尚不能生产的商品征收低税，而对本国已能生产的商品或奢侈品等征收高税。出口税，是出口国海关对本国出口产品征收的关税。目前，主要是发展中国家征收，来作为增加国家财政收入的措施之一。发达国家为提高其产品在国际市场上的竞争能力，一般不征收。此外，贸易保护主义虽然在许多国家盛行，有些国家为了外交政策上的需要，仍按国别、商品类别，实行不同的税率。比如特惠税率、最惠国税率、普通税率，甚至免税。

4) 进口控制

进口控制亦称非关税壁垒，指除关税之外的用来限制商品进口的各种措施。发达国家实行的非关税壁垒有很多，其中，又以进口配额制、进口许可证、各种立法最为通用。进口配额制，指进口国对各种进口商品数量或金额事先加以规定，配额内可进口，配额以外的商品不能进口，或征以高关税，或实行罚款等；进口许可证，指进口国对进口货物要进行审批，规定企业或个人必须申请许可证，领取许可证后方能进口商品。申请许可证要缴纳手续费，有时手续费高于关税。进口许可证包括进口国别、货物名称、数量、金额及有效期限。实行许可证可以严格限制贸易数额，节约外汇支出，保持进口国的国际贸易收支平衡，保护本国新兴工业；通过各种立法限制进口，指一些发达国家为了限制商品进口，确定各种进口商品特定的强制性和非强制性的技术标准和各种规范条件，还采用商标法、卫生法、标签法、厌恶法、"自动扣留"等法律，来限制商品进口，保护国内贸易。

4．社会文化环境

构成社会文化环境的因素有人口状况、语言文字、教育水平、风俗习惯、宗教信仰、审美观和价值观等。这些因素对于开发国际市场也有重要影响。

1) 人口状况

人口是研究国际市场营销环境的重要因素。在其他情况相同时，一个市场人口越多，则市场就越大。分析人口情况，除了搞清楚人口总量之外，还要分析人口的地理分布、年龄结构、性别、城乡人口结构、人口增长率等。

2) 语言文字

不同的国家使用不同的语言。即使同一个国家，有的也采用多种语言。除去多民族聚居的原因之外，一般地说，语言种类很多的国家，在政治上往往是不够统一和不太稳定的，经济发展水平也较低。向国外出口商品包装文字的使用，出口商品说明书等，必须根据进口国消费者的习惯翻译，以免发生误解。此外，对当地消费者来说，一种熟悉的语言可能成为一种吸引力，从而使消费者乐于购买某种商品。

3) 教育水平

教育水平影响着国际市场的各个方面，它与消费者的消费结构、购买行为有密切关系。一般地讲受教育程度高的消费者对新产品的鉴别及接受能力强，其对广告媒介的接受能力和反映与教育程度较低者，具有很大差异。同时其购买商品的理性程度较强，受欺骗的可能性较小。

4) 风俗习惯

风俗习惯与商品、服务的消费息息相关。比如，日本人在正式外交场合或上班时，都穿西服，回到家中或重大节日，则喜欢穿"和服"；在宴会上或在大饭店里就餐，大都用西餐，而在家中却吃传统的"和饭"。这是日本民族受了欧美文化影响的具体反映。德国人本来消费水平已经很高，却能做到富而不奢。德国人一般请客只用一道主菜，外加色拉和一个汤。这与中国人宴请客人的习惯大异。在我国，一些企业的营销人员与人约谈时，总要递上一支香烟，这种行为在中国意味着礼貌和友好，但把这种习惯带到反对吸烟的欧美国家，反倒是不礼貌行为。

5) 宗教信仰

南亚国家宗教盛行，上至高官巨贾，下至庶民百姓，绝大多数人都信仰宗教。并且，几乎世界上所有的宗教在南亚都有信徒。宗教信仰不同，导致生活习俗大相径庭。比如，牛在印度教中被视为最神圣的动物，不能宰杀，更不准食其肉。但是，不食猪肉的穆斯林却喜欢吃牛、羊肉。西亚与南亚相比，在宗教信仰上有很大的区别。西亚除土耳其、塞浦路斯、以色列之外，其他国家均信仰伊斯兰教。《可兰经》是这些国家至高无上的法典，一切经贸活动、生活、法律，都以《可兰经》为依据。另外，伊斯兰教还禁忌猪、十字形及它们的偶像图案商标；酒和六角形(犹太教标志)的图案与花纹也在禁止之列。向这些国家出口商品的设计，必须顺从这些国家人民的宗教信仰，以免惹起麻烦。

在国际经营中，必须努力克服自我欣赏意识，学会用目标市场国家或地区消费者的价值观来评价本企业产品。比如，将我国的自行车经销到美国去，就不能原封不动地搬过去。因为自行车在两国的价值观念很不相同。在中国，自行车是日常生活中的交通、运输工具，除要喷漆、电镀以求美观之外，更重要的结实、耐用，且能载重。所以，车身用钢材制成，有挡泥板，雨天也可骑着上班去。车上配有后座，以便载物。此类自行车在美国市场肯定打不开销路。因这种自行车反映的是中国的价值观和文化观。在美国家庭，其主要交通运输工具是汽车，自行车只是作为健身器材来使用，它主要的用途是用来锻炼身体及娱乐消遣的。这样，他们就要求自行车轻便、灵巧、高速，有变速轮，但不需要挡泥板和车后座。车身一般要用铝合金及钛钢等材料才能达到该要求。由此可见，要想使我国的自行车在美国市场占有份额，只能按美国消费者的眼光去进行生产和销售。

11.3.2 海外市场拓展战术策划

1. 国际市场进入方式与途径

选择何种方式进入海外市场在市场拓展中也是一个涉及广泛的决策,需对各方面有关因素作综合分析、全面评估后才能决定正确的进入战略。

1) 间接出口

这种方式是指将产品卖给国内负责出口的贸易企业或由它们代理,由这些企业负责进入海外市场销售产品的方式。这里又有三种情况。

(1) 企业直接将产品出口给国内的外贸企业。

(2) 由国内外贸企业代理,负责办理各种出口业务,外贸企业收取一定的费用。

(3) 由具有海外销售机构的经销商代销,企业给予其适当的代理费。

产品以间接出口方式进入国际市场,有这样一些优点。第一是进入海外市场速度快;第二是节省费用,既不需要承担出口贸易资金上的负担,又不需要亲自去海外做市场调研,可以建立专门的销售网点以配备专门的人员;第三是风险小,不必承担外汇风险以及各种信贷风险;第四是灵活性大,长短业务均可管理。然而间接出口使企业不能获得国际经营的直接经验,对海外市场缺乏控制,所获得的市场信息是很有限的,利润也有限。

2) 直接出口

直接出口是指企业拥有对外出口权及完备的组织机构设置,独立向海外目标市场办理出口业务的方式。其主要途径有:利用海外的经销商;利用海外的代理商,包括佣金代理商、存货代理商、提供零部件和服务设施的代理商等;设立驻外分支机构,直接供货于最终客户。

直接出口可以使企业摆脱中间商渠道与业务范围的限制,对最先进入的海外市场进行选择;企业可以获得较快的市场信息反馈,据此以制定更加切实可行的营销策略;企业拥有较大的海外营销控制权,可以建立自己的渠道网络,也有助于提高企业的国际营销业务水平。

这种方式的局限是成本比间接出口要高,需要大量的最初投资与持续的间接费用;需要增加专门人才,在海外建立自己的网络需要付出艰苦的努力。

3) 海外生产

利用间接或直接出口进入海外市场可能会由于运输成本高、受关税与贸易配额限制等而获益不大,同时外国政府可能限制对某些产品的进口,而对外国企业在当地生产制造却持鼓励态度。所以如果当地市场有一定潜力,有成本比较低的优势时,可以考虑选择在海外直接生产的方式,这也可以使产品设计、制造、销售和售后服务更能符合当地消费者要求。

海外生产有以下几种主要方式。

(1) 海外组装。企业将在母国生产的某种产品的全部或部分零部件,运往东道国组装成成品,然后就地销售。这种方式的优点是运费低、关税低、投资少、制造成本降低,能为东道国提供一定的就业机会,易受当地政府支持。

(2) 合同制造。也就是在海外下订单,由东道国生产出成品再交由国际企业销售。这种方式的优点在于母国企业的资源优势可能在于技术、营销和品牌,而不在于制造;

国外投资少、风险小；产品仍由母国企业负责营销，对市场控制权仍掌握在母国企业手中；有利于搞好与东道国的关系。其局限性是难以找到有资格的制造商，质量难以控制，利润要与制造商分享。另外，一旦制造合同终止，东道国制造商可能成为国际企业在当地的竞争者。

(3) 许可证贸易。指国际企业与东道国企业签订许可协议，授权东道国企业使用国际企业的专利、商标、专有技术、品牌等在一定条件下生产和销售某种产品，并向东道国企业收取一定的许可费用。这种方式无须大量的海外投资就可快速地进入海外市场，有利于国际企业的迅速扩张。不过这种方式有可能会培养出新的竞争对手。

(4) 合资生产。企业选择一个或多个企业共同投资、共同经营、共负盈亏。与海外独资生产相比可以减少投资与人力。但这种方式的主要缺陷是合资各方面经营目标、利益分配、目标市场以及管理思想与文化背景的矛盾冲突而需要花费大量努力去协调。

(5) 独资生产。指国际企业在国外市场上全资控制一家企业的经营。

2. 影响企业进入国际市场方式的因素

根据美国宾夕法尼亚大学活顿管理学院鲁特教授的观点，选择正确的进入方式应充分考虑企业外部因素和企业内部因素。外部因素包括目标国家的市场因素、目标国家环境因素、目标国家生产因素和本国因素，内部因素包括企业产品因素和企业资源投入因素。

1) 外部因素

(1) 目标国家的市场因素。第一，目标国家市场规模的大小。较小的市场规模可选择出口进入方式或合同进入方式。反之，销售潜力很大的市场应选择分支机构或子公司出口，或者投资进入方式。第二，目标国家市场的竞争结构。竞争类型总是在分散型(有许多不占主要地位的竞争者)到卖主垄断型(有少数占主要地位的竞争者)及寡头垄断型(具有单一公司)之间变化。对分散型竞争的市场，一般选择出口进入方式，对卖主垄断型或寡头垄断型市场，则常常选择投资进入方式。如果断定向目标国家出口或投资的竞争太激烈，企业也可转而采用许可证贸易或其他合同进入方式。

(2) 目标国家的生产因素。目标国家的生产要素投入(原料、劳动力、能源等)以及市场基础设施(交通、通信、港口设施等)的质量和成本对进入方式的决策有较大的影响。对生产成本低的国家，应选择投资进入方式。反之，生产成本高会抑制在当地的投资。

(3) 目标国家的环境因素。环境因素有以下方面。第一，目标国家政府对外国企业有关的政策和法规。如提高关税、紧缩配额和其他贸易壁垒等。另一方面，目标国家也可能采取优惠政策(免税)来鼓励投资。第二，地理位置。第三，经济状态。第四，外部经济关系。第五，本国与目标国家在社会、文化等方面的差异。第六，政治风险。

(4) 本国因素。具体包括：国内市场规模、本国的竞争态势、本国的生产成本、本国政府对出口和向海外投资的政策。

2) 内部因素

(1) 企业产品因素。包括产品的独特性、产品所要求的服务、产品的生产技术密集度、产品适应性。

(2) 企业的资源投入要素、资源丰裕度、投入愿望。

表 11-1 汇总了选择进入方式所考虑的外部和内部诸因素以及它们所对应进入方式

的选择。可以看出,企业对进入目标国家或市场的选择常常是各种矛盾作用的结果。

表 11-1 选择进入方式所考虑的外部和内部因素

	一般性选择						
	间接出口	直接出口	海外装配	合同制造	许可证贸易	合资生产	独资生产
外部因素(国外)							
低销售潜力	+				+		
高销售潜力		+	+	+		+	+
分散型竞争	+	+					
卖主垄断型竞争			+	+		+	+
市场基础结构差		+					
市场基础结构好	+						
生产成本低			+	+		+	+
生产成本高	+	+					
限制进口政策			+	+	+	+	+
自由进口政策	+	+					
限制投资政策	+	+	+	+	+		
自由投资政策			+	+		+	+
地理位置近	+	+					
地理位置远			+	+	+	+	+
经济动荡	+				+		
经济稳定	+	+	+	+	+	+	+
外汇管制	+	+			+		
外汇自由兑换			+	+		+	+
货币贬值			+	+		+	+
货币升值	+	+					
文化差异小		+	+	+		+	+
文化差异大	+				+		
低政治风险			+	+		+	+
高政治风险	+				+		
外部因素(国内)							
大市场						+	+
小市场	+	+	+				
分散型竞争	+	+					
卖主垄断型竞争			+	+		+	+
生产成本低	+	+					
生产成本高					+	+	+
强力推动出口	+	+					

续表

	一般性选择						
	间接出口	直接出口	海外装配	合同制造	许可证贸易	合资生产	独资生产
限制海外投资	+				+		
内部因素							
高优势产品	+	+					
一般产品			+	+		+	+
服务密集型产品		+				+	+
服务型产品						+	+
技术密集型产品					+		
产品适应性差	+						
产品适应性好		+	+	+	+	+	+
资源有限	+		+	+			
资源丰富		+			•	+	+
低投入	+		+	+	+		
高投入		+				+	+

3. 企业进入海外市场阶段

企业一旦决定走向国际化经营后,它首先选择风险最小的市场进入方式。

制造企业在走向国际化经营的过程中,一般应按照下述的四个阶段逐渐演化:

1) 间接出口或特殊项目出口

企业在刚开始进行国际化经营时,选择间接出口或临时性的服务项目。往往是顾客提出出口请求(包括顾客对许可证的要求),然后企业向目标国家市场做少量投入。在这一阶段,企业对待国际化经营的态度是被动和反应型的。

2) 积极出口或(和)许可证贸易

企业在经过第一阶段的成功之后,会积极努力地向经营国际化迈进。它们通常通过代理或经销商,或者建立自己的在海外的分支机构或子公司向国外市场渗透。这一阶段也包括积极主动地通过许可证贸易而进行国际化经营。同时,在企业管理者的头脑中,已把国际贸易与国内贸易区别开来。在企业的组织机构中,会设立国际销售部门(出口部)来具体负责海外经营业务。

3) 积极出口、许可证贸易和在国外投资经营

这一阶段是在第二阶的基础上,更加努力地向国外市场渗透。企业在一些国家投资经营进入制造业,在另一些国家混合采用出口和许可证贸易。在企业的组织机构中,一个有独立权威的、覆盖各种国际经营活动的国际部代替了原有的出口部。但是,在企业的整体战略部署上,跨国家或地区的国际经营活动不是一体的,国际经营战略与国内经营战略也不是一体的。

4) 全方位的跨国生产和销售

企业在全球范围内部署创造价值的活动,跨国的资源服务于跨国市场,企业的各

种活动在世界范围内完全一体化，国际经营战略与国内经营战略完全一体化，构成统一的跨国经营战略。本国只是作为国际市场的一个组成部分，公司只不过是由此"发端"并具有协调能力的总部。在企业的组织机构设立中，一些以地区或产品为建立基础的全球性机构组成的子公司取代了以前的国际部。

处在第一阶段的经营者仅仅限于一两种进入方式；处在第四阶段的企业则是对所有可能的进入方式进行评估，从中选择最合适的进入方式。内部因素的变化，特别是企业对国外市场投入愿望的增强，是促使其向国际型演变的主要力量。

然而，一个已经建立起来的跨国公司并非必须经过所有这四个阶段，跳跃性演化更能快速地使一个企业向跨国经营型转变。

本章小结

新市场拓展的意义、市场拓展的风险来自主观和客观方面。新市场拓展的时机选择有早期进入、同期进入和晚期进入三种。进入市场的规模可采用"滚动型"和"同轴型"战略。

本章还讨论了拓展海外市场问题。企业在决定进入海外市场前，要先对进入的目标国家进行经济、政治、技术、法律等方面的行情分析。以减小进入风险。进入国际市场的方式一般有间接出口、直接出口、海外生产等。

关键术语

市场拓展	早期进入	同期进入
晚期进入	滚动型战略	同轴型战略

思考题

1. 市场拓展有哪些意义？
2. 市场拓展的风险主要体现在哪些方面？
3. 进入市场的时机选择一般有哪几种？
4. "滚动型战略"和"同轴型战略"有什么区别？
5. 海外市场行情分析的主要内容是什么？
6. 企业进入海外市场的方式一般有哪些？

参考文献

[1] 迟英庆，程虹.企业市场拓展战略分析[J]. 经营者，2000(5).
[2] 李恒春. 证券市场周刊[J]. 2007(1).
[3] 殷黎杰. 男装进入区域市场三策略[EB/OL]. 2009-08-14. http://www.cfw.com.cn/zgfsb/html/2009-08/14/content_76876.htm.

案例研讨

宝马入关术

借助跳板华晨，宝马公司在闯入中国市场9年内收益颇丰。在其他国家市场，宝马也在积极布局，势头大有将奥迪、奔驰等竞争品牌远远抛在身后之势。

由于中国汽车行业的政策特点，宝马在华发展模式与全球大不相同。在发达国家市场，宝马更多地采用自行设厂或借助与地方政府合作的形式布子，而在印度、越南等发展中国家市场，宝马的CKD工厂(全散件组装工厂)正在发挥着越来越重要的作用。

龙兴之地：攻守合一

遍布140个国家、22个生产加工厂遍布四大洲、雇佣来自50个国家和地区的10万名员工的豪车老玩家宝马，曾经也仅仅是德国巴伐利亚地区一家濒临破产的小企业。

2011年，以德国为首的欧洲市场依然是宝马最为重要的市场。据宝马集团财报显示，在欧洲，宝马全年的销量达到了85.78万辆，占宝马全球总销量的62.1%。对于宝马而言，西欧尤其是德国可谓是自己名副其实的"龙兴之地"。

2009年，宝马全球22个生产、加工厂中，有13个都位于以德国、英格兰为主的西欧。相比分布在印度、马来西亚等新兴地区的CKD工厂，分布在德国、英格兰的工厂多为生产发动机等关键组件的"心脏工厂"。

宝马慕尼黑工厂是其历史最悠久的工厂。该工厂成立于1922年，有来自50个国家及地区的约9000名员工。慕尼黑工厂目前主要的生产项目是宝马3系轿车和旅行车。除了宝马3系轿车之外，宝马最核心的产品——用于M3、M5、M6的高性能发动机也是这里制造的。慕尼黑工厂不仅仅是宝马全球基地中历史最悠久的"活博物馆"，更是名副其实的"心脏工厂"。有着自己最大的市场、并分布着自己最关键的心脏工厂的西欧作为宝马的"龙兴之地"，不仅仅担负着宝马进军全球大本营的角色，更是宝马需要时刻维护、时刻留意对手攻势的势力范围。在这样的情况下，宝马在西欧奉行"攻守合一"的战略。

英国本是豪车传统强国，这里不仅仅是劳斯莱斯、宾利、路虎的故乡，更曾经是世界汽车第二生产大国。但是，英国品牌习惯性的经营不善，让宝马等外国玩家看到了进军英国的良好时机。

1994年，英国老牌豪车品牌罗孚公司因经营不善而难以为继。而英国自1990年前后陷入了严重的经济衰退之中，国家和本土企业难以有力地扶持面临生存危机的大型企业。而20世纪90年代初恰恰是德国汽车业复兴的年代，宝马、奔驰、奥迪纷纷推出了多款成功的车型，在世界范围内将日系车企压在了身后。1993年继任宝马董事长的贝恩德·皮舍里德明确提出要"大胆放手带领公司前进"。而贝恩德带领公司前进的方法就是收购扩张。

一个急需救援，另一个急欲施手。创立于1904年的罗孚公司以20亿马克的"聘礼"成为宝马进一步打开英国市场并在西欧范围内争雄的良好跳板。尽管后来因为宝马整顿罗孚的计划进展得并不顺利，但罗孚旗下MINI品牌如今却已经是宝马旗下三剑客之一。

宝马在凭借着西欧自由贸易的大市场环境而频频出手施展攻势的同时，其在西欧尤其是德国本土，也非常注意防守。奔驰、奥迪这两个宝马的"同根兄弟"一直以来剑拔弩张地与宝马裂地称王——2011年，宝马在德国的销量达到29.7万辆，而奔驰、奥迪的销量各自为28.6万辆和25万辆。三强的差距仅在几万辆之间。

宝马能够自2005年超越奔驰成为第一的原因，多赖于奔驰自身内部出现的紊乱，而随着今后奔驰元气的恢复，以及奥迪后来居上的咄咄态势，宝马如何守住德国乃至西欧这篇龙兴之地的市场还需仔细思量。

中间地带：借势渡江

在龙兴宝地之外，宝马世界版图的第二梯队是以美国为主的中间地带。

2011年宝马最大单一市场美国的销量为30.54万辆，同比增长率为14.9%。作为整个美洲市场的重头戏，美国对于宝马而言是重要的进军桥头堡。

与西欧市场相比，美国有着自己独特的环境情况：一方面，美国本土汽车品牌实力较强；另一方面，相比于西欧的投资自由度，美国各州之间投资条件差异较大，于是宝马采用了"借势渡江"的策略。

宝马仅在美国南卡罗来纳州斯帕坦堡有一个工厂。斯帕坦堡工厂始建于1992年，由宝马全资拥有。宝马累计在这个工厂的投资已超过27亿美元。之所以宝马会在南卡罗来纳州建厂，也和南卡罗来纳州地方的政策相关。位于美国东南部的南卡罗来纳州将汽车工业视为本州的立州要务，在全州46个郡县中有41个落户着汽车企业。在南卡罗来纳州出口统计中，汽车一直位列第一位，扶持汽车、发展汽车经济是南卡罗来纳州的州策。

与南卡罗来纳州的合作，是宝马借势渡江的典范。一方面，宝马通过与州政府合作打开了当地市场；另一方面，南卡罗来纳州优越的低税率政策也大大节约了宝马的成本。双方的合作是一种双赢共生。斯帕坦堡工厂为南卡罗来纳州解决了超过4500个就业岗位，生产的X5汽车出口到了120个国家，为南卡罗来纳州当地带来了巨大的经济效益。但是，斯帕坦堡工厂注定只是宝马借势渡江的一个桥梁，其核心部件——发动机均是生产于慕尼黑和奥地利的。相比于遍布亚洲的CKD工厂，斯帕坦堡工厂有着更大的自主裁量权，但是相比于自己的龙兴之地欧洲，宝马还是对于美国市场"留了一手"。

新兴市场：CKD楔子

2007年，新加坡。宝马集团董事迈克尔·格纳尔兴奋地对外宣布宝马以12.7万辆的销售业绩实现了在亚洲区域的新高，亚洲13.8%的销量增速已是宝马全球销量增速3.5%的近四倍。而此时，亚洲巨大的潜力尚没有被完全激活。相比于奔驰在亚洲的31.51万辆销量以及奥迪仅在中国市场就完成的31.30万辆高光业绩，宝马在亚洲市场还只是一个追赶者。

2011年，宝马在亚洲实现了高达31.1%的销量增长率。2010年，亚洲市场以28.50万辆的销量成为宝马名副其实的第三大市场。为了进一步在亚洲市场分一杯羹，宝马将一个个CKD楔子打入了亚洲版图。CKD规避了许多全车生产时会面临的风险，也可以很好地培养所在国市场。所以说，CKD工厂是一种大型汽车生产商乐于采用的手段，对宝马、奔驰、奥迪而言，CKD也是进可攻退可守的妙招。

目前，宝马在马来西亚、印尼、印度、泰国、越南都建有自己的CKD工厂。这六家CKD工厂以及日本、韩国的两个分公司同属于1985年成立的宝马亚洲。当所在国市场尚未被充分开发，而所在国市场潜力又很可观的时候，CKD便成为最合适的一种手段。

宝马在印度金奈的CKD工厂是宝马于2007年投产的南亚唯一CKD工厂。由于印度汽车市场95%以上的市场份额被廉价汽车占据，所以宝马对于呈上升阶段的印度市场采取了稳健的策略——以CKD工厂为切入点打开印度市场。

在欧美豪华车市场日渐稳固、日本等传统亚洲强势市场日趋低迷之时，印度的豪华车市场渐渐显现出了自己的潜力。2011年8月，鉴于印度市场的良好态势，宝马宣布将金奈CKD工厂的产量提高到1.1万辆。仅仅两个月后，2011年10月，宝马正式宣布自己旗下的MINI品牌正式进入印度市场。宝马印度区总裁AndreasSchaaf预测称，"MINI在印度推出会取得不错的业绩"。

让宝马有如此信心的原因，不仅是印度新兴市场的上升趋势，更是宝马通过CKD工厂充分地了解了印度市场。而宝马CKD工厂之所以大受欢迎，除拉动所在地的汽车工业之外，提高当地工人业务技能和素质，也是重要原因。这对于泰国、印度这样的汽车工业不发达的国家而言是非常重要的。

此外，尽管CKD工厂是全散件组装，但是这种组装也是需要大量设备的，这种设备的引进有利于所在国汽车工业体系的建立。而相比于SKD(半散件组装)，CKD模式可以或多或少地让所在国获得一些先进技术。大量设备、产品的进口会让所在国关税税收大大增加。而通过关税的调整，所在国可以很好地控制CKD工厂的发展走势。

泰国对汽车和汽车零部件征收的关税达到了30%，是一笔相当可观的收入。而由于设备、技术的引进以及工厂的建立，大量的就业岗位被解决。在宝马打开了市场的同时，泰国的汽车体系、汽车人才也在悄然完善。双方在一种现代商业的默契中，实现了双赢。

如果说亚洲是一道豪华车夜宴的话，印度、泰国、马来西亚可以算是前菜，在亚洲豪华车市场中，中国是名副其实的大餐。

中国不仅替代萎靡的日本成为宝马亚洲第一市场，更成为继美国、德国之后，宝马的全球第三大市场。2011年，宝马和MINI两大品牌在中国的销量达到了25.07万辆，相当于宝马亚洲总销量的87.96%以及宝马全球总销量的18.2%。

成熟汽车市场比如美国、英国的豪华车销量占整个乘用车销量的15%左右，在德国，这一比例达到了30%。而中国目前的保守估计仅为4%~6%。从2008年的6.6万辆到2011年的25.1万辆，中国市场不仅仅将是宝马亚洲的战略要地，更会成为宝马在世界版图中不可或缺的重要组成部分。

(来源：苗正卿. 宝马入关术[J]. 中国经济和信息化, 2012(7))

思考题

你对宝马公司走向海外的战略有什么看法？它是如何成功的？

第 12 章　市场促销策划

本章提要　通过本章的学习应该掌握信息有效传播与接收的基本原理；理解各种促销工具的特点，以及促销组合中需要考虑的因素；在把握整合营销内涵的基础上，能够熟悉整合营销策划的整个流程。本章学习的重点是准确把握整合营销传播的内涵和策划的方法；难点在于掌握信息有效传播与接收的基本原理。

引　例

2010 年 6 月 1 日，一个名为《北京街头法拉利拉黑活》的视频几乎同一时间占据了土豆、优酷等各大视频网站的显著位置。视频中一男子将其拉风的法拉利座驾停在路旁，引来一年轻小伙想与这世界级名车拍照合影。不可思议的是，驾驶法拉利的男子居然是公开拉黑活的："地铁口 20 元"。价格几乎和普通出租车一样，此举让广大网友哭笑不得。

正在此视频引发网友无限猜测时，6 月 4 日又一个名为《真相大揭秘：北京街头法拉利拉黑活》的视频出现了，在该视频结尾处的一段话 "法拉利不该在这里" 为我们揭开了这个视频的真正用意。原来该视频是诺基亚为宣传 N-Gage 游戏服务平台，以及基于 N-Gage 平台的最新游戏《极品飞车之无间风云》而制作的促销视频。

仅仅在土豆网和优酷网上，《北京街头法拉利拉黑活》的播放量均达到了百万次，在网络上的所有播放量和传播量更是有望超过千万次。由此可见，选择正确的促销方式，对于商家来说是低成本高回报的促销方式。

12.1　信息有效传播与接收原理

12.1.1　信息有效传播原理

一般来说，与目标市场之间的信息沟通是促销的核心，其主要手段是运用各种形式的信息传播活动。因此，要在激烈的市场竞争中赢得企业的竞争优势，就必须掌握信息有效传播的原理，努力提高促销活动中的信息传播效果，使促销活动的各种手段各施所长，有的放矢。无论是哪种形式的促销活动，其信息传播的一般过程都可用图 12-1 表示。

图 12-1　信息传播过程

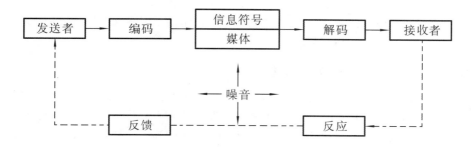

从图 12-1 中我们可以看到，信息传播的一般过程主要包含发送者、编码、信息符号、媒体、解码、接收者、噪音、反应和反馈等九个要素。其中发送者和接收者表示传播的主要参与者；信息符号和媒体表示信息传播的主要工具；编码、解码、反应和反馈表示信息传播的主要职能；最后一个要素——噪音，属于系统的干扰要素。

(1) 发送者。发送者是指持有信息、意图、观念的人。作为信息的源头，发信者最重要的是确立概念，明确自己要传递的信息。一般为进行促销活动的企业。为使他们的产品能够被消费者所接受，企业往往会试图将一些思想传递给目标市场的消费者，从而成为信息的发送者，也称"信源"。

(2) 编码。编码是指将发送者的意图转变为可以被传播且能够被接收者所感知的信息符号的过程。由于编码是信息发送者把头脑中的概念、想法转变为传递的信号，因而在编码过程中易出现编码错误，影响沟通的效率。

(3) 信息符号。信息符号是指用以反映人们的思想意图并能被人们传播和感知的信号。如语言、文字、图画、色彩、动作、标识、象征物等。

(4) 媒体。媒体是指介于信息的发送者和传播者之间，用以复制和传递信息符号的各种载体，如报纸、杂志、广播、电视等。媒体通常由信息发送者选择，一个具体的信息可以通过不同的媒体发送，不同的信息媒体适合传递不同的信息。媒体的选择影响信息的传递效果。

(5) 解码。解码是指接收者对信息符号进行理解和接受的过程，这往往是传播活动能否成功的关键环节。

(6) 接收者。接收者是指接触、感知、注意或理解企业所传播的信息的那部分人。他们可能是企业的目标市场，但也可能是毫不相干的群体。

(7) 噪音。噪音是指在信息传播过程中同时存在的，对同一接收群体所进行的其他信息传播活动，它会使企业所传递的信息失真。

(8) 反应。反应是指接收者在获得信息后所做出的一系列的反应。反应的范围很广，既可以是无法直接观察到的过程(如在记忆中存储的信息)，也可以是直接行为(如拨打电话订购)。

(9) 反馈。反馈是指接收者向信息发送者传递回去的那部分信息。它不仅使信息传播活动成为闭合回路，而且使发送者可以监控其发送信息的解码和接收情况。

信息传播的一般过程为：信息的发送者将信息编码为信息符号，并通过一定的媒体进行传播；又由接收者将信息符号解码还原为信息并予以接收；接收者对所接收的信息做出反应，并将部分反应反馈给发送者。

上面描述的信息传播模型强调了信息有效传播的关键因素，要使促销活动取得成功，必须研究信息传播过程中存在的一些规律性问题。从信息传播的过程来看，以下几个方面是应该特别予以重视的。

1. 信息符号是信息传播的关键要素

信息传播实质上是人们的思想交流活动，而人的思想却是一种看不见摸不着的东西。要实现人们之间的思想交流，只有借助某种能被人们所感知的东西来反映其所要进行交流的思想，信息符号发挥的就是这种作用。正因为人们是完全依赖于信息符号来实现思想的交流的，所以信息符号对于信息传播和思想交流的程度和质量就有着至关重要的作用。首先，信息符号必须全面，能准确地反映信息发送者的思想，这就是信息传播活动中的"编码"阶段，"编码"的质量决定了信息传播的质量。其次，信息符合必须能为接收者感知和理解，这就是信息传播活动中的"解码"阶段。"感知"的清晰度和"理解"的准确度也影响着信息传播的效果。再次，信息符号必须能借助于一定的载体(如声波、光波、电波、报刊、书籍等)在空间进行传递，这决定了信息传播的可能性和范围。最后，信息传播的质量还取决于发送者和接收者双方对于信息符号的共识。双方对于符号的理解越是趋向一致，信息传播的质量就越高。而对信息符号的理解往往取决于各方的经验领域，所以说信息传播双方的经验领域交叉面越大，对于信息符号理解一致的可能性也就越大。

2. 噪音的必然性及其防止

在现代社会，信息是大量存在的，信息的接收者不可能同时接收所有的信息，而必须根据其需要或经验，对其可能接触到的信息有选择地进行接收。这包括选择性注意、选择性理解和选择性记忆。对于某一发送者来讲，社会信息的大量并存和接收者接收信息的选择性，就使得信息传播活动中必然存在着大量噪音。噪音的存在会使发送者的信息最终不被接受或被曲解。要防止噪音，以保证信息传播得以成功，就必须分析影响接收者选择信息的因素。基本因素有以下两种。一是接收者的需要和经验。信息的接收者往往根据自己的特定需要去选择有关信息，并根据自身的经验去判别和理解信息，这是影响接收者选择信息的内在因素。二是信息刺激的强度。信息的接收者往往会特别注意和记住那些刺激相对比较强烈的信息，这是影响接收者选择信息的外在因素。所以信息的发送者只要根据接收者的需要和经验特点，注意选择适当的信息符号，并努力增强刺激的相对强度，就能比较有效地防止噪音的干扰。

3. 信息的反应和反馈

信息的反馈是检验信息传播质量的重要依据，也是信息的发送者同接收者实现思想交流的必要条件。信息的接收者接收信息后就会产生反应，反应的情况同发送者的愿望可能一致，也可能不一致，发送者只有了解了这些反应才能不断调整所发送信息的强度和质量，以促使接收者的反应同发送者的愿望趋向一致。接收者的反应并不全部形成反馈，只有向发送者传送回去，并为发送者所接收的那部分反应才形成反馈。这就使得信息反馈的质量会受到两方面的影响，一是反馈的全面性，即所反馈的部分占接收者实际反应的比重大小，反馈得越全面，反馈的准确度也就越高。二是反馈的相关性，即所反馈的部分是否接收者反应的本质内容。反馈的相关度大，即使反馈得不全面，也可准确地了解接收者的实际反应，而且还可能降低反馈成本。所以在了解接收者反应时应尽可能提高信息反馈的相关度，以准确了解接收者对信息的实际反应。

因此，在促销策划中，策划人员首先要遵循信息有效传播的原理，否则再好的促销创意与传播内容，都将徒劳无功。

12.1.2 信息有效接收原理

促销是一个信息沟通的过程，而任何信息沟通的最终目的是使信息发送者发出的信息能够被目标接收者有效接收。所谓有效接收，有两个具体含义：一是信息通过传播媒介被接收者接收到了；二是接收者能够对接收的信息产生反应并进行加工，且对产品的最终购买有促进作用。信息是否通过恰当的载体和媒介使目标群体接触到了只是信息沟通的一方面。信息接收者是否愿意关注它、如何理解它、是否记忆加工直到最终的购买行为更是在信息传播过程中必须要考虑的因素。

企业通过运用不同的促销手段，连续不断地影响潜在的顾客直至其产生最终的购买行为，在制定有效的促销计划时，考虑的最重要一个方面也许应该是理解消费者的反应过程以及促销活动对这些反应的影响，努力锁定消费者反应所处的阶段，把目标受众当前所处的反应阶段推向更高的准备购买阶段。由此，企业可以根据不同的反应层次，确定不同的信息传播目标。

表 12-1 所示的反应层次模型描述了消费者对公司、产品或品牌从一无所知到采取购买行为所必须跨越的各个阶段。其中，最为著名的有四个模型。这些模型看起来大同小异，但目的各不相同。

表 12-1 四个反应层次模型

阶 段	AIDA 模型	效果层次模型	创新采用模型	信息处理模型
认知阶段	注意	意识 了解	意识	暴露 注意 理解
情感阶段	兴趣 欲望	喜欢 偏好 确信	兴趣 评价	接受 记忆
行为阶段	行动	购买	试用 采用	行动

1. AIDA 模型

最初用来反映销售人员在人员推销过程中必须引导消费者经历的各个阶段。在这个模型中，购买者要依次经过注意、兴趣、欲望、行动四个阶段。推销人员必须抓住消费者，然后引起他们对公司产品和服务的兴趣，强烈的兴趣会使消费者渴望拥有或者使用该产品。AIDA 模型的行动阶段包括使消费者做出购买承诺并成交。对营销商而言,这也是推销过程中最重要的。

2. 效果层次模型

在这几个反应层次模型中,最著名的也许就是罗伯特·拉维奇和加里·斯坦纳的效果层次模型。这个模型是为了确定和测量广告目标而提出的。这个模型假定消费者从最初意识到产品或服务的存在再到实际的购买要经过一系列的步骤,并描述了广告的作用过程。它的一个基本的假设就是:广告播出以后,要过一段时间它的作用才能表现出来。广告传播不会导致及时的行为反应或购买;相反,消费者在转向下一层次之前,必须经历一系列的反应,而且每一步都不能忽略。

3. 创新采用模型

创新采用模型是在技术创新传播的有关学说的基础上演化而来的。它描述了消费者在采用一个新产品或服务过程中所经历的各个阶段。跟其他模型一样,潜在的使用者在采取某行动之前必须经历一系列阶段。推出新产品的公司面临的一个新的挑战就是怎样在消费者当中树立知名度,激发兴趣,引发正面的评价。评价一个产品的最好方法就是实际使用它,因为这样才能评价其性能表现。所以,营销商经常通过演示、样品鼓励试验或者允许消费者在不支付费用的情况下试用。试用后消费者或者接受这个产品,或者摒弃它。

4. 信息处理模型

最后一个层次模型是威廉·麦圭尔为衡量广告效果提出的信息处理模型。这一模型假定处于说服性的传播情境中的接收方要经过一系列阶段,从而形成一个反应层次。它的各个阶段与效果层次模型很相近而且顺序也相同:注意与理解类似于意识与了解;接受类似于喜欢。其中一个阶段——记忆,是其他模型中没有提出的。这一阶段很重要,因为大多数促销活动的目的并不是激发消费者立即采取行动,而是为他们的购买决策提供信息。

下面以信息处理模型为例,说明消费者是如何有效接收信息的:由于每个消费者所处的环境以及情况不同,消费者的信息处理过程也是不一致的。但是,消费者的信息处理过程一般依次经由五个阶段,即暴露、注意、理解、接受、记忆(见图12-2)。

(1) 暴露。即感知促销刺激的阶段,外部刺激接触感觉器官,从而激活感觉器官的信息处理阶段。

(2) 注意。在接触的刺激中选择部分刺激或信息,使之适合于信息处理容量的阶段。

(3) 理解。理解分析所选定的刺激,找出刺激含义的解释阶段。

(4) 接受。决定是否接收信息的阶段。

(5) 记忆。消费者把所接收的信息存入到长时记忆的阶段。

依消费者信息处理理论来看,外部的市场营销刺激经由感觉器官被感知,这一阶段作为信息处理的第一阶段,是暴露阶段。刺激作用感觉器官以后,其中部分刺激才被选择,从而引起注意,进入信息处理的第二阶段,即注意阶段。在第三阶段,即在理解阶段里分析被注意到的刺激,并找出刺激的内容或含义。虽然在这里区分注意阶段和理

图 12-2　信息处理过程模型

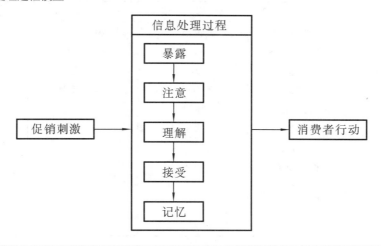

解阶段，但其界限是不明显的，所以，有时把注意阶段和理解阶段统称为知觉阶段。通过理解阶段把握刺激的内容或含义以后，就进入决定是否接收这个信息的接受阶段。在接受阶段里劝说沟通是非常重要的。例如，虽然消费者理解广告所传递的信息内容，但是如果消费者不相信此广告信息内容，那么这则广告就无法影响消费者行为。最后阶段是记忆阶段，是把所接受的信息存入到记忆里的阶段。信息的记忆又影响信息处理的各阶段。如果企业传播的沟通信息能够被消费者记忆，并作为以后采取行动时的重要参考依据影响其决策过程，说明沟通信息被有效地接收了。

12.2　促销传播的组合与促销策划

12.2.1　不同促销工具的特点

促销进行的是信息传播和沟通，并诱导顾客做出购买反应的工作。企业在促销的过程中有五类不同的促销传播的工具可供使用，包括广告、销售促进、公共关系、人员推销、直接营销（见表 12-2）。由于各种促销工具各有其特点和局限性，应将这些促销工具组合起来使用，这就是所谓的营销传播组合，即根据产品、市场的性质和各种促销工具本身独有的特性和成本的不同将各种促销手段加以灵活选择、巧妙组合和综合运用，以达到最佳的促销目的。

1. 广告

广告是指有明确的主体发起，通过付费的方式传播企业的产品和服务信息的任何非人员的行为。广告的具体形式很多，只要是利用大众传播媒介来传播企业产品和服务信息并刺激顾客购买，都可以看做是广告。如利用杂志、报纸、电台、电视、户外海报、路牌、广告气球、直接邮寄、车辆广告、挂历、名录等，包括现在利用 Internet（国际互联网）传播的促销信息和刺激顾客购买都是广告。广告的种类很多，不同广告之间的差异也很大，但广告具有的基本特征可以概况如下。

表 12-2　五种主要的促销工具的组成

广　　告	销售促进	公共关系	人员推销	直接营销
印刷和电台广告	竞赛、游戏	记者报告	销售展示	目录销售
外包装广告	抽奖、奖券	研讨会	销售会议	直接邮寄
随包装广告	礼品	年度报告	奖励	电话营销
电影广告	样品	慈善捐赠	样品试用	电视购物
宣传手册	交易会	赞助		电话购物
招贴与传单	展览会	社区关系		直接反应广告
广告牌	赠货券	公司期刊		
招牌	低息贷款	活动		
POP 广告	以旧换新			
视听材料	招待会			
标志图形	搭配商品			

(1) 由特定资助人付费的。就是说做广告的主体必须明确,由其购买所使用的广告版面或广告时段。应该注意的是公益广告是一个特例,其费用通常由媒体赞助。

(2) 非人际的沟通。广告与人员推销不同,它不能像人员推销那样获得面对面的信息沟通效果,同时也意味着很难得到广告信息接收者的及时反馈。

(3) 广泛性。广告的最大优点是广而告之,能在同一时间里向大范围的目标顾客传递产品信息。与其他促销工具相比,广告具有信息传播速度快、涵盖面广,并能多次重复同一信息等优势,因此,在促销组合中,广告的使用最为广泛。

(4) 表现力强。广告是一种富于表现力的信息传递方式。它通过对文字、声音、色彩及画面的艺术化运用,将企业及其产品的信息传递给目标群体。因此,与其他促销工具相比,广告在介绍产品特性、树立品牌形象方面具有较强的感染力,容易给消费者留下深刻的印象。

(5) 反复渗透。广告与销售促进完全不同,销售促进在于通过短期的刺激和诱惑来达到短期销售额增长的目的。而广告并不追求消费者立即做出购买决定,而是追求远期利益,通过反复传播某一信息,使消费者产生对某一品牌的认同,形成对该品牌的长期忠诚度。

2. 人员推销

人员推销就是由企业的销售人员或销售代表与顾客直接接触并向顾客介绍和销售产品的方式。企业可以采用多种形式开展推销:①可以建立自己的销售队伍,使用本企业的销售人员来推销产品;②可以使用合同销售人员,如制造商代表、销售代理商、经纪人等,按照其代销额付给其佣金。人员推销具有以下特点。

(1) 面对面。人员推销是由推销人员与潜在购买者直接的面对面的双向沟通的过程。推销人员在与顾客面对面沟通的过程中,可以直接观察到对方的态度,较快捕捉到对方的需要,并及时做出适当的调整。

(2) 培养感情。推销人员可以通过为顾客提供优质的产品和周到的服务,彼此间形成长期的合作关系。这与销售促进有很大不同。销售促进只是通过在特定时期内为顾客提供额外好处促使顾客购买某产品；而人员推销中促使顾客购买某产品的诱因则很大程度上来自对推销人员的信赖。因此，销售促进的效果持续的时间短，而人员推销的效果则持续的时间长。

(3) 选择性强。推销人员可以事先对顾客进行调查和研究，筛选出最有可能购买的准顾客群体进行推销。因此，人员推销对推销对象的选择性强，可减少许多不必要的开支。

(4) 效果明显。推销人员通过亲自向顾客进行说服、劝导工作，能够有效地激发顾客的购买兴趣与欲望，并由于是一对一的直接接触，可立即达成交易，促销效果明显。这与销售促进有异曲同工之妙。

当然，推销也有一些缺点：销售力不足。由于人员推销主要是靠推销员上门访问推销，由于推销员自身精力与体力的限制，造成接触顾客的范围较窄、信息沟通的速度较慢以及重访顾客的频度较低。所以，人员推销更适合那些一次成交量大、购买者人数少且分布相对集中的工业品的促销，面对购买者众多并分布广泛的消费品的促销，人员推销则表现出明显的劣势。

3. 销售促进

销售促进指刺激与鼓励顾客购买产品和服务所采用的各种短期促销方法。销售促进这种有效的促销工具有许多具体的形式，包括：针对消费者的促销工具(样品、折价券、以旧换新、减价、赠奖、竞赛、品牌示范等)，针对产业用品的促销工具(折扣、赠品、特殊服务等)，针对中间商的促销工具(购买折让、免费货品、产品推广紧贴、合作广告、推销金、经销商销售竞赛等)，以及针对推销人员的促销工具(红利、竞赛等)。销售促进具有以下特点。

(1) 时效性。销售促进活动通过向促销对象提供短期的强烈刺激，诱导顾客迅速采取购买行动。因此，销售促进活动常有限定的时间和空间，如季节性促销、节假日促销等，往往需要根据特定的时间，安排对应的销售促进手段。

(2) 刺激性。销售促进最明显的特征，是它在某一特定时间内为促销对象提供一定额外的好处，这种好处具有很强的刺激性，足以诱使顾客购买某一特定商品。如折扣、赠品、提供特殊服务等，它是促使购买者实现购买行为的直接诱因。

(3) 多样性。销售促进是由刺激和强化市场需求的花样繁多的各种促销工具组成的。当今的销售促进活动，不仅包括以往的样品派送、折扣、竞赛抽奖、现场演示、交易推广等促销方式，还增添了联合促销、服务促销、文化促销、满意促销等丰富多彩的促销手段。

(4) 效果短暂性。销售促进与促销组合中的其他工具相比促销效果要短暂，因为销售促进采取利益诱导方式，刺激消费者迅速或大量购买某一特定商品，因此这种促销行为的效果不可能维持较长的时间。

4. 公共宣传/公共关系

公共宣传指不直接收费或接收确定赞助的，关于企业、产品、服务的非人际的传播。它通常表现为关于企业、产品、服务的新闻报道、评论、通告。公共宣传与广告的相似之处是借助非人际传播手段来沟通大众，不同之处是并不由公司直接付费。公司试图让媒体对产品、服务或活动进行正面报道，以影响消费者的注意、认知和行为。方式主要有新闻发布会、记者招待会、照片、影片或录像带等。公共宣传由于掩盖了广告的真实的身份，让顾客觉得所传达的信息是客观而公正的，一般情况下有比广告可信度高的优点。

分清公共宣传和公共关系的区别十分重要。当一个组织系统地提供信息并试图控制和管理其在公众中的形象时，它就是公共关系。公共关系是评估公众的态度，根据公众兴趣明确组织政策和行为，并采取某种行动方案以获取公众的理解和支持的管理职能。公共关系比公共宣传的目标更广泛，它的目的是建立组织在公众中的良好形象。公共关系的特点如下。

(1) 消除消费者戒心。不论是销售促进，还是人员推销、广告，消费者常常会有一种警觉心理，认为对方是为了推销产品，为了赚钱，可能夸大其词，言而不实。而公共关系是以新闻报道的形式宣传企业或企业的产品，容易引起良好的社会反响，消费者也容易接受。因此，公共关系这种促销方式，容易解除顾客的心理防线。

(2) 有助于树立产品形象。与销售促进相比，公共关系最显著的特点是对产品的形象只有正面效应，没有反面影响。销售促进容易让人觉得产品积压，此种销售工具用得过频，势必有损品牌形象。而公共关系注重的是长期、间接的促销效果，通过正面的宣传报道，在消费者心目中增强品牌的知名度和美誉度，从而创造一种有利于产品销售的环境。

(3) 费用少。由于企业不需要支付宣传报道费用，因此，有人称公共关系是"免费广告"，可见公共关系在促销组合中是一种省钱的促销工具。尽管企业在开展公共关系活动中，还是要支付一定的活动经费，但比其他促销工具要低得多。

(4) 可控性差。由于公共关系要通过第三者进行宣传报告，因此，宣传报道的主动权不在企业手中。企业对宣传报道的时间、方式、媒体等的控制能力较差，更无法根据自身需要而进行及时调整。因此，与其他三种促销工具相比，它的可控性较差。

5. 直接营销

直接营销是指组织通过与目标受众直接进行沟通，取得反馈，并进行交易。传统观念未将其列为促销组合要素之一，但因为许多组织都将它作为整合营销传播中有着独立目标、预算和策略的一部分，我们将它视为促销组合的要素之一。

直接营销首先是一种渠道的形式。但采取这种形式，通常情况下是直销人员与顾客个别交流。在交流的过程中，就能针对顾客特定需求进行互动，因此，现代营销中将其归为是促销而非渠道的形式。直接营销的形式很多，如邮寄、电话营销、电视直销、数据库营销等。

直接营销的特点如下。

(1) 非大众化的。交流的对象是特定的或有针对性的，而不是用标准的信息和所有的消费者进行交流。

(2) 灵活性。直销人员在与顾客进行直接交流的过程中，可以适时调整，满足特定对象生理和心理上的需求，以吸引目标对象的兴趣。

(3) 及时性。直销人员可以第一时间将最新的信息传递给目标客户，进行有效的沟通，使消费者及时了解产品或服务的信息。

(4) 定制性。信息是为某人定制以满足他的诉求并发给他的,因而具有较强的针对性。

12.2.2 促销工具组合使用

促销组合就是为达到某种营销沟通和刺激目标顾客购买的营销目的,将上述促销工具按照一定的目的组合起来。没有任何促销工具是万能的,每一种工具都具有自己的特点、适用范围,但相互之间又没有明显的界线。同时在不同的场合,其作用也有差别,很少有只依靠一种促销工具就可以完成企业的营销沟通和刺激购买的任务要求,因此营销部门应以企业的营销目标为基础,尽力协调各种工具的使用程度,以使促销工具组合达到最佳的促销效果。为达到此目的需要考虑如下因素。

1. 产品的类型

一般而言,消费品和产业用品的促销方式是有区别的,广告一直是消费品的促销工具;而人员的推销则是产业用品的主要的促销工具。销售促进在这两类市场上具有同等重要的程度。至于公共关系则又较销售促进差一些,但对消费品市场及产业用品市场的作用则约略相同(见图12-3)。

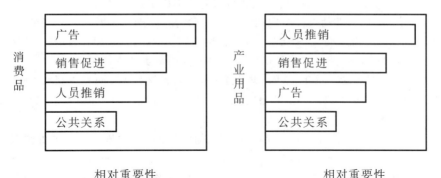

图 12-3　几种促销工具对消费品和产业用品的相对重要性表现

某些营销人员认为广告对于产业用品不重要,人员推销对于消费品不重要,这是一个极为错误的观念。因为,从许多调查研究报告和根据我们的常识判断,都可知两者在实际应用中,只有程度区别,而无种类的划分。

1) 广告在产业营销中的作用

产业用品的销售包括生产设备、钢铁、机械等,购买这些产品的对象是理智的企业行为,所以他们考虑的因素是产品的品质、价格、交货时间及可靠性。所以似乎派推销人员前往拜访说服,远比广泛的广告有效,尤其是复杂的设备。但应该指出,广告在产业市场中仍然可以发挥下列重要的作用。

(1) 促进认识。假如顾客根本不认识此公司或此种商品,便可能根本拒绝推销员的拜访,或者推销人员要耗费很多时间做自我介绍的工作。若有广告在前做介绍性沟通,则工作必然事半功倍。

(2) 增加理解。对于一种新观念、新程序的介绍,若能通过广告灌输给顾客,比推销员登门拜访更有效。

(3) 有效提示。若顾客虽然已经了解此种产品,但不立即购买,应用广告则可以提醒他,加强其印象,促进购买。

(4) 提供线索。提供产品目录和公司电话号码,则可获得顾客的线索(名称、地址),可有效引导推销人员找到顾客。

(5) 证明有效。推销员可以广告文稿为证,获得有利立场,理直气壮地前往推销。产品销售后,可通过广告再次告诉顾客如何使用,建立信心,消除顾客的购后不安心理。

2) 人员推销在消费品营销中的作用

推销员也在消费品市场营销活动中发挥着重要作用。推销员可为消费品市场营销作出如下重要贡献。

(1) 增加存货空间及地位。推销员可说服代理商或零售商多进公司的货品,并给予较大的橱窗陈列空间。

(2) 培养热诚。推销员可激发顾客(经销商)对新产品的热情,充分利用广告及促销的效力。

(3) 发展经销商。在发展经销商以促销公司的品牌时,推销员最为重要。

2. 推式(push)与拉式(pull)战略

企业是选用推式战略还是拉式战略来创造销售量,对促销组合也具有重要的影响。推式策略是指利用推销人员对中间商进行促销将产品推入渠道,即企业将产品积极地推到批发商手上,批发商又积极地将产品推给零售商,零售商再将产品推向消费者,这样一环接一环地销售。拉式策略是指企业针对最终消费者花费大量的资金从事广告及消费者促销活动,以增进产品的需求,如果行之有效,消费者就会向零售商要求购买该产品,于是拉动整个渠道系统,零售商会向批发商要求购买该产品,而批发商又会向生产者要求购买该产品。

企业在具体促销活动中,究竟以哪种策略为主,这要根据企业的偏爱及具体情况而定。一般来说,"推式策略"适用于价格高,专用性强,使用方法及性能比较复杂,目标市场集中,销售渠道短,销售面窄的生产资料商品,以及规模小或没有足够的资金来进行完善的广告计划的企业。而"拉式策略"则适用于专用性差,挑选性强,目标市场分散,销售面广的消费资料商品,具有内在优良品质,又独具特色的商品,商品通过宣传,可以引起潜在消费者的购买动机,从而引发人们采取购买行为的,企业拥有大量商品货源,又有能力推行广告宣传计划的。

大多数厂商在销售其产品时,推式及拉式策略均加以运用,只是所占的比率不同罢了。以产品类别而言,工业产品偏重推进策略,而消费产品偏重拉式策略。

以产品生命周期而言,导入期时,营销策略以"推式"为主;成熟期时,营销策略以"拉式"为主;介于两个时期间,营销策略则兼用"推式"与"拉式",其间的比重则视实际情形而定。

3. 促销的目标

要想确定最佳的促销组合,还需要考虑促销目标。相同的促销工具用于不同的促销目标，其成本效益会有所不同。例如，尽管经营产业用品的企业花在推销上的费用远远高于广告费用的支出，但是所有促销目标都要一种促销工具去实现也是不现实的。广告、销售促进和宣传在建立购买者知晓方面，比推销的效果要好得多。在促进购买者对企业及其产品的了解方面，广告的成本收益最好，推销居其次。购买者对企业及其产品的信任，在很大程度上受推销的影响，其次才是广告。购买者订货与否以及订货多少主要受推销访问效果好坏的影响，销售促进则起到协调的作用。以提高知名度和塑造良好形象为主要目标时，应以公共关系和广告为主；以销售商品为主要目标时，公共关系是基础，广告是重点。

4．产品生命周期

在产品生命周期的不同阶段，传播和促销工具的作用效果是不同的。

在引入期，企业的促销目标是使顾客认识和了解商品。这是由于新产品上市时消费者不了解，必须通过促销活动来吸引广大消费者的注意力。企业应主要采用广告宣传广泛介绍产品，运用推销人员深入到特定的顾客群体详细介绍产品，还可以采用一些特殊的促销方式，如免费赠送、展销、示范等方式激发顾客的兴趣。

在成长期，企业的促销目标是吸引顾客购买，并形成品牌偏好。其促销策略仍应以广告宣传为主，但广告宣传的内容应突出介绍产品的特色和效用，增进顾客对产品的了解和信任。

在成熟期，市场竞争越来越激烈，为了与竞争对手相抗衡，保持住市场占有率，企业必须增加促销费用。其促销策略以提示性的广告宣传为主，同时配合以有效的营业推广方法。还要注意加强公共关系工作，扩大企业的声誉，巩固产品的市场地位。

在衰退阶段，公司常把促销活动降至最低程度，以保持足够的利润。此时只用少量的广告活动来维持顾客记忆，而新闻报道活动几乎全面停止，人员推销也减至最低水准，主要依靠销售促进活动来维持销售。

综观以上随产品生命周期变化阶段不同的促销做法，可知在引入及成熟阶段，促销活动是非常重要的；在成长及衰退阶段，企业通常减少促销活动以降低总的营销成本，以便保持足够的利润（见图12-4）。

图 12-4　促销组合与产品生命周期

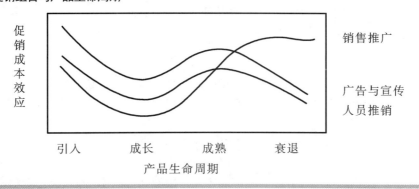

由于各种促销工具的特性，使用范围，成本费用等方面的差异，为了使促销组合产生出积极的协同效应，企业在对促销工具整合的过程中应该遵循以下原则。

(1) 促销工具组合的选择应紧紧围绕企业的营销目标。促销工具的选择应以营销目标的最佳实现为选择的标准，要随着营销目标的变化而不断变换促销工具组合。

(2) 利用促销工具的互补性，防止其效果的排斥性。各种促销工具都有自己的特性，使用范围和成本费用有差异，应使组合中的各种促销工具能够相互补充，形成促销的合力。而应防止两种以上促销工具同时利用时可能造成的互斥性，甚至产生逆向效应。

(3) 促销组合中的各种促销工具应该有主有次，形成立体促销效应。在每一组促销工具的组合中，一般都应有一个在某阶段作为主体的促销工具发挥主要作用，其他促销工具则发挥辅助作用，这样就可能有效地防止互斥性的出现，而且也有利于企业有重点地实施其促销策略，形成立体促销效应。

(4) 合理地分配促销费用。在进行促销费用的预算时，既要考虑总的预算水平应保持在一个最佳的尺度上，又要考虑在不同的销售阶段和不同的促销组合中各种促销工具在费用上的合理分配，使各种促销工具都有可能达到预期效果而又不会突破总的促销费用预算。

12.2.3　营销传播组合促销策划案例

下面是沙宣深层洁净洗发露年度促销计划的相关内容。

1．市场背景

目前，在中高档次的洗发水市场竞争非常激烈，各品牌不断推出新颖的USP(独特的销售主张)来稳定占有的细分市场，并通过丰富产品系列或不断完善增进产品的功能，巩固现有市场；发掘新的USP，再次对现有市场进行市场细分，重新争取新的潜在消费群。

宝洁在多个品牌策略的成功运用上，已基本占据了中档以上的洗发水细分市场。尤其是沙宣品牌定位在"时尚专业"的角度，为同品牌新产品系列的丰富提供了足够的空间。

时尚专业的概念在不同时期具有不同的内涵。在21世纪，消费者将对时尚、专业给予新的理解，因此沙宣同样需要不停地跟进内涵的变更，使产品系列在不断地丰满。沙宣深层洁净洗发露的USP：在时尚专业的基础上，更深一层次地强调深层次清洁、透明洁净配方、温和有效等概念，具有新意。

2．SWOT分析

1) 优势(S)

(1) 沙宣品牌在全国市场已经有很好的知名度，可以为新产品提供强有力的推广。

(2) 沙宣已经形成洗发护发的系列产品，可以适合多种需求的目标消费者。

2) 劣势(W)

(1) 新产品上市，消费者对其功效了解不多。

(2) 价位属高档，而同层次的产品竞争相当激烈，如想再予以市场细分已很困难。

(3) 原沙宣忠诚消费者接受新产品需要一段时间，而对潜在目标消费群则需要强而有力的推广、传播手段使之对沙宣新产品产生试用的欲望。

3) 机会(O)

(1) 目前尚未有竞争品牌进入时尚、专业的领域,亦未有深层洁净、透明洁净等相似的 USP,进行细分目标群竞争。

(2) 消费群慢慢开始尝试品牌转换。

4) 威胁(T)

(1) 正值旺季来临,其他竞争产品也开始有新的市场行动,因此将对沙宣新产品的上市构成威胁。

(2) 多种品牌的新产品入市,将对沙宣新产品产生巨大的威胁,如:挤占经销商的流转资金;多种新产品 USP 的交叉使沙宣新品失去卖点优势;生动活泼的终端陈列抢占目标消费群的第一视线;在售点的多种形式的促销吸引消费者尝试新产品等。

3. 推广目标

(1) 让目标消费群在最短的时间内认知新产品的功效,缩短新产品推广期(1~2 个月),使之尽快进入成长期,创造效益,并逐步培育品牌的忠诚者;

(2) 提高现场售点的产品的销量,最终使沙宣品牌销量比去年同期增长 15%左右;

(3) 提高新产品知名度,丰富沙宣品牌的产品系列,增加陈列货架,取得终端商的协助,使终端陈列展示更加生动化;

(4) 巩固与经销商的客情关系,抢占渠道终端的铺货先机,提高经销商的信心和积极性,有效挤占渠道商的流转资金,最大限度地挤对竞争品牌介入竞争。

4. 目标消费群定位

重点目标消费群:18~30 岁的青年女性。

辅助目标消费群:30~40 岁的中年女性。

目标消费群的特点可描述如下。

(1) 经济基础较好,相对购买能力较强;消费心理成熟,较理智,日常开支具有计划性。

(2) 比较注重自己的形象,细心呵护头发皮肤;容易接受新事物,并愿意尝试购买。

(3) 电视、报纸及专业杂志等媒体的忠诚读者;紧贴潮流,容易信任和依赖品牌。

5. 策略定位

策略定位如图 12-5 所示。

6. 活动形式

1) 派发(刺激产生试用欲望)

通过样品小包装,宣传单页的派发,使主要目标消费群能够在最短时间内对产品的功效有一个清晰的认识和理解,并在活动后认可、接受沙宣新产品。

(1) 派发目的。让消费者尽快了解新产品的功效和产品的 USP,通过试用对产品产生信任和品牌的依赖,带动零售终端的积极性以及消费终端的参与。

(2) 派发范围。城市:北京、上海、广州。地点:高尚住宅区,办公室,人流集中地(如商场,繁华街区,公交车站,高级酒店宾馆,海滩泳场等)。

图 12-5　策略定位

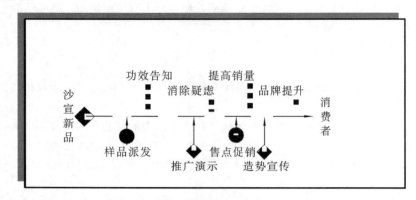

　　(3) 派发时间。时机：春夏之季，是洗发水的销售旺季，因此新品上市必须在旺季来临之前，做好产品 USP 和功效的宣传，宜在 4 月底之前做好整体宣传方面的推广工作。时间段：3 月底至 4 月底。

　　(4) 效果预估。兴趣程度：由代理广告公司提供监测派送到达率，以及问卷的回收率。销售增幅：由销售部提供 3 个月内的销量增长的具体数据。

　2) 演示(功能的宣传)

　　通过主要售点、终端要点的大型产品演示活动，让准消费者亲身感受到产品带给消费者的利益，从而信任产品，信任品牌。

　　(1) 目的。让消费者亲身感受产品的功效和利益；消费者对新产品的 USP 有清晰的了解，并信任产品；刺激消费者的购买欲望，实现售点销量的增长。

　　(2) 地点。大型商场或 Key Account(重要客户)门口及交通要地。

　　(3) 方法和内容。选择影响面广、人流量大、空间位置较宽敞的商场外，搭建舞台。聘请由经验丰富的理发护发师，随机邀请现场观众上台，用沙宣新品洗护发，感受新产品带来的新感觉和新变化。试验新产品的幸运观众，在使用以后安排用后感觉分享，并赠送试用装样品；穿插一些舞蹈、音乐、演唱等节目，同时加入新产品功效和 USP 的问卷，伴有现场有奖抢答的方式来活跃现场的气氛。

　3) 店销

　　通过带有主题性的店面让利促销，配合单页宣传，让消费者在利益的驱动下产生购买行为，实现销售目标，同时在主题的有效配合宣传下，增进品牌亲和力。

　　(1) 目的。利用节假日、消费者逛游商场的时机，通过让利、参与性奖励、长期优惠券，或其他吸引性活动刺激顾客的冲动性购买行为，提升零售店的销售量，扩大沙宣新产品的知名度。

　　(2) 范围。城市：广州、北京、上海。地点：主要大商场、Key Account、大型超市。

　　(3) 时间。5—10 月间的重大节日期间。

　　(4) 原则。参与性活动：设立现场有奖活动，奖品应该足够吸引顾客的参与热情。进行某一种主题性的有奖促销活动，设立有意义的奖项，提供既与品牌主张相符合，又与现场让利相当的利益反馈以吸引顾客。

4) 主题促销

在销售旺季，为增加销量，推动购买高潮，设计符合品牌主张的系列主题促销，配合节假日的让利回馈，达到最佳的效果。

(1) 目的。加深购买者对新产品的功效了解、刺激即时冲动购买；满足消费者在消费时的心理需求；让新产品在短时间内增大销量。

(2) 时间和地点：5—10月份在所有零售终端进行。

(3) 方法和内容：在包装、或优惠装的中包装上，打出鲜明的主题促销内容，可以采取远期抽奖方式；利用报纸、电视、电台、POP广告、宣传单页、货架插页等综合媒体进行整合传播；奖项的活动具有参与性，并与主题息息相关。

(4) 奖项的设置原则。荣誉与纪念的原则、巨大利益的诱惑原则、满足生活品位需求的原则。

(5) 传播策略 。原则：有效目标消费者送达率达90%以上，送达频率在3~6次。媒体组合：整合利用电视、报纸、户外、电台、地面资料POP等媒体组合方式。

5) 沙宣新品"形象小姐"选拔赛

针对目标消费群体的消费特点和需求期望，通过与专业美容美发店联合，推出使用沙宣新品评选发质、发型 "形象小姐"的活动，此活动可以与终端发廊美发师优秀奖的评选相结合，突出沙宣的品牌主张："专业、时尚"。

6) 造势(树立形象)

为达到强化品牌形象、推广品牌主张的目的，在不同的时间段，分阶段推出推广主题，以期完善一个完整的沙宣品牌形象，同时产生积极的销售反应。

(1) 主题。造势活动的主题是整个活动的灵魂，因此每一个主题必须与产品、品牌主张、口号等有密切关系，同时必须与推广的时间阶段相符合。

(2) 目的。扩大沙宣新产品的知名度，提高消费者对新产品的信任度。

(3) 时间。2001年5月—2002年3月。

(4) 范围。城市：北京、上海、广州。地点：大型商场或Key Account门口及交通要地。

(5) 活动内容。搭建舞台，组织与主题有关的文艺节目，娱乐性强能吸引顾客的节目，介入产品知识问答和有关的参与性活动，并设立一些刺激性奖励。安排活动节目单以及活动程序。设计相关的宣传资料和促销用具。

7) 事件炒作

在5—10月份中，将会有不少的事件炒作的机会出现，如：九运会等。利用事件的主题活动，开展社会公益性宣传，将会收到事半功倍的效果。

九运会促销：免费给运动员、九运会的工作人员赠送沙宣洗发护发用品，同时针对年龄在19~29岁的年轻女性，凭身份证购买沙宣新品可以享受六至八折的优惠；在九运会前购买沙宣产品，有机会赢得九运会入场券，九运会期间购买沙宣产品赠送九运会猜奖券，以及其他的奖励券。

8) 荣誉"沙宣人"

(1) 目的。培养目标消费者对沙宣品牌的忠诚度，使消费者建立对沙宣品牌牢固的品牌情结。

(2) 活动时间：8—12月。

(3) 活动范围：全国。

(4) 活动内容。凡在 8 月至 12 月之间购买沙宣新品的消费者，均可获得一张申请成为荣誉沙宣人的申请书，申请书寄往沙宣俱乐部即可参加抽奖；每月抽取 300 人成为荣誉沙宣人并发给证书，再在 300 人中抽取 30 人成为沙宣形象大师的候选人，并赠与一定的纪念礼品；凡已申请成为荣誉沙宣人的消费者不论是否获奖，均冠予荣誉沙宣人称号，可以成为沙宣俱乐部成员，享受俱乐部成员的所有优惠条件；配合沙宣形象大使的推出，在 5 个月中共挑选 150 名选手进行初赛、复赛、决赛，选出沙宣形象大使优胜奖 6 名，形象大使 3 名，分别为冠、亚、季军，宣传沙宣产品的品牌形象。

7．时间规划

时间规划如表 12-3 所示。

表 12-3　时间规划

时间	目标	策略	活动	备注
2001 年 3 月至 4 月	USP 告知 消费认知 消费尝试	宣传告知 免费试用 专业体验	宣传单页派发 试用样品派发 大型售场演示	推广期
2001 年 5 月至 10 月	接受购买 产品信任 销售增长	利益诱惑 完善概念 时机把握 公益事件	节假日店面促销 系列主题营造 季节转换促销 事件炒作	成长期
2001 年 11 月至 2002 年 2 月	消费依赖 品牌忠诚 利益增长	强化品牌形象 亲和品牌个性 消费情结归属	大型宣传造势 品牌产品形象大使 荣誉"沙宣人"	成熟期

8．推广范围

一类推广城市：上海、广州、北京(2001 年 3—5 月)。

二类推广城市：位于华东地区的南京、苏州、无锡、常州、杭州、宁波、温州、嘉湖地区，位于华南地区的珠三角、粤东、湛江、海南，位于华中地区的武汉、长沙、南昌，位于西部地区的成都、重庆、昆明、西安，位于华北地区的沈阳、哈尔滨、长春(2001 年 6 月—2002 年 2 月)。

三类推广城市：其他中小城市(2002 年 3 月以后)。

9．推广预算

(1) 总预算。各类活动的总费用控制在：910 万元以内。

(2) 预算分解。

推广期(2001 年 3—4 月)开展 1~2 类活动。

演示：(30 万元+3 派发×6 万元)×3 个城市=48 万元×3 个城市=144 万元。

成长期(2001 年 5—10 月)开展 4~5 类活动。

造势：(33 万元 + 15 元×3 万售点+ 50 万元主题促销)×3 个城市 = 384 万元。

成熟期(2001 年 11 月—2002 年 2 月)开展 2~3 类活动。荣誉沙宣人：350 万。

10. 监控评估

1) 监控

建立执行审核、审计、监督的组织和系统；建立信息反馈系统、决策修正系统和修正方案备选资料库。

2) 评估

对每一个个案实行目标与结果的吻合度测算，进行年终投入产出比计算：

$$投入产出比 = 20\% \pm 5\%$$

(本文根据林普整合营销传播机构"沙宣深层洁净洗发露年度促销计划"案例整理而成)

12.3 整合营销传播与促销策划

12.3.1 整合营销传播的基本概念

20 世纪 80 年代，众多公司意识到了战略性整合促销工具的必要性。他们开始尝试利用整合营销传播(Integrated Marketing Communications, IMC)，即协调各种有利于沟通消费者的促销要素和营销行为。企业吸纳了整合营销传播的观念，开始要求广告代理商整合各种营销工具，而不是仅仅依靠媒体广告。许多公司还开始越过传统的广告代理商，利用其他的促销专业人士策划实施营销计划。

一些广告代理商为了应对变化，综合运用公共关系、销售促进和直接销售等方式，成为为顾客提供全方位服务的整合营销传播代理商。还有一些广告代理商涉足非广告领域，以期为顾客提供广告之外的服务。美国广告代理商给出了整合营销传播最早的定义之一：整合营销传播是一种营销传播策划的概念，承认对于各种传播手段，如广告、直接反应、促销、公关的战略作用予以评价并加以融合的全面策划具有附加值，以产生明确连贯的最大限度的传播影响。简而言之，整合营销传播在于将广告、促销等各种传播手段整合，以求产生最大限度的传播影响。

美国广告代理商协会的概念强调了运用各种营销形式达到传播效果的最大化。西北大学的唐·舒尔茨(Don Schultz)等人认为，整合营销传播应是一个更广泛的概念，即利用现有的和潜在的顾客能接触到的与产品和服务相关的各种信息源。他们认为整合营销传播过程需要一种"全局图"去制定营销方案，整合各种营销机构，它要求营销商制定一个全面考虑公司所有营销活动的市场营销策略。

消费者对一个公司及其品牌的认识来源于他们接触的各种信息的综合(如媒体的广告、价格、包装设计、直接营销的努力、公共宣传、销售促进、商品展示等)，整合营销传播使公司的营销和促销活动整合为一个整体，以使公司建立一贯、统一的市场定位和形象。

许多公司都接受了整合营销传播这个宽泛的概念。他们视其为协调与管理营销传播计划以确保向消费者传递关于公司和品牌的一贯信息的手段。对于这些公司而言，整合营销传播代表一种超越以往单独计划营销活动的新发展。随着营销商对整合营销传播使用熟练程度的加深，他们发现整合营销传播不仅提供了整合营销计划的思路，还帮助自己明确如何与顾客及其他利益相关者，如员工、供应商、投资人、媒体和公众建立更有效的沟通和更持久的关系。

汤姆·邓肯和桑德拉·莫里亚蒂则认为整合营销传播是一种"新时代"的营销方式,它被用来着力于与消费者和其他利益相关者建立、维持和发展良好的关系。他们建立了一种以沟通为基础的营销模式,该模式强调控制所有可能影响品牌价值的沟通信息。这些信息来源于三个层次:公司、市场营销、营销传播。因为公司所有的市场行为、营销组合活动、营销传播行为都具备并且扮演着吸引和维系顾客的角色。

在公司层面,公司的运营和理念的各个方面,如公司的使命、雇佣情况、慈善活动、企业文化等构成了与消费者和利益相关者沟通的方方面面。

在市场营销层面,公司通过包括促销在内的所有营销组合向消费者传递信息,消费者以设计、外观、性能、价格、服务、渠道等因素判断产品。例如,万宝龙的手表和钢笔就因其昂贵、独特的设计以及名称树立了高价高端的产品形象,并且利用其仅在时装店、珠宝店专卖的方式强化了这种形象。

在营销传播层面,邓肯和莫里亚蒂则认为必须在一个具有连贯性的平台上传递信息,以利于顾客和利益相关者形成清晰的认识。这就要求整合营销传播的信息和各种机构(如广告代理公司、公关公司、包装公司、销售促进专家等机构)的目标是让所有营销机构以统一的声音、形象传播公司或品牌的连续形象。

如果给整合营销下一个定义的话,我们在借鉴国内外的各种论述和实践经验的基础上认为:整合营销传播是指以利益相关者为核心,综合协调地使用各种形式的传播方式,以统一的目标和统一的传播形象,传递一致的产品或服务信息,实现与利益相关者的双向沟通,迅速树立产品或服务在利益相关者心目中的地位,建立产品或服务与利益相关者长期密切的关系,更有效地达到信息传播和产品营销的目的。整合营销传播具有以下特点。

1. 整合传播工具

整合营销传播可以综合地使用广告、促销、直销、公关等有关的营销活动产生一种协同效应。这种独特性的价值体现,可以使包括消费者、企业雇员、投资者、竞争对手、社区、大众媒体、政府机构等利益相关者更容易理解企业的信息,更便于企业与利益相关者的沟通。

2. 优化传播效果

整合营销传播可以围绕企业的传播目标,经济合理地协调各种营销手段或营销传播工具费用和传播效果的关系,从而以较少的营销传播费用取得更好的传播效果。

3. 聚焦利益相关者

整合营销传播的核心和出发点是利益相关者,企业树品牌的一切工作都要围绕着利益相关者进行。企业必须借助企业的信息系统知道哪些利益相关者在使用自己的产品,建立完整的利益相关者的资料库(用户档案),把广告、推销、宣传、公关等在内的所有营销活动和传播活动的焦点尽可能地定位于利益相关者,建立和利益相关者之间的牢固关系,使利益相关者保持品牌忠诚。

4. 传播统一的公司形象、产品形象、品牌形象

整合营销传播主张把企业的一切营销和传播活动，如广告、促销、公关、新闻、直销、CI、包装、产品开发，进行统一的整合重组，让利益相关者从不同的信息渠道获得对某一品牌的一致信息，以增强信息诉求的一致性和完整性。

5. 实现双向的沟通

在旧式的大众营销时代，由于企业控制着大部分的产品信息，消费者的选择余地也不是很大，所以单方面的沟通就能够实现巨大的目标。随着市场的不断健全，消费者获得的信息，无论从量上还是方式上都有极大的增加，单向沟通对消费者的影响力开始减弱。双向沟通也便应运而生了。所谓双向沟通，指的是企业与消费者之间进行一种信息的交换活动。为了达成这个信息交换的目的，首先企业必须了解消费者脑中所拥有的信息形态和信息内容，再通过某种渠道或方式，消费者让企业知道他究竟需要何种信息，最后企业才对消费者的需要给予回应，如图12-6所示。

图12-6　IMC信息双向沟通模型

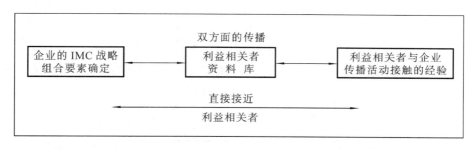

整合营销传播强调要了解利益相关者何时、以何种媒体传播的何种信息更容易接受，然后建立利益相关者资料库，以此制定整合营销传播战略，达到传播效果和传播效益最大化的目的。

12.3.2　整合营销传播的策划方法

整合营销传播是对顾客购买过程进行长期的管理工作，包括售前、售中、消费以及消费后的各阶段。企业要确定目标传播受众；根据顾客的差异性，传播方案需要针对特定的细分市场设计；把握传播过程要素，重视和分析影响信息有效传播的条件，选择合适的信息传播渠道；制定科学有效的整合营销传播策划方案，以最低的成本达到最好的效果。

企业实施的整合营销传播策划主要包括以下几个步骤：①确定目标传播受众；②确定传播目标；③设计信息；④选择传播渠道；⑤编制总促销预算；⑥决定促销组合；⑦衡量促销效果；⑧管理和协调整合营销传播过程。

1. 确定目标受众

整合营销传播的真正起点在于确定目标受众，因为公司的全部广告和促销活动都

是围绕着目标受众进行的。目标受众是由个体、群体受众、利基市场、细分市场以及大众市场和公众组成的(见图12-7)。企业接触每一类目标受众的方式各不相同，如果目标市场中的个体有特殊的需求，那么传播过程就必须进行调整，就要通过人员推销的方式来进行沟通。对于受众中的群体，企业就必须与做出购买决策的一群人进行沟通，弄清楚哪些人参与了购买的决策，购买决策中每个人所扮演的角色，通过有针对性制作广告和使用多层次的人员推销来与那些影响决策或真正做出决策的个人建立接触。那些具有相似需求的消费者往往代表某种类型的细分市场，这正是企业所要追求的目标。规模很小而又高度同质的消费人群被称为利基市场，它通常可以通过人员推销或者直邮的方式到达。对于更大范围的有相似需求且可以用相似信息到达的消费群体，可以通过使用覆盖率更广的媒体(如报纸、杂志、电视)来吸引这些市场上的消费者。对于针对大众市场的宣传，一般采用广告、公关宣传的手段来吸引尽可能多的现有的或潜在的消费者的注意力。

图12-7 企业的目标受众

2. 确定传播目标

当确认了目标受众及其特点后，营销传播者必须确定寻求什么样的反应，即必须知道如何把目标受众当前所处的位置推向更高的准备购买阶段。营销人员可能要寻求目标受众的认知、感情和行为反应，换言之，营销人员要向消费者头脑里灌输某些东西以改变消费者的态度，或者使消费者行动。消费者的反应层次是不同的，因此传播者可根据不同的反映层次，确定不同的传播目标。传播影响的层次可体现为：

(1) 知晓。如果大多数的目标受众不知企业的产品或服务，信息传播者的任务就是促使人们了解，多半就是认知产品或服务的名称。

(2) 认知。目标受众可能对公司或产品有所了解，但知道得并不太多。

(3) 喜爱。如果目标受众知道了企业的产品或服务，了解他们对它的态度如何。

(4) 偏好。目标受众可能喜爱这一产品，但并不比对其他产品更偏好，在此情况下，信息传播的目标就是要设法建立消费者对本产品的偏好。

(5) 确信。某一目标受众可能偏好某一特定产品，但尚未发展到要购买它的确信阶段。

(6) 购买。最后，有些目标受众已处于确信阶段，但尚未作出购买的决定。他们可能在等待进一步的信息确认，计划着下一步的行动，信息传播者必须引导他们迈出最终一步。这种引导包括给予较低定价，给予商品补贴，在有限的范围内提供试用的机会。

如果一项调查显示某种品牌的知名度很高，但消费者的感知和态度却是负面的，这时营销传播的重点就应该是让消费者了解更多的产品信息，同时形成对该品牌的偏好。

3. 设计信息

期望受众反应明确以后，信息传播者就该进而设计制定有效的信息。在理想状态下，信息应能引起注意—提起兴趣—唤起欲望—导致行动(AIDA 模式)。制定信息需要解决四个问题：说什么(信息内容)，如何合乎逻辑地叙述(信息结构)，以什么符号进行叙述(信息格式)及谁来说(信息源)。

营销传播者要确定传播的信息内容。信息内容是指信息传播者要对目标受众说什么，以期产生所希望的反应。重点是具有能够引起特定目标群体注意的创意。在决策最佳信息内容时，传播者要寻找诉求点、构思或独特的销售主张等。传播诉求点可在以下三类当中选择：理性诉求、感情诉求和道义诉求。理性诉求是受众自身利益的要求。它们显示产品所能产生需要的功能利益，展示产品质量、价值和性能的信息。感情诉求是试图激发起某种否定或肯定的感情以促使其购买。道义诉求用来指导受众有意识分辨什么是正确的和什么是适宜的，它常常被用来规劝人们支持社会事业，比如一个更干净的环境，良好的种族关系等。

营销传播者须确定信息结构。信息的有效性，也依靠所传播的信息结构。例如，我们可以参考关于信息结构的一些观点。最好的广告是提出问题，但一个过分明确的结论往往会限制对此产品的接受；一般认为单面展示产品的优点比同时暴露产品弱点的双面分析更有效。在展示次序方面的问题是：信息传播者应该把强有力的论点最先展示还是放在后面展示。要合理地搭配文字信息和视觉信息，达到更好的传播效果。

确定信息形式。信息传播者必须为信息设计具有吸引力的形式。在印刷广告中，信息传播者将决定标题、文稿、插图和颜色等；如果信息在电台播出，信息传播者还得仔细选择字眼、音质(讲话速度、节奏、音量、发音清晰)、音调(停顿、感叹)；如果信息是通过电视或人员传播，则所有这些因素加上体态语言(非言语表达)，都得加以设计，展示者还须注意他们的脸部表情、举止、服装、姿势和发型；如果信息由产品或它的外包装传播，信息传播者还必须注意颜色、质地、气味、尺寸和外形等。

营销传播者首先要筛选好信息源。因为有吸引力的信息源发出的信息往往可获得更大的注意与回忆。这需要注意信息源的可信度。支持其可信度的主要方面有：专长性、可靠性和令人喜爱性等。专长性是指信息传播者具有支持其论点的专业知识；可靠性是指涉及的信息源所具有的客观性和诚实性；令人喜爱性是指信息源对观众的吸引力，诸如坦率、幽默和自然的品质，会使信息源更令人喜爱。

4. 选择传播渠道

信息传播者必须选择有效的信息传播渠道来传递信息。广义而言，信息的传播渠道可分为两大类：人员的信息传播渠道和非人员信息传播渠道。人员的信息传播渠道指与目标个体或群体进行直接的(面对面的)人际接触。非人员信息传播渠道，传递信息无须人员接触或信息反馈，包括媒体、气氛和事件等。人员信息传播渠道由提倡者渠道、专家渠道及社会渠道组成。公司可以采取一些步骤，以刺激人员影响渠道。例如：确定有影响力的个人和公司，向他们提供额外工作；以优惠条件产品提供某些人以产生意见领袖；通过有影响的社会团体进行工作，如音乐节目主持人、班主任和妇女组织的主席等；在广告中使用有影响的人物所写的见证广告；发展口碑参考渠道来建立业务；建立电子论坛等。非人员信息传播渠道主要是大众性信息传播，主要分为两类：印刷品和电波。印刷品包括报纸、杂志、直接邮件、广告牌等，电波媒体包括广播和电视。

5．编制总促销预算

公司面临的最困难的营销决策之一，是在促销方面应投入多少费用。常用的促销预算方法有以下几种。

1）量入为出法

在估量本公司所能承担的能力后再安排促销预算。如企业的财务预算本年度仅能安排100万元广告费用，则企业便以次100万为基准计划广告投入。

2）销售百分比法

以一个特定的销售或销售价(现行或预测)百分比来安排它们的促销费用。例如某企业2007年销售总额为1 000万元，企业以上年度销售总额的5%安排广告投入，则2008年全年广告预算为50万元。

3）竞争对等法

按竞争对手的大致费用来决定自己的促销费用，以保持竞争上的优势。在市场营销管理实践中，不少企业都喜欢根据竞争者的促销预算来确定自己的促销预算。美国奈尔逊调查公司的J.O.派克汉通过对40多年的统计资料进行分析，得出结论：要确保新上市产品的销售额达到同行业的平均水平，其广告预算必须相当于同行业平均水平的1.5～2倍，这一法则通常称为派克汉法则。但是由于竞争者所采用的广告预算很难获得，同时各企业的广告信誉、资源、目标受众不同，本方法在确定本公司的促销预算时有很大的不确定性。

4）目标和任务法

经营人员要明确自己特定的目标，确定达到这一目标而必须完成的任务以及完成这些任务所需要的费用，以此为依据来决定促销预算。

6．决定促销组合

公司面临着把总的促销预算分摊到广告、销售促进、公共关系和销售队伍这几个促销工具上去的任务。同时公司在设计促销组合时，也要考虑诸多因素。比如选择促销工具，在广告、销售促进、公共关系与宣传、人员推销等方面的侧重点以及成本效益的不同来决定科学的促销组合。

7．衡量促销效果

促销计划贯彻执行后，信息传播者必须衡量它对目标受众的影响。可以通过以下方法进行促销效果评估。

1) 直接经济效果评估

直接经济效果评估是以促销对商品销售情况的好坏来直接判定促销效果。主要以促销费的支出、销售额的增加两个指标为主要测量单位。

(1) 费用占销率法。用来测定计划期内费用对产品销售量(额)的影响。费用占销率越小，表明促销效果越好；反之越差。

其公式为：费用占销率=[促销费用/销售量(额)]×100%

(2) 费用增销率法。用来测定计划期内费用增减对商品销售量(额)的影响。费用增销率越大，表明促销效果越好；反之越差。

其公式为：费用增销率=[销售量(额)增长率/费用增长率]×100%

(3) 单位费用促销法。用来测定单位费用促销商品的数量或金额。单位费用促销额(量)越大，表明促销效果越好；反之越差。

其公式为：单位费用促销额(量)=销售额(量)/促销费用

(4) 单位费用增销法。用来测定单位费用对商品销售的增益程度。单位费用增销量(额)越大，表明促销效果越好；反之则越差。

其计算公式为：单位费用增销量(额)=[报告期销售量(额)－基期销售量(额)]/促销费用

2) 间接经济效果评估

间接经济效果评估就是衡量顾客的心理状态和行为过程在促销作用下的变化。

(1) 对促销注意度的测定。指各种促销媒体吸引人的程度和范围，主要测定视听率。

(2) 对促销记忆度的测定。指消费者对促销的主要内容(企业、品牌、名称)在记忆程度上的测定，从中可见促销主题是否鲜明、突出、与众不同。

(3) 对促销理解度的测定。指消费者对于促销的内容、形式等在理解程度上的测定，从中可以检查促销设计与制作的效果如何。

(4) 对购买动机形成的测定。指测定促销对消费者从认识到行动究竟起多大作用。

8. 管理和协调整合营销传播过程

在整合营销传播过程中，需要密切监控各个环节，以实现协调发展。企业的管理者要对整合营销传播中的各个环节进行评估，发现传播中可能存在的问题，并及时加以修正；最后，根据整合营销传播的最终效果进行衡量，找出问题的关键，为循环往复的整合营销传播工作提供信息和借鉴，以便改进工作。

12.3.3　整合营销传播的促销策划案例

案例　　　　　　　凡客天下

凡客诚品（VANCL）是一个线上服装销售公司，它创建于2007年10月，是一个非常年轻的互联网企业，它是伴随着中国电子商务的发展而兴起的。凡客诚品由卓越网的创建者陈年与天使投资的雷军共同投资建设，VANCL品牌的名称是陈年和品牌咨询专家、艺术家等一致认同的，它的中文名字凡客诚品，意思是凡人都是客，我们是一个诚恳的品牌。凡客诚品用了不足三年的时间，已将一个完全陌生的品牌打造成了中国互联网中的领军服装品牌。通过对凡客诚品的案例研究，可以更直观地看到本土电子商务企业的发展，也给本土企业的发展带来思考和启迪。

2007年10月，在北京丰台区的昌宁大厦一间500平方米的办公室，"VANCL（凡客诚品）"网站正式上线。当时员工只有41人，首日销售业绩是10张订单共15件商品。而两年之后，VANCL网站注册用户已达200万，网站日均流量为200万PV。根据艾瑞统计数据显示：2009年中国B2C(商对客)网络购物市场交易额规模中，VANCL以20%的销量位居第二，仅次于淘宝的29.6%，两者总和将近占网购市场总销量的一半。在自主销售式B2C平台当中，VANCL则以28.4%的市场份额位居第一。过去三年，VANCL的增长率为29576.86%，名列"2009德勤高科技、高成长亚太区500强"首位。2008年的销售收入为2.87亿，2009年销售收入达6亿元，2010年第一季度凡客诚品增长率已实现了300%，目前VANCL以10亿美元市场赢得VC(风险投资)/PE(私募股权投资)的青睐，已有多家国际投资机构竞相光临VANCL进行谈判，都希望参与到凡客诚品的发展中来。

凡客诚品在成长之初借鉴的是PPG的商业模式，即完全省略服装生产环节与物流销售环节，通过互联网与呼叫中心搭建B2C平台，处理订单并将衬衫邮寄给客户。在具体的经营模式上，凡客诚品与PPG也基本相同。采用网络及目录销售，轻型渠道可以省去大量的库存成本，强大的IT系统和快速反应的供应链，除产品设计、仓储和市场推广自己负责外，一切可以外包的环节都选择了外包，并将上游的采购、生产和下游的仓储、物流发送都用IT系统互联互通，使信息在这个供应链里得以快速流转。实际上，凡客诚品在成立前就从各个层面对PPG进行了了解，从进货厂家到产业链条，再到B2C复杂系统的研发，凡客诚品对PPG足足进行了一年多的研究。从以男士衬衣作为主打产品到主打款式，从产品面料到风格，再到市场推广、广告投放的媒体，甚至广告的版式和风格，凡客诚品几乎和PPG都如出一辙。甚至衬衣领的标志使用英文这种细节，凡客诚品都进行了研究。

2009年，作为凡客诚品前辈的PPG逐渐淡出人们的视线，凡客诚品超越了PPG，开始引领中国服装网络直销行业。凡客诚品能够避免PPG的错误，并持续很好的业绩是有其深层原因的。在市场定位上，凡客诚品将经济状况处于中层的"70后"、"80后"青年作为消费主体；在产品设计方面，VANCL针对20~35岁年龄段消费者的特点，更加注重品质、品位、实用和舒服的风格；在产品选择上，凡客诚品不断开发多种类产品，让市场自己来进行选择；在品牌塑造方面，凡客诚品希望把自己的品牌塑造成一个诚恳的品牌，就像"凡客诚品"一样，虽然普通但是诚恳；在广告媒体选择上，VANCL主要以网络媒体为主，提高了VANCL广告定位的精准性。

1. 递送过程以顾客为首

电子商务网站首要的就是提升用户体验，由于在交易之前顾客接触不到商品，用户的体验变得尤为重要。凡客诚品在成立不到半年的时间就自建了物流体系。消费者可以在从配送员手里接到商品之后当面试穿，如果不合适可以立马退还给配送员。这就消除了消费者网购的顾虑，使消费者可以放心地在VANCL网站上选购商品。同时，VANCL还承诺，只要顾客不满意，自签收之日起30日内可以随时退货。这样做虽然提高了物流成本，而且退换的衣服也是一项新增的成本，但这种做法却换回了一大批长期忠实顾客。

凡客诚品还推出了在晚7时至晚9时的快递"盲区"时段送货，这无疑会吸引更多上班族。凡客诚品不断升级的服务笼络了大批忠实的消费者。数据显示，凡客诚品有超过50%的二次购买率，是电子商务网站平均水平的两倍。这对于网络销售公司来说是一个巨大的成功。

2. 捆绑销售吸引顾客

从网站设计方面来看，凡客诚品在购物车页面会把相关产品的礼包优惠装展示出来，这个做法也让用户经常会从单买一件转而选择优惠套装。在引起消费者的关注后，点燃消费者的购买兴趣就开始了。"68元"可以说是凡客诚品吸引用户的核心筹码，消费者初次购买凡客诚品的产品时，无论是原价248元的全棉免烫牛津纺衬衫还是原价199元的POLO经典T恤衫，都可以凭68元购买任意一件产品。

经过广告宣传、体验营销，建立了一定的品牌声势以后，形成了一定的品牌认知，消费者自己就会蠢蠢欲动了。打开百度，输入VANCL或者凡客诚品，立即就会出现76万多篇相关网页。打开凡客诚品的官方网站，几乎所有产品及折扣都被展示在消费者面前，位于网页中央的占据一半页面的图片优惠信息也特别冲击人的视觉，而相关产品礼包优惠装，往往会让凡客诚品的用户从单买一件转而选择优惠套装。对于这些繁多的优惠加上体验营销的策略，很多消费者都会抱着试一试的心态，购买自己的第一件衬衫。有了第一次的购物体验，伴随着第二次、第三次的购物经历，消费者的不信任感渐渐消失，取而代之的是对VANCL不遗余力的口碑宣传。

3. 多样化产品宣传

除了在网络广告上重点突破之外，VANCL还发起了CGM（消费者生成营销），以此来进行公关，维护与配合广告策略。CGM得益于互联网的巨大贡献，除了使消费者更加容易地获得产品和市场信息之外，互联网还引起了消费者心理的改变，"不愿失败"的消费心理有了更充分的信息依据。为了充分地掌握信息，消费者会从各个方面收集信息，除了一些客观的网站，消费者还会偏向于论坛等大众媒体。因此，以Blog(博客)、Wiki(维基)、BBS(电子公告牌系统)、SNS(社交网站)等为主要形式的个人媒体很快流行起来，它们不仅有个人信息发布和群体信息共享，还涉及将新闻和企业信息进行比较讨论等各种各样的传播形式。在VANCL论坛上有各种各样的帖子和文章，消费者可以在这里表达对VANCL的喜爱或抱怨。

另外，VANCL花费了大笔公关费用，使各大主流门户网站对VANCL进行广泛报道以引起关注。这些形式多样的公关手段，提高了人们对该品牌的关注度，VANCL在这些舆论的帮助下，影响力逐渐扩大，消费者忠诚度逐渐提高，营销的功能也就实现了。VANCL通过发布一些传统的报道和隐性宣传，引导与吸引大量网络用户的参与和讨论。

VANCL在公关中拟定具有诱惑性的名字吸引消费者，如"惊叹：107道工序的衬衫是这样做成的"等，从而达到提高公司知名度与品牌形象的目的。为了给消费者灌输VANCL是精英们的商务衬衣这一印象，雷军还亲自上阵，为"凡客诚品"拍摄了一期宣传画。

在2008年汶川大地震期间，VANCL以公益为主题不失时机地展示VANCL的善行。正是由于及时的应变，迅速增加了网络用户的关注，提高了企业网站的点击率，更为重要的是增加了品牌的知名度，树立了VANCL良好的品牌形象。

4. 创意性广告攻势

在广告投放力度上，它通过大面积的广告覆盖来引起消费者的注意。在各大主流门户网站，如腾讯、新浪、搜狐等，都可以见到 VANCL 的身影。凡客诚品的广告并不是单纯依靠高覆盖率、高密集度的轰炸而在竞争中取胜的。在广告的内容策划上它紧紧围绕着年轻人的心理进行精密的广告设计。凡客诚品结合自己依附于网络的这个特点，主要寻找网络红人担任其形象代言人。2010年暑假期间，VANCL 请了两位"80后"——当红演员王珞丹和青年作家韩寒做了一组广告。这组广告在网络上迅速走红，并且被无数网民做了"个性化的改造"，一时间使得 VANCL 这一品牌名声大噪。"爱网络，爱自由，爱晚起……我不是什么旗手，不是谁的代言，我是韩寒，我只代表我自己，我和你一样，我是凡客。"这句广告词总是可以在车站的大型宣传板上看到。凡客诚品作为互联网新贵推崇"颠覆"理念，韩寒本人则被誉为互联网时代的先锋。凡客诚品选择韩寒，双方的互相选择体现了彼此的平民意识与颠覆精神的相互吸引。

和传统媒体投放不同，由于互联网行为的可视化，投放在网站上的广告是按效果分账的。VANCL 在新浪上投放了广告，可以检测到消费者通过新浪点击广告成交的量有多少，再根据订单来结算广告费。在互联网上的广告能精确到检测每一单销售、每一个有效点击的全过程，从而对广告效果有了更精确的判断，广告投放成本也变得更低。这自然修正了 PPG 依托全媒体广告投放而付出大量推广费用的败笔，从而避免了广告等于销售量的陷阱。

(来源：赵保国，余宙婷. 营销策划与案例分析[M]. 北京：北京邮电大学出版社，2012.)

本章小结

第一，信息传播的一般过程主要包含九个要素，分别为发送者、接收者、信息符号、媒体和噪音，编码、解码、反应和反馈。其中，发送者和接收者表示传播的主要参与者；信息符号和媒体表示信息传播的主要工具；编码、解码、反应和反馈表示信息传播的主要职能；最后一个要素——噪音，属于系统的干扰要素。信息传播的一般过程为：信息的发送者将信息译出为信息符号，并通过一定的媒体进行传播；又由接收者将信息符号译入还原为信息并予以接收；接收者对所接收的信息做出反应，并将部分反应反馈给发送者。

第二，促销是一个信息沟通的过程，而任何信息沟通的最终目的是使信息发送者发出的信息能够被目标接收者有效接收。所谓有效接收，有两个具体含义：一是信息通过传播媒介被接收者接收到了；二是接收者能够对接收的信息有反应并进行加工，且对产品的最终购买有促进作用。可以通过受众的反应层次模型来描述消费者对公司、产品或品牌从一无所知到实际购买行为所必须跨越的各个阶段。

第三，促销进行的是信息传播和沟通，并诱导顾客做出购买反应的工作。其中，传统上企业在促销的过程中有五类不同的促销传播的工具可供使用，包括广告、销售促进、公共关系、人员推销、直接营销。由于各种促销工具各有其特点和局限性，因此，现代营销理论指出应将这些促销工具组合起来使用，这就是所谓的营销传播组合，根据产品、市场的性质和各种促销工具本身独有的特性和成本的不同将各种促销手段加以灵活选择、巧妙组合和综合运用，以达到最佳的促销目的。

第四，促销组合就是为达到某种营销沟通和刺激目标顾客购买的营销目的，将上述促销工具按照一定的目的组合起来。没有任何促销工具是万能的，每一种工具都具有自己的特点，适用范围，但相互之间又没有明显的界线。同时在不同的场合，其作用也有差别，很少只依靠一种促销工具就可以完成企业的营销沟通和刺激购买的任务要求，因此营销部门应以企业的营销目标为基础，尽力协调各种工具的使用程度，以使促销工具组合达到最佳的促销效果。为达到此目的需要考虑如下因素：①产品的类型；②推式与拉式战略；③促销的目标；④产品的生命周期。

第五，整合营销传播是指以利益相关者为核心，综合协调地使用各种形式的传播方式，以统一的目标和统一的传播形象，传递一致的产品信息，实现与利益相关者的双向沟通，迅速树立产品或服务在利益相关者心目中的地位，建立产品或服务与利益相关者长期密切的关系，更有效地达到信息传播和产品营销的目的。它能通过整合传播工具、优化传播效果把传播统一的公司形象、产品形象、品牌形象传递给利益相关者，实现双向的沟通。

第六，企业实施的整合营销传播策划主要包括以下几个步骤：①确定目标传播受众；②确定传播目标；③设计信息；④选择传播渠道；⑤编制总促销预算；⑥决定促销组合；⑦衡量促销效果；⑧管理和协调整合营销传播过程。

关键术语

| 促销 | 沟通 | 促销组合 | 人员推销 | 广告 | 销售促进 |
| 公共关系 | 直复营销 | 推式战略 | 拉式战略 | 整合营销传播 | |

思考题

1. 企业传播的营销信息如何才能够被消费者有效的接受？
2. 各种促销工具的特点有哪些？在促销组合中整合各种促销工具需要考虑哪些因素？
3. 怎样策划一个完整的整合营销传播方案？
4. 如何理解整合营销传播与利益相关者的关系？

参考文献

[1] (美) 菲利普·科特勒. 营销管理[M]. 10版. 北京：中国人民大学出版社，2001：666-668.
[2] 郭国庆. 市场学通论[M]. 北京：中国人民大学出版社，2002：311.
[3] (美)乔治·贝尔奇，迈克尔·贝尔奇. 广告与促销[M]. 6版. 北京：中国人民大学出版社，2006：10-11，25，170-173.
[4] 林成安. 促销管理 [M]. 北京：北京工业大学出版社，2004：33-34.
[5] 李东进. 消费者行为学[M]. 北京：机械工业出版社，2001：60-61.
[6] 于建原. 营销管理[M]. 成都：西南财经大学出版社，1999：588-590.

[7] (美)菲利普·科特勒. 营销管理 [EB/OL].中国管理专家网,2007-10[2008-03-05].http://www.laoji.com/Article/ShowArticle.asp?ArticleID=9795&Page=10.

[8] 罗德. 时、空、安、静——奥迪 A8 新产品上市案例[J]. 公关世界,2002(8):15-18.

[9] 孟韬. 市场营销策划[M]. 2 版. 大连:东北财经大学出版社,2011:141.

案例研讨

屈臣氏——赢在促销

能让都市时尚白领一族以逛屈臣氏商店为乐趣,并在购物后仍然津津乐道,有种"淘宝"后莫名喜悦的感觉,这可谓达到了商家经营的最高境界。经常可以听到"最近比较忙,好久没有去逛屈臣氏了,不知最近又出了什么新玩意⋯⋯"去屈臣氏淘宝,竟然在不知不觉中成了时尚消费者一族的必修课。作为城市高收入代表的白领丽人,她们并不吝惜花钱,物质需求向精神享受的过渡,使她们往往陶醉于某种获得小利后成功的喜悦,祈望精神上获得满足。屈臣氏正是捕捉到这个微妙的心理细节,成功地策划了一次又一次的促销活动。

屈臣氏的促销活动能获得消费者青睐,有以下几点值得借鉴。

1. 持之以恒

很多消费者对屈臣氏的促销活动都非常熟悉,他们了解屈臣氏定期举行什么形式的促销活动,这归功于屈臣氏多年来的坚持。屈臣氏的常规促销活动每年都会定期举行,特别是自有品牌商品的促销,如"全线八折"、"免费加量"、"买一送一"、"任意搭配"等,并且在活动中经常都会包含"剪角抵用券"、"满 50 元超值 10 元换购"、"本期震撼低价"等。

2. 丰富多彩

屈臣氏 1 年 24 期常规促销活动,形式非常独特,与其他零售店的方式完全不一样,"自有品牌商品免费加量 33%不加价"、"60 秒疯狂抢购"、"买就送"等。促销商品品种繁多,如滋润精选、如丝秀发、沐浴新体验、皓齿梦工场、维有新健康、营养街、清亮新视界、知足便利店、关爱自己、完美纸世界、小工具课堂、优质生活、开心美味园、健康情报站、潮流点缀、旅游自助魔法、美丽港等非常多的趣味主题,介绍众多的个人护理用品,引导着消费。

3. 权威专业

屈臣氏的促销活动往往都会贯穿一个权威专业的主导线,每时每刻都在向消费者传递着自己在专业领域里权威专业的信息,让消费者有更大的信任感。屈臣氏的"健康知己",为顾客提供日常健康知识咨询,《屈臣氏护肤易》、《屈臣氏优质生活手册》、《健与美大赏》、《屈臣氏自有品牌特刊》、《畅游必备品》在向顾客推荐好的产品的同时,邀请行业内知名人物,与读者共同分享美容心得、健康知识,如"美白无瑕、靓丽心情"、"健康身心迎夏日"、"健康相伴、美丽随行"、"和您分享"、"美容专家扮靓 TIPS"、"夏日护肤心得"、"屈臣氏关心您"等主题。屈臣氏的《促销商品快讯》也是一本健康美容百科全书,除了众多的特价商品、新商品推介外,还有非常多的日常护理小知识。

4. 优惠实效

实惠才是硬道理,屈臣氏促销讲究的是"为消费者提供物超所值"的购物体验,从"我敢发誓"到"冬日减价"、"10 元促销"、"SALE 周年庆"、"加 1 元多一件"、"全线八折"、"买一送一"、"自有品牌商品免费加量 33%不加价"、"买就送"等,每一次都会引起白领丽人的惊呼，降价幅度非常大。每期都有的3个"10元超值换购"商品、9个"震撼低价"商品每次都会被抢购一空。

5. 全员重视

屈臣氏的促销能达到一个好的结果，不仅仅是有好的策划思路，最重要的是有好的执行力，其全员重视为促销获得成功铺垫了基础，在屈臣氏举办一次促销活动需要非常大的工作量，每次举行新的促销活动时，从店铺形象就可以发现，所有的宣传册、商品、促销主题宣传画、价格指示牌都更换一新，店铺的员工更是要熟悉每次的促销规则，把所有促销商品陈列到位，更换所有的商品价格，按要求将宣传画摆放好。每次更换促销活动主题，在屈臣氏叫"转销"，员工需要在停止营业后一直工作到凌晨，才可以把卖场布置好。为了每次促销活动让各个分店都能按总部思路执行，各分店的经理都要去参观样板店。促销开始的第二天，区域经理就马不停蹄地到各个分店巡视促销活动执行情况，随时监督各个分店的工作部署。

6. 氛围浓郁

"创造一个友善、充满活力及令人兴奋的购物环境"是屈臣氏卖场布置的精髓，为了创造一个好的促销氛围，屈臣氏从不吝惜布置场地方面的成本，每次促销会更换卖场所有的宣传画、价格牌、商品快讯、色条(嵌在货架层板前面的彩色纸条)、POP广告，虽然有浪费之嫌，但舍得投入也是获得回报之根本。每次促销活动，屈臣氏都会有新的录像光盘提供给每个分店播放，宣传更多的促销信息。

7. 注重研究

屈臣氏研究发现，"小资情调"是白领一族的固有心态，甚至有些"虚荣"的心理，仅仅廉价是无法满足他们的需求，大奖也不是引起他们光顾的根本，新奇刺激的活动对他们更具有吸引力，提供一种方便、健康、美丽的服务才更能提升顾客忠诚度。如"60秒疯狂抢购"，抽奖获奖者可以在卖场对指定的货架商品进行"扫荡"，60秒内拿到的商品都属于获奖者，这样的刺激让消费者一直津津乐道。屈臣氏在促销商品陈列方面有非常标准的规范，如对收银台附近的商品的陈列技巧，"推动走廊"的陈列方式，超值换购、震撼低价商品的陈列，促销端架的陈列，促销胶箱商品的凌乱美，HOT SPOT(热卖焦点)的陈列原则，这些都是在从顾客购物心理、视觉角度、走动习惯等多方面研究得出的结论。

8. 良好习惯

员工养成良好的促销推荐习惯。在屈臣氏的促销中，员工会随时告诉顾客，这是正在进行促销的商品，向顾客推荐促销商品，推介更多的优惠信息，可以获得顾客好感，屈臣氏的服务要求中要求员工必须做到这一点。门口的保安会礼貌地向入店顾客赠送一本商品促销手册，以让顾客获得更多的促销资讯。

9. 优秀的IT系统支持

屈臣氏的IT系统能配合其灵活多变的促销活动，特别是在打折，买就送，赠品管理，商品订单，价格标牌等方面可以发挥得淋漓尽致。

10. 员工熟悉操作流程

因为屈臣氏特有的操作流程，屈臣氏非常重视员工的培养，良好的企业文化及福利待遇，是屈臣氏低员工流失率的根本原因，屈臣氏甚至欢迎离职的员工(没有不良记录)再次回公司任职。

屈臣氏层出不穷的促销招数，主要包括以下几种。

招数1：超值换购

在每一期的促销活动中，屈臣氏都会推出3个以上的超值商品，顾客一次性购物满50元，可以再加10元即可任选其中一件商品，这些超值商品通常会选择屈臣氏的自有品牌，所以能在实现低价位的同时保证利润。

招数2：独家优惠

这是屈臣氏经常使用的一种促销手段，屈臣氏在寻找促销商品时，经常会避开其他商家，别出心裁，给顾客更多新鲜感，这也可以提高顾客忠臣度。

招数3：买就送

买一送一、买二送一、买四送二、买大送小；送商品、送赠品、送礼品、送购物券、送抽奖券，促销方式非常灵活多变。

招数4：加量不加价

这一招主要是针对屈臣氏的自有品牌产品，经常会推出加量不加价的包装，用鲜明的标签标示，以加量33%或加量50%为主，面膜、橄榄油、护手霜、洗发水、润发素、化妆棉等是经常使用的，对消费者非常有吸引力。

招数5：优惠券

屈臣氏经常会在促销宣传手册或者报纸海报上出现剪角优惠券，在购买指定产品时，可以给予一定金额的购买优惠，省五元到几十元的都有。

招数6：套装优惠

屈臣氏经常会向生产厂家定制专供的套装商品，以较优惠的价格向顾客销售，如资生堂、曼秀雷敦、旁氏、玉兰油等都常会做一些带赠品的套装，屈臣氏自有品牌也经常会推出套装优惠。例如，买屈臣氏骨胶原修护精华液一盒69.9元送49.9元的眼部保湿啫喱一支，促销力度很大。

招数7：震撼低价

屈臣氏经常推出系列震撼低价商品，这些商品以非常优惠的价格销售，并且规定这些商品必须陈列在店铺最前面、最显眼的位置，以吸引顾客。

招数8：剪角优惠券

在指定促销期内，一次性购物满60元(或者100元)，剪下促销宣传海报的剪角，可以抵6元(或者10元)使用，相当于额外再获得九折优惠。

招数9：购某个系列产品满88元送赠品

例如购护肤类产品满88元，或购屈臣氏品牌产品满88元，或购食品满88元，送屈臣氏手拎袋或纸手帕等活动。

招数10：购物2件，额外9折优惠

购指定的同一商品2件，额外享受9折优惠。例如买营养水一支要60元，买2支的话，就一共付108元。

招数11：赠送礼品

屈臣氏也经常会举行一些赠送礼品的促销活动。一种是供应商本身提供的礼品促销活动；另一种是屈臣氏自己举行的促销活动，如赠送自有品牌试用装，或者购买某系列产品送礼品装，或者是当天前30名顾客赠送礼品一份。

招数12：VIP会员卡

屈臣氏于2006年9月开始推出自己的会员卡，顾客只需去屈臣氏门店填写申请表格，就可立即办理屈臣氏贵宾卡，办卡时仅收取工本费一元，屈臣氏会每两周推出数十件贵宾独享折扣商品，低至额外8折，每次消费有积分。

招数 13：感谢日

最近，屈臣氏举行为期 3 天的感谢日小型主题促销活动，推出系列重磅特价商品，商品降价幅度在 10 元以上。

招数 14：销售比赛

销售比赛也是屈臣氏一项非常成功的促销活动，每期指定一些比赛商品，在各级别店铺(屈臣氏的店铺根据面积、地点等因素分为 A、B、C 三个级别)之间进行推销比赛，销售排名在前三位的店铺都将获得奖励，每次参加销售比赛的指定商品的销售业绩都会奇迹般地快速增长，供货厂家非常乐意参与这样有助于销售的活动。

屈臣氏在促销的同时，不仅树立了自己低价高质的品牌形象，还不断推出自己研发的产品，通过自有品牌的销售来降低成本，增加利润。因此，屈臣氏通过着力企划、创新促销，不仅促使屈臣氏的店面生意、市场基础和营销规模都跨上了一个台阶，而且还使之成为非主营业务收入提升的一柄利器。

（来源：袁耿胜. 屈臣氏促销案例剖析[EB/OL]. 2009-11-02. http://wenku.baidu.com/view/5908541fc5da50e2524d7f5a.html）

思考题

屈臣氏的促销策略相对于其他企业有哪些是最有特点和创新性的？

教学支持说明

"21世纪市场营销立体化系列教材"系华中科技大学出版社重点教材。

为了改善教学效果,提高教材的使用效率,满足高校授课教师的教学需求,本套教材备有与纸质教材配套的教学课件(PPT电子教案)。

为保证本教学课件及相关教学资料仅为教材使用者所得,我们将向使用本套教材的高校授课教师和学生免费赠送教学课件或者相关教学资料,烦请授课教师和学生通过电话、邮件等方式与我们联系,获取"教学课件资源申请表"文档并认真准确填写后发给我们,我们的联系方式说明如下:

地址:湖北省武汉市珞喻路1037号华中科技大学出版社有限责任公司营销中心

邮编:430074

电话:027-81321902

传真:027-81321917

E-mail:yingxiaoke2007@163.com

教学课件资源申请表

填表时间：_____年___月___日

1. 以下内容请教师按实际情况写，★为必填项。
2. 学生根据个人情况如实填写，相关内容可以酌情调整提交。

★姓名		★性别	□男 □女	出生年月		★职务	
						★职称	□教授 □副教授 □讲师 □助教
★学校				★院/系			
★教研室				★专业			
★办公电话		家庭电话				★移动电话	
★E-mail（请清晰填写）						★QQ 号/微信号	
★联系地址						★邮编	

★现在主授课程情况	学生人数	教材所属出版社	教材满意度
课程一			□满意 □一般 □不满意
课程二			□满意 □一般 □不满意
课程三			□满意 □一般 □不满意
其 他			□满意 □一般 □不满意

教材出版信息		
方向一		□准备写 □写作中 □已成稿 □已出版待修订 □有讲义
方向二		□准备写 □写作中 □已成稿 □已出版待修订 □有讲义
方向三		□准备写 □写作中 □已成稿 □已出版待修订 □有讲义

请教师认真填写表格下列内容，提供索取课件配套教材的相关信息，我社根据每位教师/学生填表信息的完整性、授课情况与索取课件的相关性，以及教材使用的情况赠送教材的配套课件及相关教学资源。

ISBN(书号)	书名	作者	索取课件简要说明	学生人数（如选作教材）
			□教学 □参考	
			□教学 □参考	

★您对与课件配套的纸质教材的意见和建议，希望提供哪些配套教学资源：